NOMS
FÉODAUX

TOME QUATRIÈME

RA-YTH.

NOMS
FÉODAUX

OU NOMS
DE CEUX QUI ONT TENU FIEFS
EN FRANCE

DANS LES PROVINCES
d'Anjou, Aunis, Auvergne, Beaujolois, Berry,
Bourbonnois, Forez, Lyonnois, Maine, Saintonge,
Marche, Nivernois, Touraine,
Partie de l'Angoumois et du Poitou,

DEPUIS LE XIIe SIECLE JUSQUE VERS LE MILIEU DU XVIIIe

EXTRAITS DES ARCHIVES DU ROYAUME

PAR

DOM BÉTENCOURT
Membre de l'Académie des Inscriptions et Belles-Lettres.

DEUXIÈME ÉDITION
TOME QUATRIÈME
RA — YTH

PARIS
LIBRAIRIE BACHELIN-DEFLORENNE
3, QUAI MALQUAAIS, 3
Au premier, près de l'Institut.

M DCCC LXVII

NOMS FÉODAUX

OU

NOMS DE CEUX QUI ONT TENU FIEFS

EN FRANCE

DEPUIS LE XIIe SIÈCLE JUSQUE VERS LE MILIEU DU XVIIIe.

R.

RA (Jean et Ponchon de la)., Dam., frères, paroiss. de Leugy. Tout ce qu'ils tiennent en la par. de Cerilly : *Bourb.*, 1385. (*r*. 464, *p*. 187.)

RABASTE (Jean), Chev. Mote de la Roche-Rabaste : *Loudun*, 1434 ; ens. le f. et seg. de Nazelles : *Saumur*, 1440. Relèvent par lui de Loudun ; le sire de la Rochefoucau, fils aîné de Marguer. de Craon, fille de Guill de Craon ; Jean de la Vallée, fils de Jeanne de Rabaste, Chevaliers. (*r*. 339, *p* 27 ; *r*. 345, *p*. 2 ; *r*. 346, *p*. 20.)

RABAULT (René), écuyer. T. s. de Lavau de Breuil, par. de Ruillé, et le fief de la Carteliere : *Lusignan*, 1663. (*r*. 433, *p*. 266.)

RABAULT (Jaques), écuyer. T. s. de la Gaucherie : *Lusignan*, 1688. (*r*. 435, *p* 263.)

RABAULT (René), écuyer. Droit de foire et de péage à Jazeneuil ; ens. e fief et seg. de St Pardoux et de Bois-Grolier : *Lusignan. Parthenay*, 1687, 1699. Ses terres et seg. de Lavau de Breuil, de Lasonniere et de Lespau, par. de Jazeneuil et de St Pierre de Pranzay, saisies sur ses héritiers ; 1705. (*r*. 435, *p*. 193 ; *r*. 436, *p*. 308, 309 ; *r*. 437, *p*. 95 et suiv.)

RABAYROLAS (Jean et Gerald de), paroiss. de St Hypolite, dioc. de Clermont. Hommage de main et de bouche au Duc de *Bourbon*, du mas de Chambole ; 1440. (*r*. 1361, *p*. 934.)

RABE (Guill. la), *Guillelmus la Raba*, Chev., et Agnès, son ép., fille de feu Guill. de Montrehout, Chev. Maison et dép. de Montpalen en la par. *de Libiaco* ; ens. le mas de Mesplay, dom., bois, etc., ès par. de Billy, St Ylide et Sanciat : *Chaveroche*. 1278. (*r*. 467, *p*. 274.)

RABEAU (Bernardin), écuyer. T. s. de Baudejon : *Montluçon*, 1506. Et, à cause de Louise Gallebrun, sa f^e, le chât. de Jarnaige, et une partie de la maison noble du Mont, par. St Georges : *Marche*, 1506. (*r*. 452, *p*. 232 ; *r*. 453, *p*. 25.)

RABEREUL (Jaques), écuyer, cons. au présid. de Poitiers, à cause de Jeanne Chaubier, sa f^e F. s. d'Aillé, par. St Georges : *Maubergeon*, 1697. —Jaques-Alexandre Rabereul, écuyer, leur fils ; *Idem*, 1707. (*r*. 436, *p*. 60 ; *r*. 437, *p*. 145.)

RABILLON (Jean), tailleur d'habits Partie des Terres-Rouges en la par. de Bery ; 1671 —François Rabillon, étudiant ; François Mabillet. chirurgien, et Jean Pillet, m^e boulanger. Deux septerées de terre en la même par., démembrées du fief de la Grange-Rouge ; 1687 : *Mehun-s.-Y*. (*r*. 445, *p*. 168 ; *r*. 446, *p*. 145.)

RABINART (Tristan), écuyer. T. s. de la Roche-Gastevin, par. de Pontigne : *Baugé*. Et, à cause de Marie Gaignon, sa f^e. Maison et dom. de Lanceliniere, par. de Rouillon près le *Mans* ; 1440 *ad* 1480, (*r*. 342. *p*. 11, 12 ; *r*. 343, *p*. 25 ; *r*. 345, *p*. 58 ; *r*. 347 *p*. 19 ; *r*. 348, *p*. 37.) — Pierre Rabinart. Même t. et seg. de la Roche-Gastevin ; 1489, 1492. (*r*. 347, *p*. 19, 32.)

RABOTEAU (Esther), v^e de Jaques Genon, écuyer, Sg de la Tour, turice de leurs enfans. T. s. de l'Isle, par. St Pierre dud. lieu : *Aunay*, 1726. (*r*. 438, *p*. 534.)

RABOUAN (Jean). Fief de la Pataudière, autrefois fief Botard : *Baugé*, 1496. (*r*. 347. *p*. 32.)

RABUSSON (Ant.), prêtre et chantre de Ste Croix de Gannat. fils de Joseph Rebusson. F. s. de Vaure, et la dime des Chevaliers, par. de Sauzet : *Gannat*, 1722. (*r*. 478, *p*. 297.)

RABUTEAU, aussi Rabutel (Joscerand), Dam., fils de feu Hugonin Chevrier ou Chevreau. *Capprarii*, Chev. Maison forte sise à Thoyre, dom., bois et mouv., par. de Cheyne, vers Macon : *Beaujeu*, 1313. (*r*. 486, *p*. 85.) — Jean Rabutel, Chev. Serm. de fidél. et prom. d'aveu au Sire de *Beaujeu* ; 1374. (*r*. 485, *p*. 81.)

RABY (Noël), Sr du Bés., cons. en l'Elect. de Montluçon, Fiefs de Civray et de Jobergière, par. l'Ouroux-Hodement : *Hérisson*, 1712 *ad* 1723. (*r*. 477, *p*. 67, 605 ; *r*. 478, *p*. 423.)

RABY (Jaques), m^d à Montluçon. Terrier de Coulembaroux, par St Angel : *Murat*, 1720.—Pierre Raby, m^d ; *ibid*. ; Fief et ténem^t de la Lande, par. de Vallon, acq. de François Charlemagne, écuyer, Sg. de Villecomte, d'Anne de Poid, son ép., et de Phil. Charlemagne, écuyer, chan. de la cathéd. de Bourges : *Hérisson*. 1723. (*r*. 478, *p*. 432, 519.)

RABY (Louise), du Bes, f^e de Louis-Claude de la Bruiere, Chev., lieut. de caval. Fief de Siveran et du G^d Gobergere, par. de l'Ouroux-Hodement : *Hérisson*, 1736. (*r*. 481, *p*. 201.)

RACAPÉ, Racappé (René de), Chev. Châtell. t. s. de Mesnil : *Angers*, 1660. — Michel Racappé, Chev., son fils, Sg. de Maignane, de Teigne et Bressant, agissant par son proc. Nicolas Cornuau de la Grandiere, écuyer ; *idem* ; 1668, 1671. — Michel-Augustin de Racappé, Chev., mestre de camp de cavalerie, fils de Henri-François de Racappé ; *idem* ; 1720. — Henri-Michel-Augustin, Mis de Magnanne, mestre de camp de cavalerie. Marquisat, t. s. de Chât.-Gontier : *Angers*, 1739. (*r*. 355, *p*. 13 ; *r*. 358, *p*. 134 ; *r*. 360. *p*. unique ; *r*. 425, *p*. 18 ; *r*. 427, *p*. 15.)

RACHOT (Gilbert), bourg. de Gannat. Deux maisons, et, pour Jeanne Groliere, sa f^e, une tour près l'Eglise Ste Croix de Gannat ; maison, prés, moulin, cens et rentes qui furent autrefois à Regnaud Celerier, Chev. : *Gannat*, 1506. (*r*. 452, *p*. 142; *r*. 458, *p*. 85.)

RACINE (Nicolas-Joseph), Chev., cons. au parl. de Paris. T. s. du Prieuré de St Bonit de Sephonds : *Aunay*, 1722 (*r*. 438, *p*. 453.)

RACLET (Jean), pour Margot, al. Marguer. Barillonne, sa fe. Fief appel. a Blanchere, par. de Peyre, tenu de Baudouin de Freville, à cause de son chât. de la *Roche-sur-Oyon*; 1369, 1373. — Jaques Raclet; *idem*; 1407. (*r*. 333. *p*. 86 *ad* 88.)

RACQUET (Gilbert), licentié ès lois. T. s. de Pontlong et de Fredde : *Aisnay*. 1505. (*r*. 453, *p*. 58.)

RADISSON (Antoine) Rente noble appel. d'Aurieu, par. de Tarare, percept en *Beaujolois*, et *Forez*; 1672. Jean Radisson, son fils et de Cather. Vaginan; *idem*, 1686. (*r*. 495, *p*. 19, 147.)

RADITZ (Olivier, fils de Pierre), et Pierre, son frère. Redevance féodale sur la dîme de Feline, par. St Marcel; ens. une maison et censive à Néronde : *Forez*, 1302. — Pierre Raditz vend à Gui, Cte de *Forez*, divers cens et rentes assis près le chât. de Neironde; 1338. (*r*. 492, *p*. 103; *r*. 1394, *p*. 128.)

RAË (Marcelline, fille de feu Jean de), de l'autorité de Jean Aymonet, son mari, vend à Pierre Vogrin, bourg. de Vichy, la success. qu'elle a recueillie de son cousin Hugues de Raë, Dam. : *Billy*, 1435. (*r*. 1355, *p*. 24.)

RAFFIN (Guichart), écuyer. F. s. de Goutes, par. de Tyel : *Moulins*, 1375. — Guill. Raffin, Dam. Serm. de fidél et prom. d'aveu au Sire de *Beaujeu*; 1400. — Lionet Raffin, Sg. de Montet, près Tisy; cens, rentes, droits de lods et ventes, et un emplacemt de maison en la par. de Chamelet : *Beaujeu*, 1486. (*r*. 486. *p*. 185.)

RAFFIN (Antoinette), fe de Gui de Lesignan de St Gelais. T. s. d'Azay et de Balon : *Chinon, Mans*, 1685. (*r*. 352, *p*. 81, 82.)

RAFFINIE (Ant de la), écuyer, donataire de Guy du Fayet, son oncle. Chât. t. s. de la Jourdanie, par. de Salers, et le dom. du Fau, par. St Bonnet : *Riom*, 1670 *ad* 1685.) — Israël de la Raffinie, écuyer, son fils ; *idem*, 1699. (*r*. 499, *p*. 792 ; *r*. 500, *p*. 123 ; *r*. 503, *p* 445 ; *r*. 506, *p*. 33.)

RAGON (Louis), bourg. Maison en la rue de l'Hôpital à *Lyon*; 1697. (*r*. 496, *p*. 118.)

RAGON (Claude), Sr d'Espajon, bourg. de Vierzon, et sa fe Jaquette de la Rippe, héritière de Magdel., sa sœur, fe de François d'Agogué, Sr de Bois-Girault, grenet. au gren. à sel de Vierzon. Maison de la Quinerie et dép. au faubourg de *Vierzon* ; 1709. (*r*. 449, *p*. 2, 41.)

RAGON (Etienne), Sr de Cousat. F. s. de Barre-Serrée et la Rivière par. de Bessay le Fromental, acq. de François du Verdier, écuyer, Sg. de St Vallier, trés. de France, et de Henriette du Rioux, son ép. *Ainay*; 1723. Charles Ragon, av. en parl., son fils, et d'Anne Josse; *idem*, 1730. (*r*. 478, *p*. 321. 504 ; *r*. 479, *p*. 29.)

RAGOT (Pierre), de Bourb.-Lancy, clerc. Tènemt appel. le Chet de Verson ; autre, nommé des Champs ; tailles et main-mortes en dép., par. de Chalémon, en la chatell. d'Arcy : — *Beaujeu*, 1385. (*r*. 467, *p* 6.) — Guiot Ragot, de St Nicet, et Jeanne, sa fe, fille de feu Perrot de la Grange. Mêmes possess. ; 1462. (*r*. 467, *p*. 7.)

RAGOT (Étienne, Colas, Guill. et Jeanne), enfans de Jean Ragot, à cause

Maderguer. de Veure, leur mère. Dom., bois, pêche et rentes au territ., du Bouleys ; 1398. — Etienne Ragot, pour lui et Jean Ragot, son neveu; Jean Beugede et Etienne, son frere. Diverses portions d'héritages au cheval de Veure, par d'Ingrande ; 1411 : *Bourbon*. (*r*. 465, *p*. 67, 84.) Non nobles.

RAGOT (Jean), boulanger de Loudun. Maison à Bourgneuf, et une autre à *Loudun*; 1445. (*r*. 346, *p*. 44.)

RAGUEAU (Jean), doyen des avocats au baill. de Berry, *al*. Berie. F. s. de la Ville-Perdue, par. Ste Thorette. — Martin Ragueau, Sr de Reussi, bourg. de Bourges. Fief appel. la Rivière de Vachon ; 1669. — Jaques Rageau, fils de feu Phil. Ragueau, apothic. à Bourges, et de Cather. de Rageau, petit-fils de Guill. Ragueau, notaire, dont la mère était Jeanne Bourdaloue, pour lui et ses frères Claude et Charles Ragueau. Fief de Prézaux-Guenins, par. de Thinay ; 1672. — Jean Ragueau, licentié ès lois, fils de feu Jean Ragueau, av. en parl. Moitié du fief de Villeperdue, l'autre moitié appart. aux hérit. de Françoise Rivière, f^e de Robert de Bourdiers, écuyer, Sr du Poiriou ; 1673 *ad* 1689. — Ant. Ragueau, notaire à Bourges, autre frère de Jaques Ragueau, ci-dev. Six arpens de terre par indivis avec Charles Ragueau, chirurgien, son neveu, par. de Thinay ; 1692. — Gilbert Ragueau, Sr de Boullaux, M^e des eaux et forêt en la maitrise de Bourges ; 1695. — Paul Ragueau, écuyer, av. en parl. hérit. de Jean Ragueau, licentié ès lois, son oncle. Moitié du fief de Villeperdue ; Nicolas Ragueau, écuyer, Sr de Chezeaux, son fils, et d'autres enfans ; *idem* ; 1711. — Ant. Ragueau, bourg. Fief et mét. de Chantegrue, par. de Foussy, *al*. Foessy ; 1717, 1719. — Cather. Ragueau, v^e de Jaques Garbard, bourg. de Bourges, comme tutrice de leurs enfans. Droits de riviere et islots appel. le Vachon ; 1726 : *Mehun-sur-Y*. (*r*. 443, *p*. 51, 58 ; *r*. 444, *p*. 44, *r*. 445, *p*. 234 ; *r*. 447, *p*. 8, 87, 90, 91, 133 et suiv.; 182 ; *r*. 448, *p*. 12 48 ; *r*. 449, *p*. 74 ; *r*. 450, *p*. 59, 115.)

RAGUEAU (Jeanne), v^e de François Chabenat, écuyer, trés. de France. Fief de Boisvert, par. St Just : *Dun le-Roi*, 1701. (*r*. 448, *p*. 20.)

RAGUENEAU (Etienne). Hôtel de Fontenay, autrem^t l'Arpentiz. Terres, moulin, bois, cens et rentes en la Champaigne : *Amboise*, 1486. (*r*. 432, *p*. 74.)

RAIGNER, Raynier, etc. (Louis-Lancelot du), Pregent et Benoist écuyers. Terres de Chazelles-Savary : *Chinon*, 1547. (*r*. 353, *p*. 2.) — Lancelot du Raigner, Chev., Sg. de la Tour du Reigner, fils de François de Raigner. Même t. et seg. de Chaiselles ; 1603. — Dimanche du Rainier, écuyer, Sg. de la Tour du Reinier et de Roche-rame, son fils ; *Idem* ; 1611, 1613. (*r*. 352, *p*. 148 ; *r*. 354, *p*. 88 ; *r*. 355, *p*. 116.)

RAIGNIER (Pierre), écuyer, Sr de la Tousche, agissant sous l'autorité de Pierre Regnier son curateur, écuyer, Sr de Goupillon. F. s. du Teil : *Partenai*, 1697. (*r*. 436, *p*. 90.)

RAILLAC. Voy. Raillac.

RAILLARD (Pierre), m^d épicier à Bourges, pour Jeanne Masson, sa f^e. Maison à *Bourges*; 1688. (*r*. 446, *p*. 145, 177.)

RAIMBAULT (Pierre-Jean), commissaire des guerres à Argentan. Partie d'une rente en grain en la par. de Vignou: *Issoudun*, 1713. (*r*. 449, *p*. 118.)

RAIZ (Charles Sg. de), de Coligny, *al*. Coitigny et de Taillebourg, Erec-

Erection de plusieurs de ses baronnies en comtés : *Saintonges*, 1486. (r. 335, p. 113.)

RALSAT (Ant. de), Sg. de Narry, et Cather. de Fontanges, son ép. Baronnie de Calvinet : *Auv.*, 1501 (r. 470, p. 213.)

RAMAS (Claude de la), écuyer. Fiefs de la Guillermic et de Bonnaventure, par. de Ferriere : *Billy*, 1688. (r. 474, p. 671.)

RAMAS (Louis de la), de Bois-Coutaud, écuyer, fils de Cesar de la Ramas, écuyer. T. s. de Lery, par. de Vesse : *Vichy*, 1710. (r. 476. p. 250.)

RAMBAUD (Henri), écuyer, secrét. du Roi, Sg. de Maillou, et Pierre Salomon, écuyer, aussi secrét. du Roi, coseig. de la baron. de Bourg-Charente, acq. de la comtesse de Miossan : *Cognac*, 1719. (r. 440, p. 31.)

RAMBAUD (André), pour ses enfans. Cens et rentes à St Regnebert : *Forez*, 1334. (r. 490, p. 110.)

RAMBOUILLET (Renée-Magdel. de), fille de Nicolas de Rambouillet, Sg. de la Sabliere, et de Magdel. de Henri, absens du royaume pour fait de Religion, et aussi héritière de Renée de Lauzere, v^e de Jaques Henri, son ayeulle maternelle. F. s. de Fronsac : *La Rochelle*, 1699. (r. 439, p. 12.)

RAMBOUX (Ant.), à cause de Ligiere Allemande, sa f^e, fille de feu Ant. Allemand. Dimes et autres objets relev. de *Billy*; 1512. (r. 456, p. 203.)

RAMER, ou Lamer (Gaspard de), de Matha. Chev., fils du feu Sr de Matha T. s de Matha et de St Quentin, par. de Marsilliat et St Quintin : *Gannat*, 1683. (r. 503, p. 119.)

RAMES (Guill. de), m^d à St Flour. Cens et rentes ès par. de Neuveglisse et de Cussat : *Riom*, 1669. (r. 499, p. 359.)

RAMILLY (Louis de), Dam., et André son frère. Tailles, corvées et autres dev. sur 8 tenemens ; ens. l'étang de Monpalays par. de Gily : *Bourb.-Lancy*, 1445. (r. 467, p. 62.) — Pierre de Ramilly, écuyer, Sg. de Charny en partie ; *Idem*; 1501. (ibid. p. 57.)

RAMOSSA (noble Fontanesie de), paroissienne de St Bonnet-les-Ollvres, vend à Berthelemy Costant divers cens et rentes percept. au territ. de Corcelles : *Forez*, 1320. (r. 1395, p. 193.)

RAMUEL (Guill.), Dam. Dom. et seg. au mandement de Rossillon : *Forez*, 1367. (r. 494, p. 148.)

RANCÉ (Jean), écuyer, Sr de la Chapelle-Barrion. Fiefs de Beaumont, de la Verriere, de la Vaudeliere et du Rochier en la châtell. de Crozant : *Marche*, 1502, 1506. (r. 432, p. 67 ; r. 453, p. 242 ; r. 484, p. 138.)

RANCÉ (Maximilien de), Chev. Troisième partie des f. t. et seg. de Baussy : *Loudun*, 1605. (r. 352, p. 83.)

RANCHER (Ant.), Sg. de la Foucauldiere, M^e des req. ordin. du Duc d'Alençon ; 1570. — Leonor Rancher, écuyer, M^e ordin. en la Chamb. des comptes de Paris ; 1595, 1607. — Antoine de Rancher, écuyer, fils de René de Rancher, écuyer ; 1669. T. s. de Verneuil : *Chât.-du-Loir*. (r. 351, p. 31 ; r. 352, p. 179 ; r. 353, p. 34 ; r. 358, p. 76.)

RANDIN (Marc-Ant. de), capit. d'infanterie. Chât. t. s. d'Espaisses, par. d'Orliennes : *Lyon*, 1721 (r. 497, p. 111.)

RANDONS (Guill. de), Chev. Sentence arbitrale rendue entre lui

Vilate de Pradelle au sujet du fief de Pradelle : *Forez*, 1289. (*r.* 1398, *p.* 652.)

RANDON (Guill. de), Chev., Sg. de Lucé, transige avec Guigues de la Roche, Sg. de Posquieres, Chev. au sujet du chât. de Jausac ; 1320, et recon. aussi tenir de lui son chât. de Costelongue, ens. la villa de St Laurent des bains : 1327. Le même pour lui et Armand de Randon, son neveu, Vte *Podómpnaci*, fils de feu Jean de Randon, Chev. ; ens. Robert de la Martineche, du dioc. de Clerm., au nom de Raimond de la Roche, etc., reconnoissent tenir de Phil. de Levis, Chev., Sg. de Florensac et de la Roche, la terre de St Laurent des bains ; 1345 : *Forez*. (*r.* 398, *p.* 678, 692, 693.)

RANDON (Georges de), Dam., pour Ysabelle, son ép., fille de Hugonin de Camaigny, Dam. Domaines, mouv. et dr. d'usage au bois de Ginay, par. de Crissay : *B,urb.-Lancy*, 1351. (*r.* 469, *p.* 161.)

RANDY (Jean de), Chev., fils de Jean de Randy, Chev. T. s. de St Dury, Ludesse, Truel et autres : *Riom*, 1669. (*r.* 499, *p.* 662.)

RANON (Jean), praticien, dem. à Ahun, et Gabrielle Moreau, sa f^e. Rente et 1/3 de dîme sur le lieu du Combert : *H.-Marche*, 1669. (*r.* 474, *p.* 192.)

RANUYER (Etienne), écuyer, lieut. partic. en la sénéch. d'Auv., pour lui et son père Etienne Ranuyer, écuyer, secrét. du Roi. T. s. du Bladre, par. d'Eglise-neuve ; 2/3 de la t. et seg. de Cendré ; ens. celle de Neschers acq. du Cte de Lude : *Riom*, 1669, 1684. (*r.* 499, *p.* 642, 643 ; *r.* 503. *p.* 429.)

RAOUL (Jean), à cause d'Osanne Raimbaude, sa f^e. Vill. et terrier appel. la Moliere, *al*. Molerie : *La Roche-sur-Oyon*, 1374, 1407. (*r.* 333, *p.* 90 ; *r.* 344. *p.* 119.)

RAOULZ (Jean). Un herbergement sis à Massoigne : *Mirebeau*, 1437. (*r.* 332, *p.* 15.)

RAQUIN (Jean), de Jaligny. Mote, garenne, étang et dom. de Lingendes : *Moulins*, 1443. (*r.* 454, *p.* 56.) — Jean Raquin, bourg. de Marcigny-les-Nonains, Girard, prêtre, et Guill. Raquins, ses neveu et frères. Fief en la chatell. de *Moulins* ; 1488. — Pierre Raquin, bourg. de Marcigny. Tailles et corvées ès par. de Voma, Thiel et autres : *Chaveroche, Moulins*, 1460, 1488. (*r.* 454, *p.* 303, 313 ; *r.* 484, *p.* 89.)

RAQUIN (Simon), écuyer, S^r des Gouttes. Maisons, cens et rentes ès par. de Thiel et de Besson, 1505. — Louis Raquin, écuyer. T. s. de la Brosse, Fosse-Guerin et autres ; 1506 : *Chantelle, Hérisson, Montluçon, Murat*. — Zacharie Raquin, bachelier ès lois. Dîmes, cens, rentes, tailles en la chatell. de *Pougny* ; 1507. (*r.* 452, *p.* 96 ; *r.* 453, *p.* 151, 175.)

RAS (Pons de), Dam. Moitié du chât. d'Eras, dom. et dr. en dép. ; ens. le chât. de Seintran : *Forez*, 1338. (*r.* 493, *p.* 75.)

RASLET, *al.* Rasletc (Guill.), écuyer. Cens et rentes en la chatell. de *Loudun* ; 1451. (*r.* 339, *p.* 22 ; *r.* 346, *p.* 35.) Rel. de lui : Jean Tade, Chevalier.

RASSETEAU (Michel), cons. en la maitrise des eaux et forêts de Chatelleraut. F. s. de la Rimbertiere, par. de Thure : *Chatelleraut*, 1715. (*r.* 437, *p.* 280.)

RASTOIL (Simon-Gilbert), officier chez le Roi ; Ant. Rastoil, chan.

de N. D. de Moulins, et Jean Gabriel Rastoil, bourg. de Paris, ses frères, enfans de Dianne-Dorothée de Vinssac. Fief et dom. de la Borie, al. Boyre, par. d'Abret : *Vichy*, 1720, 1734. (r. 478, p. 76 ; r. 479, p. 57.)

RATAUST (Dreux), Chev., homme lige de Hueit de Cré, Valet, possessioné à *Loudun* ; 1319. (r. 432 bis, p. 39.)

RATIER (Girard), *Raterii*, Dam. Hospice, dom. et mouv. à *Thiern* ; 1328. — Gui Ratier, Dam., du dioc. de Clermont. Le mas de Mayranges, dîmes, cens et rentes au mandem^t de Cernerie : *Forez*, 1330. (r. 472, p. 1 ; r. 492, p. 232.)

RAUCOURT (Louis de), receveur des tailles en l'Elect. de Gien-sur-Loire. Vignes en la par. St Gaudon : *Bourges*, 1717. (r. 449, p. 145.)

RAUDOT (Jeanne), v^e de Louis le Meusnier, Chev., Sg de Moulinneuf, cons. au parl. de Paris, comme tutrice de Claude-Louise Meusnier, leur fille unique. Fief et dîme du Puy-Taigné : *Civray*, 1688. (r. 435, p. 269, 270.) Voy. Musnier.

RAUDS (Jean des), Chev., Sg. de Ludesse et autres lieux. T. s. de St Dhiery en partie et de Treuille, par. St Dhierry et autres : Elect. de *Clermont*, 1685. (r. 503, p. 511.)

RAUMEAUL (André et Jean), al. Ramueaul, paroiss. de Trenol. Partie de terre à Montandre : *Moulins*, 1411. (r. 454, p. 89, 187.) Non nobles.

RAVATZ (Jean), vend au Cte de *Forez* un cens percept. à St Bonnet ; 1323. (r. 1394, p. 131.)

RAVEAU (Huguenin), écuyer, dem. à Champell, et Jeanette, sa f^e, Damoiselle, fille de feu Pierre Fretoy. Echange d'immeubles avec le Duc de *Bourbon* ; 1409. (r. 1380, p. 3245.)

RAVEAUL (Guill. de), *Ravello*, Dam., fils d'Alise de Marcigny. Mas ou manoir de Chavagny, par. St Leger ; étang et bois de Praters, al. Prautier ; 1392, 1396. — Jeanne de Raveaul, aussi Ravelle. Damoiselle, v^e de Thibaut de Chivignac, Dam., rend hom. par Jean de Chivigniac, Dam., leur fils, à Gui et Jean de la Trimouille, frères, sires de *Bourbon-Lancy*, et d'Uchon, du mas de Chevegny ; 1401. (r. 467, p. 38 ; r. 1377, p. 2932, 2947.)

RAVEL (Pierre), cons. au présid de *Riom*. T. s. de Montauron, par. de Neschers : *Clerm.*, 1716. (r. 505, p. 59.)

RAVENEL (Louis de), Chev., Sg. de la Rivière, capit. de cavalerie. F. s. de Gersunt, par. St Pierre de la Trimouille : *Monmorillon*, 1682. (r. 435, p. 55.)

RAVINEL (Jocerand), fils de feu Guill. Ravinel, Dam., rend homm. lige à Humbert de Villars, Sg. de Thoyre, de ses héritages assis à Cluisel, mandem^t de Rossillon ; 1398. (r. 1393, p. 919.)

RAY (François), m^e cordier, et Jeanne Payen, sa f^e hérit. de Louis Garnier, son premier mari. Maison à la Guillotière : *Lyon*, 1676. (r. 495, p. 91.)

RAY (Gilbert), cons. en l'Elect. de Moulins, et Ant. Ray, av. en parl., son frère, héritiers de Mayculle de Léage, leur mère. F. s. du Tramblay, par. de Coulandon, et menus cens en la par. de Besson, acq. de feu Pierre Hugon, écuyer : *Bourb.*, *Souvigny*, 1720. (r. 478, p. 58, 92.)

RAYBI, Raybe, Rebe (Arnoul), Sg. d'Ulpheu, *Ulfiuci*, donne décharge des engagemens contractés envers lui et son père Arnoul, par Guichard et Humbert son fils, Sires de Beaujeu ; 1232 : et vend à son seg. Cte de *Forez* une rente sur les revenus du chât. de St Just en Chavalet ; 1256. (*r*. 1367, *p*. 1523 ; *r*. 1395, *p*. 294.)

RAYBE (Hugues de), Chev. Chât. fort, t. s. de St Marcel ; ens. la maison forte de Charete, dom., dîme, rentes et autres services, ès par. de Violeys, Balbigny, etc. ; 1314 *ad* 1334. — Ythier Raibe, Chev. ; *Idem*; 1340, 1347 : *Forez*. (*r*. 490, *p*. 40, 211 ; *r*. 491, *p*. 64 ; *r*. 492, *p*. 82, 106, 130.)

RAYBE (Falconet), Dam. T. s. h. j. à Monchains, par. de St Bonit, d'Arfeuille et de St Priest-sur-Besbre : présens, Ythier Raybe, Chev., et Joceran Ducis, Dam. : *Billy*, 1347, 1356. Hugues *Rebi*, Dam., son fils ; *Idem*; 1366, 1377. (*r*. 455, *p*. 255 ; *r*. 456, *p*. 64, 411 ; *r*. 457, *p*. 112 ; *r*. 491, *p*. 47.)

REBE (Joserand), Dam. T. s. ès par. de St Giran-le-Puy, de Crechy, de St Felix et autres : *Billy*, 1370. (*r*. 455, *p*. 278.)

RAYBE (Ythier), Chev., sire de St Marcel, remet au Duc de Bourbon, sa t. et seg. de St Giran-du-Puy en indemnité de la somme de 1000 liv., à laquelle il avait été condamné pour délits par lui commis : *Billy*, 1383. (*r*. 1355, *p*. 29.)

RAYBE (Persenent), et Jeanne, son ép., recon. tenir du Sg de la Roche, la 4e partie du péage de St Cyr : *Forez*, 1393. (*r*. 1398. *p*. 741.) — Partheneude Raybe, Dam., Sg. de St Marcel. Les bois de Chambel, de Massuy et autres, par. de Durbize ; ens. l'étang dud. lieu ; 1406. — Partenaud Rebe, Dam., Sg. de St Marcel. T. s. de Durbize, acq. du Seg. de Tesan et de Parerie ; 1408. — Perceval Raybe, écuyer. Chât. t. s. de St Marcel ; ens. la terre par lui acq. de noble Hugonin, Sg. de Cosans et d'Ysabeau Dalmaise, sa f^e, sise à St André de Roveysons : *Forez*, 1413. (*r*. 491. *p*. 79 ; *r*. 494, *p*. 89, 98.)

RAYGADE (Bernard de). de Sulassol, par. St Amand dioc. de Rodès. Troisième partie du mas de Lebejas, par. de Raolhac : *Carlat*, 1336. (*r*. 473, *p*. 3, 58.)

RAYMBEROS (Guill.), fils de feu Merchomer Bront ou Brant. Dam. Dom., dîmes et rentes ès par. de Sanciat, St Victor et Estivaleiles : *Hérisson*. 1383. (*r*. 462, *p*. 130.)

RAYMOND (Bernard), Guichard, son fils, et Béatrix, ép. de celui-ci, avouent une maison sise à Vauverd, *Vallem viridem*, dom. et mouv. ; et échangent avec Amyet Romain leurs dr. respectifs sur le tenement de Chasaleys assis en Roannois ès par. de St Morice, de Villerais et St Sulpice : *Forez*, 1290, 1293. (*r*. 493, *p*. 120 ; *r*. 1395, *p*. 180.)

RAYMOND (Jean), paroiss. de Colendon, Jean, dit Saume, et Beatrix, sa f^e, sœur de Raymond, vendent à Jean, dit Lamena, bourg. de Moulins, une sauzaye au ter. de Chest-les-Nuereux : *Murat*. 1338. (*r*. 460, *p*. 362.)

RAYMOND (Jean), bourg. de Lyon. Cens, rentes à Feures et Montbrisson. — Pierre Raymond, son fils, et Jeanin, fils de celui-ci ; *Idem* : *Forez*, 1337 *ad* 1342. (*r*. 490, *p*. 2, 228, 241 ; *r*. 492, *p*. 76.)

RAYMOND (Guill.), paroiss. de Thianges, écuyer. Partie de la h. j. de Vacheretes, *al*. Vacheresses : *Moulins*, 1351. (*r*. 455, *p*. 30, 61.)

RAYMOND (Joseph), Chev., Sg. de Breuil. T. s. de Ville-Deseau, *al*.

Duizeau ; ens. celle d'Anglès : *Chizaye*, *Civray*, 1676. La terre d'Angle, par. St Severin, saisie sur lui à la requête d'Anne Sureau, v^e de Michel Tessereau, Sr de Bois-Mathe, et de Michel-Denis Meschin, Chev., Sr de la Prade : 1718. Aveu de sa succession vacante ; 1719. (*r*. 435, *p*. 74 ; *r*. 438, *p*. 352, 409.)

RAYMOND (Jean), Chev., Sg. de St Germain. F. s. de la Motte-le-Roux, par. de Bruslain : *Melle*, 1704 ad 1716. (*r*. 437, *p*. 90, 317 ; *r*. 438, *p*. 114.)

RAYMONDIS (Ant. de), écuyer, fils de François Raymondis. Chât. t. s. du Jonchay, et rentes nobles en la par. de Ville-d'Ance : *Lyon*, 1726. (*r*. 497. *p*. 15, 239.)

RAYMONIN (Jean), paroiss. de Cozon, et de Marguer. sa femme, fille de feu Theveslin Tibaut. Dime de la Varenne, par. de Francesches : *Bourb*., 1366. (*r*. 464, *p* 270.) Non noble Voy. Resmonin.

RAYMONNE (Margot). Herbergem^t au territ. de Luche, tenu à hom. lige de *Mirebeau* ; 1408, (*r*. 329, *p*. 49.)

RAYNALT (Jaques), fils d'Et. Raynald. Dom. noble de St Jal, par. *id*. : *Mercœur*, 1669. (*r*. 499, *p*. 508.)

RAYNAUD (Léonard de), écuyer, fils de Claude de Reynaud, écuyer. T. s. de Monts, par. du bourg d'Arlenc : *Riom*, 1669. — Claude de Raynauld, écuyer, Sg. d'Issards, fils de Jaques de Rayaaud, écuyer ; *Idem* ; 1723, 1725. (*r*. 499. *p*. 188 ; *r*. 500, *p*. 91 ; *r*. 508, *p*. 109 ; *r*. 510, *p*. 14.)

RAYNAUD (Joseph de), de Chambion, écuyer, comme hérit. de Rose de Blanchefort, sa mère, et de Blaise de Blanchefort, écuyer, Sg. de Coufolant, son oncle. T. s. de Confolant, par. de Miremont ; ens. le fief de Maix, par St Ours : *Clerm*., *Riom*, 1717, (*r*. 507, *p*. 206.)

RAYNIER (Marie du), héritière de Françoise Michinu. F. s. de Sr Martin de Lars : *Civray*, 1716. (*r*. 438, *p*. 217.)

RAYS (Guy, sire de). T. s. de Blazon et de Chemelier : *Saumur*, 1405. (*r*. 341, *p*. 103 ; *r*. 345. *p*. 10) Rel. de lui : Edouard de Rohan, à cause de Margot de Chât.-Brient, sa f^e, et Jean de Laval, Chevaliers.

RAYS (le sire de) et de Lohcac, M^{al} de France, pour sa f^e. Chât. t. s de Champtocé et d'Ingrande : *Angers*, 1452. (*r*. 1341, *p* 110.)

RAYTY (Jaques de), de Villeneuve, Chev., Mis de Trans, d'Ars et Vitré. F. s. d'Azat, par. d'Usson, et du Bois des Vaux, par. St Morice de Gencay : *Civray*, 1676. — Ant. de Rayty, Chev., Mis de Trans, etc., son fils aîné ; *Idem* ; 1703, 1716. (*r*. 433, *p*. 17 ; *r*. 437, *p*. 107, 108 ; *r*. 438, *p*. 57.)

RAYTIZ (Guill.). Maison et vignes sous les murs du chât. de Noireau, *Nigræ undæ* : *Forez*, 1334. (*r*. 490, *p*. 176.)

RAZ (Michel), de Nogent au dioc. d'Orléans, ci dev. châtelain de Murat, et Jeanne d'Olivet, pour satisfaire au reliquat de compte rendu au Sire de *Bourbon*, lui abandonnent tous leurs biens meubles et immeubles ; 1302. (*r*. 1358, *p*. 537.)

RAZAY (Anne de), Dame d'Orsaine et de Murat, agissant pour elle Honoré de Preaux, Chev., son fils. T. s. de Murat, Fougerole et Bois-St-Martin : *Crozant*, 1669. (*r*. 474, *p*. 150.)

RAZELE (Adelaïde de), v^e de Jean de Razele, Chev. Maison, dom. et dr. en dép. : *Billy*, 1300. (*r*. 457, *p*. 160.)

RAZELLE (Gouet de), Dam. ; 1322. — Etienne de Razelle, Dam. ; 1342. — Jean de Razelle, Dam. ; 1347, 1357. Hôtel de Razelle, dom., dîme et dr. seig., ès par. de Leugy et *Billy*. (*r.* 455, *p.* 316, 318 ; *r.* 456, *p.* 51. 84.)

RAZELLE (Odine de), v^e de Jeanet Taix, Dam. Cens et rentes en la par. de Foux: *Billy*, 1411. (*r.* 455, *p.* 276.)

RAZES (Ant. de). F. s. du Groz : *Dorat*, 1506. (*r.* 452, *p.* 183.)

RAZES, *al.* Razet (Jeanne de), v^e de Jaques Mazault, proc. du Roi au présid. de Poitiers. T. s. des Tousches, près Poitiers, saisie sur elle: *Maubergeon*, 1682. (*r.* 435, *p.* 29.)

RAZILLY (François de). Chev., Sg. dud. lieu ; 1605. — Claude de Razilly, Chev. chef d'Escadre ; 1654. — Claude de Razilly, Sg. dud lieu, de Beaumont et de Velort, Chev., son fils aîné, lieut. au rég. des gardes ; 1664. T. s. des Aumesle *al.* des Eaumelles, acq. de Louis de Beauvollier, S^r des Maladeries: *Loudun*. (*r.* 352, *p.* 54, 55 ; *r.* 355, *p.* 59 ; *r.* 356, *p.* 83.)

REBICHON. Voy. Robichon.

REBIERE (Jean), dem. au vill. de Cessac, par. de Buxière. Partie des fiefs de Cessat, Lavaut et de Faugeret-Gourlaud, par. de Nailliac : *H. Marche*, 1669. (*r.* 474, *p.* 206.)

REBIERES (Jean), m^d au vill. de Vessieres. Rente et dom. aud. lieu, par. de Barriac, relev. de l'abbé d'Aurillac : *Riom*, 1669, 1672. (*r.* 499, *p.* 302 ; *r.* 500, *p.* 161.)

REBOUCHE (Thevenin), bourg. de Villeneuve-sur-Allier. Deux pièces de terres et une menue rente : *Belleperche*, 1410. (*r.* 465, *p.* 177.) Non noble.

REBUFFE (Claude), recteur du collège de Bourbon, pour Marie Anjouannet, sa fe. Le fief des Deux prés, par. d'Igrande : *Bourb.*, 1716. (*r.* 477, *p.* 225.)

REBURE (Léonard), av. au présid. de la Marche, et notaire au bourg de Buxiere. Fief de Cesseu ; *Ibid.*: *H. Marche*, 1669. (*r.* 474, *p.* 218.)

RECHAGNEU (Guill. de). Sa maison d'Alezete et dép., tenues d'Aymar, Sg. de Rossillon : *Forez*, 1355. (*r.* 494 *p.* 182.)

RECHAINS (Hugonin), Dam., fils de feu Girard Rechains, Chev., vend à Jean, Cte de *Forez*, divers cens et rentes en la par. St Morice en Roannois ; 1285. (*r.* 1395, *p.* 270.) — Hugonin Rechains, *al.* Hugues Rochains dit Corayllons. Dam. et Agnès, sa fe. vendent divers cens près de Cordelle : *Forez*, 1296. (*r.* 1395, *p.* 372.)

RECHAYN (Cather., v^e de Perrin), tutrice de Jean, leur fils. Maison *de Bonovario*, dom., étang, moulin, gareane et mouv., par. de Mable : *Forez*, 1331. (*r* 493, *p.* 151.)

RECHIGNEVOISIN (Louis-Rimbault de), Chev. Maisons, t. s. de Guron ; 1663. — Jean de Rechignevoisin, Chev. Herbergem^t de Caulnay ; 1688. — René de Rechignevoisin, de Guron, Chev., Sg. de Gurat, fils de Jean de Rechignevoisin. F. s. de Breuillac, et un herbergem^t sis à Caulnay ; 1723 : *Civray*, *Lusignan*. (*r.* 433, *p.* 263 ; *r.* 435, *p.* 139. 266 ; *r.* 438. *p.* 506, 507.)

RECLESNE (Claude-Eléonore de), écuyer, comme mari de Jeanne de la Ramas. F. s. de la Guillermin, par. de la Ferriere : *Billy*, 1717. —

Claude-Eléonore de Reclesne, Chev., capit. de cavalerie, et Marie Tixier de la Nogerette, son ép., héritière de Charles Tixier. F. s. du Treuil, par. de Besson; ens. la terre de la Vinert : *Souvigny*, 1728. (*r.* 477, *p.* 517 ; *r.* 480, *p.* 17, 19.)

RECLENE, Recleine, Rescelene (Benoît-Marie de), écuyer. T. s. de Lyonne, par. de Coignat; et des Granges, par. de St Pont, etc. : *Billy, Chantelle, Gannat*, 1717 ad 1735. (*r.* 477, *p.* 441, 539 ; *r.* 478, *p.* 144 ; *r.* 481, *p.* 135.)

RECLUS (François de), écuyer. T. s. de la Cibiou : *Civray*, 1676. (*r.* 433, *p.* 10.)

RECORDERE (Jaques), proc. du Roi au siége royal de Murat. T. s. de Bourgnatel, la Buissonniere et autres lieux, par. de Bridon, Chastel-sur-Murat, etc. : *Riom*. 1669. (*r.* 499, p. 596.)

RECREUX (Vincent de), pour sa f^e Jeanne, fille de feu Pierre de Charrolere, autrem^t Ginest. Maison au chesal de Veure, dom., bois, garene, pêche, cens et tailles en dép. : *Bourbon.*, 1398. *r.* 465, *p.* 69.) Non noble.

REDON (Guiot). Herbergem^t appel. la Bloualiere : *Mirebeau*, 1437. (*r.* 329, *p.* 50.)

REGI (Jean de), Chev., 1er présid^t au bureau des finances de *Riom*, fils d'Imbert de Regy, Chev., et de Jeanne de Seriers. T. s. de Palerne et de St Igniat : *Riom*, 1669. (*r.* 499, *p.* 330, 331.)

REGI (Marguer. de), v^e de René de la Richardie de Besse, Chev., Bon de Genistoux. Dîme de Chariel, ès par. de Celle, Velore et autres : *Riom*, 1676. (*r.* 501, *p.* 35.)

REGIS (Mathieu), M^e en droit. Cens, rentes et autres dev. sur le tenem^t de Tremelent, par. d'Ussoin : *Forez*, 1331, 1333. (*r.* 491, *p.* 276 ; *r.* 492, *p.* 261.)

REGIS (Jean), m^d à Felletin. F. s. de la Seillade, par. St Medard des Landes : *Marche*, 1669. *r.* 474, *p.* 194.)

REGNARD (Pierre). bourg., fils de Bernard Regnard. Fief de Maxieres, avec j. h. m. et b. dans les appartenances de Bussieres : *Gannat*, 1717. (*r.* 507, *p.* 225.)

REGNART (Phil.), sergent au baill. de Touraine. Quatre arpens de terre, près de Chançay. relev. du Roi à foi et hom. lige, avec le dr. de tenir Assise, avoir bailli, greffier, proc , serg^t, etc. : *Amboise*, 1506. (*r.* 432, *p.* 5) — Phil. Regnart, notaire à Tours. Petit fief près de Chançay : *Amboise*, 1517. — Claude de Regnard, écuyer. Fief de Bois-Roger : *Amboise*, 1523. (*r.* 432, *p.* 82, 83.)

REGNAUD, Regnault, Regnaut (Huguenin), autrement dit le Brucrat, et Beatrix, sa f^e, dem. à Chastel-Chinon, affranchis par le Duc de Bourbon, moyen. 120 fr. d'or ; 1360. — Olivier Regnault et autres, ses parens ; *Idem*, moyen. 93 fr. ; 1368 : *Bourb*. (*r.* 1380, *p.* 3244, 3280.) Ces affranchissemens sont dits être faits du consentement du Roi.

REGNAULT (Jean), de Chât.-Chinon, d'une part; Symon de Fretoy, écuyer, pour lui, Jeanne sa sœur, Ysabeau leur mère, et Esglantine, sa f^e d'autre part. Echange entr'eux de divers héritages et hommes de serve condition, ès par. de Chastain, Dommartin, St Léger et autres ; 1398. — Jean Regnaut, garde du scel de la chatell. de Chât.-Chinon. Maison aud. lieu. et menus cens à Champseur ; 1399. — Jean Regnaut. T. s. de Villemoulin, et dîmes d'Orante en la chatell. de Lormes, par lui nouvel. acq.; 1415 : *Chât.-Chinon.* (r. 469, p. 159, 212, 213 ; r. 1380, p. 3238.)

REGNAUD (Perrin), paroiss. de St Martin des Lacs, fils de feu Regnaud, forgeron des Granges : *fabri des Grangiis*, pour lui, Lucienne, sa tante, et Agnès sa cousine germaine, f° de Jean Martin. Troisième partie d'un pourpris ou hospice : *porprisium seu hospitium* ; de terres, prés et tailles : *Moulins*, 1378, 1391. (r. 454, p. 213 ; r. 455, p. 51.)

REGNAUT (Guill.), fils de feu Regnaut, pour lui, Perrin, Jean, Hugonette et Marguer., ses frères et sœurs. Chesal, manoir et dom. à Mareiz, par. de Benegon ; 1356. — Jean Regnault, écuyer. Trois maisons, terres et prés *Ibid.* ; 1411 : *Aynay*. (r. 462, p. 278 ; r. 463, p. 36.) Au dos : soidisant écuyer.

REGNAULT (André). Maison sise au Donjon, et le lieu de la Beaudière, par. St André de Crenay : *Roche-sur-Oyon*, 1407. — Jaques Regnault, cons. et lieut gén. du Duc d'Anjou, en la t. et s. de la Roche-sur-Oyon, obtient de ce Prince le dr. d'usage en la forêt dud. lieu, pour le service de sa maison de la Brossardère ; 1448. (r. 333, p. 71 ; r. 336, p. 61 ; r. 344, p. 119.)

REGNAUT (Jean), autrem¹ Bayolat, prêtre, pour lui, ses frères Pierre et Jean, et ses neveux Jean Martin, Perrin, Pierre et Jeanne, enfans de Jean Pailein, et de feue Jeanne Regnaude. Mote, fossés, garenne, étang, bois, cens et rentes en la par. de Meilars : *Verneuil*, 1411. (r. 460, p. 175.) Non nobles.

REGNAUD (Jean), bourg de Croset en Roannois, fils de Guill., et petit-fils de Gilbert Regnaud. Maison, terres, prés, grange et mouv. appel. de Groffières : *Forez*, 1514, 1521. (r. 483, p. 57, 58 ; r. 491, p. 234.)

REGNAUD (Jean), lieut. crim. au présid. de Gueret. T. s. de Chanteville · *Marche*. 1669. (r. 474, p. 14.)

REGNAULT (Jaques), Sr du Parc, pour Marie Duval, sa f° héritière de Marie Ragueau, vᵉ en 1ʳᵉˢ noces de Jean Duval. Fief de Fosses, par. de Brimay *Vierzon*, 16/1. (r. 445, p. 190.)

REGNAUD (Pierre), Chev., Sg. de Lage Bertrand. Herbergemᵗ et seg. de Chemerault en Limalonges : *Civray*, 1676. — Pierre Regnault, écuyer, son fils ; *Idem* ; 1716. — François Regnault, Chev. ; *Idem* ; 1695. (r. 433. p. 23 ; r. 436, p. 31 ; r. 438, p. 117.)

REGNAULD (Gabriel), proc. au parl. de Paris. F. s. de la Maison-Neufve, par. de Bazoges : *Vouvant*. 1698. (r. 436, p. 142.)

REGNAUD (François), mᵈ en la par. de Bort. Le dom. de Hauteville ; justice h. m. et b. en la par. de Varennes-sur-Tesche : *Chaveroche*, 1701. (r. 476, p. 151.)

REGNAULT (Pierre), écuyer, Sg. de Villeneufve, veuf de Cather. de Goret, comme administrat. de Pierre Regnault, leur fils, héritier de J. B. de Goret, son oncle. F. s. de la Bonnière, par. St Martin de Quinlieu : *Chatelleraut*, 1704. (r. 437, p. 94.)

REGNAUD, aussi Reignaud (Petronille), vᵉ de Noel Cachet. Partie de la gᵈᵉ dîme de Mechin par. de Veurdre : *Bourb.*, 1717, 1724. (r. 477, p. 543 ; r. 478, p. 467.)

REGNERS (Guill.), et Gibor, sa fᵉ. Maison de Crenolles, dom. et dr. par. de Tresail : *Chaveroche*, 1301. (r. 468, p. 253.)

REGNIER (Jean), bourg. de St Porcian, pour Jeanne de Vaux, sa f^e. Dîme, cens, rentes et tailles ès par. de Mellars, Branciat, Lochi: *Verneuil*, 1322. (r. 460, p. 157.)

REGNIER (Perrin), bourg., etc. T. s. de Sauzet, ès par. de Charede, Sanciat et Berberie ; 1327. — Jean Renier, bourg., etc. Divers dr. seig. ès mêmes lieux ; 1350. — Michel Regnier, de St Porcian. Cinq dimes, dr. et actions sur divers terroirs ; 1374 : *Chantelle*. (r. 458, p. 217, 336 ; r. 459, p. 94.) La qualité *domicellus* rayée au texte.

REGNIER (Hugues), et Jaquette, al. Jaqueline, sa f^e. Partie de la g^{de} dîme de Neuvy, et menus cens; ens. la grange de Soye, terres, bois, cens et tailles, par. St Menoux, et une rente sur le mas de Cordain : *Moulins, Souvigny*, 1375. (r. 454, p. 50 ; r. 465, p. 18 ; r. 467, p. 175.)

REGNIER (Jaques), écuyer. T. s. de Chambon, en la chatell. de *Vichy*; 1505. (r. 452, p. 43.)

REGNIER (Claude), l'aîné, m^d. F. s. de Barniers, par. de Varennes, acq. de Susanne Burelle, v^e de Claude de la Geneste : *Billy*, 1717. (r. 477, p. 327, 638.)

REGRAIN (Gilbert de), fils de Charles Regrain, et Marguer., sa sœur, v^e de Pierre Huguet, Sr de la Lande, M^e des eaux et forêts de la maîtrise de Cerilly. Moitié de la g^{de} dîme de Reugny : *Hérisson*, 1692. (r. 475, p. 81, 91, 104.)

REIGNE (Jaquete), fils de feu Jaques Reigne Fief de la Buellère, tenu à hom. lige de *Mirebeau*; 1362. (r. 329, p. 52.)

REIGNIER (François du), de Chezalles, et Claude du Reignier, épouse du Sr de Mondion, héritiers de Charles du Reignier, Sg. de Segry, leur frère. T. s. de Cossoniere ; *Vouvant*, 1720. (r. 438, p. 424.)

REMEAUX (J. B. Victor-Amédé de), Cte de St Trivier, gouverneur de la ville de Macon, fils de feu Guill. de Cremeaux. T. s. d'Entragues : *Riom*, 1670. (r. 502, p. 14.) Voy. Cremeaux.

REMIGNY (Paul-Louis de), Chev., Mis de Joux. T. s. de Semeline, par. de Billy-lez-*Nevers*: St P.-*le-Moust.*, 1700. — Paul-Louis J. B. de Remigny, Chev., Mis de Joux : *Idem*; 1723. (r. 476, p. 27 ; r. 478, p. 347.)

REMPNOULX (Guill. et Barthélemy), frères. T. s. de Gorse, de la Betoulle et de St Soulpice : *Marche*, 1506. (r. 452, p 285.)

RENART (Pierre), Valet. Herbergement de la Roche-Chizaye : *Mirebeau*. 1329. (r. 331, p. 9, 10.)

RENAUD, Renault (Jean), bourg. Cens et rentes à *Gannat* ; 1322. (r. 457 bis, p. 103.)

RENHAUZ (Pierre), Dam. Dom. et cens ès par. de Chemilli, Hauterive et *Beçay* ; 1330. (r. 455, p. 222.)

RENAUT (Guill.), écuyer de la Duch. de *Bourbon*, mère du Duc Pierre, obtient lettres de rémission pour le meurtre d'une f^e entrée chez lui le soir avec une sorte de violence ; 1350. (r. 1376, p. 2712.)

RENAUD (Ant. de), écuyer, fils de Léonard Renaud, écuyer. T. s. de Teillat, Vazelette et autres ès par. de Bauzire, Marra et St Just; ens. celle du Grippel en la baron. d'Oliergue : *Brioude, Riom*, 1669. (r. 499, p. 162 ; r. 502, p. 87.) Signe : Le Gripel de Renaud.

RENAULT (Jean), m^d. F. s. de Perreaux, par. de Limoise : *Bourb.*, 1710 ad 1717. (r. 476, p. 248 : r. 477, p. 13, 558.)

RENAUD (Jean), écuyer, Sr de Chaudian. T. s. de Chât.-Renaud, par. de Franchesse : *Bourb.*, 1717. (r. 477, p. 510.)

RENAUD (Louis), écuyer, Sr de Brandon, fils de François Renaud, écuyer, Sg. de Venize. Partie de la dîme de Bouc, par. de Compe : *Verneuil*, 1717. (r. 477, p. 588.)

RENAUD (François), écuyer, lieut. au rég. de Navarre, pour lui et ses sœurs, donataires de Claude Renaud, écuyer, leur oncle. F. s. de la Sauzée, par. de Cressange : *Verneuil*, 1724. (r. 478, p. 550.)

RENAUDET (Gilbert), Sr du Gachat. F. s. de Sullas, dîme de Vallière et bois en dép., par. de Bransat et de Saulcet, acq. de François de Chary, Chev., Sg. des Gouttes, et d'Esther de Monchary, sa f^e : *Verneuil*, 1720, (r. 478, p 80)

RENAUDIN (Jaques). T. s. de Tassillé, saisie après son décès : *Mans*, 1681 (r. 410, p. 24.)

RENAUDON (J. B.), proc. au baill. d'Issoudun. Un quart du moulin de Landranda, par. St Cyr : *Issoudun*, 1689. (r. 446, p. 44.)

RENAYRON (Michel). Vigne et partie de terre au territ. de Puy-Rouge, mand^{emt} de Sury-Comtal : *Forez*, 1403. (r. 1402, p. 1272.)

RENEL (Guill.), paroiss. de Marcegny. Rente, moitié d'une dîme et le four bannal de *Chaveroche* ; 1342. (r. 468, p. 206.) Non noble.

RENEL (Jeanne de), v^e de François d'Aubrichourt, mort sans hoirs, sœur germaine d'André de Chauvigny, Chev., auquel elle avoit transporté la seig. de Renel, etc., se réserve sa vie durant, la jouiss. des terres de Rochefort, Estolle, Jainsac et Louchy : *Riom*, 1448. (r. 1374, p. 2394.) Voy Revelle.

RENELLE (Beatrix), v^e d'Et. Chapot. Dom., bois et cens ès par. de Souvigny, Chemilli, St Geran-en-Vaulx, Longeprée et Neuve-église : *Becay*, 1370. (r. 455, p. 195.) Non noble.

RENERIE, aussi Regnerie (Jaques de la), écuyer, fils de Marc de la Renerie, écuyer T. s. de la Renerie, par. de Chameane, al. Chamaine : *Usson*, 1669, 1670. — Jean, son fils, écuyer ; *Idem* ; ens. la seg de Vernat ; 1683, 1685. (r. 499, p. 354 ; r. 500, p. 70 ; r. 503, p. 42 ; r. 504, p. 83)

RENEYS (Etienne de), Dam. Maison forte, t. s. de Fay : *Forez*, 1292. — Godemar de Rennes, Dam. Maison forte, t. s. de Fayn : *Forez*, IX cal. octob. dom. post festum S. Mathei : dim. 23 sept.... (r. 492, p. 105 ; r. 493, p. 113.)

RENNES (Jean de), Valet, et Phil. de Rennes, sa sœur. Herbergement appel. la Roche de Rennes, ès par. de Vou et de Breuil : *Loches*, 1319, (r. 432, p. 42.)

RENOUAR (Aignan), à cause de Jeanne Millet, sa f^e, fille de Pierre Millet. Partie d'une maison à *Bourges* ; 1717. (r. 450, p. 2.)

RENOUARD (Charles), écuyer. F. s. de Servolle, par. de Boutteville : *Angoul.*, 1731. (r. 442, p. 8.)

RENOYRIE (Petronille de), v^e de Pierre Jomar, bourg. de St Baldomer, tient du chef de son oncle Pierre de Renoyrie, des maisons situées au chât. de *Montbrisson* ; 1333. (r. 490, p. 11.)

REOVILLE, *al.* Reonville (Guill. de), Dam., par son curateur Hugues de Veridique-ami, *de Veridi amico*. Cens, rentes et autres dr. en la par. St Bonit : *Forez*, 1335. — Guigone, sa v^e ; *Idem* ; 1337. (*r*. 491, *p*. 7 ; *r*. 492, *p*. 180.)

REPENTI (Jean, sire de). Chev. Manoir, dom. et rentes de Bournet, vendus au sire de Goussaut, Chev., Sg. de Thoury, M^e d'hôtel du Duc de Bourbon ; 1358. (*r*. 1357, *p*. 382, 396.) — Henri de Repenti, écuyer, fils de feu Jean de Repenty, Chev. Rente de 30 liv. sur la plume et les boucheries de Clerm. en *Beauvoisis* par lui vendue à n. h. Bichat de Chauvigny, écuyer, chambellan du Duc de Bourbon, Cte de Clermont ; 1362. (*r*. 1378, *p*. 3066.)

REPUSART (Marin), étudiant en l'univers. d'Angers. Herbergement de Lovssellière, tenu à hom simple : *Mans*, 1547. (*r*. 432, *p*. 74.)

REREY (Cather., Dame de). Dom., bois, garenne, cens et tailles ès par. d'Aubigny et d'Oroux : *Belleperche*, 1300. (*r*. 455, *p*. 175.)

RESMONET (Jean), de Tylai, pour Agnès de Pomerie, son ép. Hôtel, dom. et seg. de la Pomerie, acq. de Jeanne de la Varuelle : *Bourbon*., 1380 (*r*. 464, *p*. 335.)

RESMONIN, aussi Remonin (Jean, fils de Jean), paroiss. de Cozon. Dime de la Chaucée, *de Calcea*, par. d'Augy et de Franchese ; parties de terre et de cens en la par. de Pouzi ; 1399 *ad* 1443. Non noble. Voy. Raymonin. — Vincent Besmouin, écuyer, paroiss. de Couson. Dîme du Thilay, *al.* Tillay, par. de Limoise, Franchese et Augy ; témoin Pierre de la Thoulière, écuyer, Sg. de St Maurice ; 1488, 1506. (*r*. 453, *p*. 176 ; *r*. 464, *p*. 71, 154, 176, 272 ; *r*. 482, *p*. 3 ; *r*. 484, *p*. 65.)

RETANGAUD (Guill.), bourg. de Marcigny, pour Lorette, son ép. Terres appell. les Issars-des-Bés, et un mas tenu de lui : *Beaujeu*, 1334 (*r*. 489, *p*. 149.)

RETI, Retif, Resti (Aymon) Hôtel de Cernai et un terrage contigu ; 1300. Au dos : *dicitur ignobilis*. — Guill. le Retis, Dam., paroiss. de Cucy. Maison et mas appel. Villefranche ; 1322. — Hugues Retis, *al.* Resci, Dam. Maison forte, t. s. de Cierne ; 1342 : *Billy*. (*r*. 457, *p*. 65, 145, 188.)

RETI (Sibille, fille de feu Guillemin le), Damoiselle. Cens et rentes en la par. St Giran de Vaulx ; présent Gui de Valenson, Dam. ; 1343. — Simon Rety, de Rougières, à cause d'Ysabelle de Leyder, sa f^e. Dom., dime, cens et rentes en la même par. de St Giran ; 1347 : *Verneuil*. (*r*. 459, *p*. 200 ; *r*. 468, *p*. 138.)

RETI (Hugues le), Dam., paroiss. de Montodre, pour Alise, son ép., fille de feu Girard de St Aubin. Hôtel de la Fay ; t. s. ès par. de Voma, Thiel, Chappeaux, Lisigni : *Moulins*, 1366, 1374. (*r*. 455, *p*. 69, 74.)

RETI, aussi Retif (Girard), écuyer, à cause d'Alips de Gerardières, sa f^e. Moitié de l'hôtel de Gerardières, dom. et dr. en dép., par. St Félix : *Bessay*. *Billy*, 1444. (*r*. 455, *p*. 37, 38.)

RETILS (Jean le), dem. à Vaizy. Terres et mouv. à Nevegne : *Chât.-Chinon*, 1353. (*r*. 470, *p*. 76.)

RETORTOIRE, aussi Retourtour (Eudes de), chan. de Valence. Une maison et dép. à St Just en Vallaine ; *Vallania*, dioc. de Lyon, que rel. de lui à hom. lige Bertrand d'Eycotay, Dam. : *Forez*, 1290. — Armand de Retortoir, Chev. Village et territ. de St Just en Vallaine ; 1307. — Otton, Sg.

de Retortoire et de Beauchateau, *Bellicastri*. T. s. de St Just ; 1314. — Jean, Sg. de Retortoir et de Beauchat.; *Idem* ; 1334. — Briand de Retortoire, Chev., Sg. de Belcastel. Maison et vill. de St Just en Vellaine ; 1338. Il abandonne à sa mère Beatrix, ép. du Mis de Canillac, fille de feu Guigues de la Roche, la part qui lui revenoit en la success. de son père ; 1347. — Baudonne de Retourtour, sa fille, v^e de Jeffrey, sire de Chaste, Chev., et Ybot, sire de Chaste, d'une part ; et Jaques, sire de Tournon, d'autre part. Accords passés entr'eux touchant la succession de Briant de Retourtour, et ces accords déclarés nuls par le Duc de Bourbon, Cte de *Forez* ; 1385. (*r*. 490, *p*. 53 ; *r*. 491, *p*. 49 ; *r*. 492, *p*. 179, 273, 312 ; *r*. 1398, *p*. 646 ; *r*. 1401, *p*. 1116)

REUGNY (Louis de), Chev., Sg. du Tramblay comme tuteur de Georges-Marie-Louis de Reugny, son neveu. Fief, justice et seg. du Tramblay, par. d'Issenay ; 1684, 1693. Led. neveu ; *Idem* ; 1726 : St *P.-le-Moustier*. (*r*. 474, *p*. 578 ; *r*. 476, *p*. 47 ; *r*. 481, *p*. 70)

REUGNY (François de), Chev., Sg. de Vernière, Mis du Tramblay, écuyer ordin. du Roi. pour son ép. Anne de Champfeu. T. s. de la Fin, par. de Theil, *al*. Thiel : *Moulins*, 1698. — François de Reugny, Sg. de Vilate, aussi écuyer ordin. du Roi. Terre appel Molandrie, par. de Leray : *Bourges*, 1711 (*r*. 449, *p*. 50) — François, Mis de Reugny, Chev. ; *Idem* ; 1717. (*r*. 475, *p*. 160 ; *r*. 477, *p*. 566.)

REUGON (Jean de), paroiss. de Livry, pour Jeanne, sa f^e, fille de feu Jean Bichon. Le Bois du Plais-au-Mellers, près Parez, terres, près, cens : *Bourbon.*, 1374. (*r*. 463, *p* 183.) Non noble.

REUHERII (Jean), traduit Reugnier. Deux pièces de terre et une vigne en la par. de Tresail : *Chaveroche*, 1342. (*r*. 468, *p*. 165.) Non noble. — Aubert *Reuherii*, de St Porcien. Trois vignes en la par. de Chatel de Henur ; *Verneuil*, 1375. (*r*. 460, *p*. 185.) Au texte : *domicellus*. Au dos : *bourgeois*

REULLON (François), m^d tanneur. Fief au faub. de Groselier, près Moulin-Engilbert : St *P.-le-Moustier*, 1687. (*r*. 474 *p*. 639.)

REUX (Guill. de), dit Montjoye, roi d'armes des François, pour lui et Marguer. Boutefeu, sa f^e, fille de feu Huguenin Boutefeu, écuyer. Hôtel, t. s. de l'Espine, par. d'Agouge : *Bourbon.*, 1413. (*r*. 463, *p*. 103.)

REVANGE (Nicolas), écuyer, Sg. de Chassignolle, cons. au présid. de Moulins, hérit. de Christophe Revange, et Jeanne Maréchal, son ép. Moitié de la dîme de Champagnat ; t. s. de Chamblant. Bompré, Loutaud, Villemouze, etc., par. de Percenat. Maguet, Pregny et autres : *Billy*, *Chantelle*. — Nicolas-Joseph Revange, écuyer, son fils ; *Idem* ; 1700 ad. 1728. (*r*. 475, *p*. 278 ; *r*. 477, *p*. 405, 407 ; *r*. 480, *p*. 117 ; *r*. 481, *p*. 21.)

REVEAUS (Tassins). Troisième partie de la Mareschere, consistant en dom., bois, garenne, cens, amendes, etc. : *Chaveroche*, 1300. (*r*. 468, *p*. 317.)

REVELLE, ou Renelle (Jeanne de), Damoiselle, v^e de Thibaut de Chevigny, *Chivigniaco*, comme tutrice de Jean leur fils. Maison de *Verriis*, dom. et dr. en dép. : *Belleperche*, *Moulins*, 1375, (*r*. 454, *p*. 322.)

REVERZIS (Hodin), paroiss. de Beçay, avoue devoir un cens au Cte de Forez pour la garde de ses propriétés sises à *Beçay* ; 1340. (*r*. 395, *p*. 196.)

REVOYRE (Jacomet), Dam., fils de Guill. Revoyre, et Aelide, son ép., fille de feu Jean de Gannat, *al.* Larrat. Droit sur l'aide des bleds vendus à *Gannat* ; 1350. (*r.* 458, *p.* 69.)

REY (Sibille), v^e de Martin Ollier, m^d. Domaine à la Guillotière: *Lyon*, 1722. (*r.* 497, *p.* 174.)

REYMOND (Blaise), Chev., trés. de France. Montagne appel. de Massegru, en toute justice, h. m. et b., par. de Marceuat et de Landegrat: *Riom*, 1683. (*r.* 503. *p.* 176.)

REZ (Jean de), dit Buphin. Le clos de la Goutte, pré contigu, cens et cout., tenus en fief lige . *Verneuil*, 1300. (*r.* 459, *p.* 191.) Non noble.

REZ (Marguer de la), v^e de Faucon, dit Choul. T. s. de St Michel, par. de Trestiaus: *Chaveroche*, 1300. (*r.* 468, *p.* 201.)

REZ (Guiot des), écuyer, pour sa f^e. Dom., cens et rentes en la par. de Besson : *Souvigny*. 1301. (*r.* 467, *p.* 246.)

REZAY (Louis de). Sg. de Chastenay. T. s. d'Azé: *Angers*, 1446. (*r.* 337, *p.* 67 ; *r.* 340, *p.* 172.) Rel. de lui : Jeanne d'Acqueue, Dame de Baubigné ; Jean Bahoul ; Jean le Bigot ; Pierre du Chesne ; Bertrand de la Jaille ; Hugues de Montallais: Guill. de Sevigny ; Jean le Verrier, Chevaliers.

RIALLAC (Richard de), Dam., fils de Hugues, Dam. Repaire de Riallac, et dép. : *Carlat*, 1350. — Hugues de Riallac, *al.* Raillac, Dam., fils de Guill. Riallac, Chev. Moitié du mas de Railhac ; partie ou totalité d'autres mas en dép., par. de St Julien en la châtell. de Taorssac: *Carlat*, 1355. (*r.* 473, *p.* 10, 37.)

RIBAUD (Magdel.), v^e de Georges Pelissary, trés. gén. de la marine, Sg. de Gravignan et de la Bourdaisiere. Chatellenies de Tuisseau et de Montlouis: *Saumur* ; ens. les seg. du Coudray et de la Coste, par. St Martin le beau : *Amboise*, 1680. (*rr.* 413, 414, *pp.* uniques.) Tiennent d'elle : Charles Bouchard, Sr de la Gaignerie ; Nicolas de Braque ; Gilles Deodeau, Sr du Grand Aireau , Claude Fortier, Sr de Resnay ; Martin Garreau, Sr du Bois-Denis, écuyers.

RIBAULD DUBOIS (Pierre Alexis), curé de Nempuel. F. s. de Lage-au Trudon par lui acq. de Jaques le Coigneux, Mis de Bellabre, colonel de dragons : *Monmorillon*, 1722. (*r.* 438, *p.* 478.)

RIBAULD, aussi Ribaud (Joseph), receveur des fermes du Roi à Gannat. F. s. de la Chapelle d'Andelot ; ens. la justice sur toute la par. dud. lieu, acq. de Philib. de Fontanges, Sg. de *Gannat*; 1722 ad 1734. (*r.* 478, *p* 276, 424 ; *r.* 479, *p.* 52.)

RIBEAULT (Emart, *al.* Girard de). Héritages ès par. de Lucenay-sur-Allier, de Monteglis et de Trenol · *Belleperche*, ... (*r.* 454, *p.* 221.)

RIBERET, aussi Ribertet (Antoine de), et Annet Riberet, son neveu. T. s. de Riberetz en la châtell. de Felletin: *Marche*, 1506. (*r.* 452, *p.* 182.)

RIBEROLLES (Ant.), bourg. de Thiers. Chât. des Orts, cens, rentes et autres dr., par. St Genez de *Thiers* ; 1723. (*r.* 509, *p.* 27.)

RIBEYRE (Ant.), lieut. gén. au présid., *al.* en la sénéch. de Clermont. Chât. terre, dîme et seg. d'Omme, *al.* Ompines. Le même, Chev., cons. d'honneur au parl. de Paris. Moitié de la dîme du Crest: *Riom*, 1669 *ad* 1686. (*r.* 499, *p.* 595 ; *r.* 501, *p.* 61 ; *r.* 504, *p.* 97, 112.)

RIBEYRE (Jean), Chev., cons. du Roi en ses conseils d'Etat et privé. Chât. t. s. de Fontenille, Lezoux, Lempty et autres : *Riom*, 1670 *ad* 1687. (*r* 502, *p*. 77 ; *r*. 503, *p*. 195 ; *r*. 505, *p*. 64.)

RIBEYRE (Ant.), Chev , capit.-major au rég. des Gardes, stipulant pour lui et François Ribeyre, Chev., 1er présid^t en la cour des aides de Clerm -Fer. T. s. de St Saudoux : *Riom*, 1670. (*r*. 499, *p* 735.) — Le même François Ribeyre. T. s. de Nebouzat ; 1669 ; ens. celles de Fontenille, Lempty, St Saudoux et autres, acq. de Jean R beyre, écuyer, et d'Ant. Ribeyre M^{al} de camps et armées du Roi ; 1683, 1688. — Charles Ribeyre, Chev., son fils, revêtu du même office ; *Idem*; 1669, 1716. (*r*. 499, *p*. 673 ; *r*. 503, *p*. 137 ; *r*. 505, *p*. 94 ; *r*. 506, *p*. 20 ; *r*. 507, *p*. 30.)

RIBEYRE (Paul), Chev., trés. de France. T. s. de Nebouzat, par. de même nom, acq. de son frère François de Ribeyre ; 1683. — J. B. Ribeyre, écuyer, cons. en la cour des aides de Clermont-Ferrand, pour lui et Cécile de Guerry, sa mère, v^e de Paul de Ribeyre. Même t. et seg. de Nebouzat : *Riom*, 1716, 1723. (*r*. 503, *p*. 133 ; *r*. 507, *p*. 36 ; *r*. 508, *p*. 32.) — Gabriel de Ribeyre, écuyer, par success. de J. B. Ribeyre, son frère. T. s. de Nebouzat ; et, du chef de son ép. Françoise Poisson, fille de feu Et. Poisson, écuyer. Chât. terre dîme et seg. de Durtol, par. St Cirgues ; ens. la dîme de Jou, par. de Chade : *Clerm.*, *Riom*, 1730, 1740. (*r*. 510, *p*. 56 ; *r*. 511. *p*. 52.)

RIBEYRE (Pierre), lieut. au baill. de Rochefort, cotuteur avec Françoise Murol, son ép. des enfans de son 1er mari Jaques Falvart, héritiers de François Falvart et de Jeanne Bomparent leurs ayeul et ayeule. Dom. noble de Bomparent, par. de Perpezat : Elect. de *Clermont*; 1723. (*r*. 509. *p*. 59.)

RIBIER (Pierre-Jean de), écuyer, fils de Jean Ribier, écuyer ; 1669. — Gui de Ribier, écuyer, fils de feu Pierre de Ribier ; 1684. — Guill. de Ribier, écuyer, et Marie-Anne Beal, sa f^e : 1723. — François de Ribier, écuyer; 1723. — Pierre de Ribier, écuyer ; 1723, 1725. T. s. de Layre, de Chavagnac, Laurechesse et de las Combes, par. de Saignes, Autezat, etc. : *Riom*, St Flour. (*r*. 499, *p*. 361 ; *r*. 503, *p*. 233 ; *r*. 509, *p*. 3, 5, 7 ; *r*. 510, *p*. 18.)

RIBOT (Nicolas), Chev. Hôtel de Chavaignes, dom. et dr. en dép. : *Loudun*, 1434. (*r*. 339. *p*. 29 ; *r*. 346, *p*. 7.)

RIBOULET (Ant. de), Chev., Sg. de la Bastie et autres lieux, veuf de Magdel.-Matthe de Vouzieres, comme tuteur de leurs enfans. Fief de la Liegue, par. St Felicien : *Forez*, 1674. (*r*. 496, *p*. 41.)

RIBOULLES, aussi Riboul (Fouques), Chev , sire d'Asse, *al*. Aste. F. s. de Fay : *Chât.-du-Loir* ; et la baronnie de Lavardin : *Mans*, 1393, 1408. (*r*. 344, *p*. 13 ; *r*. 345, *p*. 56.) Rel. de lui : Pierre de Millon ; Jean de Tussé, Chevaliers. Jean de Bures, Sg. de Nesny ; Simon du Bu ; Guill. de Soulligne, écuyers.

RICAIN (Jean). T. s. de Septaigne, bois et justice : *Baugé*, 1444. 1452. — René Ricain, écuyer, son fils ; *Idem* ; 1480. — Guill. Ricain, écuyer, neveu de Jean ; *Idem* ; 1508. (*r*. 342. *p*. 17, 18 ; *r*. 348, *p*. 3, 36.)

RICARD (Louis), officier chez le Roi, pour Marie-Jeanne Petit Jean, sa f^e. Fief de Somignon, par. de Gipcy : *Bourb.*, 1736. (*r*. 481, *p*. 184.)

RICHARD (Jean), Chev. et Ysabelle, v^e de Hugues de St Habund, Chev., vendent au Sire de *Beaujeu* divers objets qu'ils ont és par. Concoco, Perreux, Monteigny et autres ; 1300. (r. 1389, p. 384.) Voy. St Habund.)

RICHARD (Pierre), Chev. Tènem^t noble situé à Troussures, ayant appartenu à Jean de Beaumez : *Clerm. en Beauvoisis*, 1513. (r. 453. p. 85 ; r. 483. p. 98.)

RICHARD (Jean), déclare tenir *noblement* à foi et hom. du S^r des Fossés, qui tient du Sr de la Poste, qui tient du Bon du Maine qui reporte au chât. du *Mans*. divers petits fiefs ; et ajoute qu'il est « un pauvre homme *rothurier poiant taille*. » 1548. (432, p. 138.)

RICHARD (Charles), écuyer, fils de Louis Richard, écuyer, et de Susanne de la Dire. Fiefs du Mesnil-St-Georges et de la Bedaudière : *Montrichard*, 1665. (r. 357, p. 128.)

RICHARD (Constance de), v^e de Gilbert de Veillans, écuyer, S^r des Bordes, tutrice de Louis de Veillans leur fils, héritier de Melchior de Richard. Cens et rentes ès par. de Saint Gerny et de la Rivière : *Riom*, 1669. (r. 499. p. 305.)

RICHARD (René), écuyer, Sr de la Vallade et Françoise Perrin, v^e de Jean Sororeau, pour les enfans de ceux-ci. Fief de Lignault ; 1671. — Jaques Richard, écuyer, Sr de la Vigerie. Même fief ; 1686 : *Monmorillon*, (r. 433, p. 58 ; r. 435, p. 157.)

RICHARD (Jaques), S^r d'Aubières, cons. en l'Elect. de Poitiers, curateur des enfans de feu Florant Goudon, écuyer, prévôt de la Maréchaussée de Mauleon, et de demoiselle Richard, son ép. T. s. de Laage de Plaisance : *Monmorillon*. 1671. (r. 433, p. 103.)

RICHARD (Marguer.), v^e de François de Bagnac, écuyer, comme tutrice de leurs enfans. T. s. et h. j. de Ricoux : *Monmorillon*, 1692. (r. 435, p. 339.)

RICHARD (Jaques-René), écuyer. Fief de la Fa ; ens. la t. et seg. de le Tour-au-Paumeurs, par. de Verneuil. *Monmorillon*, 1702. (r. 437, p. 13, 22.)

RICHARD (Clément), doyen des proc de la Soueche-Fontenay. Fief de Doignon acq. de Marie Garipaud, v^e de René de Goullaine, écuyer, Sr de Chastenay : *Fontenay-le-Cte*, 1716. (r. 438, p. 180.)

RICHARD (Anne-Gabrielle), v^e, donataire de Jaques Panou, cons. en l'Elect. de Fontenay. F. s. de Faymesreau : *Vouvant*, 1716. (r. 438, p. 183.)

RICHART (Charles), hérit. de feue Françoise Riohart, f^e de Jean Gaillard, maire perpétuel de la Souteraine. F. s. de Clossac, par. de Sillars : *Monmorillon*, 1719. (r. 438, p. 400.)

RICHARDIE (Jean de la), écuyer, fils de la Richardie. T. s. du Chery par. de Chameane : *Usson*, 1669. (r. 499, p. 344 ; r. 502, p. 146.)

RICHARDIE (Gilbert de la), écuyer, fils de Gaspard de la Richardie et d'Agnès de Fontanes, Dame d'Auliat. Chât., dom et seg. d'Auliat, al. Auliac, par. de même nom : *Usson*, 1669. — Gaspard de la Richardie, de Besse, Chev., leur fils ; *Idem*, 1684 ad 1716. (r. 503, p. 377 ; r. 504, p. 3 ; r. 506. p. 48 ; r. 507, p 66, 268.)

RICHARDIE (Jérôme de la), Chev., Sg. de Genestoux, fils de René de la Richardie. T. s. de la Richardie de Palerne, Champeyroux, St Ignat, par. de Celle, Neyronde, S¹ Marcel et autres : *Riom, Usson*, 1669 ad 1684. (r. 499, p. 682 ; r. 501, p. 21 ; r. 503, p. 383.)

RICHARDIE (Françoise de la), de Besse. vᵉ de Charles du Croc, Bᵒⁿ de Brimard, comme tutrice de leurs enfans. Chât. fort de S¹ Polgue, terres, dîme et seg. ; ens. le chât. du Croc, par. S¹ Georges : *Forez, Riom*, 1674, 1676. (r. 496, p. 59 ; r. 501, p. 33.)

RICHARDIE (Ant.-Gaston de la), de Besse, Chev., fils de François de la Richardie, écuyer. T. s. du Vernet, par. *id.* : *Billy*. Et, comme tuteur d'Emmanuel-Christophe, et Marguer.-Magdel. de la Richardie de Besse, ses enfans, et de feue Antoinette à la Margot, sa fᵉ. F. s. de Quinssat, par. d'Abret : *Vichy*, 1697 ad 1727. (r. 475, p. 218, 219 ; r. 477, p. 352, 353 ; r. 510. p. 30.)

RICHARDIE (Gaspard de la), de la Besse, Chev., chan.-Comte de S¹ Pierre de Macon, chevalier de Malte ; autre Gaspard et François de la Richardie, égalemᵗ chan. de Macon, et Jeanne de la Richardie, enfans de Jérôme de la Richardie, de Besse. T. s. de Palerne, du Puy et du Vicomtat : *Riom*, 1716, 1731. (r. 507, p. 88 ; r. 511, p. 16.)

RICHARDIE (Jeanne de la), de Besse, Damoiselle. Les dîmes de Dalet et de Joursat ; ens. la rente de Moissat, par. de Vinzelles, de Moissac et de Rigniat : *Riom*, 1730. (r. 510, p. 64.)

RICHECOURT (Marie-Charlotte de), vᵉ de Gabriel de Serres, écuyer, Sʳ de Cros. Fief de Neu... le Barrois, par. dud. lieu : *Bourb.*, 1697. (r. 475, p. 203.)

RICHER (Aymery), Valet. Herbergemᵗ de Mons, en la par. d'Enon : *Mirebeau*, 1389. (r. 330, p. 6.)

RICHER (Claude), av. en parl., bailli du Comté de Nançay, fils de Martin Richer, greffier en chef au siége de Vierzon, et de Silvine Becheau. La gᵈᵉ métairie de Faix ; ens. le fief de Bois-Marteau. acq. de François de la Mothe-Tillon, écuyer : *Vierzon*, 1695 ad 1717. (r. 447, p. 174 ; r. 448, p. 178 ; r. 449, p. 287, 407.)

RICHIER (Jean), l'aîné. Habergemᵗ des Planches : *Mans*, 1403. (r. 343, p. 59 ; r. 345, p. 85.)

RICHIER (Hylleret), à cause de Parrote Giraude, sa fᵉ. Herbergemᵗ sis à la Cheze, par. de Bournezeaux : *Mirebeau*, 1439. (r. 330, p. 53.)

RICHIER (Etienne), licentié ès lois. Hom. simple de sa métairie de la Picherie, par. de Quinquempoist : *Chât.-du-Loir*, 1489. (p. 348 *bis, p. 18.)

RICHIN (Marie), vᵉ de Jean Montet. Un quart de la dîme de la par. de Fresnay : *Belleperche*, 1703. (r. 476, p. 72.)

RICHOME (Guill.) tient la Bretaîsche-Nyart, autremᵗ le Gault : *Baugé*, 1442. (r. 342, p. 33, 37.) Nᵃ. Il souscrit souvent les aveux de ce chef-lieu en qualité de notaire.

RICHOMME (Jacques, aussi Jaquet) ; 1457. — Jean Richomme, licentié ès lois, son fils ; 1477, 1480. — Robert Richomme, écuyer, fils aîné de celui-ci ; 1502, 1508. — Jean Richomme, écuyer ; Robert Richomme, écuyer, son fils, chapelain de la chapelle des cinq plaies, et le vénérable et discret Jean Richomme, écuyer, curé du vieil Baugé ; 1584 ad 1602 : *Baugé*. (r. 342, p. 31, 71 ; r. 347, p. 9 ; r. 348, p. 23, 31, 33, 36 ; r. 352, p. 163, 179 ; r. 353. p. 19, 20 ; r. 382, p. 101.)

RICOART (Guill.), de la Ferté-Momel, clerc. Là baillie appel. Ricoart, s'étendant sur les par. de Souvigny et de Tholon : *Beçay*, 1330. (r. 455, p. 192.)

RIDEAU (Jean), écuyer, dem. à Poitiers, pour Jeanne Dreux, sa femme. Fief franc de Montagre : *Loudun*, 1492. (r. 436. p. 39.)

RIDELET (feu Claude), écuyer, Sr de Chavanat. Ses enfans et de Marguer. Garreau, sa f^e, sous la tutelle de Pierre Robichon. Fief de las Coux, par. de Vallière : *Aubusson*, 1684. (r. 474. p. 472.)

RIDONET (Guion), curateur par justice de Guill. Ridouet, écuyer, son frère. Fief et dom. de Pommerieux, par. du vieux *Baugé*; 1507. (r. 349, fol. 102.)

RIE (Françoise de), v^e et donataire de Louis Bercau, Sr de la Jouissiere, présid^t en l'Elect. de Fontenay, tutrice de leurs enfans. F. s. de Pluviau-Claveau, par. St Sulpice : *Vouvant*, 1702. (r. 437, p. 13.)

RIEGE (Joseph de), écuyer, Sr de Villemont, pour Antoinette le Groin, son ép. F. s. de Montgalbrunt, par. de Sou... : *Hérisson*, 1711. (r. 477, p. 9.)

RIET (Guesart), M^e d'Hôtel de la Reine, et Jean Riet, son fils, valet de chamb. du Roi. Conciergerie de la maison près la ville d'Amboise, donnée ci-devant à Jean Riet, en faveur de son mariage avec Cather., fille de Nicole l'Aubigeois, cons. en la cour des Aides de Paris ; 1490. (r. 432. p. 167.)

RIEUX (Pierre de), écuyer, à cause de Louise de Fontaines, Damoiselle, sa f^e. T. s. de Bouillé : *Angers*, 1483. (r. 351, p. 114.)

RIF (Gabrielle du), v^e de Pierre Richard, notaire. Rente appel. le Chery, en la par. St Amand de Roche-Savine, acq. du Sr de la Richardie de Vernet : *Issoire*, 1723. (r. 509, p. 100.)

RIGAL (Pierre-Jean de) ; Louis et Jean de Rigal, écuyers, frères, héritiers les uns des autres. T. s. de Faveyrolles ; ens. les vill. des Fourches et Salians, par. St Remy, Elect. de St Flour : *Murat*, 1669 *ad* 1723. (r. 477, p. 1 ; r. 499, p. 150 ; r. 503, p. 229, 531 ; r. 508, p. 110, 113.)

RIGAUD (Guiguon), Chev., vend à l'hôpital de Montbrisson ses dîmes sur diverses terres en la par. de Sauvigny de Montbrisson : *Forez*, 1272. (r. 1402, p. 1374.)

RIGAUD (Jean), de la Capiceyri, vend au même hôpital quelques cens assis au mandem^t de St Romain · *Forez*, 1295. (r. 1402, p. 1358.)

RIGAUD (Jocerand), Dam., déclare que les dom., serfs et autres dev. qu'il a donnés à Simonet, son fils, relev. du Cte de Forez ; 1313. — Guionet Rigaud, Dam, dit Turrinel, fils de Jocerand Rigaud, Dam. Dom. et mouv. au mandem^tde St Baldomer : *Forez*, 1314, 1333. (r. 491, p. 217 ; r. 492, p. 245 ; r. 493, p. 82.)

RIGAUD (Gérald), Dam., et Lione, sa f^e. Le mas de Montamé, *Monte amato*, et généralem^t tout ce qu'ils tiennent en la par. de Cros ; ens. le bois de la Bocarde, cens et rentes : *Carlat*, 1329. (r. 473. p. 117.)

RIGAUL (feu Philippon). Sa v^e Guyone Renarde, ayant le bail de leurs enfans. T. s. de la Bonnere, la Suriere et la Mariere, par. de Remaigne : *Montfaucon*, 1440. — Jean Rigaut, écuyer ; *Idem* ; 1458. — François Rigault, écuyer, Sg. de Millepié. Fief en la même par. de Remaigne, 1495. (r. 332, p. 77 ; r. 333, p. 35, 36.)

RIGAUDI (Gervais). Fief de la Chassaigne-Marliere, par. S¹ Silvain de Bellegarde : *H. Marche*, 1669. (r. 474, p. 304.)

RIGAUD (Pierre de), fils de Michel de Rigauld. T. s. de Marenge, par. de Vernet : *Riom*, 1669. — François de Rigaud, Chev., son frère ; *Idem* ; 1683 (r. 499. p. 246 ; r. 502, p. 67, r. 503, p. 343.)

RIGAUD (Mathieu), élu en l'Elect. du Lyonois. F. s. de Chaffault. Maison, terres, grange, bois, moulin ès par. de Massieu, Genay et Chaurieu : *Lyon*, 1671. — Louis Rigaud, écuyer, son fils ; *Idem* ; 1692. (r. 495, p. 4 ; r. 496, p. 122.)

RIGAUD J B. de), de Malfray, écuyer. T. s. de Mareuge, par. de Vernet : *Riom*, 1723. (r. 505, p. 52.)

RIGAUD (François), écuyer. T. s. de Beaufort en partie, par. de Chapdes : *Riom*, 1723. — Gilbert Rigault, écuyer. Par substitution de la Dame de Blauf. son ayeule. Deux tiers du chât. de Beaufort, t. s., forêts, dîmes, dr. de guet, présens de noces et arr. fiefs ; *id.* ; 1732. (r. 508, p. 38 ; r. 511, p. 20.)

RIGLET (Nicolas), écuyer, S¹ de Monoye, cons. au présid. de Bourges. F. s. d'Yvoy, et vicomté du Peron, par. S¹ Éloi de Giy et de Vasselay : *Bourges*, 1672. (r. 445, p. 205.)

RIGLET (François), écuyer, fils d'Etienne Riglet, écuyer, S¹ de l'Estang. F. s. de Malsay, par. de Bouy, al. Bucy et Bussy : *Dun-le-Roi*, 1673. — Claude Riglet, écuyer, S¹ de l'Estang ; Marie-Anne Riglet, sa sœur, ép. de René d'Orsanne, écuyer, lieut. civil et crim. au baill. d'Issoudun, et Gabriel Bouffet, écuyer, Sg. de Galifard, mari d'Anne Riglet, cons. au présid. de Bourges, comme héritiers d'Etienne Riglet, leur neveu. Même t. et s. de Malsay : 1685 *ad* 1700. (r. 445, p. 221, 367 ; r. 447, p. 203 : r. 448, p. 15.)

RIGLET (Claude), écuyer, Sg. de Malçay et de l'Estang, stipulant pour lui Michel Cadier, Chev., Sg. de la Brosse-Cadier. F. s. de Moulin-Porcher, Chalivoy et les Noix, par. de Charly et Auzouer : *Ainay*, 1714, 1717 ; et, du chef de sa fᵉ Jeanne le Begue, fille de François le Begue, écuyer, S¹ de Montpensier. Cens percept. ès par. de Vasselay, S¹ Martin, Aux'guy et S¹ Georges de Moulon : *Bourges*, 1723, 1725. (r. 449, p. 297 ; r. 451, p. 70, 152 ; r. 477, p. 125, 404.)

RIGLET (Etienne), chan. de Bourges, fils de François Riglet, écuyer, Sg. de Lusson, et de Cather. de Sausay, héritière de son oncle François de Sausay, écuyer, S¹ du Bois-Saurin, *al.* Serin. Un pré de 10 arpens en l'isle de Sathenat, *al.* Sallenat, par. de Bery : *Mehun-s.-Y.*, 1686, 1717. — Nicolas Riglet, écuyer, S¹ de Lusson, son neveu et héritier ; *Idem* ; 1719. (r. 446, p. 119 ; r. 449, p. 313 ; r. 450, p. 66, 80.)

RIGNÉ (Jean de). Herbergem¹ de Liaigue qui fut à Gautier de Rigné : *Mirebeau*, 1373 *ad* 1389. (r. 330, p. 21, 22, 23.)

RIGNÉ (Jaques de), écuyer, S¹ de la Guérinière. Métairie et seg. de la petite Isle-Barbe, acq. d'Anne Hurault, S¹ de S¹ Denis : *Amboise*, 1619. (r. 355, p. 107.)

RILEY (Jean de), Dam. Dom., dîme, rentes et tailles en la par. de la Cordelle, relev. de Guill. du Verdier, *Viridario*, Dam., Sg. de la Cordelle : *Forez*, 1314. (r. 493, p. 37.)

RILLAC (François de), Chev., héritier de Charles, son frère, et de

Jean de Rilhac, leur père, agissant par son proc. Henri Grenier, écuyer. T. s. de Rillac, du Doignon, de Nozieres et de St Martin en la baronnie de la Tour: *Riom*, 1669, 1672. (r. 499, p. 98 ; r. 500, p. 124.)

RILLY (Adam de), écuyer. Fief de la Touche, autrem^t de Rillé : *Amboise*, 1489. (r. 432, p. 125.)

RIMAREIX (Anne). Le fief de Rimarex, par. St Silvain de Bellegarde : *Ahun*, 1669. (r. 474, p. 151.)

RIOM (Simon de), Sr de Villeneufve. Cens et rentes en la par. de St Mary-Lecrot : *Riom*, 1669. (r. 499, p. 447.)

RIOMET (Etienne et Jean), enfans de François Riomet. Dîme en la t. et seg. de Dorette, par. de Brenat; 1670. — Anne Riomet, fille de feu Jean-Joseph Riomet, pour sa mère Rose Pradon. T. s. de Durette, par. de Brenat; 1723 : Elect. d'*Issoire*. (r. 499, p. 737 ; r. 509, p. 23.)

RION (Jean), pour Durebodine, sa f^e. Dom. en la par. de Thoulon : *Beçay*, 1330. — Mathelin, Guill. et Jean Rion; *idem*; 1364. (r. 454, p. 54 ; r. 455, p. 219.) Non nobles.

RIOUBLANC (Annet). Fief des Farges, ès par. St Julien, Peyrat et Champagnac : *Aubusson*, 1684. (r. 474, p. 429.)

RIOULT (Seraphin), Chev., lieut. du Roi en Poitou. Par donation de sa mère Marie Mestayer, M^{ise} de l'Hospital, f. s. de Curzay, par. de même nom : *Lusignan*. 1716. (r. 437, 192, 299. Rel. de lui : François-Joseph, Cte d'Aubusson, pour son fief de Marconnay ; Jean l'Auvergnat, écuyer, Sr de Murault ; Michel-Laurent Barrin, Chev., Sg. de la Galisoniere ; Louis Bonnin, Chev., Sg. des Forges ; Phil. Charlmot, Chev., Sg. de St Rhu ; Jaques Claveurier, écuyer, Sr de la Rousseliere ; Marie-Anne Darrot, v^e de Jaques Vasselot, écuyer, S^r d'Anne-Marie ; Jean-Gabriel l'Evesque, Chev., Sg. de Bois-Grollier ; Pierre Garnier, Chev., Sg. de la Cormorand ; Jaques Irland, Chev., Sg. de la Cigogne ; Charles Jousserand, Chev., Sg. de Laire ; Phil. de Lauzon, écuyer, Sg. de Poupardiere ; Louis Moizen, Chev., Sg. de la Roche de Laugerie ; Jaques Rousseau, écuyer, Sg. du Fort ; Ignace de Trion de Montsllembert, Chev., Sg. de Gurat. — Pierre Rioult, d'Estony, Chev., son frère, cons. du Roi au G^d Conseil, Même fief de Curzay; 1727. (r. 438, p. 567.)

RIOUX (François du), lieut. gén. en la chamb. du Dom. de Bourbonnois. F. s. de Ginçay, dom. et dîmes, par. de Leveullé : *Hérisson*, 1693. (r. 475, p. 110.)

RIPERE, al. Ripers (Jean de). Chev. T. s. de St Didier, par. dud. lieu : *Moulins*, 1718, 1723. (r. 477, p. 633 ; r. 478, p. 399.)

RIPOUD (Jean), receveur des tailles en l'Elect. de Moulins, donataire de Marguer. Senin, v^e de Gilbert Badier, écuyer, Sg. de Verseille, brigad. des armées. T. s. de Moulin-Neuf : *Verneuil*. 1725. (r. 480, p. 88.)

RIPPAUD (Hugues), citoyen de Lyon. Accord avec Jean, Cte de *Forez*, au sujet de cens et rentes qu'il avoit acq. autrefois de Jean Appesat aux mandemens de St Baldomer, S^{t}Eugende et Fonteneys; 1328. (r. 1395, p. 323.)

RIPPIER (Marin), curé de St Jean de la ville du Mans, Dom. et seg. de l'Espinardière : *Chât.-du-Loir*, 1664. (r. 356, p. 19 ; r. 431, p. 18.)

RISOLES (Pierre de), Dam., paroiss. de Castelperon. Rentes au ter. des Landes et de Box ; ens. la dîme sur plus. vignes ès environs de Soytes : *Verneuil*, 1367. (r. 460, p. 29.)

RIVAL (Pierre). Partie du courtil appel. del Verdier et dr. en dép., par. de Salis : *Forez*, 1345. (*r*. 490, *p*. 271.)

RIVAL-SUC (Pierre dal). Partie de terre et menus cens au territ. de la Gayvelane : *Forez*, 1333. (*r*. 490, *p*. 174.)

RIVAREIX (Duret), et Alise, sa f^e, fille de feu Aymonin Jallot, paroiss. de Tresail. Quatre pièces de terre et une vigne : *Chaveroche*, 1303. (*r*. 468, *p*. 298.)

RIVAT (Anne), v^e de Pierre Milly, m^d, pour elle et Marie Milly, sa fille. Deux petites maisons au bourg de la Guillotière : *Lyon*, 1680. (*r*. 495, *p*. 95.)

RIVAU (René du), à cause de Janne Goulard, sa f^e. T. s. du Plessis-Milon, et moitié de la chatell. de Possé : *Saumur*, 1590. (*r*. 351, *p*. 75.)

RIVAUT (Jean du), pour Collette Fouchiere, sa f^e. Une part dans la dîme de Champaigne : *Mirebeau*, 1452. (*r*. 330, *p*. 101.)

RIVAZ (Etienne, aussi Thevenin des), Dam. Dom., bois, cens et tailles ès par. de Dorne, Thori et Lurci-sur-Abron : *Belleperche, Moulins*, 1353, 1357. (*r*. 455, *p*. 3, 126 ; *r*. 465, *r*. 211.)

RIVE (Alexandre de), écuyer, et Jeanne Pichot, sa f^e. T. s. de la G^{de} et Petite Chastre, de Sallandon, Chanoy et autres : *Gien*, 1507, 1515. (*r*. 452, *p*. 314 ; *r*. 453, *p*. 209 ; *r*. 484, *p*. 120.)

RIVE (Pierre de), fils d'Ant. de Rive. Fief de la Grelière, par. de Monnestay-sur-Allier : *Verneuil*, 1689. (*r*. 475, *p*. 10.)

RIVER (Simon), et Agnès, sa f^e. Droit appel. le Quart-Pot, au territ. de Puy de Bour ; dom., dîme, cens, partie du four d'Ingrande, d'une garenne, etc. : *Bourbon.*, 1350. (*r*. 464, *p*. 105, 308.) Non noble.

RIVERIE (Pompone de), écuyer, fils de Bertrand de Riverie, écuyer, M^e d'hôtel du Roi. T. s. de St Romain-en-Gier : *Lyon*, 1686, 1689. (*r*. 485, *p*. 159.) Voy. Rivirie.

RIVERIE (Hubert-Girard de), Chev. T. s. de Clerimhert ; h. m. et b. just. ès par. St Symphorien-le-Chatel, de Coize et de Pommeys : *Lyon*, 1722. (*r*. 497, *p*. 184.) Voy. Rivirie.

RIVERIEULX (Etienne), écuyer, secrét. du Roi, Sg. de St Paul, de Varax, etc. Chât., t. s. de Gages et de Boisset, nouvell. acq., par. de Marcilly et autres. *Lyon*, 1722. (*r*. 497, *p*. 152, 158.)

RIVERY (Jeanette de), Damoiselle, ép. de Bertier d'Affe, Dam. Maison del Pas, 2 moulins et une vigne en la par. de Poilly : *Forez*, 1334. (*r*. 490, *p*. 172.)

RIVES (Hugues de), Chev., vend à son Sg. Guigues de la Roche son droit sur la terre de Verthaure, et donne pour fidejusseurs Guill. Forajas, Dam., son gendre, et Ponce Hermion. Chev. : *Forez*, 1258. — Astorge de Rives, *de Ripis*, Dam., son fils, vend au même ses dr. en la ville de Retornaguet : *Forez*, 1281. (*r*. 1397, *p*. 61, 553.)

RIVES (Cather. de), *Rippis*, Damoiselle, pour elle, Jean et Cather., enfans mineurs de Guiguon, son fils. Dom. et mouv. en la par. St J. B. de Retornat : *Forez*, 1328. (*r*. 493 *bis*, *p*. 103.)

RIVIERE (Raoul), archiprêtre de Hérisson. Dom., dîme, cens et tailles ès par. de Mallez, de Giurlay, Ruguy et autres : *Hérisson*, 1301. (*r*. 462, *p*. 27.)

RIVIERE (Odonnet de la), Dam. Deux chesaus, terres et prés au vill.

de Changi, par. de *Germigny*; 1311. — Pereul, al. Perreau. *Perellus*, de la Riviere, Dam.; *Idem*; 1342, 1347. (r. 465, p. 274, 276, 277.)

RIVIERE (Jean de la), *de Riparia*, Dam. Hôtel, t. s. de la Riviere : *Montluçon*, 1354, 1375. (r. 461, p. 116, 126)

RIVIERE (Etienne de la), écuyer. Hôtel, dom. et seg. de la Riviere. par. d'Essertines; autres dom. et mouv.: *Hérisson, Montluçon, Murat*, 1408. (r. 461, p. 288; r. 462, p. 162.) — Colas de la Riviere, écuyer; *idem*; 1443. (r. 461. p. 203.)

RIVIERE (Jeanne de la), Damoiselle, v^e d'Anxelin de Lizaines, écuyer. Deux chesaus ou bordelages, tenus d'elle à tailles et à coutumes; terres et cens à Changi, par. de *Germigny*; 1408. (r. 465, p. 275.)

RIVIERE (Jean de la), écuyer, paroiss. de Murat. Maison, mote, fossés, dom., bois et garenne de Chastigne, cens et rentes: *Murat*, 1443. (r. 461. p. 4.)

RIVIERE (Jaques de la), écuyer, Sg. de la Merelière. Fief sis à la Chauvinière, relevant de Montfort : *Anjou*, 1456. — Jean de la Riviere, écuyer. Sg. de la Morelière. Moitié du tènem^t de la Goionière, al. Gargonière, par. St Macaire : *Montfaucon*, 1474. — Jean de la Riviere, écuyer, Sg. de la Moreliere et de la Roche-Crespin, écuyer; *Idem*; 1499. (r. 332, p. 68; (r. 333, p. 3, 47.)

RIVIERE (Michel de la), écuyer, F. s. de Merlier: *Chantelle*. 1505. (r. 452, p. 4.)

RIVIERE (Antoinette de), pour son mari Josué Robin, écuyer, capit. d'infanterie au régim^t de Castelnau. Seg. et vicomté de Coullogue ; 1669. — V^e et comme tutrice de leurs filles ; *Idem* ; 1673 : *Bourges*. (r. 445, p. 47 ; r. 446, p. 224.)

RIVIERE (Françoise), v^e de Robert des Bourdiers, écuyer, Sr de Poiriou, fille de feu noble Jean Riviere, av. à Bourges. Partie du fief de Villeperdue: *Mehun-s.-Y.*, 1670. (r. 444, p. 32 ; r. 445, p. 103.)

RIVIERE (François de la), cons. au parl. de Metz. T. s. de la Roche, de Vaux, des vignes et du Bouchet-aux-Corneilles : *Chât.-du-Loir*, 1670. (r. 358, p. 26, 62.)

RIVIERE (Léonard de la). Office de préconiseur-juré de la ville de *Bourges* ; 1674. (r. 445, p. 241.)

RIVIERE (Jean), lieut. des Basses Marches du Bourbonnois. F. s. de la Feslière, par. St Pierre de Laval : *Billy*, 1691. (r. 475, p. 57.) — Claude Riviere, son fils ; *Idem*; 1723. (r. 478, p. 358.)

RIVIERE (Magdel.), v^e de Pierre Maire, écuyer, Sr de Villacour, pour elle et leurs enfans Dedier et Vincent. Veherie et vicomté de Peron, et le quart des bois de Percheraye, ès par. de Vasselaye, St Eloi de Giy et de St Martin d'Auxigny : *Bourges*, 1696. (r. 447, p. 205.)

RIVIERE (Michel de la). écuyer, S^r de la cour de Broc. F. s. de Vaucelle, par. St J. B. : *Chatelleraut*, 1721; 1716. (r. 437, p. 199 ; r. 438, p. 21.)

RIVIERE (Charles de). écuyer, Sr de Rifardeau, fils de Charles de Riviere, écuyer. Moitié de la seg., vicomté et veherie en la par. d'Arçay : *Bourges*, 1713. (r. 448, p. 130.)

RIVIERE (Jean), m^d. F. s. de Pouzioux et de la Salle aux Chauvins, tenu du Roi à hom. plein, et le baiser : *Chatelleraut*, 1717. (r. 438, p. 323, 324.)

RIVIERE (Jean), fils d'Antoine Maison, dom. et rentes nobles en la par. de Chaussant, ressort de Riverie : *Lyon*, 1726. (*r*. 497, *p*. 344 ; *r*. 498, *p*. 23.)

RIVIRIE (Camille de), capit. des bastions de Lyon. Rentes nobles en la par. de Villecheneuel. — Girard, aussi Hugues-Girard de Rivirie, écuyer fils de Christophe-Girard de Rivirie. T. s. de Clerimbert, par. S¹ Symphorien-le-Chastel, et de Pommeys ; 1699. — Ant.-Gerard de Rivirie, Chev., son fils ; *Idem* ; 1736 : *Lyon*. (*r*. 496, *p*. 135, 136, 163, 166 ; *r*. 498, *p*. 137.)

RIVOIRE (Philib. de), écuyer, l'un des 100 gentilh. de l'hôtel du Roi. Exemption du péage de la Saône à raison de sa terre de Courtin : *Beaujeu*, 1520. (*r*. 1371, *p*. 1967.)

RIVOIRE (Gilbert-François de), Chev., Mis du Palais. T. s. d'Orset, par substitution d'Aymard de Rochefort, son ayeul ; et partie de la Roche-Donnezat à cause de son ép. Françoise de la Tour d'Auvergne : *Riom*, 1669, 1684. (*r*. 499, *p*. 429 ; *r*. 503, *p*. 415.)

RIVOLLET (Cather.), vᵉ et donataire de Jaques Lambert, médecin. F. s. de Chât.-Neuf, par. de Vitré : *Melle*, 1720. (*r*. 438, *p*. 423.)

ROAUL (Alise, fille de Jean), vend à Jean Grenier un tènemᵗ en la par. de Trenol ; *Moulins*, 1349. (*r*. 454, *p*. 265.)

ROBASTEL (Charles), bourg. Deux maisons et dép. à la Guillotiere : *Lyon*. 1676. (*r*. 495, *p*. 23.)

ROBERT (Jean), Dam., tuteur de Cather.. sa fille. Maison, t. s. de Barmont : *Chaveroche*, 1350. (*r*. 468, *p*. 359.)

ROBERT (Jean). Hôtel de la Grimaudiere, par. S¹ André d'Ornay ; et, à cause de Jeanne de Plesseys, sa fᵉ, celui assis au donjon de la *Roche-sur-Oyon* ; 1408. (*r*. 333, *p*. 84 ; *r*. 344, *p*. 119.)

ROBERT (Simon), bourg. de Charenton. Rentes sur divers tenemens, et partie de la grande dîme d'*Aynay* ; 1425, (*r*. 462, *p*. 263.)

ROBERT (Jean). Quelques terres et prés à Sury-Comtal : *Forez*, 1442. (*r*. 1402, *p*. 1271.)

ROBERT (Jean), et Marguer., sa fᵉ. Parties de terre, pré et vigne en la par. de Vers : *Chaveroche*, 1443. (*r*. 467, *p*. 280.) Non noble.

ROBERT (Robert), bourg. de Chastres, fils de feu Pierre Robert, dit Fedry, et d'Agnès Grenecte. Vente au duc de Bourbon d'une rente annuelle percept. à *Moulins* ; 1494. (*r*. 1374, *p*. 2376.)

ROBERT (Ant.), greffier crim. au parl. de Paris. Rente sur la seg. de Gresille : *Baugé*, 1515. (*r*. 348 bis, *p*. 14.)

ROBERT (François), Sʳ de Tramausson, gentilh. du Roi en sa Gᵈᵉ Fauconnerie. Fief de Champt à Moulin-Engilbert : Sᵗ P. le Moust., 1686. (*r*. 474, *p*. 623.)

ROBERT (Marie), vᵉ de Louis Simon, cons. d'honneur au présid. de Bourges, agissant par François Robert, écuyer, Sʳ de Pesseliere. F. s. de Chancenay et terrage en dép , par. d'Allouy ; ens. celui de la Godiniere, al. Gaultiniere, par. de Brinay : *Mehun-s.-Y.*, *Vierzon*, 1709, 1713. (*r*. 448, *p*. 9 ; *r*. 449, *p*. 85, 127.)

ROBERT (Claude), mᵈ drapier. Maison à *Bourges*, tenue à plein fief ; 1720. 1722. (*r*. 450, *p*. 108 ; *r*. 451, *p*. 14.)

ROBERT (Joseph), Chev., Mis de Lignerac, brigad. des armées, Gᵈ

Bailli et lieut. gén. pour le Roi en la province d'Auv. T. s. de S¹ Chaman, Pleaux, Reillac et autres : *Aurillac, S¹ Flour*, 1720, 1723. (*r*. 507, *p*. 237 ; *r*. 508, *p*. 21.) Voy. ci-dev. Lignerac, qui ne paroît être qu'un titre de seigneurie.

ROBERT (Alexis), gentilli. sevvant de Régent de France. F. s. de la Motte-Morgon, acq. de Jean-Claude-Bardon, écuyer, S¹ de Méage : *Billy*, 1721. (*r*. 478, *p*. 149.)

ROBERT (Simon), cons. au gren. à sel de Gannat. T. s. de Chiroux, par. S¹ Et. de *Gannat*; 1722, 1724. — Gabriel Robert, son fils ; *Idem* ; 1729. (*r*. 478, *p*. 220, 487 ; *r*. 479, *p*. 51.)

ROBERT (Cyr), prêtre, hérit. de son frère Et.-François Robert, curé à Bourges. Cinquième partie de la dîme de vin au vignoble de Tourfou, par. S¹ᵉ Lisaigne: *Issoudun*, 1726. (*r*. 451, *p*. 100.)

ROBERT (Anne-Louise), ép. de Louis du Pré, Chev., Sg. de la Grange-Bleneau, cons. au parl. de Paris. T. s. de Chitain, Roziere et Terre-Rouge, par. S¹ Christophe : *Billy*, 1728. (*r*. 481, *p*. 18.)

ROBERTE (Marguer.), de Sury-Comtal, vend à Jean, C¹ᵉ de *Forez*, un pré sis à Vacherent; 1309. (*r*. 1393, *p*. 318.)

ROBERTET (Jean), notaire à Montbrisson. Cens et rentes au mandem¹ de Boisset, acq. de Jean de Laniac, Chev. : *Forez*, 1406. (*r*. 494, *p*. 101.)

ROBERTET (Florimont), trés. de France. T. s. de la Guierche : *Mans*, 1505. (*r*. 348 *bis*, *p*. 15.)

ROBERTET (François), auditeur des comptes de la Duch. de Bourb. Maison forte, t. s. de la Mothe-Jolivet, acq. de Jaques Mynart, secrét. du Roi: *Moulins*, 1516. (*r*.452, *p*. 51.)

ROBICHON (Jean), par son tuteur Louis Planchon. Fief de la Vabonde 1669. — Gilles Robichon, proc. du Roi à Aubusson. Fief de Poux ; 1669. — Pierre Robichon ; *Idem* ; 1684 : *Marche*. (*r*. 474, *p*. 95, 103, 464.)

ROBICHON (Ant.), écuyer, S¹ des Granges, capit. de dragons, pour Anne de Bonnevie, sa fᵉ, Dame de la Tour de Serviat, fille de feu François de Bonnevie, écuyer, Sg. de Marciliat. Dîme de la Tour de Serviat, par. de Charbonnières-les-Vieilles : *Gannat*, 1717. (*r*. 507, *p*. 219.)

ROBIERE (Pierre), proc. du Roi aux eaux et forêts de la maîtrise de Serilly. F. s. de Romagnet, par. de Chatelois : *Hérisson*, 1717. — Joseph Robiere, chan. de S¹ Sauveur de Hérisson, son frère et héritier; *Idem* ; 1723 : *Hérisson*. (*r*. 477, *p*. 552, 643 ; *r*. 478, *p*. 2, 387, 517.)

ROBIERE (André), av. en parl. T. s. de Noaillat, par. *id.* : *Guéret*, 1720. (*r*. 478, *p*. 99.)

ROBILLIAT (Pierre), bourg., fils de Robert Robilliat, banquier, et de Clemence Celemier. Maison en la rue de la Blancherie à *Lyon* ; 1697. (*r*. 496, *p*. 122.)

ROBIN (Hugues, aussi Hugonin), fils de feu Girard Robin. Partie d'un mas en dép. en la par. S¹ Symphorien de Marmaigne, qu'il partage avec Guill. et Cather., ses frère et sœur, enfans de Sibille Jamare, fille de feu Allide *de Casteneis: Beaujeu*, 1330 ud 1340. (*r*. 489, *p*. 238, 333, 334.)

ROBIN (Jean), paroiss. de Trezeil, *Trezelliuco*. Trois pièces de terre en cette par. : *Chaveroche*, 1395. (*r*. 467, *p*. 298.) Non noble.

ROBIN (Jean), dit Petit, pour Cather. Canterelle, sa fᵉ. Un herbergem¹ à la Roche Chizaie : *Mirebeau*, 1437 ; ens. un fief en la terre du Petit

Avau, par. S¹ André de *Montfaucon;* 1447. (*r.* 331, *p.* 51 ; *r.* 333, *p.* 51.)
— Ant. Robin. Même herbergem¹ à la Roche Chizaie : 1468. (*r.* 329, *p.* 30.)

ROBIN (Hardi), écuyer, Sg. de la Tramblaye. Fief de la Pochetière, par. de S¹ Pierre de Cholet, ès marches d'Anjou et de Poitou: *Montfaucon* 1457. (*r.* 333, *p.* 41.) — Jean Robin, écuyer, Sg. de la Tramblaye. Moitié de la terre appel. le Petit Adnau. par. de Seguyniere ; ens. diverses parties de terre contiguës à celle de Puygormon ; *Montfaucon,* 1500. (*r.* 332, *p.* 58, 82.)

ROBIN (Vital). Dam., paroiss. *Jullangiarum,* au dioc. de Nîmes. Fief et h. j. des Amoretes, *Amoretis,* en la baron. de *Mercoeur,* 1493. (*r.* 471, *p.* 200.)

ROBIN (Charles), écuyer, Sg. de Belair, Vicomté, justice et viguerie de Coulongne, s'étendant sur diverses par. : *Bourges,* 1649. (*r.* 443, *p.* 3.)

ROBIN (Aubin), pour Gabrielle Chappon, sa f⁰, héritière de Pierre-Jean Murie, son cousin, T. s. des Moulins-de-Landrande : *Issoudun,* 1671. (*r.* 445, *p.* 162.).

ROBIN (Marie), vᵉ d'Emery du Puy, écuyer, Sʳ de la Chevallerie, ayant la garde noble de leurs enfans. F. s. de Boize-les-Granges, autremᵗ les-Bois-Lardieres, par. S¹ Remy en Touraine : *Chatelleraut,* 1686, 1717. (*r.* 435, *p.* 166 ; *r.* 438, *p.* 320.)

ROBIN (Marie-Louise), vᵉ de Charles Rozen, écuyer, héritière de Renée Richard, sa mère. F. s. de la Courliere : *Parthenay,* 1697. (*r.* 436, *p.* 116.)

ROBIN (Marie-Louise), vᵉ de Jaques-Richer Garnier, écuyer, Sʳ de la Mariere, tutrice de Jaques-Richer Garnier, écuyer, Sg. de Prugne, leur fils. F. s. de Sicard : *Partenay,* 1699. (*r.* 436, *p.* 325.)

ROBIN (Jaques). mᵈ en la par. de Blosmard. Maison de Sangat, par. S¹ Marcel, acq. d'Eléonore Lelong, vᵛ de Gilbert de Chovigny-de-Blot, Chev.: *Murat,* 1701. (*r.* 476, *p.* 154.)

ROBIN (Jaques). mᵈ en la par. S¹ Marcel. Dom. du Petit-Puy en cette par., acq. de Martin de Rollat, écuyer, Sg. de Varennes, et d'Anne-Elisab. de Beoliere, son ép. : *Murat,* 1703. (*r.* 476, *p.* 118.)

ROBLASTRE (Jean), de Montalet, et Jean Moreau, son beau-frère, mari de Marguer. Baucheron. Moitié du pré Ambraye en la par. de Courpoy: *Dun-le-Roy,* 1714. (*r.* 449, *p.* 154.)

ROC (Jean au), écuyer. T. s. de Maleyohes : *Marche,* 1506. (*r.* 453, *p.* 237.)

ROCH (Pierre), autremᵗ Peloux, de S¹ Baldomer, cède à André Dumas et Louise Menoue, son ép., une partie de cens aud. lieu : *Forez,* 1460. (*r.* 1402, *p.* 1253.)

ROCHE (Bernard de la), Chev., comme successeur d'Hemon de la Roche, son frère, se recon. homme lige d'Archambaud, Sire de *Bourbon,* à raison de son chât. et vill. de la Roche ; 1244. (*r.* 464, *p.* 319.) — Guill. de la Roche, *de Ruppe,* Dam. Hommage au Sire de Bourbon de tout ce qu'il tient ès par. de *Caro,* et del Compas : *Montluçon,* 1264. (*r.* 461, *p.* 136.)

ROCHE (Guill.-Adhemar de la), Dam., du consentement de Galiane, sa mère, et de Marguer. son ép., vend à son Sg. Guigues de la Roche, des censives percept. au chât de la Roche : *Forez,* 1258. (*r.* 494, *p.* 10.)

ROCHE (Archambaud de la), *de Rupe.* Chev. T. s. de Sanezargue, par. de Cassanose, relev. du Comte de *Rodès* ; 1262. (*r.* 1378, *p.* 3074.)

ROCHE (Guigues, Sg. de la), au dioc. d'Annecy. Testament par lequel il fait des legs à ses enfans Aldebert, Hugonet, Poncet, Beatrix, Clemence, Dulcie, Guigone, Aigline ; et institue pour hérit. univ. Guigues son fils aîné ; 1265. — Guigues, Sg. de la Roche, fils de feu Guigues de la Roche, recon. tenir d'Adhemar de Poitiers et de Valentinois, son chât. de la Roche : *Fo ez*, 1267 ; et donne à Guigonet, son fils, les terres de la Roche, d'Arcies et de Maliverne au dioc. d'Annecy ; 1298. (*r*. 1397, *p*. 544, 597, 609.) — Guigues de la Roche, Chev., échange avec Pierre-Olivier de Mareil des cens et autres dev. percept. au mandem^t de Montaigu : *Forez*, 1311. — Guigues, Sg. de la Roche. du dioc. d'Annecy, donne à Guill Baran, d'Arcias, un moulin situé sous le chât. d'Arcias sous la Loire ; 1317. — Guigues de la Roche, Chev., obtient sentence contre N. de Monciliol, Sg. de Gaychan ; 1338. — Guigues de la Roche, Chev., donne à Delphine de la Tour, son ép., une rente viagère de 300 l. ; 1339. — Guigues de la Roche. Chev., rend hom. à Louis de Poitiers, Cte de Valentinois et de Dye, du chât. forteresse, t. et seg. de la Roche, dioc. d'Annecy, 1342 ; il rapporte à ce sujet un acte de Guigues, sire de la Roche, fils de noble Guigues de la Roche, de l'an 1267 : *Forez*. (*r*. 494, *p*. 15 ; *r*. 1397, *p*. 520. 529, 548, 591, 597, 609.)

ROCHE (Girard de la), Dam. T. s. du Roch. *Rochi*, par. de Verney : *Forez*, 1291. (*r*. 492, *p*. 157.) Voy. ci-après Margarone de la Roche, 1334.

ROCHE (Perrin de), Dam. Maison de Ponoy, dom. et seg. en la par. d'Oreour-sur-Allier : *Belleperche*, 1300. (*r*. 465, *p*. 215.)

ROCHE (Giraud de la), Dam. Dom., dîme, cens et tailles en la par. de Doyet : *Hérisson*, 1301. (*r*. 462, *p*. 23.)

ROCHE (Bernard de la), autrem^t Fenayrols. Le courtil de Monlober, dom. et mouv. ; ens. la vigerie de Chabrit : *Thiern*, 1305. (*r*. 472, *p*. 53.)

ROCHE (Guiot de la), Dam., et Ysabeau, enfans de feu Hugonin de la Roche. Maison, dom. et mouv. de la Planche de Doone, par. de Mylard ; 1309. — Ysabelle, fille de feu Hugues de la Roche, Damoiselle. Dom. et mouv. en la par. de Luzy ; 13... Etudes de la Roche, Dam., dem. en Maconnois. Hom. de la t. et seg. de Nolay à Jean, Sg. de Chilio et de Marigny ; 1323, 1346. — Jean de la Roche Rente de 25 liv. ; 1331 : *Beaujeu*. (*r*. 486, *p*. 101 ; *r*. 489, *p*. 109, 195, 295 ; *r*. 1392, *p*. 822.)

ROCHE (Jocerand de la), Dam., fils de feu Pierre de la Roche, Dam. Maison de Saloges, par. St Priest de la Roche : *Forez*, 1311. (*r*. 493 *bis*, *p*. 28.)

ROCHE (Guigues, Sg. de la). rend hom. à l'év. du Puy, de ses nombreux chât., t. et seg. ; 1327, 1344. (*r*. 1397, *p*. 588 ; *r*. 1398, *p*. 679.)

ROCHE (Durand de la), paroiss. de Noirestable. Maison, dom. et dép. au mas de Verdier, acq. de Pierre de la Roche, son frère, par. de Salis, mandem^t de Cernerie : *Forez*, 1330. 1336. (*r*. 491, *p*. 130 ; *r*. 492, *p*. 7 ; *r*. 493, *p*. 153.)

ROCHE (Margarone de la), fille de feu Girard de la Roche, Dam. Maison, t. s. de la Roche, et ce qu'elle tient à St Gildas : *Forez*, 1334. (*r*. 493 *bis*, *p*. 52.)

ROCHE (Jean de la), fils de feu Rigaud de la Roche, vend à Gui, Cte

de Forez, le dr. d'aide que Guill. Berthon, fils de Durand Berthon, avoit à *Thiern*; ens. plusieurs cens percept en la par. de Peschadoires; 1335. (*r.* 1380 *p.* 3282.)

ROCHE (Alise, fille de feu Gerenton de la), Damoiselle, f^e de Jean de la Roche. Cens et rentes à St Bonit et autres lieux; 1335; et reçoit d'Edouard, sire de Beaujeu, divers cens, dr. et cout. dûs sur les maisons de Butain et de la Roche, 1337 : *Forez*. (*r.* 490, *p* 157; *r.* 1390, *p* 488.)

ROCHE (Bertrand de la), Chev., vend à Gui, Cte de *Forez*, les dr. et actions à lui appart. en l'hospice de Solat, par. St Denis, par lui acq. l'année précédente de Delphine de Brote, sa mère, fille de Marquesse, v^e Raoul de Vichy. Chev.; 1341. (*r.* 1381. *p.* 2312.)

ROCHE (Guill. de la), Chev. Le mas de Cognos, dom. et dr. en dép., par. de Lineroles : *Montluçon*, 1343. (*r.* 461, *p.* 158.)

ROCHE (Guignon, Sg. de la), Chev., Sg. de Poscheres, *Poscheriis*, institue pour hérit. universel, son petit-fils Guigonet, né de feu Phil. de Levis, son fils, Chev.; 1344. (*r.* 1399. *p.* 748, 822.)

ROCHE (Hugues de la), Chev., Guill. et Jean, Dam., ses enfans. Aveu a Jean de Boulogne, Chev., Sg. de Mongascon, acceptant pour lui, Bertrand Amblard, Dam., du moulin de Pont, du bois de Malvazeda, hôtel de Chaluz, et de tout ce qu'ils tiennent au vill. de Rozieres en *Combrailles*; 1348. (*r.* 455, *r.* 353.)

ROCHE (Bertrand de la). *de Ruppe*. Menus cens en la par. de Noirestable : *Forez*, 1349. (*r.* 491, *p.* 58.)

ROCHE (Béatrix de la), fille de feu Bleynet, al. Blain de la Tour. Maison de la Roche, dom., bois, garennes, cens. rentes et tailles és par. de Gesson et de Neuveglise : *Pougny, Souvigny*, 1353. (*r.* 455, *p.* 207; *r.* 467, *p.* 172) Non noble.

ROCHE (Bartholomé de la). Hospice de la Roche, terres, prés, garenne et cens : *Murat*, 1353. (*r.* 460, *p.* 405.)

ROCHE (Jean de la), écuyer. Herbergm^t de la Rocheborreau : *Mirebeau*, 1354. 330, *p.* 111.)

ROCHE (Jaques de la), aussi Roque, *de Roca, de Rupe*, Dam. Partie du chât. de la Roque; maison de Confoley, dom., bois, etc., par. St Clément et de Roalhac : *Carlat*, 1355. (*r.* 473, *p.* 107.) Voy. Roque.

ROCHE (feu Renaud de la), autrem^t dit de Fontane. Sa v^e comme tutrice de leurs enfans Jaques et Iolande. Partie du chât. de la Roche; ens. deux mas et leurs dép. ès par. de St Clément et autres : *Carlat*, 1355. (*r.* 473, *p.* 108.)

ROCHE (Guigues de la), Vte de Lautrec, échange divers cens et rentes contre d'autres avec Nicolas de la Boissiere : *Forez*, 1356. (*r.* 1397, *p.* 530.)

ROCHE (Jaujagne de la), V^{tesse} de Lautrec, v^e de Phil. de Levis Cte de Lautrec, donne à son fils Guigues de Levis, Chev., Vte de Lautrec, baron de la Roche, la moitié du lieu de Parsane, à elle réservé l'usufruit : *Forez*, 1359. (*r.* 1397. *p.* 589.)

ROCHE (Gui, Sg. de la), et de Poschères, Chev., Vte de Lautrec, constitue son hérit. universel Phil. son fils; 1366. (*r.* 1399. *p.* 820.)

ROCHE (Pierre de la), Hugues et Jean ses frères. Maison de la Roche, terres, prés, pâturages et tailles : *Secondigny*, 1366. (*r.* 467, *p.* 158.) Non noble.

ROCHE (Guill. de la), Bon de Tournon au dioc. de Valence, Chev., hérit. univ. d'Eudes de la Roche. *al.* Tournon. Procès entre lui et Phil. de Lévis, Cte de Lautrec, Bon de la Roche, au dioc. d'Annecy, Dam., au sujet de la success. de Guigues de la Roche, Chev.; 1372. (*r.* 1398, *p.* 662.)

ROCHE (Phil., Sg. de la). Traité de son mar. avec Eléonore, fille d'Ymbert de Villars, Sg. de Thoyre, du dioc. de Lyon; 1372. (*r.* 1399, *p.* 825.) Le même et sad^e épouse, sœur d'Ymbert de Villars, Sg. de Rossillon, échangent entr'eux le chât. de Buxy au dioc. de Lyon, contre celui de Mirabel; 1379. (*r.* 1398, *p.* 690.)

ROCHE (Bertrand de la), écuyer. Chât. t. s. du Broc : *Auv.*, 1374. (*r.* 471, *p.* 74.)

ROCHE (Guill. de), pour Jeanne, sa f^e, fille de feu Perrin Furier. *Furerii.* Tailles et rentes en la par. d'Ingrande : *Bourbon.*, 1375. (*r.* 464, *p.* 182.) Non noble.

ROCHE (Edouard de la), Dam. Serm. de fidél. et prom. d'aveu au Sire de Beaujeu; témoins Jean de Cocuyre, et Girard de Ste Colombe, Chevaliers ; 1375. Le même. Maison de la Poype de Lancie, dom. et mouv. en dép. ; témoins Robert de Chaluce ; Hérard de Chastel-Montaigne ; Philib. de l'Espinace, dit Cormerant ; Rolet de Trazetes ; Arnoul de Uulphy, Chevaliers ; 1400 : *Beaujeu.* (*r.* 485, *p.* 44, 45, 61.)

ROCHE (Pierre de la), Dam., Sg. de Beauperier, *de Bellopiru.* Moitié de la Mote de Morgon, *al.* Mourgon, dom. et seg. en dép., ès par. de Vic et de Parey : *Billy*, 1378. (*r.* 456, *p.* 167.) — Philibert et Odin de la Roche, écuyers, ses enfans ; *Idem* ; 1444. — Pierre et Jean de la Roche, écuyers, enfans dud. Philib. ; *Idem* ; 1488, 1506. (*r.* 452, *p.* 71, 83 ; *r.* 456, *p.* 98, 165 ; *r.* 482, *p.* 21 ; *r.* 484, *p.* 2.)

ROCHE (Jamage de la), du dioc. d'Annecy, originaire de Porsanne, au dioc. de Magdelone, v^e de Philib. de Levis, Vte de Lautrec, teste en faveur de Guigonet de Levis, leur fils : *Forez*, 1380. (*r.* 1397, *p.* 549.)

ROCHE (Bertrand de la), *de Ruppe.* Chat. t. s. et h. j. de Broce : *Nonnette*, 1397. (*r.* 471, *p.* 23.) — Rel. de lui : Raynaud de Azro ; Raynaud de Beaulieu ; Beraud de Calure ; Guill. Guitard ; Louis de Mezes, Sg. de St Bonit ; Jean de Moncharse, Sg. de la Gazelle ; Robert de Sallens, dit de St Julien ; Roland et Baudouin de Sarlent, Damoiseaux.

ROCHE (Jeanette de la), Damoiselle, de la par. de St Pierre-le-Vieux, dioc. de Macon. Dom. de Monteil, bois de Moriers, ceus et rentes : *Beaujeu*, 1400. (*r.* 485, *p.* 17, 18.)

ROCHE (Nicolas de la), fils de Hugues de la Roche. T. s. de Chastel-Neuf, de Tornoille, *al.* Torneul, et de Cebezat : *Auv.*, 1401. (*r.* 471, *p.* 28.)

ROCHE (Jean de la), écuyer : *Scutifer*, aussi *Domicellus.* T. s. de la Roche, par. de Lopiat, dioc. de Clermont ; 1402. (*r.* 432, *p.* 72.)

ROCHE (Louis de la), Dam. Chat. et. t. s. de la Roche. *Mercœur*, 1404. (*r.* 471, *p.* 189.)

ROCHE (Jaques de la), Hôtel d'Amberre et dép. : *Mirebeau*, 1434, 1439. (*r.* 330, *p.* 85, 86.)

ROCHE (Jean de la), Chev., Sg. de St Meisseins. Moitié de la t. et seg. de Breul, par. de Lineroles ; et dr. d'aide sur le blé vendu à *Montluçon*; 1434. (*r.* 461, *p.* 197.) Voy. ci-apr. Guill. de la Roche ; *an.* 1491.

ROCHE (Jean de la), écuyer, Sg. de la Boulaye, pour sa f^e Phil. de Daillon. Fief de Baussay : *Montfaucon*, 1447. (r. 333, p. 51.)

ROCHE (Jean de la), Chev., Sg. de Neaupetre. T. s. de Chaumères: *Hérisson*, 1447. (r. 462, p. 64.)

ROCHE (Guichard de la), Dam. Maison appel. de la Court, dom. et mouv. par. de Jullie et Lancie ; 1441, 1459 : *Beaujeu*. — Ant. de la Roche ; *Idem* ; 1477. (r. 485 p. 14, 15, 16.)

ROCHE (Jean de la), écuyer, Sg. de Ponceau et de Being. Chât., dom. et seg. des Loges: *Chât.-Ceaus*, 1461. (r. 350, p. 10.)

ROCHE (Georges de la), écuyer, Sg. de la Menautière et du Puymenoust. Fief de Préviau en la par. de St Germain : *Montfaucon*, 1480, 1488, (r. 332, p. 63, 97.)

ROCHE (René de la), écuyer, échanson de Roi, comme ayant le bail, à cause de Renée de la Beraudière, Damoiselle, son ép., de François de la Beraudière. T. s. de Parne, *al.* Parrenc : *Baugé*, 1486. — René de la Roche, écuyer. Sg. de Vaille-rochereau : *Idem;* 1502. (r. 346, p. 19 ; r. 348 *bis*, p. 13.)

ROCHE (Ant. de la). F. s. de la Roche, dom. et dr. en dép., ès par. de Tronget et de Rocles : *Murat*, 1489. (r. 460, p. 418 ; r. 484, p. 31.)

ROCHE (Guill. de la), Chev., Sg. de St Meissent. Dom., bois, garenne au terroir de Bois-Loubier et de Rocles en la seg. de Bienassis, vendus à Sire Colas du Perret; bourg. de Montluçon : *Bourb.*, 1491. (r. 1357, p. 355.)

ROCHE (noble Dame de la), du dioc. de St Flour, ép. de Pierre de Turenne, Sg. d'Aignac et autres lieux. Procuration pour suivre ses affaires contentieuses ; 1493. (r. 471, p. 187.)

ROCHE (Ant. de la), écuyer. T. s. de Ferrieres, Beaurevoir, Breul, Chabanes et St Mexaut . *Aubusson, Billy, Montluçou*, 1505. (r. 452, p. 74, 277.)

ROCHE (Jean de la), Chev. F. s. de Chabanes, en la chatell. de Rancon : *Murche*, 1505. (r. 452, p. 330.)

ROCHE (Ant. de la), et Etienne, enfans de Pierre de la Roche : Ant de Grantsaigne, fils de Pierre ; et Antoine Bellin pour lui, Jeanne et Cather. Joffrettes, filles de feu Pierre Joffret. Deux maisons sises au tènem^t de la Roche, terres, prés, vignes, garenne et 2/3 d'un bois, tenus sous l'obligation de guet au chât. de *Thiern*; 1512, 1515. (r 472, p. 92, 93.)

ROCHE (Gilbert de la), écuyer, Sr de Merville pour Joseph de la Roche, écuyer, son frère, enfans de François de la Roche, écuyer. T. s. du Rouzet, par. de Giac : *Riom*, 1669. — Jean de la Roche, Chev., fils dud. Joseph ; *Idem*; 1684. (r. 499, p. 677 ; r. 503, p. 221.)

ROCHE (Ant. de la), écuyer, Sg de Chamblat, et Magdel. de Mariet, son ép. Dom., cens et rentes, mouv. de divers Sg^{rs} : *Riom*, 1669. (r. 499, p. 358.)

ROCHE (Antoinette de la), stipulant pour elle, son neveu François de la Roche, Sr de Bergloniere, bourg. de Lyon. Petite rente noble, nom. du Pesche, qu'elle a héritée de Pierre de la Roche, trés. de l'Egl. de St Jean de Lyon ; 1674. — Led. François de la Roche, son donataire. Maison et dom. allodiaux de la Roche ; 1686 : *Forez, Lyon*. (r. 495, p. 147 ; r. 496, p. 69.)

ROCHE (Jean de la), écuyer. T. s. du Mazeau, par. S¹ Priest : *Murat*, 1684. (*r*. 474, *p.* 488.)

ROCHE (Cather. de la) vᵉ de Madelain de Bard, écuyer, tutrice de leurs enfans. T. s. de Courteix, par. de Condat ; *Riom*, 1684. (*r*. 503, *p.* 218.)

ROCHE (Claude de la), fils de Blaise de la Roche, notaire, chatellain de Montrottier. Fief et rentes au territ. de Fergerolles : *Lyon*, 1686. (*r*. 495, *p.* 148.)

ROCHE (François de la), écuyer, Sʳ de Chiray, veuf de Claude Cordier, comme tuteur de leurs enfans. F. s. de Chastel-Pagnier, par. de Cesset : *Verneuil*, 1692. — Daniel de la Roche, écuyer, Sg. de Breully, lieut. au rég. de Picardie, son fils ; *Idem* ; 1723, 1725. (*r*. 475, *p.* 105 ; *r.* 478, *p.* 318 ; *r.* 480, *p.* 90.)

ROCHE (Françoise), vᵉ de Jaques Petit-Jean, Sʳ de la Font, lieut. en la prévôté de Bourbon. T. s. de Bellerée, par de Gipez : *Bourb.*, 1703. (*r.* 476, *p.* 114.)

ROCHE (Blaise de la), écuyer, et Marguer. de Bonneau, son ép. T. s. de la Roche, par. de Chappe ; f. s. de Venas, par. *id.* : *Hérisson, Murat*, 1711, 1716. — Leurs enfans, sous la tutelle de Gilbert de Bonneau, Chev., Sg. de la Varenne ; *Idem* ; 1724. (*r.* 477, *p.* 6, 99, 217, 222 ; *r.* 478, *p.* 510, 512.)

ROCHE (Marie de la), vᵉ de Rogier Macquet, écuyer, Sg. de Barbaudière, l'un des gendarmes de la garde du Roi, tutrice de leurs enfans. Moitié de la dîme appel. du Chevalier-des-Barons-Clamay, par. de Vieure, chatell. de Chaussière : *Bourb.*, 1717, 1722. (*r.* 477, *p.* 502 ; *r.* 478, *p.* 208.)

ROCHEAYMON (Guill. de la), Dam. Chat. t. s. de la Rocheaymon, et arr. fiefs, par. d'Evahon, S¹ Julien, Chambon et autres : *Auvergne*, 1300. (*r.* 471, *p.* 99. (Rel. de lui : Hugues de Verias, Chevalier ; Guill. Beraud ; Pierre de Corum ; Le Bogres de Crevent ; Brunel Denplais ; Leger de Ligondes ; André de Nade, Damoiseaux.

ROCHEAYMON (Jaques de la), *de Rupe heymonis*, Dam. Chat. t. s. de la Rocheaimon, dioc. de Limoges : *Montluçon*, 1377. (*r.* 461, *p.* 153.)

ROCHEAYMON (Jaques de la), fils de Bertrand, Chev., Sg. du Crest. Sénéchal d'Auv. Son mariage avec Renée de Belleville, à raison duquel Jean, Duc de Bourbon, lui fait don de 1000 liv. ; 1486. (*r.* 1375, *p.* 2565).

ROCHEAYMON (André-Ponte de la), écuyer, Sg. de la Ville du Bois. T. s. du Chirou-Payrat. — Nicolas de la Rocheaymon, Chev. F. s. de Barnetet et d'Achier. — Hélie de la Rocheaymon, Chev., Mⁱˢ de S¹ Messan. F. s. de la Farge : *Marche*, 1669. (*r.* 474, *p.* 148, 162, 268.) Voy. ci-après Pontho, etc. ; an. 1719.

ROCHEAYMON (Ant., Sg. de la), Chev., fils de Raynaud de la Rocheaymond. Chat. t. s. de Mainssat, *al.* Minsat, par. *id.*, S¹ Pardoux, Sannat et autres : *Riom*, 1669 *ad* 1687. — Nicolas de la Rocheaymon, Chev., Sg. de Barmont, du Chier, etc., son frère. Chat. t. s. de Roussines, par. de Chaide, *al.* Chardz, Merinchal et autres : *Evaux, Riom*, 1669 *ad* 1687. (*r.* 499, *p.* 411, 412 ; *r.* 502, *p.* 52, 73 ; *r.* 503, *p.* 38 ; *r.* 505, *p.* 52, 63.)

ROCHEAYMON (Rainaud-Nicolas de la), Chev., fils d'Antoine ci-dev. Même chat. t. s. de Mainssat au ressort de Gueret, dioc. de Limoges, Elect. d'Evaux, mouv. du duché d'Auv. : *Riom*, 1700. (*r.* 506, *p.* 12.) — Paul-Phil. de la Rocheaymon, Chev., son fils : *Idem* ; ens. les t. et seg

3.

de la Rocheaymon, par. d'Evaux ; de Pomeroux, par. de Genouillac, de Cheume, par. et chatell. de Montluçon ; et encore les t. et seg. de Chatelus, Roche St Didier, Prugne et Courjat, acq. d'Adrien Bertier, Chev., Mis de Pinsaguet : *Gueret, Marche, Montluçon*, 1717 ad 1726. (*r*. 478, *p*. 83, 122, 124 ; *r*. 507, *p*. 213 ; *r*. 510, *p*. 24.)

ROCHEAYMON (Michel de la), Chev., Mis de Barmont, fils de Nicolas ci-dev., et petit fils de Raynaud, aussi Arnaud, aussi Armand. T. s. de Rousines, *al*. Roussines : *Riom*, 1684. Et, comme mari de Henriette de la Roche-Briant. T. s. de Chenal et autres, ès par. de Pioussat, Espinasse, etc. : *Evaux, Gannat*, 1700, 1717. (*r*. 503, *p*. 247 ; *r*. 506, *p*. 121 ; *r*. 507, *p*. 201.)

ROCHEAYMON (Claude de la), prieur de Ste Catherine de Darnet ; 1686. (*r*. 505, *p*. 35.)

ROCHEAYMON (Ant. de Pontho de la), Chev. T. s. du Cheroux, par. du Peyrat : *Marche*, 1719. (*r*. 478, *p*. 19.)

ROCHEAYMON (Charles-Ant. de la), chan. de St Pierre de Macon. F. s. d'Herine, par. N. D. de *Montluçon* ; 1724. (*r*. 478, *p*. 551.)

ROCHEAYMON (Marie-Françoise-Cather. de la). F. s. d'Humes, par. St Pierre de *Montluçon* ; 1734. (*r*. 479, *p*. 37.)

ROCHEBARON (Henri de), Chev. Chat. de Montarchers et de Laigniac ; ens. le vill. de St Hilaire, h. m. et b. justice, 1305 ; et s'accorde avec Gui, Cte de Forez, à raison de la justice de Crozet et autres lieux ; 1345 : *Forez*. (*r*. 490, *p*. 74 ; *r*. 1401, *p*. 1103.)

ROCHEBARON (Armand de), Sg. d'Usson. La grange de Gotelent, cens, rentes et justice sur divers mas, ès mandemens de St Roman, St Marcellin et Montbrisson : *Forez*, 1332, 1334. (*r*. 490, *p*. 31 ; *r*. 493 *bis*, *p*. 38.)

ROCHEBARON (Guigues de), Dam. Chat. t. s. de Rochebaron : *Forez*, 1362. (*r*. 494, *p*. 80.)

ROCHEBARON (Heraclius, Sg. de), Chev. Chat. t. s. de Rochebaron : *Forez*, 1410. Main mise après son décès sur cette t. et seg. ; 1419. (*r*. 492, *p*. 119, 129. (Les biens de cette maison, tombés dans celle de la Rochefoucaud.

ROCHEBARON (Charles de), écuyer, Sr de Touchelong. T. s. de St Marc : *Pochefort*, 1688. (*r*. 435, *p*. 265.)

ROCHEBRIANT (François, *al*. Annet-François de la), Chev.. fils de feu Annet de la Rochebriant, Chev., et de Gabrielle de Chabanes de Curton, et aussi par success. de son oncle Annet d'Obière, lieut. du Roi en Berri. Chat. t. s. de Cleravaux, par. *id*., relev. de la baron. d'Herment ; ens. les t. et seg. de la Chenal, la Chaud, Estroussat, etc. par. de Punssat, Vieilcomte et autres : *Gannat, Marche, Riom*, 1669 ad 1684. (*r*. 474, *p*. 136, 387, 576 ; *r*. 499, *p*. 71, 72 ; *r*. 500, *p*. 100 ; *r*. 503, *p*. 52, 349.)

ROCHEBRIANT (Gilberte de la), de Chouancé, ve de François de Montagnac, Chev., Sg. de Lignières et la Cousture. Deux tiers de la seg. d'Aubiere, par indivis avec Gaspard leur fils : *Riom*, 1683, 1685. (*r*. 503, *p*. 75 ; *r*. 504, *p*. 21.) Signe : G. de la Roschesbrian-Chovence.

ROCHEBRIANT (Isabeau de la), ve de Jean Mestras. H. m. et b. justice au vill. de Rouayre, par. de Messeix : *Riom*, 1684. (*r*. 503, *p*. 196.)

ROCHEBROCHARD (Etienne de la). F. s. de Telaine, par. de Deneuille : *Hérisson*, 1730. (*r*. 479, *p*. 31.)

ROCHEBUT (Gilbert de), écuyer, Sg. de Civray, et Louise-Cath. de Meschatin, son ép. T. s. de Verfeuil, de la Faye et Bouchero, par. de Teneuil, Ingrande et Louroux: *Bourb*, 1703 ad 1722. (*r.* 476, *p.* 101, 208 ; *r.* 477, *p.* 183 ; *r.* 478, *p.* 258.)

ROCHECHOUART (Louis, Vte de), Chamb. du Roi. T. s. de Glenesses et de Milli: *Aynay*, 1376. (*r.* 462, *p.* 357.)

ROCHECHOUART (Géofroi, Vte de), sire de Tannay-Charente. T. s. d'Azé : *Angers*, 1423. (*r.* 337, *p.* 67 ; *r.* 340, *p.* 121.) Tiennent de lui : Pierre d'Anjou ; Jean Bahoul ; Jean le Bigot, Chevaliers.

ROCHECHOUART (Jean de), écuyer, pour Anne de Channay, dame de Champdenier, son ép. Fief de la mote de Bauçay, al. Baussay, et de Marcole, al. St Marcole: *Loudun*, 1450. (*r.* 339, *p.* 24 ; *r.* 346, *p.* 43.) Vassaux : Bertrand de la Jaille, Sg. de Beuxe ; Jean de Razille ; Guill. le Roy, Sg. de Chavigné ; Gilles Thibert, Sg. de Thiberdere, Chevaliers. — François de Rochechouart, écuyer, leur fils ; *Idem* ; ens. la t. et seg. de Jars ; 1477. (*r.* 1343, *p.* 81.)

ROCHECHOUART (Louis de), Chev., Cte de Maure, G^d Sénéchal de Guienne. Baronnie de Gascongnolles: *Melle*, 1664. (*r.* 433, *p.* 223.)

ROCHECHOUART (Eléonore de), M^{ise} de Bonnins, v^e de Jaques de Mesgrigny, Chev. T. s. de Deffens et de Brin : *Maubergeon*, 1682. (*r.* 435, *p.* 56, 57.)

ROCHECHOUART (Benjamin de la), chan. de l'Egl. de Poitiers. T. s. de la Bobiniere : *Monmorillon*, 1693. (*r.* 436, *p.* 13.)

ROCHECHOUART (Louis de), Duc de Mortemart, etc. Marquisat de Mezières : *Tours*, 1694. (*r.* 421, *p.* 3.)

ROCHECHOUART (Charles-Auguste de), G^d d'Espagne. Comtés, t. s. de Buzançois et de Pallau ; 1738. (*r.* 425, *p.* 100.)

ROCHECHOUART (Jean-Victor de), de Mortemart, colonel au rég. de Navarre, pour sa f^e Eléonore-Gabrielle-Louise-Françoise de Crux, fille et unique héritière d'Angelique-Marie-Eléonore-Damaris Turpin de Crissé, f^e d'Armand Gabriel de Crux, Sg. de Montagu. T. s. de St Maxis, de Vihiers et de Chaumont: *Angers, Fontenay-le-Vte, Niort*, 1741. (*r.* 427, *p.* 45.)

ROCHE-D'AGIER, *Rupedag*. (Guill., Sg. de), tient les mas de Gobies et de Vallier en la châtell. de Sermur, mouv. du Cte d'Artois. sire de *Bourbon* ; 1280. (*r.* 1369, *p.* 1669.)

ROCHEDAGON, plustôt Rochedagou, *de Rupe Dagulphi* (Guill. de), dit Bidaut. Transmission à lui faite, du consentement du Sire de *Bourbon*, par Regnoux, sire de Cullent, Chev., d'un fief que celui-ci avoit obtenu de Guill. de Mayrat, Chev. ; 1322. (*r.* 461, *p.* 125.)

ROCHEDAGON (Pierre de), Chev. Chat. t. s. de Marcillat et de Viraul ; et, à cause de Marguer. de Montluçon, son ép., l'hôtel de Broil ou Breul, *Brolio*, dom. et seg. en dép., par. de Liveroles: *Montluçon*, 1350 ad 1377. (*r.* 461, *p.* 113, 193, 271.) — Bidault de Rochedagon, écuyer. Même t. et seg. de Marcillat: 1443. (*r.* 461, *p.* 190.)

ROCHEDAGON (Merlin de), Dam., Sg. de Puymausaing, *Malesignato*, pour Ysabelle de Murat, son ép. Hospices de Barbate et de Montgeorges ; vigerie de Murat, et baillie de St Bonit : *Murat*, 1408. (*r.* 461, *p.* 75.)

ROCHEDAGON, aussi Rochedragon (Jean de), Chev. Saisie féodale et main mise par le Roi sur sa t. et seg. de Rochedragon : *Bourbon.*, 1416. (*r.* 469, *p.* 83.)

ROCHEDAGON (Raimond de), Chev., Sg. d'Ancheres, *al.* Auchiers, Marguer. de Neuville, son ép. Hôtels, t. s. de Fontanelles et de Maleret ; dîmes et cens ès par. de Beaune, Teillet et autres : *Chantelle, Hérisson, Montluçon, Murat*, 1444. (*r.* 458, *p.* 161 ; *r.* 460. *p.* 348 ; *r.* 461, *p.* 263 ; *r.* 462, *p.* 10.)

ROCHEDRAGON (Anthonis de la), v^e d'Ant. de Merlie, Chev., comme tutrice de leurs enfans François et Ant. de Merlie, en la par. St Julien la Vestre, dioc. de Lyon, agissant par son proc. n. n. l'Hermite, Sg. de la Ribe et de Montluysant. T. s. de Brossat, mouv. du Cte de Montpensier : *Auv.*. 1494. (*r.* 471, *p.* 206.)

ROCHE DRAGON (Silvain de), écuyer. Fief de la Vaureille : *Marche*, 1669. (*r.* 474, *p.* 117.) Signe, Silvaint de Roche Dragont.

ROCHE DRAGON (Marie-Léonarde de), Dame de la Vaurelle. Fief, prieuré et justice de Charly : *Dun-le-Roi*, 1689. (*r.* 447, *p.* 46.)

ROCHE DRAGON (Jean de), Chev., Sg. de Vaureille. F. s. de la Varenne, par. de Peyrat ; et à cause de Claire, sa f^e, héritière de François Fougieres, écuyer. T. s. de Fougiere, par. de St Caprais : *Hérisson*, 1716, 1718. (*r.* 477, *p.* 204 ; *r.* 478, *p.* 7.)

ROCHE DRAGON (Jeanne de), v^e de Jean de Chalus, écuyer. Fief de Goussongnat, par. *id.* : *Chenerailles*, 1726. (*r.* 481, *p.* 63.)

ROCHEFORT (Pierre de), Dam. Maison de la Curée et fiefs en dép., à lui donnés par le Cte de Forez, à raison de son mar. avec Agnès*** ; 1290 *ad* 1333 : *Forez.* — Faucon de Rochefort, Chev. ; *idem ;* 1341. (*r.* 491, *p.* 171, 175 ; *r.* 492, *p.* 154 ; *r.* 493, *p.* 106.)

ROCHEFORT (Bertrand de), Chev., Sg. de Saillens et d'Auroze, à cause de Françoise, son ép., v^e de Micaud, Sg. de St Germain. T. s. de Crespin et de Chassemboles, par. de Cruzet le vieil, et de Chassemboles : *Billy*, 1300. (*r.* 457, *p.* 142.)

ROCHEFORT (Jean de), Dam., vend à Jean, Cte de *Forez*, sa ville ou vill. de St Georges-sur-Cosant, et dép., au dioc. de Lyon ; 1316. (*r.* 1395, *p.* 192.)

ROCHEFORT (Eustache, *al.* Tachon, sire de), Dam. Chât., t. s. de Rochefort, et mouv. sur divers tenemens ; ens. la maison forte, dom., cens et tailles de St Jean de la Vaytre : *Forez*, 1321 *ad* 1334. (*r.* 492, *p.* 50, 111, 225 ; *r.* 493, *p.* 93.)

ROCHEFORT (Bertrand de), *de Rocaforl*, autrem^t de la Mote, Dam. Hospice de Taorsac ; dom. et dr. en la par. de Boysset ; témoin Guill. Vassal, Chev., Sg. de Frayssenet : *Carlat*, 1354. (*r.* 473, *p.* 54.)

ROCHEFORT (Jean de), Chev., Sire de Chastelvert, Sg. d'Aubusson, obtient d'Edouard III, roi d'Anglet., des lettres de grace pour ses officiers qui avaient commis un meurtre ; 1364. (*r.* 1369, *p.* 1758.)

ROCHEFORT (Gui de), Chev. Serm. et prom. d'aveu au sire de *Beoujeu ;* 1374. (*r.* 486, *p.* 49.)

ROCHEFORT (Girard et Jean de), *Ruppeforti*, Dam. Déclaration et reconnoissance des limites et confins de la j. et seg. de Tay, entr'eux et les nobles Barons et frères Guiot et Jean de la Trimouille, Sg. de

Bourb.-Lancy. Et led. Girard, à cause de Jeanette de la Creuse, Damoiselle, son ép. La Mote de Rocheforte, dom., bois, pêche et h. j. en la par. St Anian : *Bourb.-Lancy*, 1388 *ad* 1401. (*r*. 466, *p* 116, 117, 118, 248.)

ROCHEFORT (Hugues de), Chev., Sg. d'Aly et de Fortunes, dioc. de St Flour, stipulant pour lui Louis de Rochefort, son fils, et Astorge de Rochefort, chan. de la Collégiale de St Julien de Brioude. Chât., t. s. d'Aly, relev. du Comte de Montpensier : *B.-Auv.*, 1493. (*r*. 471, *p*. 182, 297.)

ROCHEFORT (Guion de), écuyer. Hôtel et seg. de la Barbaire : *Montfaucon*, 1503. (*r*. 332, *p*. 75.) Tient de lui François Chaperon, écuyer, Sg. du Vigneau.

ROCHEFORT (Pierre de), Chev. F. s. de Chât.-Vert et de la Courtine : *Marche*, 1506. (*r*. 452, *p*. 337.)

ROCHEFORT (Claude-Ant. de), d'Aly, écuyer, Sg. de Jozeran, pour Marie de Nuchaud, son ép., v^e de Jaques du Berger, écuyer. T. s. des Sales et Bicon : *Riom*, 1668. (*r*. 499, *p*. 670.)

ROCHEFORT (Ant. de la Tour de), Chev., fils de Pierre de Rochefort. T. s. d'Aly, relev. de *Mercœur* et de l'Evêché de Clermont ; 1669. (*r*. 499, *p*. 558.)

ROCHEFORT (Charles de), écuyer, Sg. dud. lieu. Fief du vill. de Champt, par. de Francesches, châtell. d'Ahun : *Marche*, 1669. — Jean de Rochefort, écuyer, Sg. dud. lieu ; *idem* ; 1684. (*r*. 474, *p*. 268, 571.)

ROCHEFORT (Charles et Claude de). — François de Rochefort, Chev., fils mineur de Charles-Joseph de Rochefort, Chev., Sg. de Luçay. — Charles-Edme-François-Flour de Rochefort, fils de feu Claude de Rochefort, Chev., Cte de Luçay ; Etienne-Néré de Rochefort, Chev., son fils. Châtell., t. s. de Coullange, par. de Lury, tenue entr'eux par moitié : *Mehun-sur-Y.*, 1682 *ad* 1717 (*r*. 445, *p*. 341, 346 ; *r*. 447, *p*. 160, 220 ; *r*. 449, *p*. 128 ; *r*. 450, *p*. 9.)

ROCHEFORT (Mathieu de), S^r des Terceries. Dîme dépend. de sa maison noble de Tercerie, par. de Teilhet : *Riom*, 1685. (*r*. 503, *p*. 467 ; *r*. 504, *p*. 66.)

ROCHEFORT (Louis-Hector-Melchior de), écuyer. Rente noble appel. de Barronnat, ès par. de Glay, Cheyssy, Sersey et le Breuil : *Lyon*, 1700. (*r*. 496, *p*. 151.)

ROCHEFOUCAUD, *de Pupe Fucaldi*, (Fouquet de la), écuyer. Tour de *Haut-Maulay* : *Loudun*, 1449, 1469. (*r*. 341, *p*. 83 ; *r*. 346, *p*. 36.) Signe, Fouquet de la Rocheffoucaut.

ROCHEFOUCAUD (Jean de la), Chev., Sg. dud. lieu, vend à Charlot de Melun, écuyer, Sg. de Nantouillet, une rente sur la terre de Marsillac ; 1452. — François de la Rochefoucaud, son fils. Contestation avec la C^{esse} d'Angoul., au sujet du rachat de la seg. de Marcillac ; 1495. (*r*. 341, *p*. 83 ; *r*. 351, *p*. 124 ; *r*. 1403, *p*. 116.) *N*^{a}. Il faut se rappeler, à l'occasion de ce nom, que l'Angoumois n'a été qu'effleuré dans ce travail.

ROCHEFOUCAUD (Guyonne de la), Dame de la Chapperonière, recon. relever de *Montfaucon* ; 1512. (*r*. 332, *p*. 96.)

ROCHEFOUCAUD (Marie de la), f^e de Christophe, Cte d'Apchier, comme héritière en partie de Gabrielle de Foix, sa tante. T. s. de Mardoigne, Moissat-le-Chastel, Aubenas et Margaride, ès par. de Joursut, Peyrusse et autres : *Mercœur, Riom, Usson*, 1663, 1669. (*r*. 499, *p*. 528, et suiv.)

ROCHEFOUCAUD (François de Roye de la) Cte de Roucy, Vidame de Laon. Baron. t. s. de Melleran et de Champagne-Mouton : *Melle, Maubergeon*, 1665, 1669. (*r*. 433, *p*. 172, 220 ; *r*. 434, *p*. 105. Rel. de lui : Magdel. de Boisse de Pardaillan, v^e de Jean Bardonnin, Cte de Sensac, Chevalier ; Jaques du Carroy, Sr de Luislière ; Charles Frougeard, fils de feu Charles Frougeard, Sr de la Loubrie ; Pierre Garnier, Sr de Champvallier ; Jean de Goret, Sr de Genouillet, fils de Charles de Goret, Sr de Grosbot ; Pierre Grain de St Marsaud, Sr de Peudry ; Jean et François le Maistre, cons. au parl. de Paris ; Gabriel de Mazeraud, Sr de Villardz ; Jean de Menseran, Sr de Gauvalet, à cause de Charlotte Nicole de Chomas, son ép. ; François Prévost, Sr de Puybautier ; François de Roccard, Sg. de St Laurent de Cirier ; René Rougier, S^r de l'Isle-Bertin ; Jean de la Rye, Sg. de Lauberge ; Antoine de Sallignac, Sr de la Migotière, écuyers.

ROCHEFOUCAUD (Louis de la), Chev., Cte de Laurat, et Cather. d'Esserpens, son ép., héritière de la Maison de Rochebaron, fille de feu Claude d'Essepens, Cte de Gondras, et petite-fille par sa mère de Louis du Cluzel. T. s. d'Ambert, St Privat-Arlet, le Clusel et Rochebaron, celle-ci en la par. de Bourgbas, et dont rel. 30 vassaux : *Brioude, Issoire, Mercœur, Riom* ; 1669 ad 1684. (*r*. 496, *p*. 93, *r*. 499, *p*. 381, 382 : *r*. 502, *p*. 99 ; 503, *p*. 393.) Charles Ignace de la Rochefoucaud, Chev., Mis de la Rochebaron, capit. de cavalerie, par success. de sa mère Cather. d'Esserpens. T. s. d'Ambert et d'Arlat : *Issoire*, 1699. (*r*. 506, *p*. 67.)
— Amable-Ignace de la Rochefoucaud, Chev., M^i de la Rochebaron, par success. son ayeule Antoinette de Rochebaron et de la Dame Gabriat, sa tante. T. s. d'Ambert et d'Arlet : *Brioude, Issoire*, 1717. (*r*. 507, *p*. 171.)

ROCHEFOUCAUD (François de la), Chev., Sg. de Bournoncle, al. Buernonde, pour lui et les enfans de Henri-Gaston et Jean de la Rochefoucaud, Chev., ses frères. T. s. de Rochegonde, par. de Meufeglise, tenue par indivis ; 1669. — Louise de la Rochefoucaud, v^e de Fulquereau, Chev., Sg. de Gilbertez. Partie de la même t. et seg. de Rochegoude ; 1669. *Riom, al. St Flour*. (*r*. 499, *p*. 328 ; *r*. 506, *p*. 52.)

ROCHEFOUCAUD (feu Henri de la), Chev., Sg. d'Arlet. Ses enfans, sous la tutelle de François de Cugnac, écuyer. T. s. de Brassat et Lubière : *Riom*, 1669. (*r*. 499, *p*. 675.)

ROCHEFOUCAUD (François de la), Chev., Cte de Coussages, al. Couzages. T. s. de Clavelières et dép., par. de St Laurent, St Allire et la Chapelle-Geneste ; 1671. — Henri de la Rochefoucaud, Cte de Coussages ; idem ; 1684. La même terre saisie féodalem^t sur lui, 1700 : *Riom*. (*r*. 501, *p*. 49 ; *r*. 503, *p*. 390 ; *r*. 506, *p*. 91.)

ROCHEFOUCAUD (Jean Ant. de la), Chev., fils aîné de feu Jean de la Rochefoucaud, pour lui et Françoise de Lascaris d'Urfé. T. s. de Langhat, par. *id*. : Elect. de *Brioude*, 1683. (*r*. 503, *p*. 111.)

ROCHEFOUCAUD (Angélique de la), ép. de Charles de Courbon, Chev., Cte de Blenac, G^d Sénéchal de Saintonges. Tour, t. s. de Contré : *Aunay*, 1691, 1694. (*r*. 435, *p*. 333 ; *r*. 436, *p*. 27.)

ROCHEFOUCAUD (François de la), Duc de la Roche-Guyon, héritier de Jeanne de Schomberg, f⁰ de Roger du Plesseys, Chev., Duc de Rocheguyon, sa bisayeule maternelle. Comté et seg. de Duretal : *Baugé*, 1695. (r. 425, p. 99.) — Alexandre, Duc de la Rochefoucaud, neveu de Henri-Roger de la Rochefoucaud, Mis de Liancourt. Les châtell. et seg. de la Plesse, Chamillard, etc. : *Baugé*, *Mans*, 1732. (r. 426, p. 58.)

ROCHEFOUCAUD (Marie de la), ve de Pierre du Beauvergier-Maugon, Chev. Chât. t. s. de Montfort, et une rente sur le vill. de Rocherie, par. de Vernet : *Issoire*, 1699. (r. 506, p. 63, 273.)

ROCHEFOUCAUD (Louis-Ant. de la), Chev., Cte de Gondras, Sg. de Magny, et la Dame de Raymond, son ép. T. s. du Cluzel, par. St Eble : Elect. de *Brioude*, 1701. (r. 506, p. 127.) — Charles, Louis de la Rochefoucaud-Gondras ; *Idem* ; 1723. (r. 509, p. 36.)

ROCHEGUILBAUT, aussi Rocheguilbert, s'engage à reporter à Archamb., sire de *Bourbon* le fief de la Rocheguilbaud qu'il tient de Guill. de Chauvigny ou Chavigny, *Calviniaco*, sire de Chât.-Raoul, dans le cas où celui-ci n'observeroit point un accord fait avec led. Archamb. ; 1222. (r. 462. p. 144.)

ROCHE-GUYON (Guy de la). Chât. t. s. de Corze : *Baugé*, 1433. (r. 342, p. 55 ; r. 348, p. 4.)

ROCHEIN (Guill.), Dam., paroiss. de Mayet. Maison de Noally, dom., rentes et autres dev. *Billy*, 1378. (r. 455, p. 266.)

ROCHELAMBERT (Charles de la), Chev., fils de Charles de la Rochelambert, et mari de Gilberte de Sallers. Chât. t. s. de la Rochelambert, par. St Georges de St Paulien ; ens. des dîmes ès par. de Maulieu, Sugieres, Roche-Marignat ; 1683, 1685. —Guill. de la Rochelambert, Chev. T. s. du Fieu, par. d'Issertiaux ; et de la Valette, par. St Jean d'Euval ; 1723 : *Riom*. (r. 503, p. 81 ; r. 504, p. 4, 5, 8 ; r. 508, p. 76.)

ROCHE-LOUDON (François de la), Chev., agissant par son proc. Eustache de Chery, Chev., Sg. de Beaumont, chan. de Nevers. F. s. de Reimbé, par. de Bonnegon : *Ainay*, 1714. — Louis de la Roche-Loudon, écuyer ; *Idem* ; 1725. (r. 477, p. 130 ; r. 480, p. 42.)

ROCHEMEURE (Marc de), pour son père François de Rochemeure, Sr du Fraisse. T. s. de Manouil : *Riom*, 1669. (r. 499, p. 499.)

ROCHEMEURE (Jean de), Sr de Forniols, pour Claude de Rochemeure, écuyer, son fils et de Françoise de Boisfollet, Damoiselle, héritière de Marguer. de Serment des Chandelis. Dom., dîmes, cens et rentes de Condat et du lieu des Enclos, par. des Chandelis : Elect. d'*Issoire*, 1724. (r. 509, p. 125.)

ROCHEMON, aussi Roche Esmond (Charles de la), Chev., Sg. de Bois-Bertrand et de Lauge, mari d'Antoinette Chappus, fille de Jean Chappus, lieut. assesseur crim. au baill. d'Issoudun, et sœur de Jean Chappus, Sr de Pouliaux. Moulin de la dauaire et métairie des Pastureaux, par. St Cyr : *Issoudun*, 1671, 1673. (r. 444, p. 63 ; r. 445, p. 165, 235.)

ROCHEMONTÉS, aussi Rochemonteis (François de), écuyer. fils de Maximil. de Rochemonteis. T. s. de la Roche, la Terrasse, Pratloube et Vernassat, ès par. de St Geron, Crevant, Beaumont et autres : *Brioude*, *Riom*, 1669 ; Gilberte de la Roche Monteix, Damoiselle, tutrice de leurs enfans ; *Idem* ; 1684. r. 499, p. 341 ; r. 502, p. 150, r. 503, p. 384.
— Maximilien de la Rochemontés, Chev., Mal des camps et armées du

Roi, lieut. de sés gardes du corps; *Idem*; et, pour Marie de Rochemontèz de Vernassat, sa sœur, ép. de J. B. de Pons, Chev., Sg. de Colonges. Chât. t. s. des Quaires, par. de Las, comme subrogée aux droits des créanciers de son Ier mari Amable de Boulier du Charriot, Chev., Sg. de cette terre: *Brioude, Clermont, Riom*, 1723. (*r*. 508, *p*. 63, 65.)

ROCHEMONTEIX (Jean de la), Chev., Sg. de Nostrat, et les habitans du vill. de Morinie, par. de Cheylade. Bois communaux, montagne de Ricon et dép., Elect. de St Flour, relev. du Roi à cause de sa seg. de *Mercoeur*; 1688. (*r*. 505, *p*. 92.)

ROCHEREUL (Jean), écuyer, Sg. de la Freudiere. Le fief Hullin, par. de Landedemons: *Chât.-Ceaus*, 1469. — Gilles Rochereul, écuyer; *Idem*; 1476. (*r*. 350, *p*. 18, 23.)

ROCHERI, aussi Rocherys (Jean dit), Dam. T. s. ès par. de Cenquoin, *Centiquonio*, de Varoz et de Noviat; ens. une rente annuelle sur l'hôpital de St Didier de Nevers, tenue de la Dame de Bourbon: *Germigny*, 1271. (*r*. 464, *p*. 21.) — Jean Rocheris, Dam. Maisons, terres, prés bois, garenne, justices. cens, tailles et arr. fiefs: *Germigny*, 1307. (*r* 466, *p*. 47.)

ROCHERIE (Joffrois), Dam.; 1323. — Guill. Rocheris, Chev.; 1350, 1357. — Jean Rocheris, Dam.; 1381. Maisons, dom., bois, étangs et h. j. de St Cyr de Coelles, ès par. de Neuviz et de Cenquoin: *Bourb., Germigny*. (*r*. 432, *p*. 21; *r*. 463, *p*. 140, 177; *r*. 465, *p*. 145.)

ROCHERIZ (Hugon), écuyer. Hôtels, t. s. de Givernoy et de St Didier: *Bourbon*. 1356. (*r*. 463, *p*. 140.)

ROCHERY (Guill. et Jean), frères. Huitième partie de la g{de} dîme de Cozon, et le quart de la petite; ens. une pièce de terre, appel. les Paroles *Bourbon*., 1410, 1443. (*r*. 464, *p*. 325, 368.) Non nobles; et raturé au texte la qualité d'écuyer.

ROCHERY (Louis), écuyer. Maison de Rochery et dép.: *Bourbon*., 1506. (*r*. 453, *p*. 208.)

ROCHEROLLES (Antoine). Fief de St Laurent: *Marche*, 1669. (*r*. 474, *p*. 39.)

ROCHEROUSSE (Pierre de la), écuyer, et Marie de Ste More, sa f{e}. Chât. et châtell. de Pacé: *Saumur*, 1388 *ad* 1409. (*r*. 335, *p*. 123; *r*. 345, *p*. 6.)

ROCHES (Jean des), Chev. Chât. fort et dom. de la Faigne: *Chât.-du-Loir*,, 1393, 1407. (*r*. 344, *p*. 6.)

ROCHES (Alienore des), Dame du Vieil Baugé, et Jean de Basoges, son mari; Jean de Ste More, son frère. Châtellenie de Beaupreau: *Anjou*, 1429, 1438. (*r*. 337, *p*. 79 ; *r*. 338, *p*. 7; *r*. 341, *p*. 41.)

ROCHES (Phil. des), écuyer, Sg. d'Escherat. Hôtel, t. s. de Berneul, cens, rentes et autres dev. ès châtell. de Rancon, Bellac, Roussat et Dorat; 1505: *Marche*. (*r*. 452, *p*. 177, 198.)

ROCHES (Foucault de la), écuyer. T. s. de Monnart, *al*. Montemart, et de la Betoulle: *Marche*, 1506. (*r*. 453, *p*. 217.)

ROCHES (Vincent des), écuyer, Sr de Chassays. T. s. de Mary: *Maubergeon*, 1683. (*r*. 435, *p*. 121.)

ROCHES (François-Aymé des), Chev., fils de Gilbert-Aymé des Roches, Chev., Sg. de Noyant. T. s. des Roches, par. St Ours: *Riom*, 1684. (*r*. 503, *p*. 340.)

ROCHES (Amador-Alexis des), écuyer, Sr de Chassays. F. s. du Puy-

Galant : *Vouvant*, 1699. — Pierre des Roches, écuyer, Sg. de Chassays ; Idem ; 1717. (r. 436, p. 264 ; r. 438, p. 296.)

ROCHESAVINE (Hugues, sire de la), s'accorde avec Eustache de Montboissier, *Montebuxerio*, au sujet des fiefs de St Bonit et de Neucelle, *Novacella*, qu'il relève de lui ; 1232 : *Riom*. (r. 470, p. 250.)

ROCHESNARD (Louise-Antonine-Hélie de la), fille de feu Antonin-Hélie de Rochesnard, et de Louise-Marguer. Croiset. T. s. de la Rochesnard, Maillotiere et Faugeroye, par. de Blanzay : *Civray*, 1688, 1716. (r. 435, p. 282 ; r. 438, p. 148.)

ROCHETTE (Jean de la). T. s. de Monceaulnin : *Chât.-Chinon*, 1443. (r. 469, p. 168.)

ROCHETE (Robin). Douze journaux de terre au devoir de 4 den. tour. : *Baugé*, 1496. (r. 348 bis, p. 21.)

ROCHETTE (Jean), écuyer. Le lieu et place des Hostels à *Felletin*; 1506. (r. 452, p. 172.)

ROCHETTE (Jean de la), écuyer, Sr de la Feucherade, al. Feuillerade. Tour de Mosle, dom., moulin, cens, rentes, par. id.; 1669. — Amable de la Rochette, écuyer, son fils ; Idem ; 1684. — François de la Rochette, écuyer, fils de celui-ci ; Idem ; 1717 ; Elect. de St Flour: *Riom*. (r. 499, p. 576, 705 ; r. 503, p. 231 ; r. 507, p. 224.)

ROCHETTE (Maurice), proc. du Roi en la sènéch. d'Auv., et Jean Rochette, av. en parl., son fils. T. s. de Malauzat, par. St Genest : *Riom*, 1669, 1684. (r. 499, p. 578 ; r. 503, p. 430.)

ROCHETTE (François de la), écuyer, et Jaques, son frère, enfans de J. B. de la Rochette, écuyer. T. s. de Loubareix, par. de la Chapelle-Laurent : Elect. de *Brioude*, 1670. (r. 499, p. 777.)

ROCHETTE (Blaise), écuyer, secrét. du Roi. T. s. de Lempde, par indivis l'év. de Clermont, 1672. Antoine Rochette, écuyer du Roi en la général. de Riom, son fils ; Idem ; 1683, 1685, — Blaise Rochette, écuyer, cons. en la Cour des Aides de Clerm.-Fer., fils de celui-ci ; Idem ; 1698, 1716 : *Riom*. (r. 501, p. 44 ; r. 503, p. 133 ; r. 504, p. 61 ; r. 505, p. 103 ; r. 507, p. 15.)

ROCHETTE (Jaquette), v^e et héritière de Jean du Four, écuyer, cons. en la cour des Aides de Clerm.-Fer. T. s. de Baladon, par. Ste Anastasie: Elect. de St *Flour* ; 1699. (r. 506, p. 9.)

ROCHIER (Pierre), Sr de la Monneziere, bourg. de Poitiers. T. s. de Cloistre au bourg de Chasseneuil: *Maubergeon*, 1674, 1716. (r. 433, p. 64 ; r. 438, p. 16.)

RODDE (Mathieu), m^d. T. s. d'Espinchal, par. id., acq. de la Dame d'Espinchal, v^e du S^r d'Auberoque, et de son gendre le Cte de Chambonas : Elect. d'*Issoire*, 1716. (r. 507, p. 68.)

RODELSON (Robert), veuf d'Agnès, sa première f^e, pour lui et Marie, leur fille. Cens en grain et argent : *Murat*, 1443. (r. 460, p. 330.)

RODERIE (Simon de la), comme tuteur de François de la Roderie, son neveu. F. s. de l'Estrade : *Marche*, 1506. (r. 452, p. 261.)

RODÉS (Hue, Richard, Jean et Bernard de), frères. Convention entre eux que les mâles seulement succéderont aux biens de la famille ; 1229, 11 juin. (r. 1375, p. 2580.)

RODÉS (le Cte de), rend hom. à l'év. d'Auvergne de son chât. de la Bastide, près d'*Aurillac* ; 1277. (r. 473, p. 90.)

RODILSON (Etienne), licentié ès lois, et Cather. Boutignone, sa f^e. Les prévotés de Murat et de Voizelle, dr. et prérogat. en dép.; cens en div. par.: *Hérisson, Montluçon, Murat*, 1443. (*r.* 461, *p.* 6.) Non noble.

RODON (André de), écuyer, pour Alais d'Arcy, Damoiselle, sa f^e. Tailles sur cinq tènemens, et terres ès environs de St Seigne: *Bourb.-Lancy*, 1376. (*r.* 467, *p.* 12.)

ROÉ (Armand de la), *de Rota*, Chev., et son ép. Ahelide, Dame d'Usson, fille et hérit. univ. de feu noble Guill. Billaud, Sg. d'Usson. Le mas de la Bolène, fiefs et arr. fiefs, au mandem^t de St Romain: *Forez*, 1357. (*r.* 490, *p.* 164.)

ROÉ (Hanequin de la), Dam., et Agnès Chalemelle, son ép. Terres en la par. de Tresaille, et une dîme en celle de Cindré: *Chaveroche*, 1378. (*r.* 467, *p.* 311.)

ROÉ (Réné de la), Chev., Sr de Vaux, Sg. de l'Espiniere, par success. de Louis de Montallays, Chev. T. s. d'Orne: *Chât.-du-Loir*, 1604, 1606. (*r.* 352, *p.* 129; *r.* 353, *p.* 70.) Tiennent de lui: René Couette; Charles Gilbar; Charles Viau, écuyers. Voy. Roue.

ROENNEIS (Willeme, v^e de Chatard de). Moitié du fief du port et péage de Roanne · *Forez*, 1220. (*r.* 492, *p.* 66.)

ROET (Jean), de Vernay. Moitié du terrage et des grands champs de Varoz; ens. deux pièces de terre: *Germigny*, 1310. (*r.* 466, *p.* 33.) Non noble.

ROER (André del), et Phil., son ép., s'engagent à acquitter les anniversaires fondés en la chapelle de l'hôpital de *Montbrisson*, par Béatrix de Doures; 1284. (*r.* 1402, *p.* 1430.)

ROERTES (Guillermin), Dam. Maison du Doa, sise à Livry, terres, prés, et quatrième partie de la dîme et la onzième de la justice, etc.; ens. la moitié des vignes qui furent à Aymoinin Roerte, son oncle: *Bourbon.*, 1323. (*r.* 464, *p.* 427, 428.)

ROFFET (Annet), receveur des tailles en l'Elect. de *Riom*. Rente en la par. de Chapde; 1670. (*r.* 499, *p.* 746.)

ROGER (Martin), bourg. de Montbrisson, vend à R. (Renaud), Cte de Forez, divers cens près *Montbrisson*; 1267. (*r.* 1395, *p.* 206.)

ROGER (Bernard de), *de Rogerio*, fils de feu Rigaud. Repaire de Gisselmo, au chât. de Toarsac. *Taorsagesio*: *Carlat*, 1339. (*r.* 473, *p.* 145.)

ROGER (Ant. de), Sg. de Laynhac, du dioc. de St Flour. Le mas de Caldegayrie et dép., par. de Marcholes en la baron. de *Calvinet*; 1490. (*r.* 474, *p.* 134.)

ROGER (Louis), Chev., trés. de France. Seg. et vicomté de Coulongue, partie des dîmes de Sudray, al. Sundray, etc.: *Bourges*, 1680 ad 1701. — Edouard Roger, Chev., son fils; *Idem*; 1725. (*r.* 445, *p.* 308; *r.* 447, *p.* 45; *r.* 448, *p.* 20; *r.* 451, *p.* 151.)

ROGERON (Durand), m^d à Gannat. Partie de dîme à Sauzet, acq. de Gouet et Villemont, écuyer: *Gannat*, 1443. (*r.* 458, *p.* 4.)

ROGERY (Alexis). T. s. de St Urcise, la Roche-Canilhac et la Trinitat. acq. de la success. de feu Phil. de Beaufort-Montboissier: *Auv.*, 1733. *r.* 511, *p.* 33.)

ROGIER (Jean), notaire et secrét. du Roi, greffier des prestations en la cour de Parlem^t. Sergenterie hérédit. en la prévôté de *Montargis ;* 1463. (*r.* 432, *p.* 176.)

ROGIER (Anne, aussi Marguer.), v^e de J. B. Perrotin, avocat en parl., tutrice de Jean, Pierre, Magdel., François et Job, leurs enfans; ens. Jean-Jaques Perrotin, fils du premier lit et de Cather. Butin. Dîme, cens, et tailles ès par. de Chevaigne et de la Chapelle aux Chasses, avec dr. d'aide aux foires de Chavaigne: *Moulins,* 1697. (*r.* 475, *p.* 216, 217; *r.* 476, *p.* 18.)

ROGMA ou Rogua (Ant. la), recteur de la par. de Calvinet, dioc. de St Flour, pour Gerald de Rogna, Dam., son frère. Repaire de la Sarrete, dom. et dr. en dép.: *H. Auv.,* 1490. (*r.* 470, *p.* 165.)

ROGNONS (Perrouet de), bourg. de Villefranche, et Etienette, sa f^e, vendent à Louis, Sire de *Beaujeu,* deux maisons sises à Villefranche ; ens. une maison et terres vis-à-vis le cimetière de cette ville; 1288. (*r.* 1390, *p.* 403.)

ROGUE (Marie), v^e de « Monsieur Maistre » Nicolas Pellisson, proc. du Roi aux eaux et forêts de Poitou. Herbergem^t de Mary et plusieurs métairies : *Maubergeon,* 1669. (*r.* 433, *p.* 149, 150 ; *r.* 434, *p.* 101.)

ROHAN (Louis de), écuyer, Sr de Guemené, Guincamp. T. s. de Destré, Bellenoé et autres: *Angers, Saumur,* 1469. (*r.* 1342, *fol.* 51.)

ROHAN (Pierre de), Chev., Sg. de Gié, M$^{al.}$ de France, consent, en faveur de Pierre Duc de Bourbon et de Mme Anne, son ép., au remeré des terres de Milly, Bonneuil et autres, situées en *Beauvoisis ;* 1478. (*r.* 1369, *p.* 1779.) Autres titres de droits et possess ; 1480, 1492, 1504. (*r.* 335, *p.* 63, 77 ; *r.* 351, *p.* 122 ; *r.* 1340, *fol.* 149 ; *r.* 1344, *p.* 28 ; *r.* 1359. *p.* 673, 674 ; *r.* 1404, *p.* 281.)

ROHAN (Jean de), Duc de Nemours, comme curateur de Françoise et antre Françoise de Maillé, ses nièces; Hardouin de la Tour en Anjou, Chev., Sg. dud. lieu ; Jean, Sg. d'Aumont, pour Françoise de Maillé, sa f^e. T. s. de Dung le Plateau, de Vohet, Murat, etc., à eux échues par le décès d'André. Sg. de Chauvigny : *Marche,* 1503. (*r.* 483, *p.* 139.)

ROHAN (Charles de), Chev. de l'Ordre, Cte de Guise, Sg. de Gié. T. s. de Gilbourg : *Chât.-du-Loir.* 1513. (*r.* 348 *bis. p.* 14, 15.)

ROHAN (Louis de) Cte de Montbason, sire de Guémené. T. s. de l'Isle d'Aurille et de Bellaire : *Angers,* 1548. (*r.* 351, *p.* 45, 46.)

ROHAN (Louis de), capit. de 50 h. d'armes. Comté de Montbazon ; baronnies de Ste Maure et de la Haye : *Chinon, Tours,* 1578. (*r.* 358, *p.* 1.) — Louis de Rohan, son fils aîné. Trois hommages pour les baronnies, chatell., et ville de la Haye, de Nouastre, de Rochefort et de Ste Maure, unies au comté de Montbazon : *Chinon, Tours,* 1580, 1583. (*r.* 370, *p.* uniq.; *r.* 379, *p.* uniq.) Rel. de lui : René de Brillac, Sg. d'Argy, *al.* Arcy ; Jean de Gebert, Sg. de Noyant ; Jean de Marans, Sg. de la Roche St Sulpice ; Charles de Nessay, Sg. de Thorigny et de la Roche ; Nicole de Neuville, secrét. d'Etat ; René de Sanzay et Charlotte de Thaye, son ép. ; René de la Rochefoucault, Sg. de Nuelly-le-Noble ; Charles Turpin, Sg. de Crissé ; René de Voyer, bailli du duché de Touraine ; François Ysore, Sg. de Fontenay, Chevaliers. — Jean-André, Sr de la Rivière-Marteau ; Jean de Betz, S^r des Roches-aux-Lamberts ; René de Betz, Sr de Relley ; René Brochart, Sr de la Coussaye ; Victor Brodeau, S^r des grandes Ortieres ;

Jean de Commacre ; Thomas le Coustellier, Sg. du Puyfou ; Joachim Gillier, Sg. du Puy-Garreau ; Jean Goyet. Sr de Boysneuf ; Pierre de Guyneuf, Sr de la Drouauldière ; Joachim l'Huillier, Sg. de la Roche-Pellegrin ; Jaques de Larçay ; Yves de Maillé, Sr de la Guertaulde ; Guill. de la Marche, bâtard de Guill. de la Marche, celui-ci capit. des Suisses de la garde du Roi, etc., etc. ; Jean de Montfort, Sr de Noes ; Jaques du Poyrier ; Robert du Pré, Sr de Chesnaye ; François du Puy, Sr de la Barlotiniere ; Lancelot du Ramier ; Pierre Raymond, Sr de Riberolles ; Jean de Saubuys, Sr de Talnoys ; René du Tay, Sr de Montizon, écuyers.

ROHAN (Hercules de). Voy. Montbazon.

ROHAN (Pierre de), Prince de Guemené, Cte de Montbazon, Sénéchal d'Anjou. T. s. du Verger et autres, mouvantes d'*Angers, Baugé* et *Chât.-Gontier* ; 1612, 1615. (*r.* 355, *p.* 113 ; *r.* 386, *p.* uniq.) Rel. de lui : André de Contade ; Julien de Marseilles ; Charles de Roussieres, écuyers.

ROHAN (Anne de), Princesse de Guemené, ve de Louis de Rohan, Duc de Montbazon, comme curatrice de Charles de Rohan, leur fils aîné. Duché pairie de Montbazon ; châtell., t. s. de Narbonne en Touraine, du Verger, Remefort, etc. ; *Angers, Amboise* ; 1668, (*r.* 358, *p.* 107, 108.) — Charles de Rohan, Prince de Guemené, Duc de Montbazon. T. s. de Narbonne : *Amboise*, 1699. — J. B. Armand de Rohan, Prince de Montauban. Chatell., t. s. de Brain-sur-l'Authion : *Chât.-Gonthier*, 1700. (*r.* 425, *p.* 74.) — Jeanne-Armande de Rohan, fille de J. B. de Rohan de Montauban. Chatell., t. s. de Brain et autres lieux : *Chât.-Gonthier*, 1706. (*r.* 425, *p.* 51.)

ROHAN (Hercules-Mériadec, Prince de), de Soubise, de Maubuisson, etc., comme tuteur de Charles, Armand, François-Auguste, Renée et Marie de Rohan, enfans mineurs de Jules-François-Louis de Rohan, et d'Anne-Julie-Adelaïde de Melun. F. s. de Montlieu : *Xaintes*, 1725. (*r.* 441, *p.* 22.) — Hercules Meriadec de Rohan, Prince de Guemené, duc de Montbazon, agissant par son curateur, attendu son interdiction. T. s. de Montaigu-le-Belin, et autres dom. et seg. : *Billy, Chât.-Gonthier, Meaux, Tour-du-Louvre*, 1736, 1738. (*r.* 426, *p.* 97 ; *r.* 481, *p.* 143.) — Meriadec de Rohan, Prince de Soubise, tient du chef de sa fe, Marie-Sophie de Corcillon, ve de Charles-François d'Albert d'Ailly, les terres et chatell. de Tuisseau, de la Bourdoisière, etc. : *Amboise*, 1739. (*r.* 427, *p.* 19.)

ROHAN-CHABOT (Charles-Annibal de), Chev., Mis de Soubran, et Henriette-Charlotte Chabot, Ctesse de Jarnac, son ép. Droits de ventes, échanges et contre échanges en la ville et par. de Jarnac ; ens. le fief et seg. de Claon : *Xaintes*, 1729, 1740. (*r.* 441, *p.* 48 ; *r.* 442, *p.* 53.)

ROHAN (Louis-Constantin de), chan. de Strasb., fils de Charles de Rohan, prince de Guemené, Duc de Montbazon. T. s. de Brain-sur-Authion : *Chât.-Gontier*, 1738. (*r.* 426, *p.* 80.)

ROHAN-CHABOT (Louis-Marie-Bretagne-Dominique de), pair de France. Comté, t. s. du Lude : *La Flèche*, 1742. (*r.* 427, *p.* 45.)

ROIAUL (Guillemin). Maison de la Varenne, dom., cens et tailles : *Bourbon.*, 1300. (*r.* 464, *p.* 33.) Non noble.

ROIGNON (Etienne), de Bussi, fils d'Et. Roignon, pour Guillemette, sa fe. Maison, vignes, cens au bourg de St Germain : *Forez*, 1336. (*r.* 490, *p.* 127.)

ROLIN (Etienne), de Montoux, écuyer, et Claudine Chermette de St Maurice, son ép. Rentes nobles ès par. de St Clement, de Valsonne, St Laurent et autres : *Lyon*, 1731. (*r.* 498, *p.* 57.)

ROLINES (Jeanin de) et Guillemine, sa f^e, fille de feu Guill. de Veure. — Jean, Pierre, Guyot et Jeanne, leurs enfans. Maison, dom., bois, pêche, bruyères et rentes au chesal de Veure, par. d'Ingrande : *Bourb.*, 1398 *ad* 1411. (*r.* 463, *p.* 24 ; *r.* 464, *p.* 54, 224, 262.) Non nobles.

ROLINES (Guillot de), à cause de Jeanne, son ép. ; Etienne Ragot ; Georges Magnin et Jean Ragot, neveu d'Etienne, héritiers de Guill. de Veure, prêtre. Terres, prés, bois et vignes. — Jean de Rolines, et ses frères Guillaud, Georges et Pierre. Quatrième partie d'un pré à Ingrande : *Bourb.*, 1411. (*r.* 464, *p.* 69 ; *r.* 465, *p.* 35.) Non nobles.

ROLINES (Pierre des), veuf de Magdel. de Baisle, pour lui et leurs enfans. T. s. de la Mote Bodreuil et du Fée, par. de Louchy, acq. de Jean-Jaques de Baisle, écuyer, Sr de Poncenat, et de Henri Cottignon, écuyer, Sg. de la Charnay et de Cordebeuf : *Verneuil*, 1710, 1717. (*r.* 476, *p.* 257 : *r.* 477, *p.* 305.)

ROLINES (Gilbert des), bourg. de Moulins, pour Gabrielle Mestrand, sa f^e, fille de Bon Mestrand, et de feue Marie-Marguer. Farjon. Cens et dév. ès par. de Chemilly et de Toulon : *Moulins*, 1722, 1728. (*r.* 478, *p.* 185 ; *r.* 479, *p.* 14.)

ROLAND, aussi Rolland (Mathieu), de St Germain-Laval, *de Vallis*. Vignes aud. lieu, et menus cens percept. à Vernat : *Forez*, 1322, 1337. (*r.* 490, *p.* 36 ; *r.* 492, *p.* 289.)

ROLAND (Pierre), bourg. de St Porcien. Dîmes ès par. de la Feline, de Teil et de Terbent, *al.* Trebent qu'il relève de Marguer. Chamble, f^e de Guill. de Gonzolle, Dam. ; *Verneuil*, 1406. — Pierre Roland, son fils ; *Idem* ; 1424, 1453. (*r.* 458, *p.* 110, 115 ; *r.* 1355, *p.* 143.) — Jean Roland, bourg. de St Pourçain. Délai d'hommage pour sa dîme de St Pourçain ; 1453. (*r.* 1355, *p.* 141.)

ROLLANDE (Bonne), Damoiselle. Droits sur le port Saunier de *Cognac*; 1462. (*r.* 1404, *p.* 181.)

ROLLAND (Martin), écuyer, M^e des requêtes de l'hôtel de la Duch. de Bourbon. F. s. du Mas : *Verneuil*, 1505. Et, pour Christophe Rolland, écuyer ; f. s. du Couldray : *Chantelle*, 1506. (*r.* 453, *p.* 12, 190.)

ROLLAND (Louise), v^e de Federy Basché. Fief de Basesers : *Maubergeon*, 1669, (*r.* 433, *p.* 159.)

ROLLAND (Gabriel de), écuyer, fils d'Ant. de Rolland, écuyer, et de Charlotte de Boulsy. F. s. de Linerolles, par. de Bussy et des Barres-le-Vineuil : *Dun-le-Roi*, 1680. (*r.* 445, *p.* 408.)

ROLLAND (Charles de), écuyer. Fief de Nizerolles, par. de Bussy : *Dun-le-Roi*, 1699. — Pierre-Gabriel de Rolland, écuyer, et Anne sa sœur, ses enfans ; *Idem* ; 1700, 1717. (*r.* 447, *p.* 228 ; *r.* 448, *p.* 10 ; *r.* 449, *p.* 300.)

ROLLAND (Henri de), écuyer, Sr du Coudray, et Jeanne de Herouard, son ép. F. s. des Barres et de la Vineux, par. de Bussy : *Dun-le-Roi*, 1699. — François de Rolland, écuyer, leur fils ; *Idem* ; 1717, 1724. (*r.* 447, *p.* 229 ; *r.* 449, *p.* 291 ; *r.* 451, *p.* 133.)

ROLANT (François de), Chev., Sg. de Martigny et autres lieux. T. s. de Tât, par. *id.*: St *P.-le-Moustier*, 1701.)*r.* 476, *p.* 31.)

ROLAND (Hypolite), curé de Serriere et Vergisson, et Maconnois, fils de François Roland, Sg. de la Marpaudiere, juge crim. en la ville de Charlieu. T. s. de la Duerie : *Lyon*, 1722. (*r.* 497, *p.* 156, 160.)

ROLLAND (Pierre de), écuyer, Sg. de Niserolles, pour Marie Biotiere, son ép. ; François de Rolland, écuyer, Sg. du Coudray, pour sa f^e Susanne de Biotiere : et Marguerite Biotiere, sœur des précédentes. T. s. de Pontcharaud, par. St Benin ; *Ainay*, 1723. (*r.* 478, *p.* 342.)

ROLLAND (Jaques), curé de Juliennes, dioc. de Macon. Chât. t. s. et rentes nobles de St Pierre la Noaille, près de Charlieu : *Lyon*, 1730. (*r.* 498, *p.* 46.)

ROLAT (Giraud de), Dam. Cens ès par. de Venat, Louroux, Domant et *Hérisson* ; 1350. (*r.* 462, *p.* 182.)

ROLAT (Jaques de), écuyer, Sg. Brughat. Hôtel fort, t. s. de la Pouge, par. de Tresail : *Chaveroche*, 1456. — Ant. de Rollat, écuyer, pour lui et Phil. la Longue, sa mère. F. s. de Brughat, *ibid.* 1488. (*r.* 468, *p.* 57 ; *r.* 484, *p.* 5.)

ROLLAT (Bertrand de), écuyer. T. s. de Marsat, la Plege et Brufat : *Chantelle, Chaveroche* et *Gannat*, 1505. (*r.* 452, *p.* 41.)

ROLLAT (Louis de), écuyer. T. s. de Rollat : *Billy*, 1506. (*r.* 452, *p.* 49.)

ROLLAT (Martin de), Chev., Sg. de Varesnes et autres lieux. Fief de Marsay et autres, ès par. de Chaspes, St Marcel et Duchesse : *Murat*, 1686. (*r.* 474, *p.* 597.) Signe, des Varesnes de Rollat. — Jean-Louis de Rollat, écuyer, son fils. F. s. de Marsay, de la Coust et de Pryvaud, par. de Deux chaises, Lury, et Saulers : *Chantelle, Murat, Verneuil*, 1716. (*r.* 477, *p.* 176 et suiv.) — Sébastien de Rollat. Chev., capit. de cavalerie. T. s. de Marzat, *al.* Marsay, par. de Voussat. — Jean-Louis de Rollat, écuyer, Sg. de Marsay, capit. de cavalerie. T. s. de Beaucaire et de Paynaud, par. de Chappe et de Sausset : *Murat*, 1737. (*r.* 481, *p.* 109, 111.)

ROLLAT (François de), écuyer, Sg. dud. lieu et de Broughat, veuf de Claude Gaurin. T. s. de Chastelus et Marrat, par. de Deux-chaises et de Voussat ; 1703. — Henri de Rollat, écuyer, leur fils. F. s. de Puy-Guillon et de Beuil, par. de Vernusse et d'Eschassiere ; et, comme hérit. de Claude-Louis de Rollat son frère ; le fief de Beuf : *Chantelle, Murat*, 1712 *ad* 1726. — Michel de Rollat, écuyer, son fils unique ; *Idem* ; 1736. (*r.* 476, *p.* 91, 123 ; *r.* 477, *p.* 82, 83, 532, 533 ; *r.* 480, *p.* 110 ; *r.* 481, *p.* 107, 129.)

ROLLAT (François de), Chev. T. s. de Rollat, de Mazat et de Broughat, par. St Denis et de Deux-chaises : *Billy, Murat*, 1717 *ad* 1726. (*r.* 477, *p.* 378, 379 ; *r.* 480, *p.* 73, 74.)

ROLLAT (Marie). T. s. de Chatellus, par. de Deux-chaises : *Murat*, 1737. (*r.* 481, *p.* 110.)

ROLET (Jeanette, f^e de Jean), bourg. de Parey, *de Paredo*, fille de feu Pierre Marchand. Tailles, cens et 8e partie de la dîme de Hautvillers, par. St Leger : *Bourb.-Lancy*, 1402. (*r.* 467, *p.* 68.)

ROLLET (Jaques), Chev., très. de France. Dîmes en la par. St Priest et autres lieux ; 1683. — Ant.-Joseph Rollet, Chev., Sr de Lauriat, son fils, présid^t au bureau de la général. de Riom. Chât. t. s. de la Chaud-Neuville, de Rochedagoux et du Chariel, par. de Bussiere, St Maurice, Condat et autres : *Gunnat, Riom*, 1710 ad 1741. (*r.* 503, *p.* 177 ; *r.* 507, *p.* 81, 250 ; *r.* 511, *p.* 51, 60.)

ROMAIN (René), av. en parl. Terre de la Possonniere : *Angers*, 1739. (*r.* 427, *p.* 4.)

ROMANET (Charles de), Chev., Bon de Beaudisner, fils d'Aymé de Romanet. F. s. de la Porte, par. de Palheres: *Forez*, 1674. (*r.* 496, *p.* 51.)

ROMMI (Jean-François de), écuyer. Maison noble de Rommi, par. de Miremont : *Riom*, 1669. (*r.* 499, *p.* 661.)

RONADE (Jean-André de la), lieut. gén. au baill. des montagnes d'Auv., comme mari de Beralde de Durfort, et administrateur des biens d'Helene Gigaud, sa belle fille. Maison, dom. et dép. en la ville de Salers : *Riom*, 1669, 1672. (*r.* 499, *p*, 219 ; *r.* 500, *p.* 126.) — Pierre-André de la Ronade, leur fils, lieut. civil et crim. au baill. de Salers, veuf d'Helene Gigaud. Fiefs d'Apchier, du Bere, del Morie et de Voleyrat, ès par. de Fontanges, St Paul et Anglard ; 1684. — Jean-André de la Ronade, écuyer, lieut. gén. civ. et crim. au baill. des montagnes d'Auv. ; *Idem*; 1723 : *Issoir, St Flour*. (*r.* 503, *p.* 399, 513 ; *r.* 508, *p.* 89.)

RONADE (Paul de la), v^e d'Ant. de Chazettes, Sr de Bargues, et tutrice, de leurs enfans. Dom. appel. del Pont, par. St Paul; rentes et tailles en la par. St Sernin : *St Flour*, 1684. 1686. (*r.* 503, *p.* 400 ; *r.* 504, *p.* 80.)

RONCHERMEL (feu Guichard de), Chev. Sa v^e Faucone s'accorde avec le Cte de *Forez*, à l'occas. des seg. de Boisselles et de Magnieu ; 1304. (*r.* 1402, *p.* 1283.)

RONCHETHOAIT (Cymaut de), Chev., Sg. de Mortamar. T. s. de Quintennes. *Quintanis*; autres dom. et arr. fiefs, par. d'Argentiere, Neuveglise et autres : *Montluçon*, 1375. (*r.* 464, *p.* 110)

RONCHINNEL (Etienne de), Dam. Maison forte, dom. et seg. du Pré-Mineur, *Prati minoris*, par. de Chambon : *Beaujeu*, 1459. (*r.* 486, *p.* 180.)

RONCHINOL (Guicharde fille de feu Guichard de), Chev., v^e de Henri de Montaniac, Chev. Dom. et seg. en la par. de Mable en Roannois : *Forez*, 1311. (*r.* 493, *p.* 43.)

RONCHINOL (Guill. de), Dam., fils de feu Guill. de Ronchinolp, Chev. Maison, t. s. à Marelot : *Forez*, 1325. (*r.* 493, p. 111.)

RONCHINOL (Jean de), Dam. Serm. de fidél. et prom. d'aveu au Sire de *Beaujeu*. — Simon de Ronchinol, Chev. ; *Idem*; 1331. (*r.* 486, *p.* 60, 61, 62.)

RONCHINOL (Robert de), Dam. Maisons de Jarnosse-les-Olleres et de St Cyr de Faveres, ès par. de Poilly, de St Hilaire et autres : *Beaujeu*, 1404, 1406. (*r.* 485 *bis. p.* 35, 36)

RONCHINOL (Roberte de), Damoiselle. Serm. de fidél. et prom. d'aveu au Sire de *Beaujeu* ; 1490. (*r.* 489, *p.* 552.)

RONCHINOULX (Simon de), Chev. Dr. de péage sur la rivière de Renaison, *Rodenna*, à lui légué par Guill. de Ronchinoulx, Dam. : *Forez*, 1337. (*r.* 490, *p.* 264.)

RONDART (Jean), paroiss. de Trenol, fils d'Isabelle Saligot, et Marguer. de Basy, sa femme ; 1367. — Hugues et Pierre Rondart, paroiss. d'Averine ; 1411. Terres, prés, vignes, bois, droit de garenne, en la par. d'Averine : *Moulins*. (r. 454, p. 211, 227 ; r. 455. p. 97.) Non nobles.

RONDAULT (Marie), v^e et donataire de Jean Berault, m^d à Poitiers, tient noblem^t par hommage lige, au devoir d'un homme de pied armé, la maison, t. s. de la Cour de Forges, par. St Georges-lez-Baillargeaux : *Maubergeon*, 1682, 1688. (r. 435, p. 41, 295.)

RONDE (Jamet de la), paroiss. de St Germain des Fossés ; 1300. — Jean de la Ronde, Dam. ; *id*. ; 1342, 1375. Cens, rentes et autres dr. ès par. de Bos, Sarnailles, Suly et autres : *Billy*. (r. 455, p. 360 ; r. 456, p. 55 ; r. 457, p. 43.)

RONDEAU (René). Fiefs de Monsalard-le-Savenier et de Vaurousset. — Cather. Rondeau, v^e d'Et. Fief démenbré de la seg. de Maleret. — Jaques Rondeau de la ville d'Ahun. F. s. de Monconioux. — Jean Rondeau, av. en parl. Fief du Saillant, par. St Medard. — Louis Rondeau ; *Idem* ; et, à cause de Marguer. Evrard. son ép. ; le fief du Chiroux, par. d'Issoudun : *Marche*, 1669, 1684. (r. 474, p. 13, 106, 167, 291, 462.)

RONDIN (Perrine, v^e de Pierre Perrot, écuyer ; 1682. — Jeanne Rondin, v^e de Jean Perrot, écuyer. F. s. de l'Espiniere, par. de Lezeray ; 1683, 1717 : *Issoudun*. (r. 445, p. 344 ; r. 447, p. 102 et suiv. ; r. 449, p. 275.)

RONIN (Jean), Dam. Dom. et mouv. au mandem^t de Montceny ; *Forez*, 1334. (r. 490, p. 40.)

RONNE (Jean de), Chev. Maison de Ronne et dép. ; ens. les rentes et dev. qu'il perçoit à Chamelet et en la par. St Vincent de Ressy ; présent, Phil. de Chasatiart, Chev. : *Beaujeu*, 1332. (r. 488, p. 99.)

RONNEAULX (Huguenin des), Dam. Maison appel. les Ronneaulx, dom., dîme et mouv., ès par. de Fretey et de Planchiers ; 1396. — Huguenin Ronneaulx, écuyer, dem. à Champeloix, et Jeanette, sa f^e fille de feu Pierre de Fretoy, vendent au Duc de Bourbon un pré sis au finage de Ceraucy ; 1409. — Jean de Ronneaulx, écuyer, rend hom. au Duc de Bourbon de ses hommes et femmes serfs de *Chastel-Chinon* ; 1405. (r. 469, p. 237 ; r. 1380, p. 3261, 3277.)

RONNET (Jean de), écuyer, Sg. dud. lieu. T. s. de Montclerie : *Montaguit*-en-Combraille ; 1520. (r. 483, p. 80.)

RONVILLE (Pierre de), Dam. Cens en grain, argent et volailles au chât. et ès environs de St Bonit : *Forez*, 1291. (r. 493, p. 154.)

RONZAULT. Voy. Rouzaut.

ROQUE (Jaques de la), *de Roqua*, aussi Rocque, Dam.; pour Mariebelie de Vic, son ép., fille de Bertrand de Vic, Dam. Huitième partie du chât. de Vic, dom. et dr. ès par. de Vic et de S^t Et. de *Carlat* ; 1355. (r. 473, p. 67.)

ROQUE (Jean), autrem^t Borrelle, bourg. de St Porcien. Menus cens au ter. de la Verdure : *Verneuil*, 1357. (r. 460, p. 146.)

ROQUE (Pierre), bourg. de St Porcien. T. j. et seg. de Dorne, cens, lods et rentes, charrois, mariages, corvées et autres dr. ès par. de St Georges, Parey, etc. : *Verneuil*, 1476. (r. 459, p. 95.)

ROQUE (Ant., aussi Archambaud de la), Chev. Chât. et chatell. de Senezergue, dioc. de St Flour : *Carlat*. 1490, (r. 432, p. 72.)

ROCQUE (Nicolas et Rogier), frères, bourg. Dix e de Vernes ; partie de celle de Meriaulx, et la petite dîme de Bet-de-Jaul : *Hérisson, Montluçon*, 1506. (*r.* 461, *p.* 177.)

ROQUE (Ant. de la), écuyer, fils de François de la Roque, écuyer, Maison forte, dom. et seg. d'Azenieres, par. St Georges d'Aurac. Elect. de Brioude : *Riom*, 1669. (*r.* 499, *p.* 568 ; *r.* 502, *p.* 134.)

ROQUE (François de la), Chev., fils de Louis de la Roque. Chât. t. s. de Senezergues, Casteldoze et autres : *Carlat, Riom*, 1669 *ad* 1686. (*r.* 499, *p.* 446 ; *r.* 503, *p.* 455 ; *r.* 506, *p.* 4.)

ROCQUE (Françoise de la), f^e d'Ant. Guillomet, proc. du Roi en la châtell. de Chantelle. F. s. de Buchepot, par. de Taxat-sous-Charroux : *Chantelle*, 1689. (*r.* 474, *p.* 750.)

ROCQUE (Claude), écuyer, S^r d'Esmoderes, et Genevieve Amonnin, sa f^e. Moitié du dom. et justice de Neureux, par. de Lurcy, et du fief de Chastre, par. d'Augy, etc. : *Bourb.*, 1689, (*r.* 475, *p.* 8.)

ROCQUE (Jean de la), et Jaques de Laumur, bourg. de Murat, comme co-seign. de la rente de Nussargues, par. de Moissac : *St Flour*, 1723. (*r.* 509, *p.* 94, 98.)

ROQUEFEUIL (Marie-Gilberte de), v^e de Claude Yves, Chev., Mis d'Alegre, par success. de la Dame de St Aignan, mère dud. Claude. T. s. de Reillac, par. de Vergonghon, Elect. de Brioude : *Riom*, 1669, 1685. (*r.* 499, *p.* 669, 672 ; *r.* 503, *p.* 464.)

ROQUELAURE (Guy de), écuyer, Sg. de Roquelaure, et en partie de Montchauson. Le fief de la Chassaigne-Rouger ; la métairie du Lodier, à lui appart. par arrangem^t avec Begon de Roquelaure, mouvante du Duc de Bourbonnois et d'Auv. à cause de sa châtell. de Cerbiere ; ens. le fief appel. l'Eschaylet : *Carlat*, 1521. (*r.* 452, *p.* 159 ; *r.* 483, *p.* 61, 62.)

ROQUELAURE (Claude-Gabriel de), écuyer, fils de Gabriel de Roquelaure T. s. de Pompignat et de Laval, par. de Chaties : *Mercoeur*, 1669. (*r.* 499, *p.* 376.)

ROQUELAURE (Joachim de), prieur de Cheylade, pour Marie de Compoursier du Terrail, v^e de Joachim d'Estain, Chev., Sg. de Salliant, tutrice de leurs enfans. T. s. de Nescher: *Riom*, 1676. (*r.* 501, *p.* 56.) Voy. Estaing.

ROQUELAURE (Pierre-Louis de), écuyer, Sr de Laval, pour Françoise d'Artaud, sa f^e, fille de feu Jean d'Artaud, écuyer. Maison d'Artaud et dép., par. St Germain-sous-*Usson* ; 1685. (*r.* 503, *p.* 453 ; *r.* 504, *p.* 76. Signe, Laval Roquelaure. — Claude de Roquelaure, écuyer ; *Idem* ; 1724. (*r.* 509, *p.* 106.)

ROQUELAURE (Gaston-Ant.-J.-B. de), Duc et Pair de France, hérit. de Henri de Daillon du Lude, tant pour lui que pour sa sœur Marie-Charlotte de Roquelaure, ép. de Henri de Foix de Candale. Divers dom. et seg. rel. de *Baugé, Beaufort, Beaumont, la Flèche*, etc. ; 1686. (*r.* 425, *p.* 63.)

ROQUEPLAN, aussi Roqueplain (Jaques de), écuyer. Maison forte, dom. et h. j. de la Marade, en la seg. de Polignac : *Riom*, 1669. (*r.* 499, *p.* 248 ; *r.* 500, *p.* 86.) — Claude de Roqueplan, écuyer ; *Idem* ; 1718. (*r.* 507, *p.* 234.)

HORGUE (Renyer), écuyer. Hôtel, dom. et seg. de Beaumont, par. St Prie-le-Bois : *Marche*, 1501, 1506. (*r.* 452, *p.* 204 ; *r.* 471, *p.* 7.)

RORTET (Raoul de), Chev. Dîme de St Martin, de Pressy, de Salency, terres, prés, vignes et mouv. : *Charolois*, 1310. (*r*. 470, *p*. 120.)

ROSEL (Guill. de), Dam., paroiss. de Barberiet, pour sa f^e Agnès, fille de feu Pierre de Chandenay, Chev. Rente sur la dîme de la par. de Monestier qu'occupe en partie Guill. de Chandenay. Dam., frère de lad^e Agnès : *Chantelle*, 1322. (*r*. 458, *p*. 152.)

ROSILLON (Ysabelle de). Dame de Chagy. Dom. seg. h. j., étang et moulin à Luzy, et dr. d'usage en la forêt de Dohone ; présent, Jean de Rosillon, Chev., et Jean de Champedon, Dam. : *Bourb.-Lancy*, 1350. (*r*. 467, *p*. 11.)

ROSILLON (Jean de), Dam. Hôtel, dom. et seg. de Beaudeduit : *Germigny*, 1368. (*r*. 465, *p*. 343.)

ROSSART (Hélene), v^e de Jean Faguet, écuyer, Sr de Joncherets, fille un. de feu Jean de Rossart, écuyer, et de Demoiselle du Grenier. T. s. de Reveillon, Louvières, la Gastine, etc. : *Sonnois*, 1666. (*r*. 357, *p*. 32. Tiennent d'elle : Louis Burat ; Jean Frebourg, Sr de la Boussardière, écuyers.

ROSSEL (Stevenin), Dam., paroiss. de Tresail, pour Stephanie, son ép., fille de feu Guill. Eusser. Deux pièces de terre, un pré et un bois en lad. par. : *Chaveroche*, 1378. (*r*. 468, *p*. 95.)

ROSSELET, *al.* Roselet, (Jean), de Villechivreul, Dam. Cens et tailles ès par. de Cerilly et d'Ursy : *Aynay*, 1357. (*r*. 463, *p*. 44.)

ROSSERI (Jean.) Cens, rentes, dr. de lods et ventes au territ. de Cernerie : *Forez*, 1334. (*r*. 491, *p*. 234.)

ROSSET (Guichart.) Maison en la par. St Cyr près Châtillon, avec obligation de la fortifier en cas de guerre ; 1372. — Perronin Rosset, Dam. Cens, rentes, tailles et autres dev. acq. de Henry Corbeyson, autrem^t Charbuel, et Jean, son fils ; 1406. — N. h. Philip. Rosset, et Claude, son frère. Cens, rentes en la par. de Chalarone, châtell. de Channeins ; 1459 : *Beaujeu*. (*r*. 486, *p*. 4 ; *r*. 487, *p*. 17 ; *r*. 488, *p*. 63.)

ROSSIGNOL (Isaac), Sr de Boisrond, pour René Rossignol, son père, proc. du Roi au baill. de Vierzon ; 1668. — Gabriel Rossignol, son fils, et de Cather. Sommard, proc. du Roi au siège de Vierzon ; 1686 *ad* 1704. — Jean-Gautier Rossignol, Sr de la Ronde ; 1711. — René Rossignol, son fils, lieut. gén. au baill. de Vierzon ; 1714. Maison appel. le fief de la Monnoie : *Vierzon*. (*r*. 443, *p*. 37 ; *r*. 445, *p*. 11, 366 ; *r*. 446, *p*. 45 ; *r*. 447, *p*. 167 ; *r*. 448, *p*. 69, 94 ; *r*. 449, *p*. 157.)

ROSSIGNOL (Phil.), écuyer, secrét. du Roi. T. s. d'Escoue, par. de Montreuil-sur-Mer. *Fontenay-le-Cte*, 1682. (*r*. 435, *p*. 53.)

ROSSIGNOL (Charles), écuyer, cons. du Roi au Châtelet de Paris. T. s. de la Crange-Talusseau : *Vouvant*, 1713. (*r*. 437, *p*. 239.)

ROSSILLON (Gérard de) échange sa terre de Rossillon en Dauphiné, avec Arthaud de Rossillon, contre celles de Peteau et de Montbreton en *Bourbonnois* ; 1235. (*r*. 1361, *p*. 987.) — Arthaud, Sg. de Rossillon au dioc. de Valence, émancipe Guill., son fils ; 1257 ; et lui confère ses chât. t. s. de Rossillon, d'Algoire. Civreu, la Garde, et tout ce qu'il tient à St Romain en Jaresse, s'en réservant seulement l'usufruit ; 1260. (*r*. 1351, *p*. 985 ; *r*. 1360, *p*. 801 ; *r*. 1375, *p*. 2502 ; *r*. 1392, *p*. 844.)

ROSSILLON (Pierre et Guill. de), Dam., fils de feu Etienne de Rosillon, Chev., autorisés de leur frère Umbert de Rosillon, vendent à Jaquette, Dame d'Authon, vᵉ du sire G. d'Authon, le mas de Cimandres et tout ce qu'ils relevoient d'elle au chât. de Chalamont: *Beaujeu*, 1271, 1264. (*r.* 487, *p.* 33, 34; *r.* 1391, *p.* 545.)

ROSSILLON (Aymar de), Sg. d'Annonay, constitue pour hérit. univ. Guillaume, son fils, 1271; celui-ci acquitte les frais funéraires de son père montant à 5000 l. Vien.; 6 nov. 1272; et paye les legs par lui ordon.; 1273, 1274. (*r.* 1360, *p.* 787, 790, 793; *r.* 1361, *p.* 979; *r.* 1375, *p.* 2485.) — Guill. de Rossillon, Sg. d'Annonay, nomme pour hérit. univ. Arthaud, son fils, et de Béatrix, et lui substitue ses autres enfans; 1275. Aymar, archev. de Lyon, frère de feu Guill. de Rossillon, arrête que Béatrix, sa belle-sœur, jouira du chât. de Verney en Forez, et qu'en attendant qu'elle puisse en toucher les revenus, elle en sera indemnisée sur ceux de son fils Arthaud de Rossillon, Sg. d'Annonay; 1277. Celui-ci rend hom. des chât. t. s. de Miribel, Albepine et de Feures, acq. d'Amedée, Cᵗᵉ de Savoye; présent le sire Arnoul de Ulpheu, Chev., et autres: *Forez*, 1297. Il marie Béatrix, sa fille, à Aymar, Sg. de Bressieu; 1304. (*r.* 490, *p.* 50; *r.* 1361, *p.* 974, 975; *r.* 1375, *p.* 2505.) Voy. ci-après Aymar, fils dud. Arthaud.

ROSSILLON (Béatrix de), Dame de Jareys, tutrice de ses enfans. T. s. de la Rochetaillée: *Forez*, 1290. (*r.* 492, *p.* 94, 108.)

ROSSILLON (Arthaude de), vᵉ d'Etienne d'Ycon. Dam., reconn. que les terres de Châtillon, Beignols, Sᵗ Romain et de Fericl que tenoit son mari, appartiennent à Marguer. et Eléonore leurs filles, à condition qu'elle jouira de Baignols sa vie durant; 1290. (*r.* 1393, *p.* 921.)

ROSSILLON (Aymar, Sg. de), et d'Annonay. Accord entre lui et Guill. de Rossillon, son frère. Sg. d'Ay, archid. de Besançon, au sujet de la success. de leur père Arthaud de Rossillon, qui a laissé huit enfans. savoir: Aymar, Béatrix, Polic. Guill., Jean, Marguer., Artaud et Albert; 1316; il transige avec Jaques, Sg. de Vareze et d'Argentain; 1317; passe un autre accord avec Raymond de Rostaing, *Rostangdi*, Chev., par lequel celui-ci reconnoit tenir de l'autre ce qu'il possède au mandemᵗ de Rossillon; ens. sa maison et dép. de la Rochi au mandemᵗ de Sivray: *Forez*, 1319, 1321; il est reçu à reprocher les témoins qui l'ont chargé du meurtre de Pierrefort et autres excès; 1327; traite de son mariage avec Béatrix, fille de Girard de Rossillon, Sg. d'*Anjo*; 14 mai 1338, et rend hom. du chât. t. s. de l'Aubespiue; 1339. (*r.* 491, *p.* 135; *r.* 494, *p.* 123; *r. r.* 1362, *p.* 993; *r.* 1375, *p.* 2504; *r.* 1393, *p.* 906, 918, 395.)

ROSSILLON (Guigues de), Chev., en émancipant son fils Girard d'*Anjo*, Dam., lui donne le chât. t. s. de Gᵈ-Mont, *Grandi-Montis*, au dioc. de Clermont, entre les rivières de Déaure et de Giro; ens. la dîme d'Escotayon: *Forez*, 1316. Le même Girard de Rossillon, Chev., Sg. d'*Anjo*, obtient une rente de 80 l. sur le trésor du Duc de Bourbon; témoins Gu, fils aîné du Cᵗᵉ de Forez; Guill. Flote, Sg. de Renel ou Revel; Hugues de la Palice, Maˡ du Bourbonnois. Chevaliers; 1331. — Robert de Rossillon, Dam., son fils. Chât. t. s. de Veauche, *al.* Velchic, donné à son père en récompense de ses services, envers le Cᵗᵉ de *Forez*; 1332. — Girard de Rossillon, écuyer. Même t. et seg. de Veauge; ens. le dom. et seg. de

Beaudeduit: *Forez, Germigny*, 1395, 1410. (*r.* 463, *p.* 91; *r.* 466, *p.* 56, 90; *r.* 490, *p.* 26; *r.* 492, *p.* 144, 192, 198, 226.)

ROSSILLON (Aymar de), Sg. de Sarrières *al.* Sarreries. Traité de son mar. avec Françoise, fille de feu Gui de Collin, intervenant Girart de Rossillon, Sg. d'Anjo et autres, 1333. (*r.* 1392, *p.* 833; *r.* 1393, *p.* 922.)

ROSSILLON (Béatrix de), fille d'Artaud de Rossillon (mariée en 1304), nomme pour son héritier Aymar de Bressieu, son fils, et laisse à Hugonin, frère de celui-ci, le tènem^t de Bressieu; 1347. (*r.* 1361, *p.* 976, 983.)

ROSSILLON (Guill. de), chan. de Valence, puis de Lyon, transige d'abord avec Aymar, Sg. de Rossillon et d'Annonay, au sujet du chât. t. s. d'Ay, au dioc. de Vienne; 1355; ensuite avec Humbert de Villars, Sg. de Rossillon, Dam., sur la success. d'Aymar de Rossillon, son frère; 1369. (*r.* 1375, *p.* 2487, 2519; *r.* 1399, *p.* 780; *r.* 1402, *p.* 1229.)

ROSSILLON (Adhemar, Sg. de), et d'Annonay, Chev., traite de son mariage avec Stephanie, *al.* Phanete de Baucé, *Baucio*, fille aînée de feu Hugues de Baucé, Cte d'Avellin; dispense du pape Innocent VI, attendu leur parenté au 4e degré; led. traité fait par l'entremise de Jean de Montchal, Chev.; 1356. (*r.* 1360, *p.* 809; *r.* 1361, *p.* 981, 984, 990; *r.* 1393, *p.* 909, 939.)

ROSSILLON (Aymar, Sg. de), et d'Annonay, Chev. Accorde à Ponsondonne, l'aide du chât. d'Argoire, avec la vicairerie et garde de la tour dud. lieu; fait son testament par lequel il institue son héritière universelle Alix, sa fille, f^e de Humbert de Villars, Dam., et donne à celui-ci la terre de Riverie. — La même Alix se substitue son mari, fils de Humbert, Sg. de Thoyre, dans le cas où elle n'en auroit point d'enfant; à la charge que ceux descendans de lui, prendront les armes de Rossillon; 1358 *ad* 1360. (*r.* 1360, *p.* 796; *r.* 1361, *p.* 971, 978, 982, 1122; *r.* 1375, *p.* 2531: *r.* 1593, *p.* 911, 931.)

ROSSILLON (Jordanne de), fille d'Aymar de Rossillon, ép. de Géofroy de Bressieu, renonce à ses dr. et actions sur le chât. et territ. de Rossillon; 1492. — Guill. de Rossillon, Chev., Sg. de Bouchage, les assure à Guill. son fils; 1405. (*r.* 1360, *p.* 802; *r.* 1361, *p.* 977; *r.* 1375, *p.* 2497, 2517.)

ROSSILLON (Jeanne, Comtesse de), Dame de Valorgnes et d'Usson, sœur naturelle d'Anne de France, et v^e de Louis de Bourbon, Chev., Amiral de France, frère naturel de Pierre, Duc de Bourbon, reçoit en pur don pour elle et Charles de Bourbon, écuyer, son fils, la terre et baronnie de Mirebeau en *Anjou*; 1489. (*r.* 1376, *p.* 2649.)

ROSSIN (Jean), de Saone clerc. Partie de Mareschère, terres, près, bois garenne: *Chaveroche*, 1300. (*r.* 468, *p.* 149.) Non noble.

ROSSIN, aussi Roussins (Aubert de), Chev. Serm. de fidél. et prom. d'aveu au Sire de *Beaujeu*; 1400. (*r.* 486, *p.* 158.)

ROSSIN (Jean), écuyer. Hôtel, dom. et seg. de la Mareschère, par. de Tresail: présent Jean de la Mote, écuyer: *Chaveroche*, 1411. (*r.* 468, *p.* 91.)

ROSTAING (Raymond de), Chev., *Rostangdi*; 1319. — Guigues Rostaing, Dam., donne procur. à Guill. son fils, pour gérer ses affaires; 1352. — Etienne et Hugues de Rostaing. Damoiseaux, accensent à Jaques de Pont, et Philippine, sa f^e, une maison située à Rossillon; 1423. —

Etienne Rostaing, Dam.. Sg. de la maison forte des Roches, près de Sury, vend à Ysabeau de Harcourt, un cens qu'elle lui devoit sur des terres sises au territ. de Rossillon ; 1435. — Jean Rostaing et autres paroissiens de la Follese, prennent à cens du Cte de *Forez*, une écluse à construire sur la riv. de Furam ; 1472. (*r.* 1302, *p.* 1308.) — Tristan de Rostaing, cap. de 50 h. d'armes des Ordon., etc. T. s. de la Guierche : *Mans*, 1567. (*r.* 351, *p.* 103 ; *r.* 1361, *p.* 973 ; *r.* 1392, *p.* 842 ; *r.* 1398, *p.* 735.)

ROTAS (Michel), paroiss. de Chanteus recon. une dette par lui contractée envers Etienne Colin, de la même par. : *Beaujeu*, 1400. (*r.* 1391, *p.* 605.)

ROTA (Armand de), Chev., Sg. de Rota et de Montpeleuse, Dom. et seg. à St Marcellin, Montbrisson, St Roman et autres lieux : *Forez*, 1410. (*r.* 494, *p.* 99.)

ROTAT (Guill. de), Chev.. Sg. dud. lieu. Hôtel, t. s. de Chantoys : *Forez*, 1454. (*r.* 495, *p.* 103.)

ROTAYS (Jean des), écuyer. T. s. de la Mothe : *Baugé*, 1507. (*r.* 348, *p.* 37.)

ROTHION (Gabriel), Sr de la Goittte, fils d'Ant. Rothion, mari de Claude de Chantelot. Domaine des Beraud, par. de Besson, *Souvigny*, 1699. (*r.* 475, *p.* 240.)

ROU (Ant. le), bourg. Le village de la Vighe en toute justice, h. m. et b., cens, rentes et autres dev., par. St Serny ; ens. la montagne de Fressinet, par. St Priest : *Aurillac*, St *Flour*, 1684. (*r.* 503, *p.* 273.)

ROUAULD (Jaquet). Sa f^e Thevenine, v^e de Jean Henri, vend une métairie à la duch. d'*Anjou* ; 1451. (*r.* 335, *p.* 139.)

ROUCHAINS (Etienne), Dam. Maison, dom. et dép. de Noailly, *Nolliaci*, ès par. de Marigni, Sulli et St Félix : *Billy*, 1374. (*r.* 456, *p.* 46.)

ROUCHERONE (Ant.), dit Mermet, au nom de son frère uterin Ligier Mermet. Le fief de Champauldon : *Chaveroche*, 1487 ou 97. (*r.* 484, *p.* 46.)

ROUCHEVOL, ou Ronchevol. (Perrin de), Dam., reconn. relever du chât. de *Semur* ; 1318. (*r.* 1392, *p.* 669.)

ROUCHEYNS (Guill.), fils de Guill. Roucheyns, Dam., paroiss. de Mahet, dans les montagnes. Cens et tailles ès par. de St Legier, des Bruyères et du Pin : *Moulins*, 1354. (*r.* 454, *p.* 32.)

ROUCY (Ysabelle, Ctesse de), vend au Duc d'Anjou la chatell. de *Mirebeau* ; 1377, 1381. (*r.* 336, *p.* 74, 75.)

ROUDELAT (Guill.), clerc, paroiss. de Tholon. Tailles en la par. de Treneul : *Moulins*, 1342. (*r.* 455, *p.* 80.) Non noble.

ROUDEOUX (Marguer.), v^e de noble Gilbert Garran, Sr de la Rodde, élu en l'Elect. de la Marche. Fief et mét. appel. Figier, par. St Sulpice : *H.-Marche*, 1669. (*r.* 474, *p.* 289.)

ROUDEOUX (Silvain), de la ville de Jarnage. Fief du Thel, par. de Cressat : *H. Marche*, 1669. — Michel Roudeoux. Partie du même fief ; 1684. (*r.* 474, *p.* 120, 522.)

ROUDUREAU (Jean), l'aîné, Jean Roudureau, le jeune, André et Marguer. Roudureau, celle-ci v^e de Jean Guiton. Diverses parties de terre relev. de *Chât.-Ceaus* ; 1479. (*r.* 350, *p.* 24.)

ROUE (Bertrand, sire de la), de Rota, Chev., s'accorde avec Jean, Cte de Forez sur les limites des seg. de la Roue et de Montpeloux: 1311, 1317. — Armand de la Roue, aussi Roe, Chev., transige sur le même objet avec Charles, Duc de Bourbon, comte de *Forez*; 1447. (r. 1400, p. 989; r. 1401, p. 1066, 1094, 1098.)

ROUE (Marthe-Gabrielle de la), ép. de Joseph-Phil. de St Martin de Glier, Chev., colonel de royal Piémont, G^d prieur de St Lazare. T. s. de Pierrefort, s'étendant sur diverses paroisses : *St Flour*, 1685. (r. 503, p. 477.)

ROUE (J. B. de la), ancien échevin de Lyon, veuf de Magdel. Lagier, hérit. de Jean-François Lagier, son frère. Rente noble de Chavane et Triamen, par. de Couzieu, dom. h. j., etc. ; 1717. — Jean de la Roue, écuyer, ancien commissaire d'artillerie. Rente noble d'Amanzé, par. de Jarnieux; 1732 : *Lyon*. (r. 496, p. 257, 262 ; r. 810, p. 15.)

ROUE (Marianne de la), v^e de Jaques de Forcieux de Rochetaillier, écuyer. Chat. t. s. de Batailloux et la Lande, par. St Marcellin : *Forez*, 1737. (r. 487, p. 251.)

ROUER (Jaques), bourg. d'Aynay-le-Chastel. Un chesau, terre, pré, cens et rentes près St Benigne. — Charles, Rouer. Moitié de la dîme d'Aynay, qu'il partage avec Jaques de Touzelle. — Jeanne Rouer, v^e de Me Jean Pellerin bourg. de St Amand l'Allier, pour elle et son fils mineur. Terre de Voulgon en la justice de St Amand : *Bourbon.*, 1443, 1512. (r. 452, p. 279 ; r. 463, p. 75.)

ROUERON (François Ant. et Pierre), bourg. Cens, rentes dîmes en la chatell. de *Hérisson*; 1505, 1506. (r. 453, p. 62, 164 ; r. 462, p. 150.) — Roueron, av. en parl. F. s. du Thier, del Rochepot et dép., ès par. de Chatelois, de Cosne et de Giurlay : *Hérisson*, 1711, 1717. — Gilbert Roueren, av. à Hérisson. Un pré sis aud. lieu; 1726. (r. 477, p. 10, 504; r. 480, p. 54.)

ROUERONNE (Agnès), v^e de Jean Perat, bourg. de Cosne. Trois quarts de la dîme appel. des Barons : *Hérisson*, 1455. (r. 462, p. 28.)

ROUFFET. Voy. Rousset.

ROUFFIGNAC (Jean de). Hôtel et dép. de Jarzoys: *Mirebeau*, 1454. (r. 332, p. 2.) Tient de lui : Matheline de Liners, v^e de Jean Gouffier, Chevalier.

ROUFFIGNAC al. Rouffignat (Marguer. de), v^e de Rolin Bertrand, et tutrice de François Bertrand, fils de feu Hector Bertrand. T. s. de Chaunyeres : *Hérisson*, 1506. (r. 453, p. 206.)

ROUFFIGNAC (Guiot de), écuyer, Sg. dud. lieu, de St Germain, Monteru, etc. F. s. de Savernac, al. de Sacenat, dîme, cens, rentes et vigeries : *Marche*, 1506. (r. 453, p. 247.)

ROUFLE (Francequin de la), Dam., et Marguer., son ép., fille de Jean Colliot. *Collioti*, Dam., Maison, mote et dép., par. de Sanciat et autres : *Chantelle, Verneuil*, 1395. (r. 458, p. 124.)

ROUGÉ (Jean, Sg. de), sire de Derval, de Villebouay et de l'Eschigne; une foire à la Roche d'Iré : *Angers*, censives et divers dr. seig. à *Baugé*, et ailleurs ; 1409. (r. 340, p. 53 ; r. 342, p. 55 ; r. 347, p. 44.)

ROUGEBEC (Jean). Habergement du Fier : *Chat.-du-Loir*; 1407. (r. 344, p. 101, 118.)

ROUGEMONT (Pierre de), fils de feu Pierre Lobel de Rougemont. Maison forte de la Velerie, relev. de Humbert de Villars : *Forez*, 1374. (r. 494, p. 139.)

ROUGET (Jaques), av. en parl., fils de Jaques Rouget. Le vill. de Lascotz, avec j. h. m. et b., par. de Cussat : *Riom*, 1669. (r. 499, p. 347.)

ROUGIER (Guill.), à cause d'Alise. sa f^e, fille d'Etienne Jedelle. Terres, vignes et prés en la par. de Sauci : *Billy*, 1383. (r. 456, p. 63.)

ROUGIER (Jean), Sr de Valette, cons. du Roi en l'Elect. de la Marche. Le fief de Desseignes : *Marche*, 1669. (r. 474, p. 12.)

ROUGIER (François), fils de Guillaume Rougier, lieut. au baill. de Mayet. Fief noble de la Mote-Chantoin, par. de St Priest : *Riom*, 1669. (r. (r. 499, p. 687 ; r. 502, p. 148.)

ROUGIER (Marguer.), v^e de David Brisson, Sr de la Grange. F. s. du Pinier : *Vouvant*, 1701. (r. 436, p. 394.)

ROUGIER (Etienne-François). F. s. de Beaumont, par. St Hivier : *Marche*, 1727. (r. 481, p. 85.)

ROUHER (Cather.), v^e de François de Bonnevie, écuyer, Sr de Pogniat. Maison noble et dom. de la Vort : *Gannat*, 1684, 1686. (r. 503, p. 284 ; r. 505, p, 60.)

ROUHER (Guill.), cons. du Roi au présid. de Moulins, pour Marie de Chitain, son ép. T. s. de la Prugne, du Pui Rambaud et de St Etienne : *Billy*, 1696. (r. 476, p. 65.)

ROUILLART (Jean). Habergem^t de la Turcaudiere, et dr. de passage en la forêt de Burçay : *Chât.-du-Loir*, 1402. (r. 344, p. 107, 118.)

ROUILLÉ (Louis), secrét. du Roi, céntrôleur gén. des postes de France. T. s. de Fontaine-Guerin : *Baugé*, 1693. (r. 421, p. 7.)

ROUILLON (Guill. de), écuyer. Dom. et seg. de Rouillon : *Mans*, 1403. (r. 343, p. 60 ; r. 345, p. 59.) Rel. de lui : Guill. de Broussin, Chevalier.

ROUL (Jean). Herbergem^t et dép. à Maxoigne : *Mirebeau*, 1431. (r. 332, p. 16.)

ROULAT (Guill. de), Chev., Sg. dud. lieu. Hôtel, t. s. de Chantoys ; *Forez* ; 1454. (r. 494, p. 103.)

ROULLIN (Maurice), élu en l'Elect. de Tours. T. s. du Puy-d'Arçay, par. d'Azay : *Amboise*, 1607. (r. 353, p. 90, 91.)

ROULLIN (Pierre-Alexandre), Chev., hérit avec Maximilien Bouton, écuyer, de Pierre du Brenll, écuyer. F. s. de Chasteau, par. de Chassenon : 1701. F. s. de Chassenon, saisi sur le même Roullin à la requête de François-Louis du Buisson, Chev., Sg. de la Bruneliere ; 1716 : *Vouvant*. (r. 436, p. 389 ; r. 438, p. 187.)

ROURAY (Jaques de), Chev., Cte de Rouray, mestre de camp au rég. du Roi cavalerie, à cause de Marguer. Thibaut, son ép. F. s. de la Garonnière et Mondardière : *Secondigny*, 1723. (r. 438, p. 501.)

ROURE (Ponce de), paroiss. de Jallanges, dioc. de Clerm., donne à sa nièce Marguer., f^e de Jean Dinade, le ténem^t de Puychatin : *Forez*, 1332 (r. 1397, p. 571.)

ROUSSARDIERE (Cather. de la), v^e de René du Bois, chev., Sg. de Mayneuf. Chatell., t. s. de Polligny ; ens. la terre de Louvigny, dite Oriz : *Mans*, 1603, 1606. (r. 352, p. 52 ; r. 353 p. 92.) Relevent d'elle : Jean, Sr de Tessé, Chevalier ; Etienne de Trachart, écuyer.

ROUSSAT (Etienne). Rentes et redev. sur un chesal et pièce de terre en la chatell. de *Bourb.* ; 1357. (r. 463, p. 269.)

ROUSSAY (Pierre du), écuyer, à cause de Macée de l'Estanc, sa f^e. Hôtel de Chamaillart, et un étang vis-à-vis : *Mirebeau*, 1467. (r. 330, p. 25.)

ROUSSEAU-DE-PRIE (Jean le), Chev., Sg. de Charnoye, pour Ysabeau de Chateau, sa f^e. Terres, bois, moyenne justice et ses serfs d'Orengetes, d'Yonne, de Paluz, ès par. de Chaumay et de Corency : *Chât.-Chinon*, 1352. (r. 469, p. 245.)

ROUSSEAU (Jean), pour Thevenete Tuderte, sa f^e. Ce qu'il tient au-dessous du Puis de Colas : *Anjou*, 1436. (r. 329, p. 34.)

ROUSSEAU (Airice), demeur. à Tours. De fief de Foussebesses : *Amboise*, 1518. (r. 432, p. 81.)

ROUSSEAU (Jean), tanneur à Vierzon, fils de Jean Rousseau et de Françoise Vernage. — François Rousseau, Sr de Champmartin, bourg. de Vierzon, pour Marie Genty, sa f^e, fille d'Antoinette Vernage. Maison de la Corne et Vierzon, tenue du Roi à plein fief, foi et hom. — Barthelemy Rousseau, m^d tanneur, pour lui, Jean, Marie et Françoise, ses frère et sœurs ; ens. Pierre de la Rippe, à cause de ladite Françoise, héritiers d'Etienne Gouget, présid^t au gren. à sel de Vierzon, leur oncle maternel. Métairie, f. s. de Bonnaigle, par. de Vierzon. — Etienne Rousseau, Sr de Champartin, et Cather. Rousseau, v^e de Jean Dobin, *al.* Daubin, avocat, fermier du dom. de Vierzon, enfans de François Rousseau et de Marie Genty. Maison à *Vierzon*; 1668 *ad* 1723. (r. 444, p. 21, 59 ; r. 445, p. 1. 121, 163 ; r. 447, p. 184, 192 ; r. 449, p. 100 ; r. 451, p. 37.)

ROUSSEAU (François). Fief de Giboulleoux, par. St Herier : *H. Marche*, 1669. (r. 478, p. 187.) — Laurent-François Rousseau ; *Idem*, par. St Hirié, chatell. d'Aubusson : *Marche*, 1684. (r. 474, p. 565.)

ROUSSEAU (Jaques du), écuyer, fils aîné de feu Jaques du Rousseau, écuyer, et de Jeanne Sapinault, fille de Jean Sapinault, du Portail de la Porte Niortaise de Civray, écuyer. Hôtel noble de Fayole ; ens. le fief et seg. de la Porte Niortaise. — Pierre du Rousseau, écuyer ; *Idem :Civray* 1671 *ad* 1716. (r. 433, p. 109 ; r. 435, p. 6 ; r. 436, p. 41, 59 ; r. 438, p. 95, 96.)

ROUSSEAU (Pierre), écuyer. T. s. de Courset, saisie sur lui : *Maubergeon*, 1674. (r. 433, p. 37.)

ROUSSEAU (Denis), vigneron, et Cather, Jean, v^e de Guill. Dourillon. Portion de vigne en la par. St Oulchard : *Bourges*, 1689. (r. 447, p. 39.)

ROUSSEAU (Louis), Chev., Sg. de la Boissière. Hôtel. t. s. de la Charlerie ; ens. le ténem^t de la Guémaudière, par. de Tonnay et autres : *Partenay*, 1699. (r. 436, p. 265, 266, 384, 385.)

ROUSSEAU (Jean) écuyer. F. s. de la Forêst-Balon et de Bourdessolle, par. St Plantaire : *Marche*, 1727. (r. 481, p. 86.)

ROUSSEL (Jean), *Rosselli*, fils de Michel, à cause de Marguer. d'Oregny, Damoiselle, son ép. Hôtel, dom. et seg. de la Grange, par. de Neufvy : *Souvigny*, 1378. (r. 454, p. 1.)

ROUSSEL (Louis). Tient à foi et hom. lige une sergenterie fayée et héréditaire ès baronnie de Sonnois et chatellenie de Perray : *Mans*, 1604, 1606. (r. 352, p. 126, 127 ; r. 430, p. 5.)

ROUSSEL (Jean de), écuyer, Sr de Montflier, lieutenant d'artillerie au départ. de Poitou, pour Renée Mauclerc, sa fe. Troisième partie de la baron. de Baussay : *Loudun,* 1603, 1637. (*r*. 354, *p*. 26 ; *r*. 389, *p*. uniq.) Vassaux de cette baronnie : François de Cherité, fils de François, Sg. de Voisin et de Montojean ; Hardouin de Fay ; Louis Gouffier, Duc de Rouanais, Mis de Boissy ; Jean d'Outre-la-Voye ; Louis le Petit, Sr de Chausserais ; René Piette, Sr de Nouant, Chevaliers, Claude de Balluc, Sr du Chemin ; Jean de la Barre, Sr de Montbué ; Jean de la Bodinière, Sr du Puy d'Arsay ; Pierre de la Chesnay ; René de Minot. Sr de la Minotière ; Cézar du Mont, Sr des Charrières ; Michel des Romans, Sr de la Chouannière ; Olivier le Roux, Sr de Brizay ; René Sanglier, Sr de Joué, Jaques des Thibaudes, écuyers.

ROUSSEL (Claude), écuyer, fils de Pierre Roussel. T. s. d'Alagnat : *Riom*, 1670. (*r*. 499, *p*. 720.)

ROUSSEL (Anne), fe de noble Antoine Aragonnes. Chât. t. s. de Vernines et Pessades, par. de Ternines : *Riom*, 1676. (*r*. 501, *p*. 22.)

ROUSSEL (J. B.) écuyer, Sg. de Tilly, comme hérit. de Marie de Launay, sa mère. T. s. de Bosc et dîme en la par. de Besson : *Souvigny*, 1692, 1723. (*r*. 475, *p*. 70 ; *r*. 478, *p*. 452.)

ROUSSELET (René de), Chev., Bon de Saché, fils de François. T. s. de la Treille, et les fiefs anciens de Montfaucon : *Angers*, 1612. (*r*. 354, *p*. 114, 115.)

ROUSSELET (François), Sr de la Gravolle. Chatellenie de la Possonnière, acq. de Marie-Henriette de Alogni de Rochefort, ép. de Charles-Roger de la Rochefoucault, Chev., Cte de Blansac : *Angers*, 1699. (*r*. 425, *p*. 84.)

ROUSSELLE (Colette), déguerpie de feu Nicolas Symez, tutrice de Jeanne et Marie, leurs filles. Herbergement de la Serra-Serrazinière : *Roche-sur-Oyon*, 1388. (*r*. 333, *p*. 81.)

ROUSSELLE (Guillemette). ve de noble homme Thomas, Boylesve, bourg. et échevin de la ville de Poitiers. Herbergemt de Boussageau, appel. l'hôtel de la Cour : *Mirebeau*, 1470. (*r*, 331, *p*. 17.)

ROUSSELLE (François de), Chev., Mis de Sachet, capit. de chevaux-légers au rég. de St Aignan, et Joseph-René de Rousselle, Chev., son frère, enfans de feu René de Rousselle, Chev., Cte de la Roche-Millay, possesseur du chât. t. s. d'Aurille, mouv. de *la Flèche*. T. s. de Millet, située partie en *Nivernois*, partie en *Bourgogne* ; 1684, 1690. (*r*. 421, *p*. 43 ; *r*. 474, *p*. 646 ; *r*. 475, *p*. 36.)

ROUSSET (Etienne). Rentes, tailles et deux pièces de terre, tenues en fief lige : *Bourbon.*, 1350. (*r*. 464, *p*. 260.) Non noble.

ROUSSET (Martin), paroiss. d'Anuldre, pour lui, Jeanne sa fe, fille de feu Jean Cheurer, autremt dit Camus, et Jean Alant de Brullat. Une pièce de terre et partie du bois appel. de la Broca-Deulion ; 1366, 1390. — Jean Rousset, clerc. Maison, cens et rentes à Veuldre et à Anuldre ; 1404, 1410 : *Bourbon*. (*r*. 454, *p*. 128 ; *r*. 465, *p*. 56, 90.)

ROUSSET, *al*. Rouffet (Durand), prêtre. Cens et tailles en la par. d'Ingrande : *Bourb*., 1411. (*r*. 464, *p*. 151, 204.) Non noble.

ROUSSET (Jean), et Guill. Primauld, son gendre, dem. à Chassenet, vendent au duc de *Bourbon* leur mas de Rossets ; 1507. (*r*. 1359 *p*. 710.)

ROUSSET (Guillemette), vᵉ en premières noces de Claude Gonon et son héritière. Maison au bourg de la Guillotière : *Lyon*, 1676. (*r*. 495, *p*. 71.)

ROUSSET (François et Laurent), bourg. de Gueret. T. s. de la Pouyade, par. de Gueret, et le fief de Villepetou, par. Sᵗᵉ Affaire : *Gueret*, 1724. (*r*. 481, *p*. 37, 39.)

ROUSSET, aussi Rouffet (Louis-Henri), écuyer, gentilh. du Duc d'Orléans, capit. au rég. des Carabiniers, donataire de Charles Rouffet de Tilly, Chev.. T. s. de Treuil, de Ris et de la Tour-Boursard, par. de Bessson : *Souvigny*, 1732, 1737. (*r*. 479, *p*. 26 ; *r*. 481, *p*. 181. (Signe le chevalier de Tilly.

ROUSSETON (Silvine), vᵉ de Jean Rougereu. F. s. de Beaumont : *H.-Marche*, 1669. (*r*. 474, *p*. 215.)

ROUSSILLON (Jean de), Dam. T. s. de Marcy : *Germigny*, 1307. (*r*. 466, *p*. 55.)

ROUSSIN (François), écuyer. T. s. de la Faye : *Murat*, 1505. (*r*. 453, *p*. 138.)

ROUSSY (Le Cᵗᵉ de), prisonnier de guerre, détenu au chât. de Hérisson, reclamé par le Roi Louis XI, du Duc de Bourbon ; 1475. (*r*. 1357, *p*. 394.)

ROUVILLE (Jaques de), Chev., Sg. dud. lieu et de Graiville, comme hérit. de François le Roi, Sg. de Chavigny. T. s. de Chavigny : *Loudun*, 1607. (*r*. 353, *p*. 64.)

ROUVOIRE (Guill.), Chev. Rente de 40 l. à lui assignée par le Duc de *Bourbon* ; 1341. (*r*. 1377, *p*. 2835.)

ROUX, *Ruffi* (Guichard), *de Stabulis*, clerc. dem. à Sᵗ Paul en Jarese, et sa fᵉ Jordane, fille de Jarençon, Dam. Dîmes, cens, tailles et autres dev. au mandement de Sᵗ Eugende : *Forez*, 1324, (*r*. 492, *p*. 66.)

ROUX (Jean), de Chatellus, s'engage à payer annuellement à Gui, Cᵗᵉ de *Forez* une livre de cire en recon. de la garde et protection de ses propriétés ; 1339. (*r*. 1395, *p*. 211.)

ROUX (Heliot), et Heliot Mechadiers, laboureurs, tiennent du Cᵗᵉ d'*Angoul.* un anguillard sur la Charente ; 1480. (*r*. 1405, *p*. 332.)

ROUX (André le). Cens et rentes en la par. de Coudre-sur-Archambaut : *Bourb.*, 1505. (*r*. 452, *p*. 5.)

ROUX (Louis le), Chev., Sg. des Aubiers, fils d'Emmanuel. T. s. de Noizé et de Soullaines . *Angers*, 1665, 1670. (*r*. 357, *p*. 106 ; *r*. 399, *p*. uniq.) Rel. de lui : Claude de la Crossonniere, Chev., époux d'Anne-Marie d'Escornillaut ; Claude du Pont, écuyer, Sʳ de la Moriniere, mari de Rois ; Antoine de Vambas, écuyer, Sʳ de Florimont, ép. de Marie de Saudelet, fille de Louis de Saudelet, écuyer, Sʳ de la Bellecroix.

ROUX (Jean-Ant. de), receveur des finances en la général. de Riom, puis lieut. gén. au présidial dud. lieu, fils de noble Geraud de Roux, cons. au même présid. T. s. de Pontmorg et Auchier, par. de Cellente, dioc. de Clerm. : *Riom*, 1669 *ad* 1685. (*r*. 499, *p*. 329 ; *r*. 501, *p*. 42 ; *r*. 503, *p*. 139 ; *r*. 504, *p*. 29.)

ROUX (Barthelemy du), Chev., Sg. de Sigy. F. s. de Villeneuve-sur-Cher : *Bourges*, 1669. — Paul de Roux, de Cheurier, *al.* Cheuerier, Chev., Vᵗᵉ de Meslay, capit. au rég. d'Artois, fils de Jean Cheuerier du Roux, écuyer ; *Idem* ; 1677, 1684. (*r*. 445, *p*. 54, 282, 430.)

ROUX (Philib.), écuyer, trés. de Fr. en la général. de Moulins, hérit. d'Et. Roux, son frère. T. s. de Salle, par. St Seigne, al. St Caize en Nivernois : *St P.-le-Moustier*, 1687. (r. 474, p, 644.)

ROUX (Cather. de), de Champagnac, v^e de Jaques de l'Anglade, secrét. du cab. du Roi. F. s. de la Roche de Sommieres : *Civray*, 1688. (r. 435, p. 252.) Signe, Campagnac de Roux Sommieres.

ROUX (Françoise), et ses sœurs Jeanne et Magdel., filles de feu Jean Roux, écuyer, capit. au rég. de Navarre, et de Cather. Paris, F. s. de Moisset, par. de Louchy : *Verneuil*, 1695, 1724. (r. 475, p. 150; r. 478, p. 509.)

ROUX (J. B. le), écuyer, fils de Christophe le Roux, secrét. du Roi. T. s. d'Anglard, ens. celle d'Auzan, par. de Paulliac : *St Flour*, 1716. (r. 507, p. 7.)

ROUYL (Jean du), écuyer, Sr de Grignon, pour sa f^e Anne Davort, fille de feu François Davort, et, comme ayant le bail de Joachim Davort. Moitié de la t. et seg. de Bonmaye : *Saumur*, 1469 (r. 1342, p. 53.)

ROUZAUT (Georges de), écuyer, secrét. du Roi, fils de Pierre de Rouzault, Chatell., t. s. de la par. de Chazelles : *Forez*, 1674. (r. 495, p. 165.)

ROUZET (Jean), m^e corroyeur. Deux tiers d'une maison à *Lyon*; 1676. (r. 495, p. 39.) Voy. Rozet.

ROUZIERS, aussi Rousiers, écuyer, paroiss. de Gravier. Hôtels de Rousiers et de la Forest, dom., bois et seg. : *Germigny*, 1399. (r. 465, p. 250.)

ROUZIERE (Pierre de la), écuyer, pour Marie du Peschain, sa mère, v^e de Jean de la Rousiere, écuyer, Sg. de Belestat. T. s. de Chât. Guison, par. St Victor : *Riom*, 1669. (r. 499, p. 339.)

ROUZIERE (Jeanne de la), douairiere de Villemonteix. T. s. de la Grange, par. de Bremon : *Riom*, 1669. (r. 499, p. 556; r. 502, p. 97.)

ROUZIERE (Blaise, aussi Blain de la), écuyer. T. s. de St Pont, de Chamberandes et l'Anglard, par. de St Pont : *Gannat*, 1683, 1686. — François de la Rouziere, écuyer, son fils, Sg. de St Bonnet ; *Idem*; 1717. (r. 503, p. 41 ; r. 505, p. 123 ; r. 507, p. 154.)

ROUZIERE (Marie-Elisabeth de), f^e séparée de biens de Marc Malhivert, Chev., Sg. de Valgrigneuse. Chât. et rente noble de la Neilliere, par. de Pomey, annexe de St Symphorien-le-Chastel : *Lyon*, 1699. (r. 496, p. 132.)

ROY (Hugues), pour sa f^e Beatrix, fille de feu Helie de Mellars, autrement de Giulays, Dam. Dom., cens et rentes ès par. de Mellars, St Girande-Vaux et autres : *Verneuil*, 1322. (r. 460, p. 13.) Non noble.

ROI-DES-HAYES (Guill. le). Dom. cens et rentes en la chatell. d'Oustille : *Chât.-du-Loir*, 1400. (r. 344, p. 111, 118.)

ROY (Pierre). La baillie ou prévoté de Chagy, émolumens et profits en dép. : *Pougny*, 1443. (r. 455, p. 159.)

ROY (Guill. le), écuyer. Forteresse de Chavaignes, al. Chavigny, al. Chaigne, et dép. : *Loudan*, 1443. (r. 341, p. 45 ; r. 346, p. 8.) Tient de lui : Jean Rabate, Chevalier.

ROY (André le), de la Menistre. Héritage mouvant de Beaufort : *Anjou*, 1457. (r. 329 bis, p. 16.)

ROY (René le), écuyer. Hôtel et dom. de Chavigny, al. Chaingny :

Loudun, 1483. (*r*. 432, *p*. 24.) — Louis le Roy, Chev., capit. des archers de la garde du corps; *Idem*; 1516. — François le Roy, Prince-Comte de Clinchant, gouverneur du chât. de Chinon, agissant par Renée son ép.; *Idem*; ens. la t. et seg. de la Robardiere: *Loudun*, 1605. (*r*. 351, *p*. 54; *r*. 352, *p*. 97.)

ROY (Jean le), clerc d'office de la Reine, et sommelier de bouche du Dauphin. T. s. de la Roche-Baudouin, par. St Christophe de Bléré: *Amboise*, 1523. (*r*. 432, *p*. 82.)

ROY (Guy le), Chev. T. s. de Ballon; 1533. — Nicole le Roy, vᵉ du Sénéchal d'Agenois, capit. des gardes du corps; *Idem*; 1572: *Mans*. (*r*. 348 *bis*, *p*. 15; *r*. 351, *p*. 25.)

ROY (Claude), écuyer, Sʳ de Montigny, cons. an pr-sidial de Moulins. T. s. de la Chaise, appel. le chât. de Popillat, par. de Monestay-sur-Allier, acq. de Charles du Buisson, écuyer, Sʳ de Montay, lieut. partic. en la sénéch. du Bourbon.; 1665. — Jean Roy, écuyer, son fils, revêtu du même office; *Idem*; 1688. — Jean-François Roy, écuyer, fils de celui-ci; *Idem*; 1718: *Verneuil*. (*r*. 474, *p*. 368, 695; *r*. 477, *p*. 644.)

ROY (Marie le), vᵉ de Josué Girardin, Sʳ de Fougeroux. F. s. de la Gᵈᵉ Epine: *Civray*, 1688. (*r*. 435, *p*. 234.)

ROY (Claude le), Chev., Sg. de Buxieres, veuf de Cather. Heurtault, comme tuteur d'Adrien, Ignace et Jeanne, leurs enfans; et Guill, Enjorrant, Chev., Sg. de Villette, comme mari de Jeanne Heurtault, fille de Gilles Heurtault, écuyer. Fief du Solier, par. de Sudray: *Bourges*, 1702. (*r*. 448. *p*. 34.)

ROY (Louis de), mᵈ à St Pourçain. F. s. de Champcour, aussi Champreur, par. de Monfant: *Verneuil*, 1711, 1722. (*r*. 477. *p*. 5; 439; *r*. 478, *p*. 281.)

ROY (Gaston le), écuyer, Sg. de Lenchere, comme administrateur des enfans, de lui et d'Angélique Frogier. sa fᵉ, savoir Gaston, âgé de 18 ans; Pierre, âgé de 17; Charles, âgé de 13; François, âgé de 7; Magdel. de 20 et Marie de 16 ans. T. s. de Puyherbault: *Civray*, 1716. (*r*. 438, *p*. 82.)

ROY (Gilbert), des Bouchaines, *al*. Bouchaigre, écuyer, veuf de Marie. Elisabeth Maquin, pour lui et leurs enfans. F· s. de la Brosse et de Pauloup, par. St Symphorien et d'Iseure: *Moulins*; ens. la t. et seg. de Seauve, par. de Chavenon, acq. de Chretien de Lamoignon, Chev., Mⁱˢ de Basville: *Murat*, 1724, 1726. (*r*. 478, *p*. 487, 508; *r*. 480, *p*. 81.) Il se dit aussi: de Bouchaigre.

ROY (Ant. le), écuyer, Sg. du Breuil. Moulin de Balan, autrement Tullain, par. de Bonneuil: *Angoul*., 1731. (*r*. 442, *p*. 9.)

ROY (Claude-Michel le), Chev., Sg. de Sanguin, Mᵉ ordin. en la chamb. des comptes de Paris, et Charlotte-Marie-Jeanne Payen, son ép. T. s. de Roullée et Bonnebos: *Sonnois*, 1734. (*r*. 426, *p*. 69.)

ROYE (Renaud, aussi Regnaud, *al*. Regnault de), Chev., et Ysabelle de Fenieres, son ép., reçoivent de Louis, Duc de Bourbon, la terre et chatell. de Milly en *Beauvoisis*; et le même, en reconnoissant la suzeraineté du Cᵗᵉ de Clermont, avoue qu'à tort il a exercé la h. justice sur les personnes de Henri, Pierre et Mathieu, dits Eyseleu, écuyers, pour offense corporelle sur la personne de Jean Merliere, dit Hennequin; 1389, 1395. (*r*. 1362, *p*. 1037; *r*. 1369, *p*. 1738, 1774.)

ROYEAUX (Jean, dit le), autrem^t Posseau, *al.* Poisseaul, Dam. Maison de Noyers, dom., dîmes et mouv., par. St Christophe, dioc. d'Autun et de St Julien-de-Cray, dioc. de Macon; ens. la moitié de la terre de Condemine: *Beaujeu*, 1319, 1321. (*r.* 489, *p.* 210, 211.)

ROYER (J. B. Alphonse de), Chev., Sg. de la Matraville. Fief de Rongefert, par. de St Nizier-sous-Charlieu: *Lyon*, 1737. (*r.* 478, *p.* 151.)

ROYERE (Louis de), écuyer, Sr de Vernon, et Anne de la Salle, son ép. Maison de la Bardetien; rentes, justice h. m. et b. en la par. St Martin de Cantelaix, etc.: *Riom*, 1669, 1672. (*r.* 499, *p.* 396; *r.* 500, *p.* 157.)

ROYON (Barthélemy de), comme hérit. de Jean de Chivechery. Maison et dom. en la par. de Salis: *Forez*, 1342. — Bertrand de Royon, fils de Bertholon de Royon; *Idem*; 1346. (*r.* 490, *p.* 143, 244.)

ROYS (Jaques des), écuyer, S^r des Bordes et des Chandellys, fils de François des Roys, écuyer, et Isabelle de Verdonnet, sa f^e, Chât. dom. et seg. d'Auzat, par. *id.* : Elect. d'*Issoire*, 1684, 1716. (*r.* 503, *p.* 193; *r.* 507, *p.* 134.)

ROZE (Pierre), m^d et échevin de Bourges. F. s. de Trouy, acq. par décret sur Jaques des Brielles, fils d'Ant., écuyer: *Dun-le-Roi*; ens. le pré appel. des Maisons, par. de Pigny: *Bourges*, 1684, 1687. (*r.* 445, *p.* 365; *r.* 446, *p.* 95; *r.* 447, *p.* 105 et suiv.) — Pierre Roze, bénéficier de l'église de Bourges, son fils; *Idem*; 1709. (*r.* 448, *p.* 190.)

ROZE (Arnaud-Scipion), Chev. de l'Ordre de Montcarmel et de St Lazare. T. s. de Ste Colombe: *Lyon*, 1721. (*r.* 497, *p.* 117.)

ROZET (Benoit), fils de feu Jean Rozet, corroyeur. Maison à *Lyon*; 1726. (*r.* 497, *p.* 242; *r.* 498, *p.* 20.)

ROZIERS (Bernard de), et Durand Forestier, à cause de sa f^e, sœur dud. Bernard, paroiss. de Tholon. Hôtel de Rosiers, dom., bois, garennes, moulin, cens et tailles: *Moulins*, 1367. (*r.* 455, *p.* 58.) Non nobles.

ROZIER (Charles de), écuyer, fils de Jean de Rozier, écuyer. Maison forte, t. s. de Laval, par. de la Chapelle, en la seg. de Mercœur; ens. les terres et seg. de Montalet, et de Vichel, etc., par. de Sr Cirgue; 1669. — Antoine et François de Rozier, Chev., ses enfans, et Claude de Bouliers, écuyer, à cause de sa mère Marie de Rozier; *Idem*; 1716. — Charles-Anne des Roziers, Chev., fils dud. François; *idem*; 1724: *Clerm.*, *Riom*. (*r.* 499, *p.* 21; *r.* 500, *p.* 53; *r.* 507, *p.* 90; *r.* 509, *p.* 142, 143; *r.* 511, *p.* 56.)

ROZIER (Renée du), f^e séparée de biens d'avec Gabriel de Laborie, héritière d'Achilles du Rozier, écuyer, son frère. Chât., dom. et seg. de St Georges: *Riom*, 1677, 1681. (*r.* 501, *p.* 51.)

ROZIER (Jaques du), écuyer. Chât, t. s. du Rozier, près la ville de Feures: *Forez*, 1678. (*r.* 496, *p.* 89.)

RUART (Perrin). Chesal ou maison, grange, vacherie, terres, prés, vignes au vill. du Vergier, par. de Veroz, *al.* Vouroux: *Germigny*, 1399. — Jean, son fils; *Idem*; 1403, 1419. (*r.* 465, *p.* 270, 272.)

RUBEN (Claude), proc. du Roi en la chatell. d'Aubusson. Fiefs de Chiron, Bussiere, Laubard et autres, ès par. de Peyrat, Aleyrat, Vialeix et Barreaux, nouvellem^t acq.: *Marche*, 1684. (*r.* 474, *p.* 407.)

RUE (Etienne la), Dam., pour Jeanne Cous, sa f⁶, fille de feu Jean Cous. Le mas Billoneres, vigne et cens en la par. de Coutigny: *Verneuil*, 1357. (*r*. 460, *p*. 147.)

RUE (Jean de la), sergent royal à Dun-le-Roi. Huitième partie des censives de Mirebeau; *Bourges*, 1688. (*r*. 447, *p*. 6.)

RUE (Anne de la), v⁶ de Didier Rambaud, av. en parl. F. s. de Colombier-Boiron, par. de Champs : *Bourb.*, 1722. (*r*. 478, *p*. 251.)

RUEL (Guill. de), Dam. Hôtel, t. s. de Ruel: *Montluçon*, 1366. (*r*. 461, *p*. 138.)

RUERIE (Jean de), Hugues et Oudin, ses frères. Tènem^t et ses dép., en la par. de St Martin de l'Estral : *Forez*, 1336. (*r*. 491, *p*. 36.)

RUES (Guiet, aussi Guiot des), écuyer, pour Marguer. Chanes, sa f⁶. Deux motes et seg. en la par. de St Giran-de-Vaux ; ens. l'hôtel et seg. de Jorsat, et menus cens en la par. de St Aubin : *Billy*, *Bourb.-Lancy*, *Verneuil*, 1443, 1450. (*r*. 460, *p*. 99 ; *r*. 466, *p*. 258.)

RUGGARDE (Maurice de), engage son chat. de Ruggarde à son gendre Guill. Contors, pour acquitter les frais de son voyage à Jérusalem : *Bourbon.*, 1232. (*r*. 1358, *p*. 565.)

RUISSEAUX (J. B. des), bourg. de Moulins, officier du Roi en sa G^{de} Fauconnerie. Fiefs seg. du Treuil, la Tour-Bourssat et Colombière, par. de Besson : *Souvigny*, 1701, 1706. (*r*. 476, *p*. 149, 174.)

RUISSEL (Claudine), v⁶ de Jean-François Commarmond, notaire, tutrice de leurs enfans. Rentes noble, appel. du St Esprit, ès par. de St Symphorien-le-Chatel, de Pomeys, Aveyse et autres : *Lyon*, 1717. (*r*. 496, *p*. 272.)

RULLEU (Géofroy de), Dam. Maison, dom. et mouv. de Rulleu, *Ruilliaco*, par. de la Cordelle et de St Cyr : *Forez*, 1304. (*r*. 491, *p*. 11.)

RULLY (Jaques de), Chev., présid^t au parl. de Paris. Acquisit. de rentes sur les terres de Mellet, Turlande, Chât.-Neuf et Vigouroux : vicomté de *Murat*; 1409. (*r*. 1371, *p*. 2008.)

RUNET (Jean), Helion, Alix et Cather., ses frère et sœurs. Hôtel, dom. et seg. de Runet; ens. la baillie et prévôté dud. lieu : *Montluçon*, 1443. (*r*. 461, *p*. 132.)

RUPHY (Hugonin), Dam., fils de feu Berard de Sachins, Dam., âgé de 18 ans environ, vend à Emard d'Anton, frère de Guichard d'Anton, les dom., bois et devoirs qu'il possède ès par. de St Memmet et de St Martin de Chalamont, en *Beaujolois*; 1277. (*r*. 1391, *p*. 537.)

RUPHY (Helie), dit le Vieux, paroiss. de St Christophe, vend à son frère ses dr. sur une maison et verger en la châtell. de Botteville : *Angoulême*, 1338. (*r*. 1404, *p*. 45.)

RUSSINS (Phil. de), Dam., vend à Louis, Duc de Bourbon, Cte de Forez, sire de *Beaujeu*, pour 10,000 francs d'or, tous ses dr. en la chatell. d'Alloignet, et en la prévôté de Coux ; 1400. (*r*. 1390, *p*. 469.)

RUSSINS (Guiot de), Dam. Etang, moulin, h. m. et b. j., cens, rentes et tailles ès par. de Mogueneins, de Peysieu et autres en Dombes ; ens. d'autres cens et rentes, acq. de Henri de Juas, Dam., Sg. de la Bastide, par. de Garennes, chatell. de Montmerle : *Beaujeu*, 1402, 1413. (*r*. 487, *p*. 22, 23 ; *r*. 488, *p*. 21.) — Eléonore de Russins, f⁶ de n. h. Guiot Nagu, Sg. de Magniac. Maisons fortes d'Arcisses, de Pyseys et de Vougie, dom., dîme et seg.: *Beaujeu*, 1441. (*r*. 485, *p*. 22.)

RUYAULX (Charlot des), écuyer du Duc de Bourbon, Hôtel fort, t. s. de la Tour de Bouy, par. de Barday: *Aisnay*, 1455. (*r.* 453, *p.* 107 ; *r.* 463, *p.* 8, 9.)

RUYLLE, al. Rulieu (Agnès de), vᵉ d'Et. de Mornant. Fief de Ruylieu, par. de Cordelle: *Forez*, 1336. --- Robert de Ruylle, Sg. de Chares. Cens, rentes, partie de terres et de prés en la chatell. de Sᵗ Just.: *Forez*, 1410. (*r.* 493, *p.* 18 ; *r.* 498, *p.* 95.)

RUYLLON (Jean de), et Pierre de Ruyllon, prêtre, son frère ; ens. Petronille, leur mère. Cens sur les tènemens de la Broce et d'Arfeuille, entre Sᵗ Just et Sᵗ Habund. — Jean de Ruyllon, pour Jeanne sa fᵉ, fille de feu Durand Fabri de Sautrenon. Cens et tailles sur les tènemens de Chassenel. — Jean de Ruyllon, une pièce de terre au mandemᵗ du petit Ruillon, et un pré appel. del Chambon : *Forez*, 1321, 1339. (*r.* 491, *p.* 154 ; *r.* 492, *p.* 9, 152.)

RUYNEAU (Antoine), greffier de Poncharraud. Fief de Masledine, *al.* de Maslodine, par. Sᵗ Frion, chatell. de Felletin : *Marche*, 1659, 1664. (*r.* 474, *p.* 39, 409.)

RUZÉ (Jean), fils aîné de feue Cather. Briçonnet, av. du Roi au parl. de Paris. T. s. de Jallanges: *Amboise*, 1523. (*r.* 432, *p.* 82.)

RUZÉ (Jean), d'Effiat, fils d'Ant., Mᶦˢ d'Effiat, et de Marie de Foucey, tant pour lui que pour Armand-Charles Mazarini, son frère, Duc et Pair de France. T. s. de Mars et de Langeais ; ens. la baronnie de Rillé à eux donnée par la Mᵃˡᵉ d'Effiat: *Baugé, Tours*, 1665, 1671. (*r.* 356, *p.* 5 ; *r.* 338, *p.* 36.)

RUZÉ (Ant.), Chev., Mᶦˢ d'Effiat, comme hérit. des feus Sʳ et Dame de Sourdis, ses ayeux matern. Terre de Chissey et tour d'Argis : *Amboise, Montrichard*, 1668. (*r.* 358, *p.* 132.)

RUZÉ (Henri de), et Gabrielle de Reguie, son ép. T. s. d'Extrauu, saisie réellement sur eux par leurs créanciers : *Baugé*, 1669. (*r.* 358, *p.* 100, 101.)

RUZÉ (Ant.), Chev., Mᶦˢ d'Effiat, 1ᵉʳ écuyer et 1ᵉʳ veneur du Duc d'Orléans. T. s. d'Aynesat, *al.* Enezat, Thurel et autres: *Gannat, Nonnette, Riom*, 1669, 1686. Le même, comme légat. univ. de Jean d'Effiat. T. s. de Sᵗ Mars et de Rillé : *Tours*, 1701, 1705. (*r.* 425, *p.* 52, 66 ; *r.* 499, *p.* 584 ; *r.* 505, *p.* 21.)

RY (André de), à cause de Brunette de Frozes, sa fᵉ. Herbergemᵗ de Gelis ; 1382. — Pierre de Ry, Varlet, *al.* Valet. Hôtel de Gelis et herbergemᵗ de la Tonoyre ; 1435 *ad* 1447. — Pierre de Ry, écuyer. Le fief aux Jalez du bourg de l'Aumosnerie, et mouv. en dép. ; 1457 : *Mirebeau*. (*r.* 329, *p.* 6, 42 ; *r.* 330, *p.* 10.)

RYANTZ (Gilles de), Chev., cons. et Mᵉ des requêtes ordin. de l'hôtel. Châtell., t. s. de Villeray en Husson et de Villeray en Asse ; ens. la terre et h. j. de la Gᵈᵉ Beuvrie, etc. : *Bellême*, 1585. (*r.* 353, *p.* 26, 27.)

RYAUL (feu Perrat du). Sa vᵉ Blonde de Fontblanc, *de Fonte albo*, et Pierre, leur fils. Taille annuelle et perpétuelle. h. et b. j. sur Guill. Pieuches, paroiss. de Lisigny : *Moulins*, 1393. (*r.* 454, *p.* 119.) Non noble.

RYE (Phil. de), écuyer, Bᵒⁿ de Rys, secrét. du Roi. F. s. de Vieille-Vigne, par. Sᵗ Sauvier : *Montluçon*, 1720. (*r.* 478, *p.* 142.)

RYOTAT (Michel). Hôtel et mote des Bordes, terres, cens et rentes par. de Beaune : *Murat*, 1443. (r. 460, p. 337.)

S.

SAALI (Agnès de), Damoiselle, v^e de Jean Bernier, écuyer. Moitié de la dîme de Cerilly, et 4e partie de mouvance sur 6 chesaus et autres objets : *Aynay, Germigny*, 1375. (r. 462, p. 370 ; r. 463, p. 250 ; r. 466, p. 27.)

SABATIN (Georges), bourg. de Lyon. Maison noble appel. de Rozières, terres, bois, vergers et rentes nobles. ès par. de Ternan, St Véran et autres ; 1725. (r. 497, p. 235 ; r. 498, p. 7.)

SABAUT (Me Durand), licencié ès lois, et Jean son frère, enfans de Jean Sabaut ; ens. Pierre Sabaut, *al.* Sebaut, prêtre, leur oncle, sont réintégrés dans la jouissance des biens de leur mère Guillaume Sabaude, lesquels avoient été réunis à la table du Seigneur, comme apparten. à des Mort-taillables : *Chantelle*, 1349. (r. 458, p. 252.)

SABLON (Ponce de), Dam., pour Jeanne de Beauvoir, Girard de Rossillon et Guigues, son frere, par succession du sire Drouet, Chev., rendent hom. du chât. t. s. du Theil : *Forez*, 1363. (r. 492, p. 163.)

SABOT (Jeanne-Marie), v^e de Jean-Pierre-Marie de Ruols, écuyer, cons. en la cour des monnoies de Lyon. Maison noble, fief et dom. appel. les Trois Fourneaux, par. de Massieu : *Lyon*, 1731. (r. 498, p. 49, 60.)

SABOURIN (François), écuyer, Sg. d'Issay, présid^t au siège de Fontenay-le-Cte. F. s. de la G^d Rhé ; 1699.— Françoise Sabourin, sa fille, ép. de René-Joseph Bodet, Chev., Sg. de la Fenestre, officier des armées navales au départ. de Rochefort ; *Idem* ; 1707, 1717 : *Vouvant*. (r. 436, p. 330 ; r. 437, p. 149 ; r. 438, p. 253.)

SABOUTIN, ou Saboulin (Jean-François), proc. au parl. de Bordeaux. Droit de péage et de cout. sur les denrées et marchandises passant sur les ponts de *Xaintes*, tenu du Roi à hom. lige ; 1708. (r. 440, p. 5.)

SACCONNIN (Alexandre de), Chev., capit. des grenadiers dans le régiment du Prince de Pont, fils de Rodolphe de Sacconnin. T. s. de Bressole, par. id.: *Moulins*, 1723. (r. 478, 449.)

SACHENAY (Guicharde, v^e de Gui de), Chev. ; ses frères Guill. et Cuichard de Montaignac, enfans de Hugonet de Montaignac, Dam.. vendent à Jean, Cte de *Forez*, leur maison de Fontaneys, avec tous les dr. féodaux en dép. ; 1289. (r. 1395, p. 266.)

SACHENAY (Jean de), Chev., Sg. du Mont et de Vouzeron, pour son ép. Elisabeth Berthereau, v^e de Jean de Bonnault, écuyer, Sg. de Merry-sur-Cher. F. s. de Meherry : *Vierzon*, 1669, (r. 445, p. 18.) Signe, le Mont de Sachenale.

SACHET (Hugonin), de Marchesat, Dam., fils de feu Hugonin Sachet, Chev., et son ép. Licerele, Damoiselle. Etang et moulin en la par. de Pressy-sous-Doudan, relev. de Robert, Cte de Clerm. en *Beauvoisis* ; 1298. (r, 1369; p. 1367.)

SACHET, *al.* Saichet (Girard), Dam. Maison située à Melleres, appel. la Maison Rouge, vignes contiguës, tailles et autres dev. sur trois tènemens: *Bourb.-Lancy*, 1388. (*r.* 466, *p.* 260.)

SACHET (Jean), bourg. de St Porcien, fils des feus Jean Sachet et Jeanne Morine. Hôtel de la Grange de Bayeux, par. de Chât.-Neuf; maison, terres, prés, bois, cens et rentes en la par. St Germain : *Verneuil*, 1443. (*r.* 460, *p.* 128.) A composé pour 2 rachats à raison de 20 l., son fief étant de dix livres. — Georges Sachet, écuyer. F. s. de la Grange : *Verneuil*, 1506. (*r.* 453, *p.* 18.)

SACQ (Martin le), m^d drapier. F. s. de Villenouë ; la G^{de} Grange dud. lieu ; ens. la t. et seg. de Barmont : *Issoudun*, 1688. (*r.* 446, *p.* 160 et suiv.)

SACRISTE, aussi *Sagrista* (Michel). Fief de la Montanée, par. de Thiasac : *Carlat*, 1342, 1352. (*r*, 473, *p.* 60, 115.)

SACRISTE (Guill.), prêtre. Ténem^t appel. ès Ancers, dom., bois, garennes, par. de Tresail : *Chaveroche*, 1398 *ad* 1411. (*r.* 467, *p.* 266, 267 ; *r.* 468, *p.* 271.) Non noble.

SADIN (Hercule), bourg. Droit de censive et de directe sur une maison sise à la Guillotière : *Lyon*, 1720. (*r.* 497, *p.* 71, 76.)

SADORES (Guill. de), fils de Raymond de Sadores. Mas ou tènem^t de Puechras et dép. ; ens. un casal, grange, jardin, pré et mouv. en la baron. de Calvinet : *Auv.*, 1490. (*r.* 470, *p.* 153.)

SAGE (Guill. le), Rentes sur les mas de Berzeil et de la Giliniere, par. de Saudres, près Chastellar : *Beajeu*, 1308, (*r.* 488, *p.* 31.)

SAGETES (Ant. de), dem. à Salers. Rentes nobles sur le vill. de Bargues ; ens. un petit dom. en la par. de St Pol : *Riom*, 1672. (*r.* 500, *p.* 125.)

SAGIRAUD (Dominique), bourg. de Lyon. Maison et vigne sur le chemin de Gremieu à *Lyon*; 1676. (*r.* 495, *p.* 35.)

SAGONE (Jean de), Chev. T. s. de Sagone, d'Augy-sur-Bois, de Veure et du Bruilli : *Aynay, Bourb.*, 1350. (*r.* 462, *p.* 382.)

SAGRESTAIN (Guill. le), fils de feu Vincent le Sagrestain, *al.* le Sagreyta, de Gremetes au dioc. de *Bourges*. Ténement en la par. de Gremetes, terres, prés, paturage, eaux, etc., relev. imméd., de main et de bouche, du chât. de l'Espaut en Combraille : *Hérisson*, 1394. (*r.* 462, *p.* 153.)

SAGUINIERES (Jean de), contrôleur ordin. de la maison de la feue Reine. Chât. t. s. de Grolieres, par. de Charnisat : *Gannat*, 1686. (*r.* 505, *p.* 44.)

SAIBOUEZ (Jaques), paroiss. de Louvigné près Laval. Partie de la métairie des Orrix : *Mans*, 1606. (*r.* 352, *p.* 4.)

SAIGE (Jean le). Le fief Chaudin, par. de Francueil : *Amboise*, 1470. (*r.* 432, *p.* 117.)

SAIGNE (Nicolas de la), Chev.; B^{on} de St Georges : *Marche*, 1669. (*r.* 474, *p.* 91.)

SAIGNE (Jean-François de la), Chev. T. s. du Marzeau et du Mouneroux : H. *Marche*, 1669. (*r.* 474, *p.* 303.)

SAIGNES (Baptiste de), Sg. de Grisotz et de Charbiat. Métairie, moulin et rentes ès par. de St Georges et de Vieille Brioude : *Riom*, 1669. (*r.* 499, *p.* 355.)

SAIGNES (Cather. de), v^e de Pierre de Frétat, écuyer. T. s. de Marchidial, moulin et rentes en la par. de Rochefort : *Riom*, 1684. (*r*. 503, *p*. 181.)

SAILLANT (Marie), v^e de Jean Trochereau, av. du Roi au présid. de Moulins. F. s. de la Grange, par. de Lucenat-sur-Allier : *Belleperche*, 1720. (*r*. 478, *p*. 101.)

SAILLENT (Jean), dit Joli-Tems, et Guill. Provost. Censive appel. la censive Perrot-Saillent, en la par. de *Chât.-Ceaüs* ; 1474. (*r*. 350, *p*. 23.)

SAIN (Marie-Therese), fille de Jean Sain, écuyer, Sr de Prévert, et de Marie de Bethoulat, légataire d'Elisabeth de Bethoulàt, sa tante, f^e de Christophe de Cribleau, écuyer, Sr de Maignou. Cent quatre arpens de bois taillis en la par. de St Lunaize : *Vierzon*, 1714. — Jean Sain, écuyer, Sr du Prévert, pour Marie, v^e de Bethoulat. Pré appel. Grossetête, par. de Neuvy : *Issoudun*, 1720. (*r*. 450, *p*. 73.)

SAINPALAYS (Pierre, sire de), Chev., recon. tenir du Cte d'Artois, baron du *Bourbonnois*, tout ce qu'il possède en la par. d'Yguirande ; et consent que Humbert Gurges, Dam., son homme, entre en la foi dud. Comte ; 1285. (*r*. 464, *p*. 347.)

SAINT ADIND (Jean de), écuyer, Sg. d'Aigues-Mortes, pour Jeanne de St Adind, v^e de Fr. de Chaussecourte. T. s. de Douzon et de Juillat : *Chantelle, Gannat*. 1506. (*r*. 452, *p*. 56.)

S. AFFAYRE, *al.* Affere (Pierre de), écuyer. F. s. de St Affere ; 1506 : *Gueret*, *al. Montluçon*. (*r*. 453, *p*. 5.)

S. AIGNAN (Etienne de), dem. à Ingrande. Hôtel du Plex-de-Bor, par.. *id.* : *Bourb.*, 1388. — Petronille sa v^e, Jean et Guill. leurs enfans ; *Idem* ; ens. partie du moulin et de l'étang de Valiot, terres et prés en dép. ; 1397, 1411. Non nobles. — Guill. de St Aignan. Hôtel de St Hilaire, terres, bois, dîmes, étang, garenne, mouv. et dr. d'usage dans la forêt de Gros-bois : *Bourb.*, 1416. (*r*. 464, *p*. 2, 3, 25, 27.)

S. ALBIN. Voy. Aubin.

S. AMOUR (Géofroi de), bourg. de Villefranche, transporte à Guichard, Sire de *Beaujeu*, ses dom. et mouv. situés en la par. de Chaueins ; 1326. (*r*. 1391, *p*. 594.)

S. AMOUR (Jean, Sg. de), et de Vinzelles. Accord avec Ant. Sire de *Beaujeu*, sur les limites de leurs seg. respectives ; 1361. (*r*. 1388, *p*. 6.)

S. AMOUR (Gérionet de), fils de feu Géoffroy de St Amour, Dam. Chât. fort de Foncrene, dom., bois, etc., par. *Villiaci* ; témoin Jean de Telys, Chev. ; 1370 : *Beaujeu*. (*r*. 485 *bis*, *p*. 25.)

S. AMOUR (Géofroy de), docteur ès lois, chantre de l'église de Macon. Maison de Foncraine, un bois et un étang : *Beaujeu*, 1413. (*r*. 485, *p*. 67.)

S. AMOUR (Claude de), Dam. Chât. fort de Foncrayne, dom. et mouv. en dép. : *Beaujeu*, 1471, 1478. (*r*. 485 *bis*, *p*. 23, 24.)

S. AMOUR (Jeanne de). Maison noble de la Rouziere, par. de Germoles : *Beaujeu*, 1486. (*r*. 485, *p*. 70.)

S. AMOUR (Ponthus de), Dam. Maison forte, dom. et dép. de la Butiniere, autrem^t de Foncreyne : *Beaujeu*, 1502. (*r*. 486, *p*. 170.)

S. AUBIN (Hugues de), Chev., Éloyse, et Géofroy de *Curata*, Dam. Echange d'immeubles sis en la par. de Vandenesse, entr'eux et Pierre de Saligny, bourg. de St Habund : *Forez*, 1268. (*r*. 490, *p*. 32.)

S. AUBIN (Petronin de), fils de Gerald. Quatrième partie de la dîme de Creybert, acq. de Jean, fils de feu Giraud Serre, et de son ép. Agnès, fille de Petronin Baudon : *Montluçon*, 1314. (*r*. 1374, *p*. 2308.)

S. AUBIN (Hodonet de), Dam., paroiss. de Bussieres. Hôtel de Sarregosse, *al*. Sarregousse, et moitié des bois, prés, pêche, rentes et tailles en dép. ; 1322. — Perrin de St Aubin, Dam. T. s. de Sarregosse, dîme de Grosbois, de Bussieres et de Montel ; 1351. — Hugues de St Aubin, autrem^t de Sarregosse, *al*. Sarragouce. Hôtel, dom. et seg. de Beauvoir ; 1357. — Hugonin de St Aubin, autrem^t de Sarregouce, Dam., tuteur de Bertrand et Jean, fils du prévôt de Tacat. Dîmes de Pontlouin, de Montagrin et de Villaublanc, ès par. de St Placide, Ingrande et Limeseres ; 1357. — Jean de St Aubin, Dam. Hôtel, t. seg. de Sarregosse, et dîme de la Buxieres ; 1366. — Guill. de St Aubin, autrem^t Sairegoce, Dam. Dom., bois, dîmes et mouv, en la châtell. de *Bourb*. ; 1386. — Jean de St Aubin, Dam., Sg. de Sarregosse, pour son ép. Marguer. d'Aveneres. Hôtel fort du Plex de Perassat, par. de Fleuriet, dom., dîmes, cens ès par. de Veuldre, Livry, Teil, Parey ; 1393, 1399. — Pierre de St Aubin, et Jaquette de Saligny, sa f^e. Hôtel et forteresse de Sarregousse ; autres dom. et mouv. ; 1444. (*r*. 452, *p*. 312 ; *r*. 459, *p*. 89, 90, 182 ; *r*. 463, *p*. 102, 107, 145, 201 ; *r*. 464, *p*. 53, 189 ; *r*. 465, *p*. 9, 27.)

S. AUBIN (Jeanet de), Dam. Métairie de Longueville, *Longavilla*, dom., bois, garenne, censives ès par. des deux cases, St Sornin et autres : *Murat*, 1322. (*r*. 461, *p*. 72.)

S. AUBIN (Jean de), Dam., paroiss. de Chirat-l'Eglise, et Jeanne des Moulins, son ép. Hôtel des deux Aigues, appel. vulg. le Chastel ; ens. les hôtels de Longueville et de Civray, dom. et dr. en dép. avec le mas de Lure, ès par. des deux Cases, *de duabus casis*, de l'Ouroux, St Sornin, St Bonit, Villein et autres : *Chantelle, Hérisson, Murat*, 1342 ad 1352. (*r*. 458, *p*. 240 ; *r*. 459, *p*. 26 ; *r*. 460 *p*. 366, 397 ; *r*. 462, *p*. 9, 85 ; *r*. 464, *p*. 293 ; *r*. 465, *p*. 8.)

S. AUBIN (Hugues de), Dam. Manoir de St Aubin au vill. de Mellires, vers Cadrelles ; ens. d'autres manoirs relevant de lui : *Semur en Brionnois*, 1343. (*p*. 466, *p*. 135.)

S. AUBIN (Gauvain, aussi Gauvaignon de), Dam., fils de feu Odinet de St Aubin. T. s. d'Ouroux, *al*. Oreour de Bouble, *de Oratorio Bubuli* ; ens. la h. m. et b. j. de Vernet : *Chantelle*, 1351, 1357. (*r*. 458, *p*. 253, 254 337 ; *r*. 469, *p*. 113.)

S. AUBIN (Guill. de), Chev., sire de Châlaux, pour Esglantine de Bois-Chet, sa f^e, et les enfans nés d'elle et de feu Etienne de la Tournelle, Chev. Maison de Beauregard et de la Fontaine-St-Germain, dom. et seg. en dép. : *Chât.-Chinon*, 1353. (*r*. 469, *p*. 194.)

S. AUBIN (Gauvin de), écuyer : *Armiger*. Hôtel, t. s. de St Aubin ; dr. d'usage en la forêt de Grosbois, et arr. fiefs : *Bourbon.*, 1356. (*r*. 465, *p*. 10.)

S. AUBIN (Alips, aussi Alise de). Hôtel., dom. et seg. de Longueville ; cens, rentes, ès par. de Chirat, Bellevane et autres ; ens. dom., cens et rentes au vill. des Deux Aigues, près la riv. de Bouble; témoin Jean de Beauquaire, écuyer: *Chantelle, Murat*, 1398. (*r. 459, p.* 22; *r.* 460, *p.* 332.)

S. AUBIN (Jean de), batard de feu Louis de St Aubin, Jeanne de Bort dite de Bissay, sa f{e}, et Pierre son frère. Le Champart d'Ermeres, *al.* Areneres; ens. la t. et seg. de Ripantin. dîmes, cens et tailles ès par. de Buxeres et de Charenton : *Aynay, Bourb.*, 1425, 1443. (*r.* 463, *p.* 189,; *r.* 465, *p.* 5.)

S. AUBIN (Louis de), écuyer. Hôtel fort appel. le Plex, dom. et dr. en dép.: *Chantelle*, 1443. (*r.* 458, *p.* 280.)

S. AUBIN (Jaques de), l'aîné, écuyer, pour lui et Marie de Beaurain, Damoiselle, sa f{e}. Hôtel, dom. et seg. du Bois, par. de Buxieres; dîme de la Vallée, et autres possessions: *Bourb., Hérisson, Murat*, 1443. (*r.* 464, *p.* 447.)

S. AUBIN (Bonne de), v{e} de Georges des Terceries, écuyer. Dîme de Ferrieres, par. de Buxieres : *Bourb.*, 1445. (*r.* 464, *p.* 444.)

S. AUBIN (Jaques de), écuyer, et Marguer. Jamet, sa f{e}. Maison de Vougon ; motte et fossés de la rivière de Lezeray: *Bourb., Verneuil*, 1505. (*r.* 453, *p.* 48.)

S. AUBIN (Jean de), écuyer. T. s. de l'Espine, du Vernoy et de Champraisant : *Bourb., Chantelle, Moulins*, 1505. (*r.* 453, *p.* 110.)

S. AUBIN (Gilbert de), écuyer. T. s. du Plex : *Chantelle*, 1505. (*r.* 453, *p.* 181.)

S. AULAIRE (Charles de), écuyer, échanson de la Duch. de Bourbon, fils de feu Jean de St Aulaire, écuyer, et d'Anne Gachette, Chât., t. s. d'Arcuyges : *Beaujeu*, 1511. (*r.* 483, *p.* 86.)

S. AURAN (Jean de), Moitié du fief des Clonx par. de Cerilly, en la châtell. de la Bruyere l'Aubespine : *Bourbon.*, 1698. (*r.* 476, *p.* 22.)

S. AVYT (Claude de), écuyer. T. s. de St Avyt et de St Domet : *Marche*, 1506. (*r.* 452, *p.* 211.)

S. BASILE (Jean de), écuyer, réclame du Cte de Boul. 950 fr. d'or à cause de la terre de Remy en *Beauvoisis*, 1392. (*r.* 1369, *p.* 1786.)

S. BONIT, aussi Bonnet (Robert, sire de). Les fiefs assis vers la Loire: *Forez*, 1228. (*r.* 493, *p.* 132.) — Jordane, sa v{e}. Chât. de Mirebel et dép. à elle délaissé par feu son mari ; 1239. (*r.* 491, *p.* 19.)

S. BONNET (Maurice, Sg. de), prévôt d'Annonay. T. s. de Blayrat : *Forez*, 1263. (*r.* 493, *bis p.* 32.)

S. BONNET (Delphine, dame de), abandonne, à titre de dette, à sa fille Sibille, Dame de Baugy, *Baugiaci*, f{e} d'Amédée de Savoye, le chât. de Mirabel: *Forez*, 1275. (*r.* 1400, *p.* 1000, 1024.)

S. BONIT (Regnaud de), clerc. Dom., bois, garenne, cens et tailles en la par. de Brien : *Beaujeu*, 1332. (*r.* 489, *p.* 177.)

S. BONIT (Guill. de), Dam. Bois, moulin, cens et tailles ès par. de St Roman et de Roveysou : *Forez*, 1337. (*r.* 490, *p.* 239.) — Guill. *al.* Guillot de S. Bonet, Dam., fils de feu Pierre de S. Bonnet, Dam., fait son testament, et nomme pour héritier, Pierre de S. Bonet, son fils : *Forez*, 1337. (*r.* 1401, *p.* 1127.) — Pierre de S. Bonit, Dam., héritier de feue Stelle de S. Bonit, son ayeulle paternelle, étant sous la tutelle de sa mère Marguer. de Montseguin, v{e} de Guill. du Verdier, et se trouvant débiteur envers le trésorier de Beaucaire, ses chât. t. s. sont mis en vente et adjugés au Cte de *Forez*; 1342. (*r.* 1394, *p.* 22 ; *r.* 1395, *p.* 337.)

S. BONIT (Guill. de), Chev. Maison de Roys, dom. et seg. ès par. de Brien, Varenne, etc. : *Beaujeu*, 1354. (*r.* 488, *p.* 103.)

S. BONIT (Girard de), Dam. Maison de Bouys, dom. et mouv. par. de Sarcy et de St Didier : *Beaujeu*, 1361. (*r.* 489, *p.* 142.)

S. BONIT (Jean de), fils de feu Et. de S. Bonit, bourg. de Charlieu. Censives en la par. de Mars ; *Beaujeu*, 1400. (*r.* 486, *p.* 59, 94.)

S. BRISSON (Jean de), Chev., sire de la Ferté-Hubert, à cause d'Alips de la Trousseboise, sa f^e. Hôtel fort, dom. h. j. de Costure ; ens. la terre de la Villate : *Germigny*, 1393, 1399. (*r.* 465, *p.* 312, 317.)

S. CAPRAIS (Guill. de), Dam. Le chesau de Chanon, dom. et dépend. : *Hérisson*, 1301. (*r.* 462, *p.* 142.)

S. CHAMANT (Charles de), écuyer, Sg. de Perchei, *al.* comte de Pescher. — Louis de S. Chamant, Chev. T. s. d'Autry, par. d'Augy. : *Bourb.*, 1712, 1719. (*r.* 477, *p.* 85, 421 ; *r.* 478, *p.* 20.)

S. CHAUMONT (Jean de), écuyer, Sg. dud. lieu. T. s. de Perinhac : *Bourb.*, 1508. (*r.* 452, *p.* 18.)

S. CHRISTOPHE (Raoulin de), Dam. Maison, t. s. de Noyen, ès par. de Cresenges et de Noyen : *Souvigny*, 1300. (*r.* 467, *p.* 211.)

S. DENIS (René de), Chev., Sr de Hertée, gouverneur de la ville d'Alençon. Erection à son profit de la t. et seg. de Tournerie en chatellenie : *Beaumont-le-Vte*, 1596. (*r.* 410, *p.* 12.)

S. DIDIER (Mathieu de), Dam., paroiss. de Teciat. Hôtel, garenne, bois, pêche et vignes à Eschiat : *Chantelle*, 1320. (*r.* 458, *p.* 211.)

S^. DIDIER (Guiete, v^e de Géofroy de). Trois tènemens appel. Au compere de Polein ; ens. la maison nommée le clos de la Mote : *Chaveroche*, 1322. (*r.* 468, *p.* 118.)

S. DIDIER (Jacerand, sire de), Dam. Chat. t. s. *de Rivo torto*, et de Bastide, et ce qu'il possède à St Just-en-Vellaine : *Forez*, 1332, 1334. (*r.* 491, *p.* 59 ; *r.* 493, *p.* 91.)

S. DIDIER (Béatrix de), Damoiselle, paroiss. de Sal. Terres, prés et rentes en grain, par. de Jalegny : *Chaveroche*, 1402, 1411. (*r.* 468, *p.* 267, 273.)

S. DIDIER (Jean de), écuyer. Mote et fossés de Vernoy, par. de Magnie, terres, bois, cens et rentes : *Billy*, 1443. (*r.* 456, *p.* 143.)

S. DIDIER (Jean-Hubert de), ancien échevin de Lyon. Seg. et dr. honorif. de Riottiers, par. *id.* : *Lyon*, 1732. (*r.* 498, *p.* 72.)

S. DOMET (Jean de), écuyer, Sg. dud. lieu. Hôtel, t. s. de Toenay ou Trenay : Elect. d'*Issoire*, 1522. (*r.* 483, *p.* 59.)

S. FRANÇOIS (René de), écuyer. T. s. de Ronceray, *al.* Rouxeray, de Beaufaytière et la Hermelière : *Chât.-du-Loir*, 1490. (*r.* 348 *bis*, *p.* 18.)

S. FRANÇOIS (Françoise de), Damoiselle, v^e de Jaques du Mesnil, écuyer, Sr de Pont-Pierre. F. s. de Berzay, qui fut à messire Jean Tiercelin, Sr de la Chevalerie, à elle échu après le décès de Jacob de S. François, son frère, écuyer, Sr de Ronceray ; ens. la t. et s. de Ronceray, par. de Marigné, par success. de Clément de S. François, son père :

Chât.-du-Loir, 1606. (*r.* 353, *p.* 65, 66.) Rel. d'elle : Christophe de Castelnau, écuyer, Sr de la Menuisière, à cause de sa f^e Renée de Boysnay, fille de feu François de Boysnay, écuyer, Sr de Monceau, et de Louise de S. François, à raison de l'Aistre de Vaucou-Lombeau, par. de Marigne.

S. GARAU (Susanne de), ép. de Silvain-Joseph Sauatte, écuyer, Sr de la Genebrée. F. s. des Bertinières, par. de Sommieres : *Civray*, 1716. (*r.* 438, *p.* 18.)

S. GELAIS (Jaques de), écuyer, et Marie Bourguete, Damoiselle, sa f^e. Le dom. de Queyrant et dépend., par. de Mournac : *Angoul.*, 1466. (*r.* 1405, *p.* 342.)

S. GELAIS (Charles de), de Lusignan, Chev., Mis de S. Gelais, et Charlotte-Louise de Laloë, son ép., fille de Claude de Laloë, Chev., capit. d'une comp^{ie} de chevaux-légers. Baronnie de Laloë : *Mehun-sur-Y.*, 1657. — Léon de S. Gelais, de Lusignan, Chev. F. s. de Bois-Brechon, de la Jonchère et de Selligny ; 1675 *ad* 1699. — Charles-Auguste de S. Gelais, de Lusignan, Chev., son fils, et d'Elisabeth Poussard ; *Idem* ; 1722. (*r.* 435, *p.* 35, 309 ; *r.* 436, *p.* 307 ; *r.* 438, *p.* 144 ; *r.* 443, *p.* 28.)

S. GELAIS (Benigne de), de Lusignan, f^e d'Hector de Preaux, Chev., Sg. de Chastillon. T. s. des Grands Chastelliers. saisie sur elle à la poursuite de François de Nossay, écuyer, S^r des Buons : *Melle*, 1684. (*r.* 435, *p.* 22.)

S. GEORGES (Olivier de), Sg. dud. lieu. Fief de Quincères : *Montluçon*, 1457. (*r.* 461, *p.* 106.)

S. GEORGES (Gabriel de), écuyer. Maison de Frayxeu et le Puy de Barneul en la châtell. de Belac : *Marche*, 1506. (*r.* 453, *p.* 220.)

S. GEORGES (Ant. de), Chev. T. s. de St Georges : *Ahun*, 1506. (*r.* 453, *p.* 250.)

S. GEORGES (Olivier de), Sg. de Couhé, Vérac, etc. T. s. de Champagne le Sec, et le péage de bourg du Rone : *Civray*, 1676. Signe, Ollivier de Sainct Georges de Vérac. — César de S. Georges de Verac, Chev., Mis de Couhé, M^{al} des camps et armées. Même t. et seg ; 1713. (*r.* 433, *p.* 21, 22 ; *r.* 438, *p.* 354.)

S. GEORGES (Marguer. de), v^e de Bonaventure Forin, Chev., Sg. de la Bonninière-lez-Exoudun, et autres lieux. T. s. de Bourleuf, Saulgé et Baignez, par. d'Avon et de Saugé : *Lusignan*, 1663. (*r.* 433, *p.* 237, 239.)

S. GEORGES (Hector de), écuyer, Sg. de Diracq. Le fief Jaquelin, par. de Thaire : Rochefort en *Aunis*, 1683, 1699. (*r.* 435, *p.* 20 ; *r.* 439, *p.* 13.)

S. GERMAIN (Arthaud de), et Arthaud, son fils, Chev. Fiefs et arr. fiefs à St Germain-Laval : *Forez*, 1291. — Arthaud, Sg. de St Germain, échange avac Jean, Cte de Forez, ce qu'il tient aud. St Germain, contre le chât. de Montrond ; 1302 ; dont il prête hom. ; ens. de sa maison forte de Siguod, sise à Essartines ; 1325, 1337. (*r.* 490, *p.* 224 ; *r.* 492, *p.* 8 ; *r.* 493, *p.* 49 ; *r.* 1400, *p.* 1012.) — Arthaud de S. Germain, Chev., Sg. de Montrond, Bailli de Forez, chambellan du Duc de Bourbon. Chât. t. s. de Chambos. près de Longesaigne ; ens. ceux de Montrond et de la Roche stisse, *Rupastissa*: *Beaujeu, Forez*, 1405 ad 1457. (r. 486, p. 16, 17, 18, 168; r. 494, p. 109, 116.)

S. GERMAIN (Hugues de), Dam., pour sa fe, fille de feu Guill. de la Ribe. Hôtel de Lalot, et terres ès par. de St Remy, de Villene et autres : *Billy*, 1300. (r. 457. p. 152.)

S. GERMAIN (Chatard de), Dam., pour lui et Chatard, son neveu, fils de Micole, aussi Michol, *Michalus*, Michel de St Germain des Fossés. Hôtel, t. s. de Fretay, al. Fretoy, et moitié de la terre de Peremont, par. d'Arene ; 1300. — Michel de S. Germain, Dam.: *Idem* ; ens. la t. et seg. d'Auchonin, ou Anthonin ; 1365. — Michol de S. Germain, Chev. T. s. de St Germain des Fossés, et de Fretay ; ens. le mas de Chassenet, j. h. m. et b., dîmes, bois, cens, tailles et corvées ; 1380 ad 1411 : *Billy*. (r. 454, p. 60 ; r. 456, p. 188 ; r. 457, p. 87, 175, 217 et suiv.)

S. GERMAIN (Mahaut de), pour Jean de S. Germain, son fils. Dom., Dîmes, dr. féodaux et une maison au chât. de *Loches* ; 1319. (r. 432, p. 32.)

S. GERMAIN (Jaquet de). Maison de la Gastonere, dom., grange, cens et tailles : *Forez*, 1340. (r. 490, p. 251.)

S. GERMAIN (Alise de), ve de Jean d'Espinace, Chev. Maison forte de Monterrez, dom. et seg., par. de Maloy en la chatell. de Semur : *Beaujeu*, 1357. (r. 489, p. 35.)

S. GERMAIN (Charlotte de), Dame des Hayes, ve d'Ant. de Savonnyeres, Chev. des Ordres, Sr de la Troche. T. s. du Teil et de Guignardiere : *Baugé*, 1605. (r. 352, p. 116 ; r. 353, p. 85.)

S. GERMAIN (Henri de), d'Apchon, Chev., et Cather. Silvye de Bigny, son ép. T. s. de Charmeil, par. id. ; ens. le f. et seg. de Beauvoir-les-Palais, par. de l'Ouroux : *Billy, Hérisson*, 1688, 1697. (r. 474, p. 690 ; r. 476, p. 70.)

S. GERVAIS (Jean de), Dam., Guill. et Géofroi, ses frères, et Marguer. sa fe, fille de Géofroi Orgueylle, Chev. Dom., cens. rentes et autres dev. ès par. de Chavanon, Rocles, Villefranche, Ussel, Estroussat, *Estrociaci*, et autres : *Chantelle, Murat*, 1322, 1335. (r. 458, p. 309 ; r. 461, p. 29 ; r. 490, p. 114.) — Jofred de S. Gervais, Dam., pour lui et ses neveux Dalmas et Guionet. Prés, cens, rentes et tailles ès mêmes lieux ; 1352. (r. 459, p. 46.)

S. GIRAN, aussi Geran (Archambaud, sire de), *Archanbaudus, de sent Geron Dominus*, déclare qu'étant sous la mainburnie de son frère sire Guill. Monlueum, celui-ci auroit relevé le Chatel-Odon, *Castrum Odonis*, du Cte d'Auvergne ; ce que led. Archambaud trouvant injuste, il le reporte et en fait hom. au Sire de *Bourbon ;* août, 1200 ; et promet de remettre à la garde dud. Sire de Bourbon ses chât. de St Girau, de Parrigny, Perremont et Chastel-Odon, qu'il tient de lui en fief lige ; 1216, 1223. (r. 456, p. 86 ; r. 457, p. 169, 170.)

S. GIRAN-LE-PUY (Guill. de), donne en nantissemt à Agnès, Dame de *Bourbonnois*, son chât. de Peremont pour 1000 l. de Viennois ; 1268. (r. 457, p. 71, 174.)

S. GIRAN (Richarde, Dame de). Rentes sur les terres de St Giran et de Chenal-Rigon : *Billy, Moulins, Verneuil*, 1300. (r. 457, p. 154.)

S. GIRAN (feu Jocerand de), Chev. Ses filles Marguer. et Aelise avouent la moitié par indivis du chât. et chatell. de S. Giran, h. j. dom. et dr. en dép.; ens. l'hôtel de Codray et arr. fiefs: *Billy*, 1323. (*r*. 456, *p*. 67.)

S. GIRAN (*Curritus de*), Dam., fils de sire Hugues de S. Giran, Chev., et Agnès, son ép., fille de feu Jean de Monteil. La grange de Beauregard, dom. et dr. en dép.: *Gannat*, 1350. (*r*. 457 *bis, p*. 119.)

S. GIRAN (Archambaud de), Dam. T. s. de St Giran; h. m. et b. j. ès par. de Varmat et de Molinet: *Billy, Moulins*, 1375, 1386. (*r*. 454, *p*. 71, 72; *r*. 455, *p*. 293.)

S. GIRON (Louis de), écuyer, Sr de Tavernolles, fils de Charles de S. Giron, écuyer. Dîme sur partie des dom. du g^d et petit Daires, par. St Denis, *al*. St Dompnis. Combarnazat et de Luzillat: *Gannat, Riom*, 1683. (*r*. 503, *p*. 164, 525.)

S. HABUND (feu Hugues de), *de S^{to} Habundo*, Chev. Sa v^e Ysabelle, tient la maison d'Arcinges et dép. en la par. des Coches ou d'Escoches: *Beaujeu*, 1276. — Jean de S. Habund, Dam., fils de feu Hugues Richard, dit de S. Habund, Dam., cède à Marguer., Dame de Sarepte, sa mère, sa maison forte d'Arcinges, dom. et dr. en dép., que cette dame échange avec Guichard, Sire de *Beaujeu*, contre la terre de Chavaignes; 1317. (*r*. 486, *p*. 95; *r*. 1389, *p*. 385.)

S. HABUND (Guill. de), Dam., et Alix, son ép., vendent à Guill. de Vernet, bourg. de Montbrisson, diverses tailles, coutumes, corvées et autres dev. assis au mandement de St Maurice, par. de St Polge, Villemontée et autres: *Forez*, 1277. (*r*. 1400, *p*. 1017.)

S. HABUND (Etienne, fils d'Etienne de), Chev. T. s. de Veure et tailles sur divers vill.; 1320. — Hugonin de S. Habund, Dam. Tailles sur les hommes de Pailloux, par. de la Chapelle-Manci, relev. de Jean de Chât. Vilain, Sg. de Luzy; 1330: *Bourb.-Lancy*. (*r*. 466, *p*. 113, 114.)

S. HABUND (Beatrix, v^e de Hugues, prévot du chât. de), au dioc. de Lyon, comme tutrice de leurs enfans. Prevoté de St Habund et émolumens en dép.; ens. une vigne et une pièce de terre au Mont-Robert: *Forez*, 1330, 1333. — Mathieu de S. Habund. son fils; *Idem*. (*r*. 492, *p*. 147; *r*. 493, *p*. 14, 103.)

S. HABUND (Guill. de), à cause de Jeanette, sa f^e. Dom. et censives en la seg. de Noyers: *Beaujeu*, 1344. (*r*. 489, *p*. 274.)

S. HABUND, *al*. S. Haon (Amphour de), Chev., vend à Louis, Duc de Bourbon, Cte de *Forez*, Sire de Beaujeu, le péage appel. la Marche-sur-Saonne; 1406. (*r*. 1388, *p*. 140.)

S. HAN (Charles de), écuyer. T. s. de Bagnassat et du Couldray: *Chantelle, Murat*, 1505. (*r*. 453, *p*. 64.)

S. HERAN (Dalmois, aussi Dalmaies), Chev., paroiss. de la Chapelle-au-Man, tient de Jean de Chât. Vilain et de Luzy, un fief en la par. St Anien, dioc. d'Autun; 1281. (*r*. 1377, *p*. 2960.

S. HERMINE (Helie-François de), Chev., Sg. de Cireul, capit. des vaisseaux du Roi, fils d'Helie de S. Hermine, Chev.; Cesar de S. Hermine, Chev., et son fils aîné, Louis-César, Chev., Sg. de la Barriere, enseigne de vaisseaux; Susanne de S. Hermine; Michel-Galeasse Fretard, Chev. et Guy-François le Mouzin, Chev. comme époux de Marie et de Diane de S. Hermine; ens. Esther-Henriette Vigier, tous héritiers d'Anne de S. Hermine, leur mère, et d'Anne de Polignac leur ayeule. F. s. de S¹ Laurent de la Prée : *Rochefort,* 1707 ad 1720. (*r.* 439, *p.* 84 ; *r.* 440, *p.* 44.)

S. HILAIRE (Ant. de), écuyer, Sg. dud. lieu, et Gabrielle d'Entreisgues, sa fᵉ. F. s. de Bouan. par. de Buxieres : *Bourb.*, 1517. — Antoine de S. Hilaire, Sg. dud. lieu, l'un des 100 gentilh. de la maison du Roi. T. s. du Coudreau : *Mans,* 1572. — François de S. Hilaire, écuyer, Sʳ du Plessis, gentilh. ordin. de la chamb. du Roi. T. s. du Couldreau : *Mans,* 1606; ens. la t. et seg. de S¹ Hilaire : *Moulins,* 1610. — Phil. de S. Hilaire, écuyer, Sʳ du Coudreau. T. s. de Malsaverne au duché de *Bourbonnois* ; 1632. — Eme de S. Hilaire, Chev., Sg. dud. lieu, Cᵗᵉ du S¹ Empire Romain. T. s. de S¹ Hilaire et de Claveliere, par. S¹ Hilaire et de Bussiere : *Bourb.*, 1717. — Claude de S. Hilaire, Chev., son fils ; *Idem* ; ens. le fief de Berchere, par. de Saulcet : *Verneuil,* 1723. (*r.* 451, *p.* 99, 101 ; *r.* 474, *p.* 1, 359 ; *p.* 477, *p.* 359 ; *r.* 478, *p.* 362, 366 ; *r.* 483, *p.* 37.)

S. JEAN (Jean-Dalmas de), Dam. Dom. et mouv. en la par. d'Essartines, par lui vendus au couvent des Dames de S¹ Thomas en *Forez* ; 1263. (*r.* 463 *bis, p.* 70.)

S. JEAN (Girine de), fille de feu Guill. de S. Jean de Panicieres, Dam.; Tholomée de Jas, son mari, et Jean son frère, vendent à Jean Cᵗᵉ de *Forez,* la terre de S. Jean de Panicieres et dép. ; 1308. — Frere Jean de S¹ Jean, fils de feu Guillemet de S. Jean, Dam., moine, vend au même Comte la moitié de certaines maisons situées au même lieu de Panicieres ; 1310. (*r.* 1394, *p.* 12, 56.)

S. JEAN (Hugues de), Chev., vend à Jean, Cᵗᵉ de *Forez,* son bois appel. de Vemon, autrement de S¹ Jean, ressort de Macon ; 1331. (*r.* 1394, *p.* 56.)

S. JEAN (Etienne de), fils de feu Hugues de S. Jean, Chev. Le tènement des Choiegrias, dom. et dr. ès par. de Peschadoire et de *Tihern* ; 1334. (*r.* 472, *p.* 28.)

S. JULIEN (Hugues de), Dam. Le mas de Cordain et dépend., par. de Denoes ; ens. ses dom., bois, garenne, tailles et censives en la par. de Besson : *Souvigny,* 1300. (*r.* 467, *p.* 249.)

S. JULIEN (Acharie de), Dam. Hom. et promesse d'aveu au seg. de Rossillon : *Forez,* 1337. (*r.* 491, *p.* 169.)

S. JULIEN (Jeanette de), Damoiselle, vᵉ de Robert de Brosse-Richard, Dam. Menus cens en la par. de Molinez et à S¹ Ligier : *Moulins,* 1353. (*r.* 454, *p.* 87.)

S. JULIEN (Jean de), écuyer, Sg. de Breul et de Vouzelles. T. s. de Surdour, par. de Gouzon : *Montluçon,* 1443. (*r.* 461, *p.* 161, 260.)

S. JULIAN (Helion de). Deux parties de la t. et s. de Veaulce : *Velciæ* le chât. excepté : *Chantelle,* 1446. (*r.* 458, *p.* 144.)

S. JULIEN (Daulphine de), Damoiselle, vᵉ de Jaques, Sg. d'Espinatz, ayant l'administration de leurx enfans Jaques, Perronelle et Charlotte de S¹ Georges. T. s. d'Espinatz en la châteil. d'Ahun : *Marche,* 1506. (*r.* 452, *p.* 221.)

S. JULIEN (René de), écuyer, Sg. du Mont. T. s. de Beines, par. de même nom, en la baron. de la Tour : *Riom,* 1669. (*r.* 499. *p.* 551 ; *r.* 501, *p.* 1.)

S. JULIEN (Joseph de), écuyer. T. s. de St Marc ; ens. le fief de la Rochette, et partie de la baron. de la Borne ; 1669. — Michel et Ant. de S. Julien, Chev., ses enfants, l'un au service du Roi, l'autre Chev. de Malte ; 1684 : *Gueret*. (*r*. 474, *p*. 204, 260, 402.)

S. JULIEN (François de), écuyer. T. s. de Flayat, et partie du fief de Hautefeuille : *Gueret*, 1669. — Michel de S. Julien, Chev., Sg. de Flayat, son fils. T. s. de Soubrevez et Bagillet en la seg. d'Aubighoux par. de Malchatel et de la Garde : *Riom*, 1669 ; ens. le chât., t. s. de Flayat, par. *id*. : *Gueret*, 1684. — André de S. Julien. Même t. et seg. de Flayat ; 1717. (*r*, 474, *p*. 83, 574 ; *r*. 477, *p*. 479 ; *r*. 499, *p*. 550.)

S. JULIEN (Jean-Marie de), écuyer, fils de François de S. Julien, écuyer, sous la curatelle de son oncle Pierre de S. Julien, écuyer. T. s. de Champaihnat, de Fournoux et des Farges, *al*. St Farges : *Aubusson*, 1669, 1684. (*r*. 474, *p*. 153, 447 ; *r*. 499, *p*. 423 : *r*. 503. *p*. 314.)

S. JULIEN (François de), écuyer, pour Anne Gilberte de Groin, Damoiselle, sa f^e. T. s. de Laquerie et Maurignat-Layat, par. d'Escurolles : châtell. de *Cusset*, 1687. (*r*. 474, *p*. 653.)

S. JULIEN (Léonard), écuyer, Sr de la Geneste, pour lui et son frère Léonard de S. Julien, Sr de Beaupré. T. s. de la Geneste : *Monmorillon*, 1698. (*r*. 436, *p*. 153.)

S. JULIEN (Jaques de), Chev., Mis dud. lieu. T. s. de Valigny-sur-Cher, par. de Méandre, acq. de Gaspard-Silvain de Malleret, Chev., Mis de St Maixant : *Hérisson*, 1720. (*r*. 478, *p*. 117.)

S. JULIEN (Vallery, aussi Gabriel-Vallery de), Chev., dem. en son chât. de St Vaury en Limousin. T. s. de Coudelais, par. de Blancpeyre : Elect. d'Evaux ; 1724, 1728. (*r*. 509, *p*. 161 ; *r*. 510, *p*. 32.)

S. JULIEN (Antoinette de), v^e d'Etienne de Sigliere, écuyer. Le fief de Salles, par. Ste Fayre : *Gueret*, 1726. (*r*. 481, *p*. 78.)

S. LAGIER (Claude de), commiss. enquêteur au présidial de Lyon, héritier de Claudine Farges, sa mère. Chât. fort, t. s. de Rouzieres, par. de Ternand : *Lyonnois*, 1676 *ad* 1721. (*r*. 495, *p*. 52 ; *r*. 496, *p*. 281, 290.)

S. LEGIER (René de), Chev. T. s. de la Sauzaye, par. St Xandre en Aunis ; 1672. — Auguste de S. Legier, Chev., son fils. F. s. de Niou, *al*. l'herbergem^t de la Charrière : *Niort*, 1716. — René de S. Leger, Chev. T. s. de la Sauzaye, et partie de la t. et s. de St Xandre. *La Rochelle*, 1717. (*r*. 439, *p*. 93, 94.) — Jean-Guill. de S. Legier, écuyer, major des armées navales. Partie de la t. et s. de St Xandre et de la Sauzaye : *La Rochelle*, 1721. (*r*. 440, *p*. 47, 48.) — Magdel. de S. Legier. Maison noble de Rocq, apparten. et dép. : *Aunis, Xaintes*, 1735. (*r*. 434, *p*. 26 ; *r*. 438, *p*. 211 ; *r*. 439, *p*. 93, 94 ; *r*. 440, *p*. 47, 48 ; *r*. 441, *p*. 35.)

S. LIGIER (Jean de), dit d'Abbeville, tient en fief un emplacement à *Angers* ; 1418. (*r*. 335, *p*. 3.)

S. LOUP (Gui de), Dam. Hôtel et seg. de St Loup et autres dom. en diverses par. : *Chaveroche, Verneuil*, 1300. (*r*. 460, *p*. 28 ; *r*. 468, *p*. 330.)

S. LUBIN (Hugues de), dit Saliz, écuyer. Cens et tailles en la par. de Tresail : *Chaveroche*, 1443, 1455. (*r*. 458, *p*. 67, 68 ; *r*. 467, *p*.

301.) Au dos : reçu seulemeut en dépôt jusqu'à ce qu'il ait prouvé sa noblesse.

S. MARTIAL (Pierre de), Dam., à cause de noble Iolande de Jaon, son ép. Hom. au Cte d'Armagnac, de ce qu'il tient au vicomté de *Carlat;* 1410. (r. 1365, p. 1462.)

S. MARTIAL (Louis de), Dam., Sg. de Drugiac au dioc. de Clermont, et de Jarry, au dioc. de St Flour. Terres, cens, rentes, tailles, corvées et h. j., par. Ste Eulalie et autres : *Auv.*, 1501. (r. 470, p. 164.)

S. MARTIAL (Hercules de). T. s. de Drugcac et de St Martin de Valmaroux, par. de Fontanges, St Cirgues et autres : *Riom,* 1669, 1672. (r. 499, p. 565 ; r. 500, p. 128.)

S. MARTIAL (Henri de), de Puy de Val, Chev., par dr. de substitution de Charles de S. Martial, Chev., son frère. T. s. de Couros, par. d'Arpajon: Elect. d'Aurillac et vicomté de *Carlat,* 1670. (r. 499, p. 779.)

S. MARTIN (Anselme de), Dam. Partie d'une terre assise ès par. de Santiat et de *Billy ;* 1300. (r. 457, p. 155.)

S. MARTIN (Jean de), Dam. Terre de Sorbiers, dîme, cens et rentes ès par. de St Ilide, Sanciat et Valoche : *Billy*, 1321, 1350. (r. 457, p. 91, 123.)

S. MARTIN (Perrin de), paroiss. de St Giran du Puy, Dam. Cens et rentes ès par. de Sensat, St Felix et *Billy ;* 1342. (r. 455, p. 332.)

S. MARTIN (Guill. de), Dam. Maison forte, t. s. des Lacs, *de Lacubus : Bourb.-Lancy,* 1381. (r. 467, p. 34.)

S. MARTIN (Jeanne de), v^e de Jean Petit, paroiss. de Santiat. Cens et rentes en la par. de Foutarnaut-la-Fournache : *Billy,* 1410. (r. 456, p. 17.) Nou noble.

S. MARTIN (Jean de), à cause de Jeanne Bellengiere, sa f^e. Fief des Boullaiz, autrement dit Pourrye ou la Crochiere, dom., cens et rentes : *Muns,* 1450, 1463. (r. 343, p. 28, 29 ; r. 344, p. 118 ; r. 345, p. 22.)

S. MARTIN (Jean de), écuyer, Sg. de Barrot, à cause de sa f^e Jeanne Gaydonne, tient La grant Brullière, par. de la Chapelle-Aubry : *Montfaucon,* 1459. (r. 333, p. 58.)

S. MARTIN d'Aglie, aussi d'Aglise (Joseph, aussi Hyacinthe de), Chev., Mis de Rivarol, M^{al} des camps et armées, comme époux de Marthe-Gabrielle, fille de Balthasard Héral, al. d'Ayral. T. s. de Pierrefort, *al.* Peyrefort-la-Roue, de Montpeloux, Usson et Chau, par. St Antoine et autres : *Issoire, St Flour,* 1670. (r. 499, p. 760 ; r. 506, p. 84.) Signe : Joseph St Martin d'Aglie de Rivarol.

S. MARTIN (Alexandre-Guill. de), Chev., agissant par François du Taux, écuyer. F. s. du G^d Cerzay, al. Cerzé : *Civray,* 1698. — Pierre de S. Martin, Chev., Sg. de Beignac, son fils ; *Idem ;* 1717. (r. 436, p. 154 ; r. 438, p. 284.)

S. MATHIEU (Angélique de), v^e de Joachim Guynaut, écuyer, Sg. de Tesson. F. s. de la Prévoté féodale de St Sornin de Seschaud : *Xaintes,* 1717. (r. 439, p. 90.)

S. MAURICE, aussi Morice (Hugues et Géofroi de), fils de feu Chatard de S. Morice, échangent avec Jean, Cte de *Forez,* le château de S. Morice contre celui de Builli ; 1221. (r. 1394, p. 74.)

S. MAURICE (Humbert de). Chev. Cens, tailles et cout, à Chassalet, Valeyles et Montz, par. de Livry et de St Maurice : *Forez*, 1291. — Hugues de S. Maurice, Dam.; *Idem*; 1318. (*r*. 492, *p*. 274, 318.)

S. MAURICE (Jean de), en Gorgons, Dam. Partie de la g^{de} dîme de St Maurice et mouvances en la par. de Lury, *Luriaci : Forez*, 1322. — Jean de S. Maurice en Gorgoys, Dam., son fils, âgé de 14 ans ; *Idem* ; 1343. (*r*. 490, *p*. 14 ; *r*. 493, *p*. 71.) — Jean de St Maurise, *Maurisio*, dit Pruvegna, *al*. Prunnera, Dam. Cens, rentes et autres droits; ens. une partie de la g^{de} dîme de Sr Maurice, par. de Luyri, *Luyriacy : Forez*, 1378. (*r*. 494, *p*. 105.)

S. MELAYNE (Pierre de), et Jean Leclerc. Métairie de Souvigny, par. de Ville-neuve : *Angers*, 1450. (*r*. 1341, *fol*. 64.)

S. MESMIN (Bon de), vice Sénéchal de Bourb. Fief des Prugnes, par. de Saziret : *Murat* ; 1684. — Gilbert-Bon de St Mesmin, écuyer, Sr des Prugnes, pour son Emin. Louis-Ant. de Noailles, légataire univ. de Louise Boyer, sa mère. F. s. de Chatelard, par. d'Ebreuil : *Chantelle* ; et de Montarets par. et châtell. de *Souvigny* ; 1708. (*r*. 476, *p*. 218, 219.) — Gilbert-Ignace de S. Mesmin, prévot gén. du Bourbonnois, fils de feu Bon de S. Mesmin. F. s. de Prugnes, par. de Sazarelle : *Murat*, 1718. (*r*. 478, *p*. 12.)

S. MORT (Gabriel de), écuyer. F. s. de Verny et arr. fiefs : *H. Marche*, 1669. (*r*. 474, *p*. 217.)

S. NECTAIRE (Ahelis, Dame de), obtient du Dauphin d'Auvergne, mainlevée de son chât. et dép. de *Rochasirla*. Fait à Oloys, sept. 1224. (*r*. 471, *p*. 97.)

S. NECTORI (Armand de), écuyer. Chât. et mandem^t de Chavelier, dom. et h. j. ès vill. de St Salvadour, Bosses, Rochanges et autres . *Auv*., 1397. (*r*. 470, *p*. 172.) Voy. Samterre.

S. NICET, aussi Nicey, *Nicetio*, *Niceyo* (Hugues de), fils de feu Guichard de S. Nicet. — Hugonin de S. Nicet. — Guill. de S. Nicet. Dam. — Odet, fils de feu Girard de S. Nicet, et Félicie, sa sœur, Damoiselle, f^e d'Odet Desrée, Dam. — Agnès de S. Nicet, Damoiselle, f^e de Jean Molandin, *al*. Molin, Dam., et Arnier de S. Nicet, Dam. Maisons, dom., bois et seg., ès par. de St Nicet et de Charmoy, vers les rivières de Surine et de la Rideure, en la chatell. de Huchon : *Beaujeu*, 1310 *ad* 1340. (*r*. 489, *p*. 122, 305, 315, 321, 328, 329, 336, 347, 348.)

S. OFENGE (Guereinet de), barbier, paroiss. de Ste Croix d'Angers. Herbergement de la Salle Baudreuse qu'il vend à Henri Coubery, orfèvre et valet de Chambre du Duc d'Anjou : *Angers*, 1361 *ad* 1375 (*r*. 335, *p*. 4 *ad* 7.)

S. OFFANGE (Marie-Louise de), v^e d'Urbain-Charles du Plessis, Chev., Mis de Jarzé, tutrice de leur fils Marie-Urbain-René. T. s. des Pins ; ens. le marquisat de Jarzé : *Anjou*, 1678. (*r*. 405, *p*. 14.)

S. ORENS (Etienne de), Chev., capit. de dragons. F. s. du Plessis, de Landelle et Breuil : *Cognac*, 1718. (*r*. 440, *p*. 8.)

S. PARDOU (François de), écuyer. T. s. de St Pardou, de Marignac et du Poujet, avec le quart de la seg. des Brauards : *Gannat, Riom*, 1669. (*r*. 499, *p*. 583 ; *r*. 502, *p*. 91.)

S. PAUL (Hugues de), Dam., vend à Gui, Cte de *Forez*, ses dîmes, cens et rentes assis à St Germain, à Biceu et St Paul ; 1247. (*r.* 395, *p.* 196.)

S. PAUL (Jean de), Dam. Terre del Chambon ; bois et seg. au mandem^t de la Tour en Jarese ; ens. le moulin de St Paul vers Foillose : *Forez*, 1336. (*r.* 491, *p.* 197.)

S. PERE (Anne de), v^e de Claude Fauvre, écuyer, S^r d'Alouy, fille de Claude de S. Pere, Sr de Louault. Maison à *Bourges*, 1689. (*r.* 447, *p.* 43.) Voy. Savary.

S. POLGUE (Jean de), *Polgi*. Hom. de la t. et seg. de Brunnard, preté entre les mains de Louis de la Vernade, Chev., chancelier du Duc de Bourbon : *Genibus flexis, manibus junctis, capite nudo, zona deposita, ac osculo oris interveniente;* ès par. de St Clément et de St Nicolas d'Abres : *Vichy*, 1458. — Dauphin de St Polgue, *al.* Boyssonier, écuyer ; *Idem* ; 1478. (*r.* 457 *bis*, *p.* 29, 34, 39.)

S. PRIET, PRIEST, PRIX. Le nom latin est *Præjectus* dont la traduction varie selon le dialecte des provinces.

S. PRIEST (Francois de), dit Chinart, *al.* Chivartz, Dam., veuf d'Helienore, et Ponce, leur fils. Cens sur le ténement de la Murele, par. de Bonnefont ; autres cens en la par. de Velchie ; 1314, 1326. — Chivardon de S. Priest, son fils. Rentes et devoirs en lad^e par. de Velchie ; 1333. — Pastorelle de S. Priest, Dam., son autre fils, par success. de son oncle Jean Marechal. Chev. Cens, rentes et autres dev. au mandement de St Eugende ; ens. une maison à St Marcellin, appel. le Colombier, etc. ; 1347 : *Forez*. (*r.* 490, *p.* 90 ; *r.* 491, *p.* 106 ; *r.* 492, *p.* 84 ; *r.* 493, *p.* 116.)

S. PRIEST (Guicharde de). Cens, rentes et autres dev. acq. de Girin du Verney, Dam., au mandement de Virigu : *Forez*, 1337. (*r.* 490, *p.* 63.)

S. PRIEST (Poncet de), Dam., fils de feu Etienne de S. Priest, Dam. Maisons fortes près du chât. de Fontaneys, et moitié de la seg. dud. chât., terres, bois, moulin et mouv. aux environs : *Forez*, 1346. (*r.* 491, *p.* 246.)

S. PRIEST (Cather., v^e de Jean de), fils de Guill. de S. Priest, pour elle et leurs enfans Jean, Pierre et Guill. Maison et vigne à *Bourb.-Lancy* ; 1381. (*r.* 467, *p.* 15.)

S. PRIEST (Guichard de), Sg. de St Enemund, et Marguer. de Montchenu, son ép. recon. tenir de Humbert de Villars, Sg. d'Annonay et de Rossillon, le chât. de Chaureuche : *Forez*, 1392. (*r.* 1398, *p.* 677.)

S. PRIEST. (Damien de), Chev., Sg. de Crozet et des Escures, pour son ép. Marguer. Messier, v^e de J. B. Bourghese, av. du Roi au bureau des finances de la général. de Lyon. Maison et dom. de la Tourneoniere, par. de Colonge-sur-Saône : *Lyon*, 1702. (*r.* 496, *p.* 176.)

S. PRIE (Gabriel de), Chev. T. s. de St Prye et autres : *Forez*, 1503. (*r.* 452, *p.* 55.)

S. PRIET (Jean de), écuyer. T. s. de Ferrieres ; ens. le fief de Champ Follet : *Billy, Moulins*, 1505. (*r.* 452, *p.* 79 ; *r.* 453, *p.* 145.)

S. PRYET (Ant. de), fils de Gillet de S. Pryet et d'Antoine de Grolée, Chât. t. s. de Vaulx : *Beaujeu*,.... (*r.* 485, *p.* 72.) Signe, A. de Saint Pryet.

S. QUENTIN, aussi Quintin (Pierre de), Chev. Hôtel, t. s. de Contencouse, *al.* Contensouzes, *al.* etc. ; 1301. — Louis, son fils ; *Idem* ; 1322. — Jean de S. Quentin, Dam. Hôtel, dom. et seg. de Conteneuse. 1388, 1411 ; *Chantelle*. (*r.* 458, *p.* 136, 137, 242.)

S. QUENTIN (Gauvain de), Chev., Sg. de St Quentin. T. s. de Rognat et de Champs : *Gannat*, 1326, (r. 457 bis, p. 111.)

S. QUENTIN (Louis de), Dam., à cause de son ép. Marguer., fille de Roger de *Salvanhiaco*, Chev. Justice h. m. et b. ès par. de Thiel et de Voma : *Moulins*, 1374. (r. 454, p. 120.)

S. QUENTIN (Pierre de), Chev., du chef d'Alips de Seuli, sa f^e. Chât. t. s. de Blet et de Bonault, et arr. fiefs : *Ainay*, 1375. (r. 462, p. 385.) Rel. d'eux : Jaques Troussel, Chev.; Guill. Lamoignon, écuyer ; Jean Troussebois, Sg. d'Oroer, al Horeour, Houroux.

S. QUENTIN (Aubert de), Chev., Sg. de Blet, donne en échange d'une rente de 45 l. tour. sur sa terre de Blet, due à Huguenin Bernoys, bourg. de Bourges, l'hôtel de Bois-Marnier, dom., garenne, moulin, j. h. m. et b., hommes et f^{es} taillables à volonté, pour être tenus de lui en hom. : *Beaujolois*, 1410, 1415. (r. 1376, p. 2664.)

S. QUENTIN (Ant. de), écuyer. Chât. t. s. de Blet et arr. fiefs : *Aynay*, 1445. (r. 463, p. 1.) Rel. de lui : Jaques Trousseau, Chevalier ; Jean Breschart, Sg. de Cosne ; Phil. Cholet ; Jean de la Perrine ; Odart de la Porte, Cather. de la Porte, Damoiselle, v^e de Guill. Segault ; Pierre de Preslaut ; Louis et Etienne Segaus, frères ; Martin Segault, écuyers. — Gilbert de S. Quentin, Chev. Sg. de Beaufort, Chambellan du Cte de Montpensier, Dauphin d'Auvergne. Chât. t. s. de Blet : *Aynay*, 1488, 1493, (r. 463, p. 3 ; r. 471, p. 204; r. 484, p. 33.) Rel. de lui : Jaques Trousseau, Chevalier. Phil. Cholet ; Etienne Portier ; Etienne Segault, Sg. de Fougerolle, écuyers.

S. QUENTIN (Daniel de), Chev., Bon de Blet, Sg. des Brosses et de Boissay. Baronnie de Beausay, acq. de René de Chezelles, écuyer, Sg. de la Moisnerie : *Loudun*, 1624. (r. 354, p. 76.)

S. QUENTIN (Gilbert de). T. s. de Beaufort, de Fraisse, Pommier, Fougeroux, etc., par. de Chapdes et autres: *Riom*, 1675, 1681. — Antoine de S. Quentin, Chev., son fils ; *Idem* ; ens. la t., seg. et dîme de Trussi, par. de Merinchal et de la Salle, par indivis avec Ant. de Gimel, Chev., Sg. des Giraudz : *Riom*, 1684, 1687. (r. 501, p. 32 ; r. 503, p. 265 ; r. 505, p. 75, 119.)

S. QUENTIN (Alexandre de), Chev., B^{on} des Brosses, Cte de Blet, fils de Daniel de S. Quentin, Chev. T. s. de Blet, par *id.* : *Aynay*, 1712 ad 1722. (r. 438, p. 104 et suiv. ; r. 449. p. 31, 46 ; r. 477, p. 74.)

S. QUENTIN (Jean-Joseph de), Chev. Chât., mote, rocher, dom. dîme et justice de Beaufort ès par. de Chapdes, St Ours et St Georges : *Gannat, Riom*, 1730. (r. 501, p. 57.)

S. REMY (Guill. de), autrement le Camus, paroiss. de Varennes-sur-Allier, pour Alise, *al.* Alayse, son ép., fille de feu Bernard de Bocé. Mas ou ténemens en la par. de Pareigni, dîmes et vignes en celle de St-Giran-le-Puy : *Billy*, 1350, 1358. (r. 455, p. 362 ; r. 457, p. 61.) Non noble.

S. RIGOBERT (Barthelemy de), vend à Jean, Cte de *Forez* la portion d'héritage qui lui étoit échue de Jocerand, son frère, située à Sury-le-Comtal ; 1312. (r. 1394, p. 36.)

S. ROMAIN (Bertrand de), Dam., vend à Robert de Chatelus divers cens et rentes au ressort de Jarese : *Forez*, 1401, 1427. (r. 1397, p. 503, 512.)

S. ROMAIN (Claude de), autrement Valorges, Dam., Sg. de Meyre, et

Jeanne d'Ars, Damoiselle, son ép., fille de feu noble Jean d'Ars. T. s. de la Chausse, ou Chaux *de Calce* ; 1441. — Pierre de S. Romain, Dam., Sg. de Meyre, pour lui et Jeanne d'Ars, sa mère, v^e de noble Claude de St Roman, autrement Valorges. Serment de fidél. et prom. d'aveu au Sire de *Beaujeu;* 1478. (r. 486, p. 30, 31.) — Raoulin de S. Romain, écuyer, et Gilberte de Gayette, sa f^e. T. s. de Valorges et autres : *Billy, Vichy,* 1499. (r. 484, p. 105.)

S. ROMAN (frère Artaud de), *præceptor chasaleti*. Le chât. du Bosc, moitié de la dîme de la par. de St Maurice, etc. : *Forez,* 1333. (r. 490, p. 68.)

S. ROMAN (Philib. de). Chev., pour Huguette Gaudemart, son ép. Maison forte, t. s. de St Martin des Lacs : *Bourb.-Lancy,* 1396. Vente par eux faite au Duc de Bourbon, du g^d étang de St Martin appel. de Rosieres, sous le vill. de Forges ; 1398. (r. 467, p. 40 ; r. 1374, p. 2372.)

S. SAPHORIN (Lienard de), écuyer, et Marguer. de Rougemout, dite Corlier sa f^e. Maison à Trevoux, droit de chasse et de colombier : *Beaujeu,* 1459. — Bernard de S. Sephorin. T. s. de Fontinelles : *Beaujeu,* 1486. (r. 486, p. 100 ; r. 488, p. 149.

S. SATURNIN (Johanin, fils de feu Etienne ; Géofroy, fils de feu Guy, et Guill., fils de Guill. de), Chevaliers, d'une part ; et Dame Isabelle fille (f^e) de feu Guill. de Franchileus, Chev., pour elle et leurs enfans, d'autre part : leurs intérêts de famille réglés par l'arbitrage de Renaud, Cte de Forez, Sire de *Beaujeu ;* 1269. (r. 1366, p. 1492.)

S. SAVIN (Jeanne de), Damoiselle. v^e de Jean Seschaud. T. s. de la Periere et du G^d Jean d'Oradour : *Dorat,* 1506. (r. 453, p. 231.) — Gabriel de S. Savyn, écuyer. Maison de la Grange St Savyn et Challapit, en la chatell. de Dorat : *Marche,* 1506. (r. 452, p. 260.)

S. SAVIN (Ant. de), écuyer, et Gilles son frère, enfans de feu Guillault de S. Savin. T. s. de la terre aux Comoux, en la baron. de Calais : *B. Marche,* 1506, 1515. (r. 452, p. 210 ; r. 1363, p. 1218.)

S. SAVIN (François de), écuyer, Sg. de Salvert. F. s. de Laage Gaudelin, par. de Leigné : *Monmorillon,* 1693, 1717. (r. 436, p. 18 ; r. 438, p. 344.)

S. SEBASTIEN (Guérin de), écuyer, Sg. dud. lieu. Hôtel, t. s. de Marez : *Aynay,* 1485. (r. 463, p. 17.)

S. SEBASTIEN (André de), écuyer, Sg. de Barberoux, et Nicole Regnault, sa f^e. T. s. de Crevant, *al.* Cravant, par. de Bigeneulle : *Hérisson,* 1488, 1490. (r. 462, p. 240 ; r. 484, p. 57.) Louis de St Sébastien, écuyer, Sg. de Barbaroux. Maisons, dom. cens et rentes de Bigenelle, des Gouttes et Ouzannes : *Hérisson, Montluçon, Murat,* 1502. (r. 484, p. 62.)

S. SEBASTIEN (Louis de), écuyer, Sg. de Barberoux. T. s. de Grevant, de Bigeneuille et autres : *Hérisson, Montluçon, Murat,* 1506. (r. 453, p. 172.)

S. SIMON (Guill. de), écuyer, Sg. de Rassi et de Precy. Rente foncière sur la terre de Houdanville : *Clerm. en Beauvoisis ;* 1509. (r. 452, p. 207.)

S. SORNIN (Pierre de), Chev., donne quittance au Sire de *Beaujeu* d'une somme de 40 l. que celui-ci devoit sur le fief de la Bussiere tenu par Hugues de la Bussiere ; 1288. (r. 486, p. 102.)

S. SORNIN (Gaspard, S^r de), écuyer. Un quart des dîmes de bled en la par. de Limerolle : *Issoudun,* 1675. (r. 445, p. 244.)

S. SYMPHORIEN (Guigon de), Dam., Sg. de Grayseu. Une pièce de terre à St Marcel : *Forez*, 1300. (*r*. 492, *p*. 53.) — Jean de S. Symphorien, Chev. Cens et rentes en la par. de Haute-Revoire, *Altæ revoriæ* : *Forez*, 1317. (*r*. 492, *p*. 128.)

S. SYMPHORIEN (Jean de), Chev., et Marguer. d'Ulphi, son ép. T. s. de Chamosset ès par. de St Georges-sur-Cosant, de St Jean-la-Vaytre et autres ; 1337. — Jean de S. Symphorien, Chev., son fils, veuf de Jeanne, fille de feu Jean d'Ampuy, *de Amputheo*, comme administrateur de leurs enfans Jean et Guill. Maison, t. s. de la Garde-d'Ampuy et dép., qui fut aux sires Faucon d'Ampuy et Jean, son fils, décédés, relev. de Humbert de Villars ; 1361, 1366 : *Forez*. (*r*. 490, *p*. 188 ; *r*. 494, *p*. 146, 561.)

S. SYMPHORIEN (Dalmas de), Sg. de Chamousset, et Marguer. sa f^e. Chât. t. s. de Cucure : *Forez*, 1458. (*r*. 494, *p*. 87, 88.)

S. THOMAS (François de), du Payre, officier de la marine royale. Moitié de la par. de Fouras ; ens. la maison noble de Soumard, formant la moitié de la t. et seg. de St Marc, par. de Fouras : *Rochefort*, 1718, 1720. (*r*. 440, *p*. 14, 42.)

S. TRIVIER (Gui de), en Dombes, Chev., délaisse à Louis, Sire de *Beaujeu*, un prè et divers dr. en la par. de Ronzuel ; 1281 ; et reçoit de lui toute justice, excepté la condamnation à mort, sur sa terre de Ronzuel, près le chât. de Chalamont ; 1282. Il vend, à Louis, Sire de Beaujeu, sa terre de Montmerle sur la Saône au-dessous du port de Belleville ; 1283. (*r*. 1391, *p*. 536, 552, 591.)

S. TRIVIER (Gui de), en Dombes, Chev., vend à Guichard, Sire de *Beaujeu*, la moitié de l'étang appel. du Tremblay, sous le prieuré de Montjaureys ; 1317 ; et lui rend hom., avec Armandon, son fils, du fief et seg. de Beauregard s'étendant sur plusieurs par. : *Beaujeu*, 1339, 1347. (*r*. 488, *p*. 114, 115, 117 ; *r*. 1389, *p*. 338.) — Jean de S. Trivier, par arrangement fait avec lesd. Gui et Amandon son fils, est reconnu Sg. de St Trivier par le Sire de *Beaujeu* ; 1361. *r*. 488, *p*. 118.)

S. TRIVIER (Hugues de). Son mariage avec Jeanne de Beaujeu, fille de feu Guichard de Beaujeu, et sœur d'Edouard de Beaujeu, Sg. de Perreux ; 1371. Il prête serment de son fief et seg. de St Trivier, 1374 ; et, d'accord avec Jeanne, son ép., ils vendent la dîme et champart de Buligneu, *al.* Buligny, tenus en franc aleu, à Pierre de Bagie, bourg. de St Trivier ; 1375. Le même rend hom. à Amédée de Savoie, Sg. de Bresse et de Dombes, etc., de ce qu'il tient au pays de Dombes, et qui avoit été confisqué par dr. de guerre sur Edouard, Sire de Beaujeu ; 1380. (*r*. 488, *p*. 116, 125, 126 ; *r*. 1368, *p*. 1606 ; *r*. 1389, *p*. 171.) — Antoine de S. Trivier, neveu de Jeanne de Beaujeu, v^e de Hugues de S. Trivier, institué par elle son héritier, laquelle ordonne sa sépulture en l'église de St Trivier ; 1414. (*r*. 1389, *p*. 174.)

S. TRIVIER (Jean de), Chev., se recon. vassal de Humbert de Villars, Sg. de Thoire ; 1373. (*r*. 1389, *p*. 195.)

S. TRIVIER (Gui de), Chev. Serm. de fidél. et prom. d'aveu au Sire de *Beaujeu* ; 1374. (*r*. 488, *p*. 123.)

S. TRIVIER (Guill., sire de), Chev. Chât., bourg., dom. et seg. de St Trivier : *Beaujeu*, 1402. — Claude de S. Trivier ; *Idem* ; 1467. (*r*. 488, *p*. 110, 119, 121.)

S. TRIVIER (n. h. de), écuyer. Maison forte de Chaselles, dom. et seg., par. de même nom ; 1459. — Guill. de S. Trivier ; *Idem : Beaujeu,* 1486· (*r.* 487, *p.* 25 ; *r.* 488, *p.* 141.)

S. TRIVIER (Marguer. de), Dame de la Mole et de Vaulgrenaut près Marnant, v^e de Jean Layer. Chât. fort, terre, seg. de Courcelles : *Beaujeu,* 1502. (*r.* 486, *p.* 28, 175.)

S. VERAN (Gibaud de), *al.* S. Vierein, Chev., Sg. de Cele, pour Ysabelle des Barres, son ép. Le moulin de Montet-sur-Allier, terres, près, bois, garennes et mouv., par. de Voroz : *Germigny,* 1354 ((*r.* 465, *p.* 295.)

S. VERAN (Guiot de), Dam. Maison, dom. et h. j. de la Bodue et de St Aignan, *de Boduya* et *de S^to Agniano : Bourb.-Lancy,* 1365, 1371. (*r.* 466, *p.* 185, 186.)

S........ (Etienne de). T. s. d'Eschidetes ; la forêt de Chaume et une autre derrière Veure ; garennes, étangs, moulins et arr. fiefs, par. de Neuvy et autres : *Bourbon-Lancy,* 1272. (*r.* 467, *p.* 69.) Rel de lui : le sire Pierre de la Cour, Chev. ; le sire Guill. de Jantes, Dam. Cette pièce est fort détériorée.

SAINTE COLOMBE (Guillard de). Cens et tailles en la par. de St Just la-Penduc et de Violeys : *Forez,* 1334. — Girard de Ste Colombe, Dam., son fils ; *Idem ;* 1341. (*r.* 490, *p.* 117 ; *r.* 493, *p.* 17.)

Ste COLOMBE (Guill. de), Dam. Dom. et mouv. en la par. de Vaulregnaud, *Vallis regnaudi : Beaujeu,* 1400. (*r.* 486, *p.* 43, 44.) Guillard, aussi Guillaud de Ste Colombe, Dam. Maison forte et seg. de Ste Colombe, par. d'Arcinges : *Beaujeu,* 1400, 1405. (*r.* 485 *bis, p.* 2 ; *r.* 486, *p.* 98.)

Ste COLOMBE (Marie de), v^e de Simon de Til, *Tillio,* Sg. de Doza, pour elle et leurs enfans Guill. et Antoine. Prévôté d'Avenas, rentes, cens et autres dev. en dép. : *Beaujeu,* 1413. (*r.* 485 *bis, p.* 14.)

Ste COLOMBE (Ant. de), Dam. Chât., donjon, terres, dîmes et seg. de Ste Colombe : *Beaujeu,* 1441 *ad* 1477. (*r.* 485 *bis, p.* 1, 2, 3, 14 ; *r.* 486, *p.* 178.)

Ste COLOMBE (Guiot et Jaques de), frères, Dam. Chât., dom. et seg. de Til, par. de Vauregnaud : *Beaujeu,* 1441 *ad* 1477, (*r.* 486, *p.* 38 *ad* 42.)

Ste COLOMBE (Jaques de), écuyer, Sg. du Thil, veuf de Marie de Bourbon, fille naturelle de feu Jean, Duc de Bourbon, et Jean, leur fils, obtiennent du Duc de Bourbon, en échange de leur t. et seg. d'Amberieu, la h. m. et b. justice sur leur terre de Valregnaud ; 1495. — Jean de Ste Colombe, son fils, recon. devoir à la Duch. de Bourb. 200 liv. Vien. ; 1504. — Ant. de Ste Colombe, Dam., fils naturel, mais légitimé, de Jaques de Ste Colombe. Chât. t. s. du Thil ; 1504 : *Beaujeu.* (*r.* 453, *p.* 64 ; *r.* 486, *p.* 172 ; *r.* 1361, *p.* 925 ; *r.* 1371, *p.* 1961 ; *r.* 1373. *p.* 2175 ; *r.* 1390, *p.* 513.)

Ste COLOMBE (Jean de), écuyer. Maison, dom. et mouv. de la Court : *Beaujeu,* 1507. (*r.* 485, *p.* 69.)

Ste COLOMBE-NANTON (Guill. de). Chev., Sg. dud. lieu, fils de feu Regnaud de Ste Colombe-Nanton, Chev. Chât., terres, dîmes et seg. de Buery et de la Goytière, par. de Poully : *Forez,* 1674. (*r.* 495, *p.* 163.)

Ste CRESPINE (Guill. de), écuyer. Héritages à Charroux : *Bourbon.,* 1466. (*r.* 1356, *p.* 247.)

Ste FLAYNE (Thébaut de), Chev., tient de Mgr Louis, fils du Roi de France (Duc d'Anjou), à cause de sa seg. du Luc, l'herbergem^t de Ste Flayne, et un droit en la forêt de Jamelon, *al*, Gemelon ; 1374, 1392. (*r.* 333, *p.* 102, 104, 107 ; *r.* 344, *p.* 119.) Rel. de lui : Jean de Ste Flayne ; Thevin Chabot, pour Jeanne de Ste Flayne, sa f^e ; Géofroi de la Tour, Chevaliers et autres. — Pierre de Ste Flayne, Chev. ; *Idem ;* ens. les herbergemens de la Poictevenière et de Logene ; 1407 : *Roche-sur-Oyon.* (*r.* 333, *p.* 103, 106. Tient de lui : Jean du Plessis, Chev., à cause de Jeanne Guyneré, son ép.

Ste MAURE, aussi Ste More (Jean de), Chev., Sg. de Mongauguier, pour Jeanne des Roches, son ép. T. s. de Brain-sur-Authion ; ens. la baronn. de Beaupréau en la seg. de Beaufort : *Anjou*, 1416, 1418. Tiennent de lui : Jean Baraton ; Regnaud de Basoges ; Jean Pelaud ; Chevaliers.— Jeanne des Roches, sa v^e, et Alienore, sœur de celle-ci. T. s. de Beaupreau : *Anjou*, 1429. (*r.* 339, *p.* 11.)

Ste MAURE (Marie de). Terre et chatell. de Pocé : *Saumur*, 1425. (*r.* 345, *p.* 5.) Tiennent d'elle : Jean Fermaises, à cause de sa f^e, Sg. du Vayer-Gillebert ; Robert le Maczon, Chevaliers ; Olivier d'Aubigné, écuyer.

Ste MAURE (Jean de), Chev., Sg. de Mongaulguier, de Neelle, etc. Chatellenie et terres de Longué et de Jarzé : *Baugé*, 1434, 1451. (*r.* 342, *p.* 4, 5 ; *r.* 346, *p.* 45.)

Ste MAURE (Jean de), Sg. de Montgauguier. Bon de la Haye-Joulain et Savonnières, Sg. des Roches, homme du Duc d'Anjou, vend une rente sur ses terres à l'Egl. de S. Maurice d'Angers ; autre vente à Jean d'Estampes, écuyer, Sg. des Roches, et Marie de Rochechouart, son ép., de deux parts de la t. et seg. de Savonnieres, près la Poissonnière : *Angers*, 1458, 1468. — Charles de Ste Maure, Chev., son fils, vend à Louis de Beaumont, Chev., Sg. du Plesseys-Macé, l'hôtel et baronnie de la Haye-Joullain ; ens. la chatell., t. s. de Santerre, à Jean de Montespedon, dit Houaste, écuyer, Sr de Beaupreau, de Bazoges et de la Jumeliere : *Angers*, 1469 *ad* 1479. (*r.* 338, *p.* 4, 9 ; *r.* 1346, *p.* 74, 92, 134, 242.)

Ste MAURE (Robert de), écuyer. Fief de Veruy, par. de Fresselines : *Crozant*, 1684. (*r.* 474, *p.* 521.)

Ste MAURE (Louis-Marie, Cte de), premier écuyer du Roi, commandant sa g^{de} écurie. Terre et M^{isat} d'Archiac : *Xaintes*, 1737. (*r.* 442, *p.* 33.)

Ste RAAGON (feu Guill. de). Marguer., sa v^e, avoue l'herbergement, dom. et dîmes de Chavaygnes, tenus du Roi à ligeance ; son aveu muni du sceau de son gendre Pierre Barou ou Baror, « à qui lesd. choses vendront » emprés le decept de lad. Marguerite ; pour ce qu'elle n'a point de pro- » pre seel en son nom » : *Loudun*, 1319. (*r.* 432, *p.* 29.)

SAINTON (Adrien), proc. du Roi en la maréchaussée de Chatelleraut. F. s. d'Availles : *Chatelleraut*, 1723. (*r.* 438, *p.* 508.)

SAINTRÉ (Jean de), Chev., Sénéchal d'Anjou et du Maine, et Jeanne de Sazillie, son ép., reçoivent du Duc d'*Anjou*, la terre et chatell. de St Laurent-des-Mortiers ; 1362. (*r.* 336, *p.* 77.)

SAIX, aussi Says (Guill. du, *al.* dou), Dam. Le port de Murs, terres, cens et rentes en la par. de Dracée ; 1276. — Guill. del Says, et Jean de Channeins, dit Riorterie, Dam. Dom. et mouv. relev. de Montmerle en Dombes ; 1313. — Etienne de Saix, Main-levée par Guichard, Sire de

Beaujeu, de la saisie féodale de sa terre située entre Grenerins et St Étienne de Chalaronne; 1329. — Pierre du Saix, écuyer. Maison de Babarel; 1340. — Fromentin du Says, Chev. Maison forte de Colunges, près Beseneins; 1373. — Mayol, al. Mayeul du Says, Dam.; *Idem*; 1400. — Lourdin du Says, écuyer. Maison forte de Beseneins, dom. et mouv.; 1404, 1407. — Jean du Says, dit Fromentin, son fils; *Idem*; 1413; lequel s'accorde avec Edouard Rousset, Sg. de Channeins, sur les conditions de mariage entre Philiberte sa fille et Claude, fils dud. Rousset; 1448. Vente par lui faite à Louis, batard de Bourbon, Sg. de Rossillon, moyennant 4743 l. 15^s tour. des maisons fortes de Besenneins et de Colunges, par. St Etienne de Chalaronne en la châtell. de Toissey; 1442, 1454 : *Beaujeu*. (r. 485, p. 97 ; r. 488, p. 33, 62, 168, 170, 172, 175, 176, 177, 179, 180, 182, 185, 186.) Voy. Says.

SAIX (Silvain de) écuyer. Fief de Veigoux, consistant en dîmes ès par. de St Priest, Volvic et St Vincent : *Riom*, 1700, 1731. (r. 506, p. 122 ; r. 510, p. 85 ; r. 511, p. 12.)

SAIZI (Gautier de) écuyer, fils de feu Guiot de Saizi, écuyer. Maison forte, t. s. h, j. de Saizi, par. de même nom : *Chât.-Chinon*, 1351. (r. 469, p. 240.)

SAIZILLES, aussi Sazille (Jeanne de), Dame de Saintré. Repit d'hom., à raison de son hôtel et dép. de Longuée, délivré par le Sénéchal de Touraine : *Chinon*, 1399. (r. 342, p. 58. — Guyon de Saïzilles, écuyer. Un fief mouv. de *Chinon*, 1397. (r. 356, p. 53.)

SAL (Durand de), vend à l'hôpital de Mondon quelques cens, un vignoble et une dîme à Talluyer : *Forez*, 1235. (r. 402, p. 1429.)

SALADIN, aussi Salladin (Marc-Ant.), d'Anglure, C^{tr} d'Estoges, Mis du Bellay, héritier par substitution de Charles du Bellay, Chev., Prince d'Ivetot. Châtell., t. s. de Neuillé, al. Nuillé, et fief du Mur-au-Prieur ; 1670 ad 1681. Relev. de lui : Alexandre de Gatien, écuyer, Sr de Cassenave et son ép., Elisabeth Pellé, fille de feu Jean Pellé, Sr de la Guiberdiere et des Aulnays. — Marie-Jeane de Rouville, ou d'Erouville, sa veuve ; 1689. *Baugé, Saumur*. (r. 410, p. 40, 41 ; r. 421, p. 31.)

SALAGNY (Blanche de), fille de feu Jean de Salagny, Chev., v^e de Jean de Vareys, Dam., son 2e mari. Maison forte de Salagny et mouv. en dép. : *Beaujeu*, 1402, 1407. (r. 486, p, 51.)

SALAMAR (Jean de), paroiss. de Neronde, Dam., tient divers cens et rentes en la par. de Balbigny, et vend sa maison en dép. de Neironde : *Forez*, 1274, 1276. (r. 491, p. 43 ; r. 1395. p. 339, 340, 389.)

SALAMAR (Bernard de), Chev. Maison, dom. et grange de la Fay, le bois de Bleternerie, et partie des tailles, *toschiarum*, de Champaigny et de Balbigny, au mandem^t de Néronde, acq. de Jean de la Boeri, Chev., son parent, et de Bonpard de Lorge, *Bonpardus de Lorgo*, Dam. : *Forez*, 1308 ad 1333. (r. 491, p. 61, 277 ; r. 493, p. 122.) — Etienne de Salamar, Chev. Maison de la Fay, terres, bois, cens et tailles : *Forez*, 1348. (r. 490, p. 259.)

SALAMAR (Guill. de), Dam., fils de Humbert de Salamar, Chev. Maison forte de Rueis, al. Ruffiz, terres, bois, étangs, moulin et cens : *Beaujeu*, 1405. (r. 485 bis, p. 5.)

SALE (Guill. de la). Maison, terres, prés, vignes, par. de Meilleres, al.

Megleis ; autres dom. et dr. en la par. d'Autry : *Souvigny*, 1300. — Jean de la Sale, fils de feu Regnaud de la Sale, *de Aula*, Dam. T. s. de la Sale ès par. de Bauberie et de Norouse au dioc. d'Autun : *Chaveroche*, 1310. — Guill. de la Sale, *de Aula*, Dam. Fiefs, dîmes et autres objets ès par. de Gipsi et de Colœuvre, *de Colubrio*. : *Bourb.*, 1322. — Guiot de la Sale. *de Aula*: Dam. ; Jeanet, Guill. et Ysabelle, ses frères et sœur. Cens et tailles en la par. de Gipsi : *Bourb.*, 1350. (*r.* 464, *p.* 41 ; *r.* 465, *p.* 36 ; *r.* 467, *p.* 162 ; *r.* 468, *p.* 219.)

SALE (Rolet de la), écuyer, paroiss. de Fourilles. Cens et rentes en la par. de Vernet, châtell. d'Estole : *Bourb.*, 1455. (*r.* 469, *p.* 53.) Voy. Salle.

SALECHIER (Jean), dem. à Vaize. Terres et cens en la par. de Nauvigne : *Chât. Chinon*, 1353. (*r.* 470, *p.* 50.)

SALEIME (Jean), dit Goyse, Terre, dîme cens et rentes en la châtell. de *Billy* ; 1505. (*r.* 452, *p.* 32.)

SALENAIS (Jean de), Chev., moyennant 30 l. Foresiennes de rente annuelle, reçues de son Seigneur, Archambaud, Sire de *Bourbon*, devient son homme à raison de sa terre sise depuis Sarmantri jusqu'à St Morice, etc., sauf la fidélité qu'il doit au Cte de Nevers et de Forez, au Sire Odon de Chastillon, à Guichard, Sire de Bourbon, et à son propre frère Etienne de *Salenaio ;* jer 1230. (*r.* 462, *p.* 271.)

SALERS (Charles de), Chev., échanson d'Anne de France, Duchesse de Bourbonnois. F. s. de Salers : *H. Auvergne*, 1504. (*r.* 452, *p.* 26.)

SALERS (Francese de), fe d'Hélie de la Rocheaymond. Mis de St Messant et de lui séparée quand aux biens. Terre de Candat, par. de même nom : *Usson*, 1669. (*r.* 499, *p.* 403.)

SALES (Jean des), bourg. de Bourb. Le pré de Ranches, cens et tailles sur divers particuliers : *Bourb.*, 1443. (*r.* 464, *p.* 72.)

SALESSE (Jean de), Sr du Fraisse, élu en l'Elect. de St Flour, fils de feu Claude de Salesse. Maison de Teyssonnières et terres, par. de Chalinargues ; *Riom*, 1670. (*r.* 499, *p.* 787.)

SALESSES (Claude de), curé de Veyssenet. Partie de pré en la par. de Bredon, au Vicomté de *Murat* ; 1670. — Jean de Salesses, son neveu, av. au parl. Terres et près en la par. de Chapelle-Alaignon : *St Flour*, 1685. (*r.* 499, *p.* 793 ; *r.* 503, *p.* 474 ; *r.* 504, *p.* 94.)

SALESSES (Pierre de), ancien présidt en l'Elect. de Clermont, pour Marie Savaron, son ép., héritière de Robert Savaron, son frère. T. s. de Sarcenat, par. d'Orcine ; *Clerm.*, 1723. (*r.* 508, *p.* 56.)

SALEZAR (Jean de) écuyer d'écurie du Roi Charles VII, obtient de Louis, son fils aîné, Dauphin de Viennois, la t. et seg. de Chaudes-Aigues, que celui-ci, vend au Duc de Bourbon ; 1446, 1451. (*r.* 1358, *p.* 479, 482 ; *r.* 1372, *p.* 2068.)

SALICON (Odinet, Mathieu, Guill. et Cather.), frères et sœur, hérit. de feu Perrot, Thiert, al. Thiart, écuyer, obtiennent de Jeanne de Bourbon. Ctesse de *Forez*, main-levée de la saisie de leur hérit. ; 1381. (*r.* 1380, *p.* 3289.)

SALIERS (Pierre de), obtient du Captal de Buch., au nom d'Edouard, fils aîné du Roi de France et d'Angleterre, 60 l. de rente sur le sel qui se débite à *Cognac* ; 1369. (*r.* 1404, *p.* 173.)

SALIGNY (Pierre de), bourg. de St Habund, recon. que ce qu'il a acq. de Hugues de St Aubin, de Géofroy de Carata et Eloyse, sa f^e, ès par. de Torzy et de Vivent, releve du Cte de *Forez*; 1268. (*r*. 1395, *p*. 306.)

SALIGNY (Guill. de), *de Salleygniaco*, Dam., donne au nantissem^t. moyennant la somme de 130 l. tourn., à Dreux de Mello, *Droconi de Melloto*, Chev., les t. et seg. qu'il rel. de lui ès par. de Lichi, Corancy, Chaumet et autres, du dioc. de Nevers : *Chât.-Chinon*, 1271. (*r*. 470, *p*. 60.)

SALIGNY (Pierre de), bourg. de St Habund, pour lui et Géofroy de Saligny, *al*. Saligneu, son frère, enfans de feu Pierre. Droit d'aide au marché de St Habund ; *Forez*, 1290. (*r*. 493 *bis*, *p*. 8, 62, 75.) — Guillemette de Saligny, v^e de Pierre de Cray, et Jean, fils de feu Uldin Symon. Partie du droit d'aide sur le même marché ; 1333. (*r*. 491, *p*. 95.)

SALIGNY (Jean, sire de), autrefois dit Lourdin. Chât. t. s. de Randans, par. *id.: Vichy*, 1366. (*r*. 468 *bis*, *p*. 2.)

SALIGNY (Jean de), écuyer, et Jeanne de Boutefeu, son ép. Hôtels, t. s. de Vic, du G^d-Geury et de Pouzeux ; ens. la t. et seg. de la Grange-des-Murs, par indivis avec Guill. de Reux, *al*. Monjoye, écuyer, pour Marguer. Boutefeu, Damoiselle, sa f^e, sœur de lad. Jeanne, ès par. d'Aubigny, Brenay, Fromentaul, Iseure, Lucenay-sur-Allier, etc. : *Aynay*, *Belleperche, Verneuil*, 1411. (*r*. 459, *p*. 7 ; *r*. 460, *p*. 69 ; *r*. 463, *p*. 12 ; *r*. 465, *p*. 221.)

SALIGNY (Lourdin, *al*. Lordin de), et Lourdin, son fils, écuyers, Sg. de la Fay-Brocellaise. Chât. t. s. de Saligny et autres : *Moulins*, 1488 *ad* 1505. (*r*. 454, *p*. 7, 302, 314 ; *r*. 453, *p*. 39.)

SALIGOZ (Guill.), et Armeiart du Verney, sa mère. Maison, terres, bois, garennes ès par. de Treneuil, Colandon et Neuviz: *Moulins*, 1300. (*r*. 454, *p*. 57.)

SALIN (Jean de), *al*. de Claveleres, Dam. Champs et prés de diverses dénominations : *Germigny*, 1356. (*r*. 462, *p*. 322.)

SALINS (Jean), Dam. Hôtel, t. s. de Sales en la par. de Gravier, bois du Breo, dîmes, chesauls et tailles : *Germigny*, 1354, 1356. (*r*. 465, *p*. 307, 309.)

SALINS (Gui de), licentié ès lois, Perette de Bauchereau, sa mère, et Guill. de Salins, écuyer, son frère. T. s. de la Nocle : *Bourb.-Lancy*, 1488. (*r*. 484, *p*. 132.)

SALINS (Magdel. de), M^{ise} de la Nocle, et Magdel.-Louise de Salins, v^e d'Alexandre du F...., Chev., Mis de St André, capit. gén. des armées. Terrier des Coudes, par. *id.: St P. le Moustier*, 1687. (*r*. 474, *p*. 635.)

SALIS (Guill. de), Dam. Serm. de fidél. et prom. d'aveu au Sire de *Beaujeu*; 1400. (*r*. 486, *p*. 143.)

SALIZ (Guichart), de Jaligny. Cens et tailles en la châtell. de *Chaveroche*; 1404. (*r*. 467, *p*. 285.) Non noble.

SALLANDROUZE (Ant., prêtre, et Léonard), enfans de Léonard Sallandrouze. Fiefs de Montaulier, du Teil et de la Morneix, par. de Claravaux et de St Quentin : *Felletin*, 1669, 1684. (*r*. 474, *p*. 54, 59, 430.)

SALLE (Bernard de la), écuyer, garde des plaisirs du Roi dans la capitain. de St Germain en Laye. T. s. de Cornillau-St-Georges : *Amboise*, 1631. (*r*. 354, *p*. 30.)

SALLE (Joseph de la), écuyer, fils de Gabriel, aussi Girard de la Salle, écuyer, et d'Anne de Vichy. T. s. du Val le Chastel, al. d'Auval-le-Chastel, Elect. de Brioude : *Riom,* 1669 *ad* 1684. (*r.* 499, *p.* 79 ; *r.* 503, *p.* 63, 533.) — Jean de la Salle, Chev., son fils, et Claude de Lignerat, son ép. T. s. de Marzès et du Val le Chastel ; ens. la châtell. de la Rode et dép., ès par. de S*t* Pardoux et de S*t* Sernin, *al.* Sornin, en la baron. de la Tour : *Riom,* 1669 *ad* 1699 ; veuf en 1686. (*r.* 499, *p.* 69, 70, 79 ; *r.* 500, *p.* 16 ; *r.* 503, *p.* 236 ; *r.* 505, *p.* 2 ; *r.* 506, *p.* 5, 30.) — Joseph de la Salle, écuyer, frère de celui-ci. T. s. du Val-le-Chastel : *Riom,* 1670. (*r.* 504, *p.* 104.)

SALLE (Huguette de la), v*e* d'Ant. Barin, ou Burin, S*r* d'Essartz, tutrice des enfans de feu Jean, leur fils aîné, et de Marguer. de Chambon. Cens et rentes en la par. de S*t* Pardoux : *Riom,* 1669. (*r.* 499, *p.* 374 ; *r.* 502, *p.* 151.)

SALLE (François de la), écuyer, fils de François de la Salle, écuyer, et Marie-Magdel. de Mouricaud, sa f*e*. T. s. du Teillet, de S*t* Mary et S*t* Poney : *Riom,* 1669. (*r.* 499, *p.* 436.)

SALLE-CHAPPELLE, *al.* Chassel (Gabriel de la), écuyer, fils de Louise Briquelange. Chât., dom., étang, moulin et h. j. de la Pascherie, *al.* Palchenie, *al.* Paltrenie ; ens. le dom. de Rupayre-du-Martinet, ès par. de Rouffiat et de Cheylade : *Murat, Riom,* 1669 *ad* 1683. (*r.* 499, *p.* 442 ; *r.* 502, *p.* 71 ; *r.* 503, *p.* 128.) Signe, Lassal.

SALLE (Ysabeau de la), v*e* de Jaques d'Alexandre, écuyer, S*r* d'Andelot, héritière de feu son oncle Philib. de Vichy, écuyer. H. m. et b. justice sur le vill. de Vandegre; métairie et dîme à Luzillac : *Riom,* 1684, 1687. (*r.* 503, *p.* 291 ; *r.* 506, *p.* 2.)

SALLE (Joseph de la), écuyer, fils de Louis de la Salle, écuyer, et de Cather. Pelisson. T. s. du Puy-Germaud, par. de Tannes, en la baron. de la Tour : *Riom,* 1684. (*r.* 503, *p.* 237.)

SALLE (François de), Chev., Sg. de Laubardemont, tuteur de Marguer. le Grand, Damoiselle de Courpetau. F. s de Treuil au Grou, par. de Juillé : *Aunay,* 1717. (*r.* 438, *p.* 349, 350.) Ens. les t. et seg. du Puy-Germaud et de Rochemaure : Elect. de *Clermont.* (*r.* 507, *p.* 187.)

SALLE (Samuel-Augustin de la), comme hérit. de sa mère Jaqueline Rivat. F. s. de la Bresle, par. de Perigny : *Billy,* 1722. (*r.* 478, *p.* 293.)

SALLES (Marquis de), écuyer. T. s. de Beaumont et de Mire : *Anjou,* 1629. (*r.* 354, *p.* 52, 53.)

SALLES (Joseph de las), écuyer, fils de François de las Salles, écuyer, Sg. du Teillet, et la Dame d'Agrippet, son ép. T. s. de Bournion et de la Rigaudiere : Elect. de *Clermont,* 1723. (*r.* 508, *p.* 154.)

SALLET (Guill.), paroiss. de Teneuil, et ses neveux Jean Sallet et Guill., fils de feu Pierre de Dore. Dîme de Tresaire, *Tresaria,* et menus cens : *Bourb.,* 1397. (*r.* 463, *p.* 138.) Non noble.

SALLEUR. Voy. Sallevert.

SALLEVERT, aussi Salvert (Beatrix de), fille de feu Guill. de Salevert, *de Aula viridi.* Damoiselle. Quatrième partie de la dîme de Parsay, par. d'Avenay : *Hérisson,* 1356. (*r.* 462, *p.* 109.)

SALEVERT (Perronelle de), fille de feu Robert de Salevert, écuyer, f° de Jean Chauche d'Youx, écuyer, Sg. des Granges. Hôtel, t. s. de Sallevert; ens. le péage de Pont-Vincent-Barrier: *Montluçon*, 1445. (*r.* 461, *p.* 206.)

SALLEVERT (Jean de), Chev., fils de Louis de Sallevert et d'Alips de Plantadis. T. s. de la Chaud, de Neuville, de St Maurice; et, comme donataire de Françoise de Noysat, sa tante; la maison, h. m. et b. j. de Noysat, en la baron. d'Herment: *Riom*, 1669 *ad* 1683. — François de Sallevert, Chev., son fils; *Idem*; 1699. (*r.* 499, *p.* 191; *r.* 502, *p.* 147; *r.* 503, *p.* 94; *r.* 506, *p.* 77.)

SALLEVERT (Ant. de), Chev., fils de Jean de Sallevert. T. s. de Verghas et de Rouziers: *Riom*, 1669. (*r.* 499, *p.* 230, 231; *r.* 502, *p.* 45.) Signe, A. de Sallevert.

SALLEVERT, aussi Salleur (Gilbert-Marien de), écuyer, lieut. aux dragons de la Reine, fils de Jacques Sallevert. T. s. de Fourenges, aussi Faurenge, par. de Brou: *Gannat*, 1684, 1688. (*r.* 503, *p.* 397, 584.)

SALVERT, Sallevert (Claude de), écuyer ordin. de la Duchesse de Bourg., puis gouverneur des pages de la g^{de} écurie du Roi, fils de feu Marcellin de Salevert, écuyer. T. s. du Lude, *al.* Lur, de la Mothe d'Arson et des Fossés, par. de Vic: *Chantelle*, 1704 *ad* 1724. (*r.* 476, *p.* 136; *r.* 477, *p.* 608; *r.* 478, *p.* 475.)

SALVERT (Marie de), Dame de Roziers, fille d'Ant. de Salvert, Chev. et v^e de François de Montagnat, Chev., Sg. de Linieres, de Beaulieu et de Vareille, tutrice de leurs enfans. T. s. de Linières, et des Roziers, par. de Charensat et autres: *Gannat*, 1717. (*r.* 505, *p.* 190, 191.)

SALMACIA (Jean de), Dam. Maisons et terres au bourg d'Esblaus-de-Margoberie: *Beaujeu*, 1322. (*r.* 489, *p.* 314.)

SALME (Nicolas de), écuyer. Fief de Briou, par. de S^t Cy: *St P. le Moustier*, 1726. (*r.* 481, *p.* 57.)

SALMON (Susanne), v^e de François Ollivier. Maison noble de Treuil-Baston: *la Rochelle*, 1669. (*r.* 434, *p.* 93.)

SALMON Jean-César), Sr de la Douette. F. s. de Verdille et de Breuil-au-Loup, acq. de François de Pindray, écuyer, le 15 mai 1715, tenu du Roi à foi et hom. lige: *Angoul.*, 1724. (*r.* 441, *p.* 3.)

SALOMON (Robert), fils de feu Salomon, de Crota, reçoit de Guill. de Bourbon, Sg. de Beçay, moyennant 1400 l. comptant, la terre de *Beçay*, et le péage de Moulins pour 4 années consécutives; 1280. (*r.* 1374, *p.* 2373.)

SALOMON (Pierre), écuyer, trés. de France à Limoges. Droits de coutumes, tenus à hom. lige de *Cognac*; 1718; et Magdel. Salomon, v^e de Henri Rambaut, secrét. du Roi, pour leur fils Henri Rambaud, représenté par Jaques Salomon, m^d à Rochefort. Moitié de la terre et baron. de Bourg-Charente: *Cognac*, 1726. (*r.* 441, *p.* 35.)

SALONNIER (Guill.), écuyer, Sr de Rosemont. F. s. de la Vesure, par. de Luthenay; 1714, 1716. — Guill. Salonnier, Sr du Pavillon, anc. lieut. crim. de robe courte au baill. de St Pierre-le-Moust., et Charles-Guillaume Guenegaud, juge civil et crim. en la châtell. de Moulins-Engilbert, tant pour eux que pour Françoise Dony, v^e du Sr Salonier, Sg. de Romenat. Le fief de Montengenevray, par. de Maux-le-Cormage; 1726: *St P. le Moustier*. (*r.* 477, *p.* 103, 191, 199: *r.* 481, *p.* 65.)

SALORNAY (Guill. de). Repit d'aveu : *Beaujeu*, 1416. (*r.* 486, *p.* 92.)

SALSA (Hugonet de). Maisons à Retornat, vignes, cens et rentes en la par. de-St Roman ; 1328. — Pons de Salsa, Dam., fils de Hugues de Salsa, Dam., du consentem^t de sa mère, Damoiselle, vend à Luce, f^e de Pierre de Montanes, de Chamar, au dioc. d'Annecy, divers cens percept. en la par. de Retornat ; 1332 : *Forez*. (*r.* 493 *bis*, *p.* 91 ; *r.* 1398, *p.* 634.)

SALSAT (Beatrix de), Dame de Cuisy, f^e de Raulet de Rera, Dam. Dom. et mouv. au chât. de Chaignon, relev. de Humbert, Sg. de Villars : *Forez*, 1387. (*r.* 497, *p.* 202.)

SALTERNE (Jean). Terres, prés, cens et rentes : *Billy*, 1512. (*r.* 456, *p.* 198.)

SALURAI, ou Salvrai, *Saluraco*, ou *Salvraco* (Jean de), bourg. de Calvinet. Mas ou tènem^t en la par. de Morghone, dioc. de St *Flour*, dom. et dr. en dép.; 1490. (*r.* 470, *p.* 158.)

SALVAGE (Guy), Chev. Maison, dom. et seg. de Rigny, par. *id.* et de St Symphorien : *Beaujeu*, 1277. (*r.* 485, *p.* 115.)

SALVAHIN (Pierre), paroiss. d'Arparon. Le pré de la Cobeize, cens, rentes et justice jusqu'à 60 sols : *Carlat*, 1355. (*r.* 472, *p.* 127.)

SALVAIGE (François), m^d à St Martin de Valmeroux, et Ysabeau Pradel. Montagne appel. Dauzet, pré et masure en la par. St Bonnet, près *Salers*; 1672, 1685. (*r.* 500, *p.* 162 ; *r.* 503, *p.* 492.)

SALVAING (Jean de), bourg. de Montbrisson. Pré et grange en la prairie de Breuil, *Brolio* : *Forez*, 1284. (*r.* 493, *p.* 163.)

SALVAING (Jomar de), fils de feu Johanin de Salvaing. Maisons, dom. et seg. au chât. de St Eugene : *Forez* : 1346. (*r.* 491, *p.* 222.)

SALVAIGNY (Jean de), fils de Hugues. Maison, dom. et grange au chât. de St Eugende : *Forez*, 1334. (*r.* 490, *p.* 156.)

SALVAIO (Guy), Dam. Maison de Corveres, terres, bois, garenne et cens au mandement de Vernet, par. de Villareys et de Vernet : *Forez*, 1334. (*r.* 490, *p.* 30.)

SALVATIER (Guy), Chev. Maison de Lay, dom. et mouv. par. St Symphorien : *Beaujeu*, 1286. (*r.* 486, *p.* 96.)

SALVES (Ant. de), Sg. dud. lieu. Châtell. de Vinzelle en la baron. de *Calvinet*; 1501. (*r.* 470, *p.* 198.)

SALY (Agnès de), Damoiselle, v^e de Jean Bernier. Cens et rentes sur divers ténements, par. de Chât.-sur-Allier : *Bourbon.*, 1375. (*r.* 464, *p.* 265.)

SALZET (Agnès, Dame de), fille d'Archinbaud de Salzet, écuyer Hôtel, tour, fossés, étang, moulin de Salzet avec moitié de la h. j. etc. : *Gannat*, 1322. (*r.* 457 *bis*, *p.* 65.)

SAMETRES (Pierre de), Louise de Solleillant, sa f^e, Jean et Ant., frères de celle-ci, enfans de feu Jaques de Solleilant. Maison forte, t. s. de Solleilant : *Forez*, 1503. (*r.* 491, *p.* 83.)

SAMIER (Henri), fils de Jean Samier et d^{t}Yolande des Boux. Fiefs non spécifiés : *Billy*, 1395. (*r.* 455, *p.* 328.)

SAMOLENT (Jean de). Domaines et seg. à Chareyas, Fraycenet, Retornat et autres lieux, au mandement de la Roche : *Forez*, 1383. (*r.* 494, *p.* 107.)

SAMTERRE (Armand, Sg. de), écuyer. Chât. t. s. de Clavelier : *Auv.*, 1397, 1425. Aussi Semeterre et St Nectori (*r.* 470, *p.* 226, 244, 245.)

SANASSON (Claude), autrement de Trabe, écuyer, *scutifer*, Sg. de Ville et de Mamille, au dioc. de Viviers. Hom. au Cte de Montpensier en sa chatell. de *Mercœur* ; 1493. (*r.* 471, *p.* 166.)

SANCERRE (Jean de). Moitié de la t. et seg. de Marcy : *Germigny*, 1307. (*r.* 465, *p.* 246.)

SANCERRE (Jean de), Chev. Hom. au Duc de Bourbon, Cte de la Marche, de la chatell., t. s. de Sagonne, d'Augy-sur-Bois et autres lieux : *Aynay-le-Chât.*, 1350, 1352. (*r.* 462, *p.* 276, 288 ; *r.* 463, *p.* 35 ; *r.* 464, *p.* 57 ; *r.* 1376, *p.* 2690.) Rel. de lui : Erart de Boisjardin, sire de Sermaize ; Jean du Donjon ; Jean Franc, à cause de sa terre de Sernay ; Eschenart de Porly, *al.* Pruilly ; Jean de Veaulce, Chevaliers. Jean de la Charnaye ; Jean de Druille ; Phil. le Franc ; Simon Gouge ; Jean de Nurre ; Louis de Tellenoys, Damoiseaux. — Même hom. par Jaceaume, sire de Culant, Chev., comme tuteur de Phil., Jeanne, et Marguer., héritiers dud. Jean de Sancerre, décédé sans enfans ; ens. de Chât.-sur-Allier et de la motié de la h. j. en la forêt de Nemours ; 1354. (*r.* 1376, *p.* 2690.)

SANCERRE (Phil. de), Chev., Sg. de Soyme. Maison, t. s. de Beaudeduit : *Germigny*, 1350. (*r.* 465, *p.* 298.)

SANCERRE (Louis de), sire de Meneto-Sallon. Un bois situé à Meners ; moitié de la j. h. m. et b. sur ses hommes d'Asnan : *Habant* en Nivernois, 1351. (*r.* 469, *p.* 152.)

SANCERRE (Etienne de), Sg. de Builli. Son mariage avec Alys, sœur d'Edouart de *Beaujeu* ; 1380. (*r.* 1360, *p.* 888.)

SANCERRE (Louis de), M^{al} de France. Echange de châteaux avec Eduard, Sire de Beaujeu et son épouse Eleonore de Beaufort ; 1388. (*r.* 1390, *p.* 457.) N^a. Louis de Sancerre, Sg. de Charenton, orig. de Champ., mort le 6 fév. 1402 à 60 ans.

SANCI (Etienne de), de Canonat, Dam., fils de feu Guill. Sanci, Dam. Cens et rentes en la chatell. de Beaufort. *Bourbon.*, 1326. (*r.* 469, *p.* 7.)

SANDON, ou Saudon (François). Fief de Maleval-le-Jeune, par. de Viena ; 1684. — Jaques Saudon pour Anne la Mazure, sa f^e. Fief de Bouis, par. de Poussange ; 1684 : *Felletin.* (*r.* 474, *p.* 411, 451.)

SANERAT, *al.* Sennerat (Marrieux de), Chev., et Cather. de Chalençon, son ép., résid. au chât. de Montferrand. T. s. de Puybaut en Gevaudan, mouvant de *Montluçon* ; présent, Louis de St Angel ; 1447. (*r.* 461, *p.* 191.)

SANGLIER (Guill.), Chev., Sg. de Bizay, à cause de Jeanne Esveille-Chien, son ép. Hôtel de l'Isle, dom. et dr. en dép., par. des Piers ; 1409 *ad* 1437. — Jean Sanglier, Chev. Hôtels et seg. du Bois-Rogues, de la Malletiere et de Jouhe ; 1445. — Joachim Sanglier, Ecuyer ; *Idem* ; 1452 : *Loudun.* (*r.* 339, *p.* 16 ; *r.* 341, *p.* 68, 69, 87 ; *r.* 346, *p.* 18, 21, 22 ; *r.* 1341, *p.* 139.)

SANGOU (feu Jean de), écuyer, Sr du Plessis près Lignieres. Sa v^e Perrine de Fontenays avoue diverses pièces de terres labourables ; 1507. — Mathurine de Sangou, v^e de Jean Louau, écuyer, Sr de la Cour Mesnes, par son proc. Guill. d'Argy, sommelier ordin. de la bouche du Roi. Diverses parties de terre en la par. de Langey ; 1523 : *Amboise*. (*r*. 432, *p*. 3, 82.)

SANGUINIERE (Jean de), controll. ordin. de la maison de la feue Reine. T. s. de Grosliere, par. de Charensat : *Riom*, 1670, 1684. (*r*. 499, *p*. 728; *r*. 503, *p*. 309.)

SANHAS (Guill.), fils de Bernard Sanhas. Un pré et une *boyga* en la par. de Romegos : *Carlat*, 1344. (*r*. 473, *p*. 131.)

SANSON (Jean), écuyer de cuisine du Cte du Maine. Cent arpens de terre ès lieux de la Houssaye et du Meslier : *Mans*, 1479. (*r*. 1351, *p*. 135.)

SANSON (François de), Sr de Milon, valet de chamb. ordin. du Roi, fils de Pierre de Sanson, aussi valet de chamb. Fief de la Segrairie : *Mans*, 1595. (*r*. 352, *p*. 177.) Voy. Sauson.

SANS RAISON (Adenot), épicier, et Jeanne, sa f^e, v^e de Huchon le cordonnier, vendent à Jean, Cte de Forez, la moitié d'une maison sise à Paris, au-delà du petit pont, rue de la Harpe ; 1321. (*r*. 1394, *p*. 118.)

SANS TERRE (Guill.), Dam. Maison des granges de Veure, dom., bois, garenne, cens, acq. de la Dame de Veures : *Bourbon*., 1350. (*r*. 464, *p*. 219.)

SANS TERRE (Hugues), *Sine terra*, Dam. Hôtel, dom., cens et tailles de la Colombe : *Bourbon*., 1350, 1357. (*r*. 463, *p*. 283 ; *r*. 464, *p*. 219.)

SANTES (Bleinet de), Dam., paroiss. de St Georges de Echaceres pour Marguer. son ép., fille de feu Jean de Bueil, Dam. Hôtel de Bueil assis à Vernuces, dom. et seg. en dép. : *Murat*, 1322. (*r*. 460, *p*. 378.)

SAONNE (Jean de), autrement Rossin, clerc. Terres, prés, bois, eaux et cens en la Mareschere : *Chaveroche*, 1328. (*r*. 467, *p*. 300.) Non noble.

SAONNE (Jean et Girard de), enfans de feu Guill. de Saonne, paroiss. de Milli. Partie d'un pré, moitié d'un ténement, et menus cens en la chatell. de *Bessay* ; 1330. (*r*. 454, *p*. 260.)

SAONNE (Guichard de), pour Cather. la Brune, son ép., fille de Guichard le Brun. Cens et tailles en la par. de Vic : *Billy*, 1399. (*r*. 457, *p*. 81.) Au texte, la qualité de Damoiseau a été rayée pour Guichard de Saonne qui est dit notaire ; mais au dos elle est maintenue pour le père de sa f^e.

SAONNE (Jean de), Dam., fils de Jean de Saonne, paroiss. de Souvigny-le-Tion, avoue tout ce qu'il tient en la par. de Vaux, *de Valle* : *Billy*, 1442. (*r*. 457, *p*. 28.)

SAPIN (Etienne), Chev. Hôtel, t. s. de la Ra, par. S. Felix : *Billy*, 1300. (*r*. 457, *p*. 206.)

SAPINAUT (Jean), de la Ratoniere, Valet. Herbergement à Jarzeis : *Mirebeau*, 1432. (*r*. 332, *p*. 9.)

SAPOY (Guill. de), Dam. Cens en la chatell. de Luzey : *Beaujeu*, 1310. (*r*. 489, *p*. 304.)

SAPPIN (Alexandre), fils de Jean Sappin, mari de N. Moursou. Fiefs de Truffi et de Chaludet, ès par. de Merinchal et de Celle : *Evaux*, *Riom*, 1730. (*r*. 510, *p*. 65.)

SARDAZ, aussi Serdat (Jean de), écuyer, et sa f^e Allixant, fille de feu Guiot de Vernoiz. Hôtel, fief et seg. de Serdaz, par. de Parey-le-Fiery ; 1366. — Philibert et Simeon de Sardat, Dam. frères ; *Idem* ; 1382 ; *Moulns*. (*r*. 454, *p*. 158 ; *r*. 455, *p*. 46.)

SARGET (Pelion), de Pregoux, paroiss.. d'Aneuldre. Pièce de terre en la par. de Mesangi : *Bourbon.*, 1443. (*r*. 463, *p*. 156.) Non noble.

SARIT (Hierre), garde du scel établi au présid. de Xaintes. Terre et baron. de la Chaume ; 1717. — Henri Sarit, écuyer, son fils ; lieut. partic. en la sénéch. de *Xaintes* ; 1737. (*r*. 439, *p*. 65 ; *r*. 442, *p*. 47.)

SARMACE, aussi Sarmaze (Arlier de), fils de Gauthier, et Nicolete, sa f^e. F. s. ès par. de St Aniane, Huchon et autres : *Beaujeu*, 1263. (*r*. 489, *p*. 309.)

SARMENT (Diane de), fille de Gilbert de Sarment, écuyer, v^e de Henri de Salers, B^{on} dud. lieu. Chât. t. s. de St Martin, du Monteil ou des Monts, et de Montrodès, ès par. St Martin et de Manglier : *Nonette Riom*, 1669. (*r*. 499, *p*. 65, 66, 67.) Signe, Montrodès de Sarment.

SARRAZIN, *Sarracenus* (Bernard), cède à Humbert, Sire de *Beaujeu*, pour le prix de 45 l. tout ce qu'il tient en la vallée de Jo ; 1232. (*r*. 1389, *p*. 335.)

SARRAZIN (Robert), Chev. T. s. de Cheuvre ou Chenure : *Baugé*, 1448, (*r*. 342, *p*. 52 ; *r*. 347, *p*. 20.) Tiént de lui Jean du Plessys, Sg. de Month..., écuyer.

SARASIN (Christophe de), écuyer, fils de Gabriel Sarasin, écuyer. T. s. de Bonnefon, Candat et Farges en la baron. d'Hermcnt : *Riom*, 1669. (*r*. 499, *p*. 238.)

SARRAZIN (Vincent), écuyer, Sr de Soulangy, très. de France, fils de Pierre Sarrazin, écuyer, présid^t en l'Elect. de Buorges, et de Magdel. Blanchet. F. s. de Soulangy, par. de Livet : *Dun-le-Roi*, 1671. — Ant. Sarrazin, écuyer, prêtre du dioc. de Bourges ; *Idem* ; 1690. (*r*. 444 et 445, *p*. 71 et suiv. ; *r*. 447, *p*. 49.)

SARAZIN (Jean-Louis de), Chev., Sg. de la Fosse, lieutenant de cavalerie, comme mari d'Antoinette d'Aubusson, fille de Jean d'Aubusson, et donataire de son oncle Joachim d'Aubusson. Chât. t. s. de Bausson : *Riom*, 1730. (*r*. 510, *p*. 53.) Signe, de la Fosse de Bausson.

SARRE (Jean, Guilleme et Marguer., enfans de feu Jean de), Dam., sous la tutelle de Jean de Coux, Dam. Cens, tailles à Gipsi et autres lieux : *Souvigny*, 1366. (*r*. 467, *p*. 150, 178.)

SARRE (Raymonet de la), écuyer, lient. du chât. de Chateauneuf. Partie de bois en la par. d'Estephe : *Angoul.*, 1486, 1489. (*r*. 1404, *p*. 159, 167.

SARRE (Thomas de). Métairie de Longueraye : *Chât.-du-Loir*, 1489.) (*r*. 348 *bis*, *p*. 18.)

SARRE (Mathias-Charles de), écuyer. T. s. de St Martial et de la Forest, par. d'Igrande ; ens. la dîme de Villemont, acq. sur Marguer. de Sarre, fille d'Ant. de Sarre, écuyer : *Bourb.*, 1703 *ad* 1716. — Joseph de de Sarre, écuyer, Marguer. Elisabeth et Cather., ses sœurs, comme hérit. de Françoise de Pont, leur mère. Dom. et fief de Neverdire ; *Ibid.* ; 1725. (*r*. 476, *p*. 92 ; *r*. 477, *p*. 49, 169 ; *r*. 480. *p*. 31.)

SARREBOURSE (Jaques de), bourg. d'Orléans, héritier de feu Jean Chambetin, son oncle, archid. de Bourges. Seizième partie de la t. et seg de Mariers, al. Mazieres : *Bourges*, 1503. (*r*. 1359, *p*. 606.)

SARREBRUCHE (Jean de), Cte de Roussy, à cause de Cather. d'Orléans sa f^e. La châtell. de Montreuil-Bellay : *Saumur*, 1488. (*r*. 351. *p*. 93.) N^a. Il devint Comte de Roussy, ou plutôt Rouci, par sa mère.

SARREDE (Ant. de), écuyer, fils de Pierre de Sarrede. T. s. de Fabregues et de Bellecombe, relev. de *Carlat*, et du Chap. d'*Aurillac*; 1669. (*r*. 499, *p*. 518.)

SARRÉE (Aremburge, f*e* de Guill. de). Chev., fille de feu Hugues de Perregny. Maison de Rocheta, dom., moulin, garenne et mouv., par S*t* Aignan, *al*. Ainian; témoin, Guiot de Augres, Dam.: *Bourb.-Lancy*, 1303. (*r*. 466, *p*. 247.)

SARRIE (Ysabeau de), Damoiselle. Chesal et dépend.; ens. le tiers de la forêt de Murele; 1307. — Perrin de Sarrie, Dam. Maison, dom., bois, garennes, dîmes et seg. de Sarrie; ens. la dîme des vins de Varoz et arr. fiefs; 1310: *Germigny*. (*r*. 465, *p*. 321; *r*. 466, *p*. 48.)

SARRIE (Jean de): 1411. — Phil. de Sarrie; 1411. — Jean de Sarrie, le jeune, fils de Jean de Sarrie, l'aîné; 1481. Jean de Sarrie; 1507; tous écuyers, sires de la Vallée, Hôtel, t. s. de Sarrie, et fief de la Motte-Pellejay, par. de Veroz et du Gravier: *Germigny*, (*r*. 452, *p*. 140; *r*. 465, *p*. 236, 320; *r*. 1356, *p*. 209.)

SARRIEU (Jean-François-Claude de), écuyer. T. s. de Tallelier, par. de Fleuriet: *Chantelle*, 1688, (*r*. 474, *p*. 684.)

SARRON (Jean de), écuyer. Rentes, cens et autres dev. appel. de Sarron. en la châtell. de Beauregard; *Beaujeu*, 1448. (*r*. 488, *p*. 108.)

SARRON (Guichard de), Dam., Sg. de Marcou-en-Forez, pour sa f*e* Jeanne de Vaux, Damoiselle. Maison forte, dom. et seg. de Rochefort, par. d'Amplepuy: *Beaujeu*, 1460. — Benoît de Sarron, Dam., Seg. de Marcou-en-Forez; *Idem*; 1486. (*r*. 486, *p*. 179, 184.)

SARRON, aussi Saron, (Claude de), M*is* de Saron, Chev., Sg. des Forges, etc. Maison forte, dom., bois, moulin et rentes nobles de Civrieux, 1719, 1721. — Jaques-Hugues de Sarron, Chev., Sg. de Forges; *Idem* 1734: *Lyon*. (*r*. 497. *p*. 4, 105; *r*. 498, *p*. 113.)

SARROTE (Ysabeau), paroiss. de S*t* Giran de Vaulx. Une pièce de terre et un pré au ter. de Chazelles: *Verneuil*, 1356. (*r*. 459, *p*. 173.)

SART (Pierre), av. au parl. de Paris. Terre et baron. de la Chaume à lui vendue par Arnaud le Comte, présid*t* au parl. de Toulouse: *Saintes*, 1699. (*r*. 439, *p*. 6.)

SARTIGES (Jean de), écuyer, et Marie de la Garde, son ép.; 1669 *ad* 1685. — Jean-Gabriel de Sartiges, écuyer, fils de Charles de Sartiges, 1669. — Claude de Sartiges, Chev., son fils; 1716, 1723. — François de Sartiges, écuyer; 1723. Chât. t. s. de Sourniac, de Montclard, de Lavandes, Combres et las Chezes, par. de Champaignat en la baron. de la Tour, Elect. de S*r* Flour: *Riom*. (*r*. 499, *p*. 177, 606; *r*. 500, *p*. 165; *r*. 502, *p*. 35; *r*. 503; *p*. 302; *r*. 504, *p*. 67; *r*. 507, *p*. 51; *r*. 508. *p*. 72.)

SARZI (Jeanne de), Dame de Chasaux. Dom. et mouv. à Chaumoys: *Chât.-Chinon*, 1356. (*r*. 469, *p*. 210.)

SARZI (Jean de), Dam., pour Artaude, son ép. Rentes sur divers tènemens sis à Chabes et autres lieux: *Belleperche*, 1377. (*r*. 465, *p*. 188.)

SASCÉ (Girart de) Féages en la ville de Sablé, tenus à foi lige du Duc d'*Anjou*; 1405. (*r*. 432, *p*. 169.)

SAUBONNE (Michelle de), fille d'honneur de la Reine. Moitié de l'étang de Myenne, en la châtell. d'Amberieu: *Beaujolois*, 1507. (*r*. 453; *p*. 231.)

SAUCEY (Humbert de). T. s. de Chaney : *Forez*, 1233. (*r.* 490, *p.* 268.)

SAUÇAY (Marie-Antoinette du), fille de feu Marc-Antoine du Sauçay, Sg. et patron de St Patrice, etc., par son tuteur Charles Renard, Sr de Marest. F. s. de Valliniere, par. de la Perotte : *Parthenai*, 1701. (*r.* 436, *p.* 395.

SAUDOY (Hugon de), paroiss. de Jaligny. Deux pièces de terres, cens et tailles en la par. de *Chaveroche*; 1375. (*r.* 468, *p.* 121.) Non noble.

SAUGE, *al.* Sauze (Jaques), av. en parl., fils de feu François Sauze, greffier de la chancellerie de la cour des aides de Clerm.-Fer. Dom., dîmes, cens et rentes du Chariol. par. de Chauriat : *Clermont*, 1723. (*r.* 508, *p.* 90.)

SAUGET (Jean de), Dam., et Jeanne, son ép., paroiss. de Fleuriet. Dîme appel de Sauget, *Saugiato*. en la par. de Lochy ; ens. une maison, fossés, vergers, prés et rentes à Fluriet : *Chantelle*, *Gannat*, *Verneuil*, 1342, 1357. (*r.* 459, *p.* 213 ; *r.* 460, *p.* 159.)

SAUGHAT (Guill. de), *de Saugiaco*, Dam. Hospice, dom. et seg. du Plex, par. de Floriac : *Chantelle*, 1377. (*r.* 459, *p.* 83.)

SAUGY (Jeanne de), v^e de Charles de Las, Chev., Sg. de Valotte et autres lieux, pour elle et leurs enfants Michel et D^{elle} Claude de Las, par son proc. Henri de Bar, Sg. de Limanton. Les fiefs de la Loge-Chadou et le Tonnin, par. de Dienne : *S^e P. le Moust.*, 1685. (*r.* 474, *p.* 583.)

SAULEAU (Laurent), pour Jeanne, sa f^e, fille de feu Jean de Rigne. Herbergem^t de Lieaigne, *al.* Liesque, appel. l'Officialité, qui fut à Gautier de Rigne : *Mirebeau*, 1397, 1400. — Jean, son fils ; *Idem* ; 1431, 1438. (*r.* 330, *p.* 19, 20, 24.)

SAULGERE (Paul de la), écuyer, Sr de la Bousardiere, pour son ép. Renée de Bellanger et les enfans qu'elle a eus de feu René Villiers, écuyer, Sr de Laubardiere. T. s. de Thorigny et de Luguetiere : *Baugé*, *Mans*, 1605. (*r.* 352, *p.* 85.)

SAULNIER, Saunier (Louis et Agnès), enfans de feu Himbert Saunier, *Saunerii*. Cens et tailles à Dyol et ailleurs : *Chaveroche*, *Moulins*, 1375. (*r.* 454, *p.* 88 ; *r.* 468, p. 9.)

SAUNIER (Pierre), pour sa f^e. Herbergem^t de la Bunache : *Mans*, 1392. (*r.* 343, *p.* 37 ; *r.* 345, *p.* 35.)

SAUNIER (Jean), cns. du Duc de Bourbon, pour lui et ses frères Esme et Humbert. Quittance de rachat sur fief : *Moulins*, 1411. (*r.* 454, *p.* 281.)

SAUNIER (Jean), écuyer, et Susanne du Breuil, sa f^e, F. s. de Blasson ; ens. l'hôtel et maison forte de Follet, appel. anciennem^t la Tour de Franchise : *Moulins*, *Verneuil*, 1443. (*r.* 454, *p.* 127, 193.)

SAULNIER (Jean), et sa f^e Phil. Bogrine ; ens. Jean Bogrin, clerc notaire, tant pour lui que pour Ant. et Guillemette, ses frère et sœur : Terres, prés, bois et cens en la par. de Besson : *Souvigny*, 1444. (*r.* 467, *p.* 164.) Non nobles.

SAULNIER (Jaques), prothonotaire du St Siège. Cens en directe seg. sur les terres et chevances de Vesse ; ens. la dîme de Vaulx : *Chaveroche*, *Moulins*, 1506. (*r.* 453, *p.* 76.)

SAULNIER (Phil.), écuyer, Sg. de Thory. Troisième partie de la t. et s. des Bardes : *Bourbon.*, 1506. (*r.* 453, *p.* 117.)

SAUNIER (Louis-Antoine du), écuyer, chatellain de robe courte en la chatell. de Nonnette, fils de Louis de Saulnier et de Gabrielle du Perrier. Chât. t. s. de Banssat, chapelle et dr. de patronage en l'église dud. lieu ; 1669 ad 1686. — Louis du Saunier, écuyer ; *Idem* ; et pour son ép. N. de la Roque. Le fief de Moulet ; 1723 : *Nonnette, Riom*. (r. 499, p. 13 ; r. 500, p. 109 ; r. 503, p. 194 ; r. 504, p. 99 ; r. 508, p. 96.)

SAUNIER (Laurent du), écuyer, Sr de la Cordou, pour Marie de Bouriau, sa fe. La seg. des villages de Cotenou et Leniat, par. de Vytrap : *Carlat*, 1669. (r. 499, p. 215.)

SAULNIER (Gilbert du), Sr de la Chomette. Rentes sur le lieu de Charmensat : Elect. de *Brioude*, 1670. (r. 499, p. 788.)

SAULNIER (Michel), Sg. de Condé, présidt en la cour des aides de Paris. T. s. de Cournon, par. *id*, tenue par indivis avec Jean de Strada, Chev. : Elect. de *Clermont*, 1700. (r. 506, p. 100.)

SAULNIER (Ant.)., md tanneur, pour Claudine Butin, sa fe, fille de Jean Butin, aussi tanneur. F. s. de Beauplaisir, par. d'Iseure : *Moulins*, 1722. (r. 478, p. 184, 377.)

SAULT (Jean du), assesseur crim. au présid. de Xaintes, Sg. de Terrefort, et J. B. Douet, Sg. de la Charlottrie, cons. du Roi au même siége. F. s. du gd et petit Bois-le Roi, al. Marreau : *Xaintes*, 1722. (r. 440, p. 55.)

SAULTIER (Philib.), fils de feu Ant. Saultier. Deux tiers de la t. et seg. du Chier au Faure, l'autre tiers appart. à Marie Saultier, sa nièce, par. St Silvain de Bellegarde : *Aubusson*, 1669. (r. 474, p. 202.)

SAULX-DE-TAVANES (Marie-Anne de), fille de Jean de Saulx, Chev., Mis de Tavanes, Bon de Montgilbert. F. s. de Montet, par. de Seubanne : *Vichy*, 1711. — Jean de Saulx, Chev., Mis de Tavannnes. T. s. de Mayet, de Montagne et de Montgilbert, par. de la Chaux ; 1717. — Nicolas de Saulx, Chev., Mis de Tavanne ; *Idem* ; ens. le fief de Cheval-Rigon : *Billy, Vichy*, 1718. (r. 477, p. 2, 443, 445, 627, 628.)

SAURELS (Mathieu), Dam. Fief du Puy-Laurenchon, *al*. Laurenon, par. de St Just-en-Bas : *Forez*, 1294. (r. 492, p. 110, 113.)

SAURET (Jean de), fils de Mathieu, et donataire d'Ant. Soret, son oncle. Chât. t.. dîme et seg. d'Auliat, al. Aulhac, ès par. de Talezat et Faverolles : dioc. et Elect. de *St Flour*, 1669 ad 1685. (r. 499, p. 112 ; r. 503, p. 226 ; r. 504, p. 84.)

SAUSON (Jean), par. d'Ayneul, *Aynolio*, Dam. Maison de Nurre, fossés, mote, terres, bois, vignes et cens, à lui échus par le décès de Beraud de Nurre, son parent : *Germigny*, 1354. (r. 465, p. 301.)

SAUSON (Jean), paroiss. d'Ayneul. Trente boisseaux de froment, orge et avoine sur la dîme de Pesque : *Germigny*, 1357. (r. 465, p. 282.) Au dos : non noble, malgré la qualité d'écuyer prise au texte.

SAUSON (Jean), paroiss. d'Aynay, pour Jean et Adam, ses enfans. Cens percept. à Cirele : *Aynay*, 1357. (r. 462, p. 290.)

SAUSON (Adam), écuyer, paroiss. de Flaveigny. Trente boisseaux de froment, orge et avoine sur la dîme de Pesque : *Germigny*, 1399, 1411. (r. 465, p. 283, 284.)

SAUSON, aussi Sausson (Bernard), et sa fe Babeaul, fille de feu Pierreau Burete. Bois appel. Taignereul, par. de Monay : *Bourbon*., 1410. (r. 464, p. 410.) Non noble.

SAUSON (Louis), écuyer, et Jean de Brys, écuyer, son tuteur, vendent à Jean de Bar, Chev. Sg. de Baugy et de la Guerche, la moitié de l'hôtel, t. s. de Bois-Naurault, par. de la Guierche et du Gravier, par contrat passé en la prévoté de Cenquoins : *Germigny*, 1462. Le même Louis Sauson rend aveu de l'hôtel, t. s. de Brys, par. de Maillet : *Hérisson*, 1488. — Georges Sauson, écuyer ; *Idem* ; 1506. (*r*. 453, *p*. 128 ; *r*. 462, *p*. 248 ; *r*. 465, *p*. 227 ; *r*. 482, *p*. 6 ; *r*. 484, *p*. 49.)

SAUSON (Pierre), écuyer, Sr de la Vallée, pour Françoise Piot, son ép., héritière de Marguer. Aujannet, v^e de François Piot, Sr de Villeret. Deux tiers du fief et seg. de Crochipault, par. de Chastelois : *Hérisson*, 1688. (*r*. 474, *p*. 661.)

SAUSSINES (Eleonore de), v^e d'Alexandre de Bost, ou Bosc, écuyer, pour leur fils Michel-François du Bost, écuyer, mineur de 19 ans. Chât. t. s. de Montflory, par. de Las : *Riom*, 1669. (*r*. 499, *p*. 105.)

SAUT (Géofroi du), *de Saltu*. Censives percept. au chât. de Montbrisson ; 1333. (*r*. 491, *p*. 34.)

SAUTERGNON, *al*. Sautergnon (Jean de), Dam. pour Peronette du Chastel, *al*. de Castre, *de Castro*, son ép. Dom. et censives ès seg. de Noyers, de Broces et autres ; présent Hugues de Capra, Chev. : *Beaujeu*, 1344. — Perrin de Sautergnon, Dam., leur fils ; *Idem* ; 1351, 1357. (*r*. 489, *p*. 75, 79, 278.)

SAUTIER (François), Chev., fils de Jaques Sautier, Chev., stipulant pour lui et pour Philiberte de Villemontée, abbesse de Brughat. T. s. de Villemontée, par. de la Mothe-Bremont : *Riom*, 1683. (*r*. 503, *p*. 143, 144.)

SAUZAY (Jean de), Chev., Sg. de Sauzay, tient du chef de sa f^e, le g^d bois Girard, par St Macaire, ès marches d'Anjou et de Poitou : *Montfaucon*, 1462. (*r*. 333, *p*. 50.)

SAUZAY (François de), écuyer, fils de Guill. de Sauzay, écuyer, et de Cather. Tardy. Vicomté, justice, voerie et censives de Villeneuve sous Rampenay, acq. de Hugues Esterlin, écuyer, garde des sceaux au présidial de Bourges ; ens. la maison et seg. de Bois-Briou ; comme aussi le fief de l'isle de Sachenet, ès par. de Pigny et de Bery : *Bourges, Mehunsur-Y*, 1668, 1670. (*r*. 443, *p*. 47, 56 ; *r*. 444, *p*. 4 ; *r*. 445, *p*. 22, 23, 68.)

SAUZAY, aussi Sauzey (Marc-Ant. du), écuyer. Chât. t. s. de la Jarnosse, et rentes nobles ès par. de Valjon et de St Clément : *Lyon*, 1671. — Dominique du Sauzey, écuyer, son fils, officier de la marine royale, et Marie Baret, fille unique de François Baret, Sg. de Celette, secrét. au parl. de Dombes. Même t. et s. de Jarnosse ; ens. le fief de Celette, par. d'Irigny ; 1708, 1717. (*r*. 195, *p*. 129 ; *r*. 496, *p*. 186, 288.)

SAUZAY (Guill. de), écuyer, pour Cather. Catherinot, sa f^e. F. s. de Coulon, par. de Soye : *Bourges*, 1678 *ad* 1701. (*r*. 445, *p*. 285 ; *r*. 448, *p*. 42. — Robert de Sauzay ; *Idem* ; 1715. (*r*. 449, *p*. 189.)

SAUZAY (Jeanne de), v^e de Louis Mayaud, écuyer, Sr de Leugny. Le fief appel. le Teil, par d'Aubigny : *Parthenai*, 1701, (*r*. 436, *p*. 399.)

SAUZET, aussi Saulzet (Hubert, *al*. Humbert de), Chev., Sg. de Chaney, *de Chaneyo*, recon. tenir de Gui de Dampierre, Sg. de St Just, la t. et seg. de Mazeret vers la rivière de Scioule, *Sibolum*, sauf la foi qu'il doit au Sire de Bourbon, au Sg. de Semur et au Cte de Forez ; *Gannat*, 1250. (*r.* 457 *bis*, p. 48 ; *r.* 458, *p.* 14.)

SAUZET (Jean de), autrem^t Renautz, clerc, tient en fief lige, du chef de Petronille sa f^e, diverses perceptions en grain et gelines à *Gannat*; 1300. (*r.* 457 *bis*, *p.* 75.)

SAUZET (Agnès de), Dame de Chaney. Partie de la seg. de Sauzet, et terres près le pont de la Loire de Marcingy : *Beaujeu*, 1321, 1332. (*r.* 489, *p.* 166, 167.)

SAUZET (Ymbert de), Chev., et Agnès de Sture, son ép. Hôtel, dom., dîme et seg. de la Pouge ; autres droits du chef de son ép., par. de Creschi, Tresail, Verox, *Veroci*, et autres : *Billy, Chaveroche, Montagut*, 1342, 1350. (*r.* 455, *p.* 329 ; *r.* 468, *p.* 108 ; *r.* 469, *p.* 125.)

SAUZET (Léopard de), autrem^t de Rivoire, *de Ripperia*, Dam., pour Ysabelle Celerier, son ép. Moitié de l'hôtel, t. s. de Borbonat, ès par. de Charède, Fleuriet et autres ; ens. une partie de la dîme de Boze : *Chantelle, Gannat*, 1353. (*r.* 458, *p.* 31, 53, 143.)

SAUZET (Ant. de). écuyer. Dom., dîmes, cens et tailles ès par. de Bayet, Barberyet, St Didier et autres : *Chantelle, Ussel, Verneuil*, 1443. (*r.* 458, *p.* 293.)

SAUZET (Charles du), écuyer, Sr de la Suchière, pour lui et sa mère Marguer. de St Giron, v^e de Jean du Saulzet. Chât. t. s. du Sauzet en la baron. de la Tour, etc., ès par. de St Germain l'Herin, de St Alyre, Chamhon, St Bonnet et autres : Elect. d'*Issoire*, 1684, 1698. — Claude du Sauzet, écuyer, Sr du Chesles, son fils ; *Idem* ; 1723. Signe : du Saulzet. (*r.* 503, *p.* 323, 324 ; *r.* 505, *p.* 105, 109 ; *r.* 508, *p.* 140.)

SAULZET (Dom Charles du), écuyer, prieur du prieuré de Job : *Issoire*, 1724. (*r.* 509, *p.* 108.)

SAULZOY (Emmanuel de), écuyer, fils d'Ant., écuyer. Fiefs de la Chapelle, de Raze et de Sapinière : *Billy*, 1699. (*r.* 475, *p.* 258.)

SAUVAGE (François), controlleur de l'écurie du Roi. T. s. des Granges en la Varenne d'*Amboise*; 1488. — René et François Sauvage, le premier licentié ès lois, ses enfans ; *Idem* ; ens. le fief, dom., dîme et terrage du Chesnes, par. de la Croix de Bleré ; 1511, 1523. (*r.* 348 *bis*, *p.* 13 ; *r.* 432, *p.* 82, 83.)

SAUVAGE (Cather.), v^e de Jaques de Chazettes, tutrice de leurs enfans. Maison et dép. à Salers ; ens. les dom. d'Apchier et de la Montagne de Cobru, par. de *Salers* et de St Paul ; 1669. (*r.* 499, *p.* 251.)

SAUVAGE (François), m^d à St Martin Valmeroux, pour Ysabeau Pradel, sa f^e. Montagne d'Auzet et autres dom., par. St Bonnet : *Riom*, 1669. (*r.* 499, *p.* 288.). — Ant. Sauvage, av. en parl., dem. à St Martin de Valmeroux, donataire de feue Elisabeth Pradel, sa mère. Le fief d'Auzet et le pré de Pratgrand, par. St Bonnet près *Salers* ; 1723. (*r.* 509, *p.* 28.)

SAUVAGE (Antoine), cons. au baill. de Salers, fils d'Ant. Sauvage, élu en l'Elect. de St Flour. Dom. noble appel. la Retortillade, par. St Martin Valmeroux : *Riom*, 1669 *ad* 1685. — Monsieur Maitre Jean Sauvage, cons. au bail. des Montagnes à Salers, son fils ; *Idem* ; 1723. (*r.* 499, *p.* 332 ; *r.* 500, *p.* 141 ; *r.* 503, *p.* 449 ; *r.* 508, *p.* 125.)

SAUVAIGE (Conuet), écuyer. Domaine appel. la Bretesche : *Mont-*

faucon; 1445. — Tanguy Sauvaige, Sg. du Plessis-Guéry, de Lornayre et de Teillères ; *Idem* ; 1507. (r. 332, p. 67 ; r. 333, p. 8.)

SAUVAING (Urbain de la), écuyer. Terre, justice, champart, cens et rentes de Bernay, par. de Lymenton : *Chât.-Chinon*, 1443. (r. 470, p. 49.)

SAUVEMENT (Henri de), Dam. Maison de Blanzy, *de Blanziaco*, dom. et seg : *Beaujeu*, 1335 (r. 489, p. 73, 74.) Rel. de lui : Henri de Monteron, Chev. ; Jean de Chastenoy, Dam ; Béatrix de Sauvaige de la Buxière, Damoiselle.

SAUVIGNY (Jean de), *Silvigniaco*. Remise de ses dr. seig. sur la vente de la maison et vill. d'Estains, en faveur du sire Renaud de Forile : *Forez*, 1256. (r. 492, p. 155.)

SAUVIGNY (Pierre de), écuyer. Fief de Monbarron, hommes et f^{es} de serve condition : *Chât.-Chinon*, 13... (r. 470, p. 113.)

SAUVOISIN, aussi Savoisin (Etienne), m^d. Fief, seg. de Saulget, par St Marcel : *Murat*, 1711, 1723. (r. 477, p. 48 ; r. 478, p. 422.)

SAVARON (Sidoine, aussi Cesaire), chan. de la cathédrale de Clermont. T. s. de Sarcenat, par. d'Orcines : *Riom*, 1669. — François Savaron, son donataire ; *Idem* ; 1676 *ad* 1687. (r. 499, p. 371 ; r. 501, p. 3, 55 ; r. 503, p. 112 ; r. 505, p. 47.)

SAVARY (Jean), Chev. T. s. du Plesseys-Savary : *Loches*, 1319, r. 432, p. 44.)

SAVARY (Agnès de St Père, v^e de Jean), Chev., rend hom. de l'hôtel, dom. et seg. de la Roche-Baudouin, par. St Christophe de Bléré : *Amboise*, 1430. (r. 432, p. 98.)

SAVARIE (Louise), Damoiselle, fille de Jacquet Savary et d'Ysabeau de l'Isle. Dom., dr. de pesché, cens et autres dev. ès par. de Limère, Nazelles, St Martin-le-Beau, Changé et St Denis d'Amboise ; ens. une rente perpétuelle sur la terre de St Lubin : *Amboise*, 1470. (r. 432, p. 121.) — Louis Savary, écuyer. T. s. du Fresne, et de St Lubin, par. de Beaumont et de Chemillé : *Amboise*, 1497, 1507. (r. 432, p. 75, 175.) Tiennent de lui : Ant., Sg. de Bueil et de la Marchère, Cte de Sancerre ; François Deschelles, écuyer, Sg. de Gastineau, fils de feu Jean Deschelles ; Louis de Fourrateau, écuyer, Sr du Mortier.

SAVARY (Huguet), écuyer, Sg. de Lancosme. Le lieu noble de Mondon : *Guéret*, 1506. (r. 453, p. 238.)

SAVARY (Camille), Chev., Cte de Breues, pour Helène Bartholy, fille de François Bartholy. T. s. de St Bonnet-les-Oulles, et de Gramond : *Forez*, 1675. (r. 496, p. 79.)

SAVARY (Claude), Chev., Sg. des Prés. F. s. de Riffault : *Montmorillon*, 1686. (r. 435, p. 174.)

SAVARY (Louis-François-Alexandre). Le M^{isat} de l'Encosme : *Loches*, 1739. (r. 427, p. 3.)

SAVATE (Regné), Ecuyer. T. s. de Puiratoux : *Marche*, 1806. (r. 452, p. 308.)

SAVATTE (Marianne), v^e et donataire de Jaques de Vaty, Chev., Sg. de Vitré. F. s. d'Azat, par. d'Usson : *Civray*, 1726. (r. 438, p. 538.)

SAVEUSE (Henri de). Chev., Sg. du Cardonnoy et autres lieux, gentilh. ord^{re}. de la chamb. Terre et châtell. de Thorigné ; acq. du Sr de Villiers : *Mans*, 1642. — Louis, son fils, Chev. ; *Idem ;* 1653. (*r.* 354, *p.* 6 ; *r.* 357, *p.* 82.) — Jeanne de Saveuse, v^e de Henri-Robert, Cte de la Mark et de Brayne, M^{al} des camps, fille de feu Henri de Saveuse, Sg. de Bouguainville, Fay, etc. Chatell. t. s. de Thorigny : *Mans,* 1681. (*r.* 410, *p.* 26.)

SAVIGNAC (J. B.), av. en parl. Maison noble du Paray, par. St Saturnin en la baron. de la Tour : Elect. de *Clermont*, 1731. (*r.* 510, *p.* 80.)

SAVONIERES (Jean de). Fief et dom. de la Bretesche : *Chât.-Ceaus*, 1455. — Felix de Savonieres, écuyer ; *Idem ;* 1473. (*r.* 332, *p.* 98, 99; *r.* 341, *p.* 158.)

SAVONNIERE (Magdel. de), v^e en 1^{eres} noces d'Ysaac Frezeau, Chev., Mis de la Frezeliere, M^{al} des camps et armées du Roi, et en 2des noces de de René Chame-Jean, Chev. Mis de Fourille, G^d M^{al} des Logis du Roi. T. s. de Latan, Tafonneau, la Frezeliere, etc : *Loudun*, 1664. (*r.* 358, *p.* 125.)

SAVOY (Colas de). Prés, bois, dîmes et hommes taillables en la par. de Cozons. Hugues de Savoy, Dam. Terres et hommes taillables à Augy, et ce qu'il possède ès par. d'Aubigny et de Francesches : *Bourbon.*, 1322. (*r.* 464, *p.* 155, 156.) — François de Savoy, et Phil., fille de feu Colas de Savoy. Un quartier de bois, et un de vigne, une pièce de terre, cens et rentes sur divers tènemens ou bordelages : *Belleperche*, 1357. (*r.* 464, *p.* 50.)

SAVOYE (Louis-Thomas de), Cte de Soissons, Duc de Carignan, héritier d'Eugène Maurice de Savoye, celui-ci donataire de Marie de Bourbon, Princesse de Carignan, Diverses baronnies et chatell. relev. de *Chât.-du-Loir, Sonnois*, etc. ; 1694. (*r.* 421, *p.* 4.)

SAYER (Ant.). Diverses parties de ténemens en la chatell. de *Billy ;* 1505. (*r.* 452, *p.* 98 ; *r.* 457, *p.* 210.) Non noble.

SAYNES (Hugues de), clerc. Rentes en la par. de St Maurice : *Forez*, 1290. (*r.* 491, *p.* 280.)

SAYNTONS (Mathieu), de Breyssy, et Mariette, sa f^e, vendent à Jean, Cte de Forez, une pièce de terre et un pré assis près l'étang de Mayssilly : *Forez*, 1322. (*r.* 1394, *p.* 122.)

SAYS (Guichard de l), Dam. Maison, dom. et mouv. au mandem^t de Laniac ; cens et rentes *in villa Castri*, et le courtil de la Margire ; 1297, 1312. — Artaud de Says, Dam., son fils, de lui autorisé. Maison, dom. et mouv. ès par. de Chazelles et de Sollemieu ; 1333 : *Forez*. (*r.* 490, *p.* 8; *r.* 492, *p.* 120 ; *r.* 493, *p.* 123.)

SAZERAT (Jeanne de), v^e de Bernard de Sazerat. Rente en grain : *Gannat*, 1310. (*r.* 457 *bis*, *p.* 68.)

SAZERAC (Louis), m^d à Xaintes. L'étang de Salençon, tenu du Roi à hom. plein : *Cognac*, 1717. (*r.* 439, *p.* 56.)

SCALA (Heliende de), Arnaud et Jeanne, ses enfans. accensent à perpétuité une partie de terre en la par. de St Prix, chatell. de Boutteville : *Angoul.*, 1323. (*r.* 1404, *p.* 146.)

SCALIN (Pierre), *al.* Chalin, professeur ès loi. Maison à *Montbrisson ;* 1315. (*r.* 493 *bis*, *p.* 39.)

SCARRON (feu Jean), cons. au parl. de Paris, puis prévôt des marchands. Sa v^e Marguer., fille de René Marron, secrét. du Roi, rend hom. des fiefs et seg. du Chastellier et de la Cheze, par. de Varennes, provenans de son père: *Loches*, 1646. — Pierre Scarron, écuyer. Sg. de Bois l'Archer, leur fils ; *Idem* ; 1665. (*r*. 355, *p*. 51 ; *r*. 357, *p*. 38, 105.)

SCARRON (René), Chev., Sg. du Chastellier, Bisons, Chauvigny, lieut. col. au rég. de Champagne, puis M^{al} des camps et armées, pour Jeanne Faugé, sa f^e. T. s. de la Fontaine du Breuil, et le moulin de l'Isle-Auger: *Loches*, 1662, 1666. (*r*. 356, *p*. 110 ; *r*. 405, *p*. 33.) Rel. de lui: André Garreau, lieut. crim. de Loches ; Bernard de Grateloup, Chev. Sg. de Montelan.

SCEPEAUX (Jean de), Chev., Sg. de St Brice, de la Chatiere, etc., Chambellan du Roi et du Duc d'Anjou. Fief, justice et seg. de Vielleville, du port de Prignes sur la riv. du Loir, de la Roguerie et de l'Isle Braneau: *Baugé*, 1453, 1471. (*r*. 342, *p*. 63 ; *r*. 347, *p*. 23 ; *r*. 1342, *p*. 161.) Tiennent de lui : Bertrand de Beauvau, Sg. de Chasteigner, Chevalier ; Jean de Croullon, Sg. de la Mote près de Lezigne ; André le Marre, Sg. de la Roche Jacquelin, écuyers.

SCEPEAUX (François de), Sg. de St Brice, de Landevy, etc. Le port de Prignes : *Baugé*, 1486. (*r*. 347, *p*. 23.)

SCEPEAUX (François de), Chev., Sg. de Vieillevigne, capit. de cent h. d'armes, lieut. gén. à Metz. Baronnie de Duretal et de Mathefelon ; ens. la t. et seg. de St Léonard, Barace et autres : *Baugé*, 1560, 1562. (*r*. 351, *p*. 41 ; 353, *p*. 4.)

SCEPEAUX (Michel de), fils des feus Pierre Scepeaux, écuyer, et de Louise Cheminard. Chatell., t. s. de Chalonge : *Angers*, 1680. (*r*. 410, *p*. 36, 50.) Rel. de lui : Pierre de la Barre, Sr du Buron ; Michel Despau ; René de l'Espinay, Sr de la Haute Riviere ; Charles Poullain, Sr de la Gaudiniere ; François de la Roussardiere, Sr de Rouillon et de la Bruessiere, écuyers.

SCEPEAUX (Gabriel de), Chev., fils aîné de Gabriel de Scepeaux, Sg. dud. lieu. Châtell. t. s. de Chalonge : *Angers*, 1727. (*r*. 426, *p*. 86.)

SCEPEAUX (Jaques-Bertrand de), Chev., Sg. de Rochevoyant, colonel du régim^t de Lyonnois. Le M^{isat} de Beaupreau, acq. de François de Neuville, Duc de Villeroy: *Louvre*, 1739. (*r*. 427, *p*. 6.)

SCHOMBERG (Charles de), Duc d'Halluin, Pair de France, etc. Comté de Duretal et baronnie de Mathefelon : *Baugé*, 1634. — Jeanne de Schomberg, sa sœur et héritière, autorisée par justice au refus de Roger du Plessis, Sg. de Liancourt et de la Rocheguion, Chev. des Ordres, rend hom. du comté de Duretal au chât. de *Baugé*, et de la seg. de Montegny-St-Felix, au comté de Senlis ; 1656. (*r*. 355, *p*. 22, 45.)

SCOLA (Bosso de), Chev. Terre et bois de Luiret, et tout ce qu'il tient ès par. de Monest, de Tile et de Deneuil: *Chantelle*, 1243. (*r*. 458, *p*. 61.)

SCOLARD (Louis), écuyer. F. s. des Hommes : *Monmorillon*, 1700. (*r*. 436, *p*. 386.)

SEBILLE (Thevote), v^e de Jean Trochet, assignée pour rendre compte d'un aide assis sur la ville de *Saumur*, affecté à la solde d'Ant. Armentiers, capit. de guerre, et dont étoit chargé son mari ; 1450. (*r*. 1341, *fol*. 64.)

SEDAGA (Hugues de), Dam., fils de Renaud de Sedagas, Chev. Partie du chât. de Vic, dom. et dr. en dép. ; présent, Henri de Vitzolas, Chev.: *Carlat*, 1350. (*r*. 473, *p*. 155.)

SEDIERE (Gabrielle-Henriette de), fille de François de Bonne, Chev., Mis de Bonne, ou Bomie, et de Cather. de la Forest. T. s. de Sauvagnat, Vinzelle, Tourzat, etc., par. de Crevant et autres : *Riom*, 1669. (*r.* 499, *p.* 106; *r.* 500, *p.* 31.)

SEELE (Robert de la), Dam. Cens, tailles et corvées sur six ténemens; ens. la dîme de Frate, par. St Eugende : *Beaujeu*, 1346. (*r.* 489, *p.* 325.)

SEET (Jean). Maison, dom., bois, champart, serfs, justice g^{de} et petite, ès par. de Vendenesse et de Montarrant : *Chât.-Chinon*, 1350. (*r.* 470, *p.* 94.)

SEGARDE (Phil.), Damoiselle, v^e de Guill. d'Aisi, écuyer. Quatre arpens de bois, 3 prés et 4 pièces de terres au territ. de Maulmarche. *Aynay*, 1410. (*r.* 462, *p.* 292.)

SEGAUD (Odonnet), Dam. Hôtels de Sery et de Preclos, dom., terrages, baillies et autres droits : *Aynay*, 1356. (*r.* 462, *p.* 369.)

SEGAUD (Petit-Jean), pour Alips, sa f^e, fille de Pierre Bugne. Menus cens et tailles ès par. de Montcombres et de Montperoux : *Chaveroche*, 1356. (*r.* 468, *p.* 174.) Non noble.

SEGAUD, aussi Segaut (Jean), écuyer. Hôtel, maison forte, t. s. de Veroz : *Germigny*, 1411, 1443. (*r.* 465, *p.* 323; *r.* 466, *p.* 77.)

SEGAULT (Jean), paroiss. de St Martin de Nevers, pour Agnès de Verriere, sa f^e. La mote de la Taille, *al.* Teille, dom. et dr. en dép., par. du Gravier : *Germigny*, 1460. — Arnoul Segault, prêtre, dem. à Nevers; *Idem*, 1488, 1506. — Marie Segault, sa sœur et héritière, f^e de Pierre Conte, m^d et bourg. de Nevers; *Idem*, 1507. (*r.* 452, *p.* 111; *r.* 465, *p.* 224, 225; *r.* 466, *p.* 60, 65; *r.* 482, *p.* 4; *r.* 484, *p.* 75, 80.)

SEGAULT (Claude), écuyer. Mote et maison forte de Beaudeduit et arr. fiefs : *Germigny*, 1488. (*r.* 466, *p.* 62.)

SEGAUX (Jean de), cons. au présid. de Riom, fils d'Etienne de Segaux revêtu du même office. Le fief de Tournebize, dom., dîme, cens et rentes en la par. St Pierre-le-Chastel, près la rivière de Sioule : *Riom*, 1669 *ad* 1686. (*r.* 499, *p.* 65; *r.* 503, *p.* 391; *r.* 504, *p.* 102.)

SEGIACO (Alix, Dame de). T. s. de St Julien; ens. celles de Chalayes et Monciauz, vers Magebrin : *Beaujeu*, 1314. (*r.* 489, *p.* 175.)

SEGONSAT (François-Marguerit de), écuyer, Sr de Montgilbert. F. s. de la Bierge : *H. Marche*, 1669. (*r.* 474, *p.* 316.)

SEGONSAT (François de), écuyer, Sr de Basaneis, pour Ysabeau Louberie, sa f^e. T. s. de Legrant, par. de Mérinchal, en la baron. d'Herment : *Riom*, 1670. (*r.* 499, *p.* 745.)

SEGONSAT (Marie-Anne de), écuyer. Fief de l'Ecluse, ès par. de St Georges, Flayat, Malleret et St Aignan : *Marche*, 1684. (*r.* 474, *p.* 427.)

SEGONZAT (Jean-Marien de), écuyer, Sr de Champignoux, veuf de Marguer. Regrier. Fief du Peschin, par. de Meriet : *Montluçon*, 1737. (*r.* 481, *p.* 100.)

SEGRAULT (Jaques de). Terres et censives en la ség. de Sagonne : *Aynay*, 1512. (*r.* 463, *p.* 77.)

SEGRAYE (Thibaut de). Herbergem^t de Lent, dom. et justice; 1342. — Ysabeau de Segraye; *Idem* : *Chât.-du-Loir*, 1402. (*r.* 344, *p.* 55, 56, 118.)

SEGRAYE (Ysabelle de), v^e de Robin Oger. T. s. de Mierre; 1404. —

Jean de Segraye, écuyer, Sg. dud. lieu. T. s. de Mierre et de la Roche; 1475. — Jaques de Segrets, écuyer, fils unique de feu Jaques, écuyer. T. s. de Segret et de Mierre; 1606 : *Mans.* (*r.* 343, *p.* 21, 58; *r.* 545, *p.* 84, 111, 118; *r.* 352, *p.* 50.)

SEGUENOSCHE (Guill. de), Dam., et Jeanette, son ép. Dîme de Seguenosche, *al.* Senoche, dom. et seg. ès par. de Saye et de Charbonay : *Beaujeu,* 1317. (*r.* 487, *p.* 286.)

SEGUIER (Louis), cons. au parl. de Paris. Métairie et seg. de Bailli-Monet par lui vendue à la Duch. de Berri : *Dun-le-Roi,* 1503. (*r.* 135, *p.* 613.)

SEGUIN (Guill.), Dam. Le mas de Chasemeil, et dr. d'usage dans la forêt de Tronceon : *Chantelle,* 1300. (*r.* 458, *p.* 262.)

SEGUIN (Guill.), de Sauvigny, échange avec Paul-Girard de Venise, veuf d'Alise Vayrete, comme tuteur de leurs enfans Jean et Marion, sa dîme près de Villeneuve, contre un moulin assis sur la riviere de Querna près le vill. de Cherie : *Bourbon.,* 1347. (*r.* 1364, *p.* 1277.)

SEGUIN (N.), de Maltaverne, aussi Mautaverne, clerc, pour Aynaude de Villejaù, Damoiselle, son ép. Cens et rentes en la châtell. de *Murat,* 1357. (*r.* 460, *p.* 392.)

SEGUIN (Jean), de Mautaverne, Damoiseau, et Denise de Fontenie, Damoiselle. Terres, cens et rentes ès par. des Deux-Chieses et de St Hilaire. *Bourbon., Murat,* 1404, 1411. (*r.* 460, *p.* 344, 390; *r.* 463, *p.* 165; *r.* 465, *p.* 68.) Au dos : Non noble, et a composé pour le rachat.

SEGUIN (Gilbert), écuyer, Sg. de St Hilaire, et Marie de St Aignan, sa f^e. Hôtel, dom. et seg. de St Hilaire, et dr. d'usage en la forêt de Grosbois : *Bourbon.,* 1443, 1452. (*r.* 464, *p.* 17, 23, 30, 31.)

SEGUIN (Jean), écuyer, Sg. de Chaveroche. Maison et seg. du Bouchat et de Chaveroche : *Murat,* 1488 *ad* 1506. (*r.* 453, *p.* 76; *r.* 460, *p.* 317, 422; *r.* 484, *p.* 28.)

SEGUIN (Ant.), écuyer. Cens et rentes ès par. de N. D. de Montluçon, Domerat et autres : *Hérisson, Montluçon,* 1505. (*r.* 453, *p.* 44.) — Antoine Seguin, écuyer, Sg. de Dyarat. Cens et rentes ès par. de Livarelles, d'Essertines et autres : *Hérisson,* 1506. (*r.* 462, *p.* 151.)

SEGUIN (Annet), écuyer, Sr du Bouchat, pour Phil. de Gimel, sa f^e. Fief, justice et seg. d'Ajen, par. du Moustier : *Ahun,* 1684. (*r.* 474, *p.* 570.)

SEGUIN (Laurent), écuyer. Fief du Bouchat, par. St Angel : *Murat;* 1686. (*r.* 474, *p.* 594.)

SEGUIN (Jacques), écuyer, S^r des Roches de la Barre, pour Louise de Vilars, sa f^e, fille de feu Et. de Vilars, Sg. de Moniziniere. T. s. de la Barre, par. de Deneuille : *Murat,* 1703. (*r.* 476, *p.* 74.)

SEICHETERRE (Jean). Bordage du Sortouer, par de Braïette : *Chât.-du-Loir,* 1401. (*r.* 344, *p.* 105, 118.)

SEIGLIERE (Etienne), écuyer, Sr de Jouet, vice-Sénéchal de la Marche et Combraille, à cause de sa f^e Magdel. du Plantadis. E. s. de Leu... et de Belis : *Marche,* 1669. (*r.* 474, *p.* 274.) — Antoine Seigliere, du Plantadis, écuyer, Sr de Mandigour, pour Marguer. Garreau, son ép. Fief de Brugnat : *Marche,* 1669. (*r.* 474, *p.* 70.) — Antoine Seigliere, du Plantadis, écuyer, vice-Sénéchal de la Marche, Combraille et Montegut. Fiefs, de Jouet et de Brugnat, ès par. de Ste Fere et de *Guéret;* 1684. (*r*. 474, *p*. 558.)— Jean de Seigliere, écuyer, son fils. Même fief de Jouet ; 1691. (*r*. 475, *p*. 31.) Signe, de Segliere de Plantadis. — Gilbert-Timoléon de Seigliere, écuyer, ancien vice-Sénéchal de la Marche. T. s. de Jouzet, Lachat et Brugnat, par. St Affaire et *Guéret;* 1724. (*r*. 481, *p*. 50.)

SEIGLIERE (Ant.), dem. à Aubusson. Fief de Comberoche : *Marche*, 1669. (*r*. 474, *p*. 233.)

SEIGLIERE, *al.* Seigliers (François), écuyer, pour Marguer. Fayolle. Fief de Salcet : *Marche*, 1684. (*r*. 474, *p*. 559.)

SEIGLIERE (Alexandre), écuyer, présid^t en l'Elect. de Guéret. F. s. de Cressat, de Brejacon, le Cornet, les Max, Pommeroux et autres : *H. Marche*, 1669 *ad* 1684. (*r*. 474, *p*. 234, 320, 424.)

SEIGLIERE (Joachim de), Chev., Sg. de Boisfranc et St Ouen, surintendant des finances du frère du Roi. T. s. de Tournoille, des Charbonnières-les-Varennes et de Chapdes, ès par. de Volvic et de St Hypolite : *Gannat, Riom*, 1684. (*r*. 503, *p*. 369, 370.)

SEIGLOIERS (Joanons des) *al.* Soigleroux, Dam., et Perrin, son frère. Hôtel de Soigloireos, dom., bois et dev. en dép. : *Germigny.* 1356. (*r*. 465, *p*. 233.)

SEIGNETTE (Jean-Louis), docteur en médecine, dem. à la Rochelle. Fiefs de Caradouze, de la Montagne et de Poisac : *Rochefort*, 1688. (*r*. 435, *p*. 245 et suiv.)

SEIGNEUR (Rolland), curé de la chapelle St Aubin–lez-Mans, et Elisabeth, sa sœur, enfans de feu Jacques Seigneur, av. au siége présid. du Mans, et de Jaquine des Periers. T. s. de Buisse : *Chât.-du-Loir*, 1657, 1663. (*r*. 355, *p*. 26 ; *r*. 357, *p*. 26.)

SEIGNEYNS (Pierre del), paroiss. de Cordelle, s'oblige à payer sur son tènem^t de Surmayse, un cens à Guill. du Verdier, Chev., pour la garde des enfans orphelins de Perronin, son fils, et de feue Simonde, sa brue ; 1303. — Duranton del Seigneyns, son autre fils, cède au même Chevalier, ses dr. et actions sur une vigne située près la Loire; 1305, 1308 : *Forez.* (*r*.1395, *p*. 349, 360, 374.)

SEIGNORET (Jean). Le chesau de Marroes, *al.* Marès et dép.; 1300.— Hugues Seignoret, Dam., et sa f^e Marguer., fille de feu Perrin de Rougeres, Dam. Hôtel du Marois, *al.* Mares, dom., dîme et seg.; 1357 : *Aynay.* (*r*. 462, *p*. 272; *r*. 463, *p*. 67.)

SEILLEROX (Jeannet des), fils de Guill. des Seillerox, Dam. Maison, manoir, terres, grange, près, bois de Seillerox, que possédoit feu Regnaud de la Taille, Dam. son oncle : *Germigny*, 1352. (*r*. 466, *p*. 102.)

SELHIADE (Barthelemy), bourg. de Lyon. Fief et rente noble de la Vouldy, par. St Genis-les-Ollieres : *Lyon*, 1734. (*r*. 498, *p*. 103.)

SELIER (Ant. le), écuyer, controlleur des finances de la Reine de Sicile. Fief des petits bois en la seg. de Beaufort, dont hom. à Louis XI, comme Duc d'*Anjou;* 1483. (*r*. 1344, *p*. 172.)

SELIOL (Antoinette de), v^e de Pierre de la Farge, tutrice de leurs enfans. Partie du dom. noble de la Fauvelie, par. St Paul, près Salers : *Riom*, 1669, 1672. (*r*. 499, *p*. 333 ; *r*. 500, *p*. 140.)

SELLE (Antoinette de la). Chât. et seg. de Gricé : *Mirebeau*, 1469. (*r*. 329, *p*. 3.)

SELLE (Pierre de la), écuyer. T. s. de Thanneret en la châtell. de Bellac. : *Marche*, 1506. (*r.* 452, *p.* 305.)

SELLE (Germain de la), écuyer, Seg. de Chastocloux. Justice h. m. b. de Villebaton, par. et châtell. d'*Ahun*, 1684. (*r.* 474, *p.* 520.)

SALLERON (Phil.), av. en parl. Partie des dîmes de St Baudelle, acq. sur Jean Capus, présid^t en l'Elect. d'Issoudun : *Vierzon*, 1679 *ad* 1686. (*r.* 445, *p.* 304 ; *r.* 446, *p.* 129 et suiv.)

SELVE (Jean de). Dam. Le mas de G^d Champ en la par. de Lent, tenu par lui et Guichard de Selve, Dam., son oncle, d'Ysabelle, Ctesse de *Beaujeu*; 1285. (*r.* 1367, *p.* 1530.)

SEMUR (Perrin, aussi Pierre de), Dam., fils de Gerard, dit de Semur, Chev. Dom. et seg. ès par. de Junzy, St Julien de Cray et de Brieu : *Beaujeu*, 1274. (*r.* 489, *p.* 99, 132.)

SEMUR (Girardin de) Dam. Maison forte, t. s. de St Christophe en Brionnois et dr. de foire ; 1300. — Pierre de Semur, Chev. ; *Idem* ; ens. les fiefs tenus de lui, par Pierre de Laval, Dam., et autres en la par. de Brion ; 1358 : *Beaujeu*. (*r.* 489, *p.* 172, 201, 270.)

SEMUR (Marguer. de), Dame de St Bonit. Dom. et seg. ès par. de Brionnois, de Sarry et de Varennes : *Beaujeu*, 1314. (*r.* 489, *p.* 176.)

SEMUR (Jean de), Dam., sire de Tencenier. Vignes situées dans les clos de Guonnol, et le fief que relève de lui Guicnet Feschard en la par. de Jauzy, *Jauziaco* ; 1329, 1331. — Girard de Semur, Chev. T. s. de St Julien de Cray, et 4e partie de la dîme de Jauzy ; 1332. — Guill. de Semur, *de sine muro*, Chev. T. s. d'Arcy, et accord entre lui et Guichard, Sire de Beaujeu, Sg. de Perreux ; 1330, 1336. — Jean de Semur, Sg. de l'Estang, *de Stagno*, Dam. T. s. d'Arcy et de Baugie ; ens. dîme et dr. de justice à Jauzy et à St Julien ; 1337, 1348. — Etienne de Semur, Dam. Tènement, avec une partie de la dîme de Jauzy, par. St Julien de Cray ; 1361 : *Beaujeu*. (*r.* 489, *p.* 80, 137, 150, 155, 160, 161, 200, 205, 206 ; *r.* 1389, *p.* 254.)

SEMUR (Jean de), Dam. Sa maison d'Osches et dép.; 1290.— Girardin de Semur. Maison de Beauesi au mandem^t de Montbrisson ; 1331. — Eudes de Semur, Chev., et Guyet de Dyo, fils de Jean, Sg. de Dyo. La châtell. t. et seg. de Durbize ; 1334. — Girardin de Semur, Dam. Maison et dom. d'Osches, *de Oschis*, et mouvances sur divers tènemens és par. d'Osches et de St André, aux mandemens de St Maurice et de St Habund ; 1335. — Semur (Huet de), Sg. de L'Estang, du dioc. de Macon, et Guicharde del Rochain, son ép., v^e de Jean de Girolles, dit Brisebarre, *Brizibarra*, Dam., et son héritière, vendent à Hugon de Felines, paroiss. de Balbigny, au dioc. de Lyon, plusieurs cens et rentes percept. au mandem^t de St Just ; 1356 : *Forez*. (*r.* 490, *p.* 125, 146, 170 ; *r.* 491, *p.* 6 ; *r.* 1394, *p.* 28.)

SEMUR (Gilet de), Dam. Maison, tour, grange et redev. à *Gannat* ; 1301. — Alise de Sermur, v^e de Perrin Bernuçon, *Bernucii*, Dame de Lara. Moitié d'une vigne en la par. de St Priest, par indivis avec Guill. Celerier, Dam. Cens en grain et argent ès par. de Mazuret, Sondey et autres : *Gannat*, 1326. (*r.* 457 *bis*, *p.* 71, 118.)

SEMUR (Hodon de), *sine muro*, Chev., Sg. de Montilles, tient du chef de sa f^e Yolande, fille de Guillaume Besort, de la Ville-Arnoul, Dam., le fief de Sundriac, al. Sindré, *Sindriaco*; 1319. — Jean de Semur, Chev., à cause d'Agnès, son ép., fille de Hodon de Montilles. Hôtel fort de Sindré, h. j., dom., cens, tailles et arr.-fiefs; 1343. — Jean de Semur, Dam., Sg. de Montille ; *Idem* ; 1378: *Chaveroche*. (r. 432, p. 18 ; r. 468, p. 223, 268.)

SEMUR (Joulain de). Prom. d'aveu de ce qu'il tient à un cheval de service, du *Chât.-du-Loir*; 1342. (r. 344, p. 60.)

SEMUR (Guill. de), bourg. de Rodenne (Rouanne). Maisons aud. lieu : *Forez*, 1350. (r. 491, p. 32.)

SEMUR (Girard de), Chev. F. s. de Billezois : *Billy*, 1353. — Gauvain de Semur, Dam., son fils, *Idem*; 1367. (r. 455, p. 275 ; r. 456, p. 146.)

SEMUR (Hugonin de), *de sine muro*, notaire à Perreux, *Perruaci*. La prévôté de Parregny, ayant appartenue à Guill., son oncle ; ens. la garenne de la Roche : *Beaujeu*, 1421. (r. 485 bis, p. 41 ; r. 486, p. 1, 4.)

SEMUR (Philiberde de), par son proc. Gillet d'Albon, écuyer. T. s. en la part. de Billezeis : *Billy*, 1452. (r. 456, p. 94.)

SEMYN (Hyacinthe), écuyer, Sr des Fontaines, et Françoise Douet, son ép. Le tiers de la dîme de la Roche, cens et autres dev., par. de Branssat.; 1695. — Nicolas Semyn, écuyer, son fils ; *Idem* ; ens. le f. et seg. de Beaudeduit-Chantemerle, par. de Trezel, acq. de Gaspard de Chantellot, écuyer, Sg. de Quiriel ; 1717, 1720 : *Chaveroche, Verneuil*. (r. 475, p. 161 ; r. 477, p. 332 ; r. 478, p. 64.)

SEMYN (Marguer.), ve de Gilbert Badier, écuyer, Sr de Longeville et de Verseille, mestre-de-camp d'un rég. de cavalerie. T. s. de Moulin-Neuf, par. de Chaptel-de-Neuvre: *Verneuil*, 1723. (r. 478, p. 445.)

SEMYN (Nicolas), écuyer, Sg. des Bessons. T. s. de Follet, Champmort et Blasson, ès par. d'Iseure, de St Bonnet et d'Averine ; ens. le fief des Pillaudins, par. de Bagneux. Et, comme hérit. de Magdel. Desprès, son ayeulle, ve de Nicolas de Villaines, écuyer, Sg. de la Condamine. Le fief et seg. de la Pouge : *Belleperche, Chaveroche, Moulins*, 1728. (r. 480, p. 3, 15 ; r. 481, p. 28.)

SENAUD (Jeanne), ve de François Griffet, Sr de Hauteville, fille de Gilbert Senaud. F. s. de Hauteville, par. de Varenne-sur-Tesche : *Chaveroche*, 1720. (r. 478, p. 79.)

SENEAUS (Etienne). Six setiers annuels sur les bleds vendus à *Gannat*; 1301. (r. 457 bis, p. 73.)

SENECTAIRE (François de), bourg., dem. à Vernet, par. St Georges de Monts, fils de Jean-Jaques de Senectaire. Dom. noble de Ravas, et le bois de la Brousse, par. de Charensat ; 1669. — François de Senectaire, aussi Sarnit-Nectaire, Sg. de la Brousse, écuyer, fils de feu Jean-Jaques de Senectaire. T. s. des Havalix, al. Havols, par. de Charenssat ; 1684.— Blaise de Senectaire, fils de François, Dom. noble des Ravas, et bois de la Brousse, par. de Charensat ; 1724 : *Riom*. (r. 499, p. 283 ; r. 500, p. 78 ; r. 503, p. 228 ; r. 509, p. 156.)

SENEITERE (Henri de), écuyer, Sg. de l'Estrange, lieut. du Roi au gouvernemt de Poitou. T. s. de Seneitre, de Valbeleix et de Chetane, par. de Valbeleix et de Champeix : *Mercoeur, Riom*, 1669. (r. 499, p. 501, 502.)

SENETAIRE (François), Cordier, St de Breuilly, enseigne des gardes de M. de la Valiere, gouverneur du Bourbonnois, comme hérit. d'Antoinette Chacaton. Fief de Chastel-Pagnier, par. de Cesset : *Verneuil*, 1688. (r. 474, p. 715.)

SENETAIRE (Jean), écuyer. T. s. de Dreuille et de Chatenaye, ès par. de Cressanges et de Chantelle-le-Chastel : *Verneuil*, 1697. — François Seneterre de Dreuille, écuyer, et Claude Voisin, son ép. F. s. de Chery, par. et chatell. de Souvigny ; 1701. (r. 476, p. 69, 142.)

SENERGUES, al. Senargues (Ant. de), écuyer, et Jean de Senergues, son cousin. Fief de Senargues : *Ahun*, 1506. (r. 452, p. 247.)

SENEUIL (Hodon), Sg. de), *Senolio*. T. s. aux territ. de Valenches et de Rayne : *Forez*, 1329. (r. 493, p. 146.)

SENSON (Louis), écuyer, Sg. d'Ussot. Ténement et seg. d'Oules, par. de Tourtelay : *Hérisson*, 1485. (r. 462, p. 36.)

SEP (Claude du), Chev., pour lui et Alips de Girardieres, sa fe. T. s. de Nouailly et Girardieres : *Billy*, 1506. (r. 452, p. 84.)

SERCY (Guill.), ci dev. receveur en la chatell. de Chantelle. Dîme près le vill. de Carotte, vendue au Duc de *Bourbon* ; 1381. (r. 1356, 257.)

SERGENT (Jean), payeur gén. des rentes en la général. de Tours. F. s. de la Parseche, par. de Vernay ; 1632. — François Sergent, écuyer, son fils ; *Idem* ; 1669. — François Sergent, écuyer, fils de celui-ci, sous la curatelle de Louis Sergent, écuyer, Sg. de la Riche ; *Idem* ; 1686 ad 1693 : *Dun-le-Roi*. (r. 443, p. 31, 42 ; r. 445, p. 28, 368 ; r. 447, p. 46, 159.)

SERGERE (Lazare de), écuyer, veuf de Marie-Charlotte Després, comme tuteur de leurs enfans. F. s. de Roddant. al. Roddon, par. de Montcombroux : *Chaveroche*, 1724, 1728. (r. 478, p. 7, 533.) Signe : Chargere.

SERI, aussi Sery (Guill., al. Perrin de), Dam. Hôtel, terres, dîmes, bois et arr. fiefs de Sery, par. St Beraing ; 1300. — Johannet de Sery, Dam. ; *Idem* ; 1347. — Jeanne de Sery, Damoiselle, veuve ; *Idem* ; 1350 : *Ainay*. (r. 462, p. 347 ; r. 463, p. 60, 61.)

SERICHE (Thibaut de). Terre d'Eschabot-Nyhart : *Angers*, 1434. (r. 337, p. 70.)

SERMENT (Diane de), ve de Henri de Sallers, Chev., Bon dud. lieu. Chât. t. s. de St Martin des Plain ; ens. celui de Monteil et dep. : *Riom*, 1676. (r. 501, p. 28). — Jaques-Victor de Serment, écuyer, fils de Jaques de Serment, écuyer. Dîmes ès par. de Condat et de Chandeles : *Riom*, 1683. (r. 503, p. 126.)

SERNES (Jehannot de), écuyer, pour Alise sa femme, et les enfans d'elle et de Gautier de Mommelle. Partie des dîmes des Quartiers, ès par. de Cuzy et de Luzy : *Bourb.-Lancy*, 1316. (r. 467, p. 14.)

SERRE (Jean de la), *de Serra*, Dam., pour Agnès de Villers, son ép. Terres, cens et tailles, en la par. de Gipsi ; 1352. — Leurs enfans Jean, Guillemine et Marguer., sous la tutelle de Jean de Goux, Dam. ; *Idem* ; ens. l'hôtel, t. s. de Villers, et le moulin de Boulée ; 1366 : *Murat*, *Verneuil*. (r. 460, p. 40, 416 ; r. 464, p. 166.)

SERRE (Claude), md à Jaligny, fils de Jaques de Serre. Fief de la petite Jazziel, par. de Tretau : *Chaveroche*, 1689. (r. 474, p. 744.) Signe : Dessard.

SERVAIN (feu Jean), Jeanne, sa ve, de la par. de Chistenay. Dîme de

Vaulx en la par. de Court-les-Cheruy: *Amboise*; 1462. — Pierre Servain, fils de feu Pierre Servain ; *Idem* ; 1523. (*r*. 432, *p*. 83, 109.)

SERVANT (Jean), paroiss. de S‍t Germain-des-Fossés, pour Petronille, sa fe, fille de feu Durand Aquaire. Cens et rentes en la par. de Vilene : *Billy*, 1322. (*r*. 455, *p*. 307.) Non noble.

SERVELLI (Guill. de), Dam., paroiss. de Traiteaus. pour Agnès, sa fe. Diverses pièces de terre et de vigne au terr. de la Jarrie : *Chaveroche*, 1356. (*r*. 454, *p*. 316.)

SERVIERES (Gilbert de), écuyer, Sr du Theilhat, pour sa mère Anne Tardif, ve de Henri de Servieres, écuyer. T. s. de Couronnet, etc., par. de Biollet, St Priest-de-Champs et autres, en la baron. d'Herment : *Gannat*, 1717. — Jean de Servieres, écuyer, son frère ; *Idem* ; 1724. (*r*. 507, *p*. 195 ; *r*. 509, *p*. 146.)

SERVIN (Louis-François), Chev., Mis de Sablé, Sénéchal d'Anjon, tient la baron. de Chât.-Neuf, du chât. d'*Angers*, et Bois-Dauphin, du *Mans* ; 1665. (*r*. 356, *p*. 4.)

SERVOLLE (François). proc. à Riom, et Marie-Amable Valon, sa fe. Partie de la dîme de Clerlande en la par. St Martin de Varennes : *Riom*, 1683 *ad* 1729. (*r*. 503, *p*. 72, 517 ; *r*. 508, *p*. 17 ; *r*. 510, *p*. 37.)

SERXENS (Ant. de), écuyer. Maison forte, t. s. de Convenes : *Forez*, 1512. (*r*. 491, *p*. 80.)

SESMAISONS (Françoise de), ve de Gui de Laval, Chev., Mis de la Plesse. T. s. de Moulbert, de Cheveste et de la Graslière : *Lusignan*, 1674. (*r*. 433, *p*. 44, 50, 51.)

SEUGIER, *al*. Seugière (Françoise). Fiefs, cens et rentes de Montredon, ès par. de Besse, St Victor et St Diery, en la baron. de la Tour : *Clerm*., 1723. (*r*. 509, *p*. 74, 83.)

SEURAT (Robert de). T. s. de Seurat : *Dorat*, 1506. (*r*. 452, *p*. 253.)

SEURAT (Guill.), écuyer, Sr de Lissay ; 1670, 1680. — Guill. Seurat, écuyer, Jean, François, Marie-Anne, Eléonore-Geneviève, et autres, ses enfans, et d'Eléonore de la Touche. Fief et mét. du Clos-Landry, par. de Leuet ; veherie et vicomté en la par. de Lissay ; 1689 *ad* 1710. — Guillaume Seurat, écuyer, Sr du Clos-Landry. Bois de haute futaye et taillis, par. de Leuet ; et, pour Cather. de Sauzay, son ép.; le fief de Coulon, par. de Soie ; 1717, 1719. — Guill. Seurat, Chev., Sg. de Coulon. Fief de Clos-Landry, et la moitié des bois qui en dépendent ; *Dun-le-Roi*. 1725. (*r*. 445, *p*. 155 ; *r*. 446, *p*. 62 ; *r*. 447, *p*. 40, 120 ; *r*. 448, *p*. 50 ; *r*. 449, *p*. 28, 299 ; *r*. 450, *p*. 38, 55 ; *r*. 451, *p*. 156.)

SEVE (Jean de), cons. du Roi en ses conseils d'Etat et privé, Sg. de Merobert. Rohan, etc. F. s. de Plotard ; 1661. — Claude de Seve, sa fille, ve d'Ant. Girard, Chev., Cte de Villetanaise, proc. gén. en la Chambre des comptes de Paris : *Idem* ; ens. le fief de Champigny en la par. de Ste Thorette ; 1695 : *Vierzon*. (*r*. 443, *p*. 18 ; *r*. 447, *p*. 183.)

SEVE (Pierre de), Chev., Sg. de Laval et de Gravines en Dombes, premier présidt au parl. de Dombes. T. s. de Cuires et de Croix-Rousse, par. de Cuires ; 1702.— Marie de Seves, Comtesse dud. lieu, ve de Louis de Chât.-Neuf, Chev., Mis de Rochebonne, mestre de camp de cavalerie ; *Idem* ; 1721 : *Lyon*. (*r*. 496, *p*. 174, 286, *r*. 499, *p*. 82.)

SEVE (Marie-Magdel. de), ép. de François Brissonnet, Mis d'Oisonville. F. s. de Briou, par. de Mereau: *Mehun.-s.-Y.*, 1711, (*r. 449, p. 74.*)

SEVERAC (Amaulry, Sg. de), et de Beaucaire, Amiral de France, époux de Dame Souveraine de Soulange. Testament par lequel il institue son hérit. univ. Bernard Armaignac, fils de feu Bernard, Cte d'Armaignac, en son vivant Connét. de France, et à son défaut Guill. de Narbonne: *Rodez*, 1421. (*r. 1357, p. 315.*)

SEVEYRAC, aussi Severat, etc. (Jean-Antoine), Chev., Sg. dud. lieu, fils de Jaques Severat. T. s. de la Garde Roussillon; et, comme héritier de Charles Seveyrac, son cousin; la terre et seg. du Chaylard, par. de Chelinargues; 1669. — Jaques-François de Seveyrac, Chev., fils de feu Jean de Severac, écuyer. T. s. de Segur, Romaniargues et le Bac; et, comme hérit. de Jean-Antoine de Seveyrac, son cousin; les chât., t. s. du Chaylard et de Chalinargues, par. de Moyssac-l'Eglise; 1670, 1684 : *Murat, Riom, St Flour.* (*r. 499, p. 194, 195, 789; r. 503, p. 419.*)

SEVEYRAC (Louis de), Chev., donataire de feu François de Seveyrac, Chev., son oncle, et son ép. Marie-Françoise de Bordelles, hérit. de Jean de Bordelles, son frère. Chât. t. s. de Seveyrac, de la Chassaigne et de la maison du Pachou, ès par. de Celles, Moyssat et autres; metairie de Chameane et dîme de Borsiac ; ens. la t. et seg. du Pouget, par. St Martin des Plains ; 1669. — Jaques de Seveyrac, Chev., tant pour lui que pour les enfans dud. Louis, son frère, et pour Claude, son autre frère. Partie des mêmes terres et seg ; 1684. — Claude-Gilbert de Severac, Chev., fils dud. Louis et de Marie-Françoise de Bordelles, dem. en son chât. de Pouget. Mêmes possessions ; 1684 *ad* 1699. — François-Aldebert de Seveyrac, Chev. ; *Idem;* 1723, 1725 : *Issoire, Mercoeur, Murat, Riom, St Flour, Usson.* (*r. 499, p. 1 ad 5; r. 500, p. 66; r. 502, p. 74, 759; r. 503, p. 254; r. 505, p. 4, 255; r. 508, p. 92; r. 510, p. 13.*)

SEVIN (Alexandre-Jean), Chev., Sg. de Gomer, cons. au parl. de Paris. Terre et chatell. de la Tournerie, acq. de Hercules-François, Cte de Boiron, gouv. de la ville de Morlaix; ens. les f. et seg. de Louzé, Roullée, St Thomas, St Remy-Duplain, etc., au vicomté de Beaumont : *Sonnois*, 1682 *ad* 1690. (*r. 410, p. 12 ; r. 421, p. 39, 40.*) Rel. de lui : Louis de Cissay, écuyer ; Pierre Deu, Chevalier.

SEXTIER (Jean), et Perrot Gigny à cause d'Alips, sa f^e. Ancien chesal appel. la Garenne, et un arpent de bois : *Bourbon.*, 1393. (*r. 463, p. 263.*) Non noble.

SEYLLONA (... *mundus de*). Fief à Livry, au mandem^t de St Bonit-le-Chastel : *Forez*, 1290. (*r. 493, bis, p. 9.*)

SEYSEULO (Jean de) Dam. remet à Ysabeau de Harcourt, Dame de Rossillon et d'Annonay, un cens percept. sur le lieu dit le Colombier, en reconnoissance des bienfaits dont elle l'a comblé, 1405. (*r. 1393, p. 907.*)

SEYSSUEL (Jean de), Dam. Vente de cens et rentes ès par. de St Roman en Gier et de St Jean Atellas : *Forez*, 1375, (*r. 494, p. 124.*)

SHITTON (François), écuyer. T. s. de Plibou : *Civray*, 1676. (*r. 433, p. 15.*)

SIBERT (Claude), notaire. Rentes nobles de Menon et de Montverdun, par. St Martin de la Plaine : *Lyon*, 1676.— Marguer. Sibert, sa v^e, tutrice de leurs enfans Claudine, Helene, Marianne, Victoire, Claude, autre Helene et Cather. ; *Idem* ; 1681. (*r*. 495, *p*. 21, 103.)

SIBOD, *al.* Sybon (Guillemet), Dam. La grange de Sollacher, *al.* Folliatier, et dép. ; ens. ce qu'il tient dans les confins de la Tour de Jarese : *Forez*, 1334. (*r*. 492, *p*. 143, 263.)

SICAUD (François), bourg. de Montluçon. Fief de Villecorp., par. de Ronnet : *Montluçon*, 1684. (*r*, 474, *p*. 479.)

SICAUD (Françoise), vᵉ de Gilbert des Rolines, bourg. de Bourb.-l'Archamb. Dîme et terrage appel. de la Proterie, par. et châtell. de *Bourb*. ; 1691. (*r*. 475, *p*. 63.)

SICAUD, aussi Sicauld (Géofroy), écuyer, Sʳ de Mingaud, fourrier des logis de feue Madᵉ la Dauphine. T. s. de la Ramas, par. de Vosse : *Vichy*, 1717. — Géofroy Sicauld de la Ramas, receveur des traites foraines à Vichy, pour sa fᵉ Dorothée Gardin, et aussi pour Jaques Renaud, écuyer, Sʳ de Charel, major de la citadelle de Perpignan, et Charles Renaud, écuyer, gendarme de la garde du Roi, donataire d'Elisabeth Regnaud. T. s. de la Guillermie, par. de Ferriere : *Billy*, 1720. — Géofroy Sicaud, écuyer, secrét. du Roi. T. s. de la Ramas, par. de Vaisse et Hauterive : *Vichy*, 1726. (*r*. 477, *p*. 551 ; *r*. 478, *p*. 47 ; *r*. 481, *p*. 1.)

SIGNE (Thomas de), écuyer. Cens et rentes du chef de sa fᵉ Jeanne de Jeu, fille de Philippon de Jeu, *al.* Jou : *Loudun*, 1422, 1442. (*r*. 341, *p*. 76, 77 ; *r*. 346, *p*. 31, 40.)

SILHONES (Perle de), et Ysabelle, son ép., fille de Guill. de Fontoime, Terres, vignes, prés, cens et tailles en la par. de Thelon : *Moulins*, 1299. (*r*. 454, *p*. 104.)

SILLÉ (Guill. de), Chev., Sg. de Sillé, doit au Cᵗᵉ du *Maine* 3 chev. de service, pour les terres et seg. qu'il tient de lui ; 1384. (*r*. 343, *p*. 66 ; *r*. 345, *p*. 80.)

SILLEUR (René le), Chev., Sg. de Cheviers, tient du chef de sa fᵉ Françoise le Vayer, fille de feu Jaques le Vayer, le fief de Mebezon : *Mans*, 1649. (*r*. 355, *p*. 65.)

SIMÉON, *al.* Siméau (Joseph de), écuyer, et Marguer. d'Escoublanc, son ép., fille de feu Alexand. d'Escoublanc, écuyer, Sg. de la Guitardiere, et de Marguer. Jacque. F. s. de Chafaud : *Secondigny*, 1727. (*r*. 438, *p*. 565.)

SIMIANE (François de), Chev., Mⁱˢ de Gordes. Châtell., t. s. de Cernusson et Lassay, à lui survenues par son mariage avec Anne de Sourdis : *Angers*, 1653. (*r*. 355, *p*. 61.)

SIMIANE (François-Alphonse de), Mᵉ de l'Oratoire de S. A. R. le Duc d'Orléans, Régent du royaume. T. s. d'Imphy, par. *id.*, acquise de la princesse Casimire de Pologne : *Moulins*, 1720. (*r*. 478, *p*. 90.)

SIMIANE (Françoise-Ursule), vᵉ de Noël Brulart, Chev., Cᵗᵉ du Rouvre. Chât. t. s. de la Faye, par. d'Olivet : *Clerm.*, 1723. (*r*. 509, *p*. 39.)

SIMON (Pierre). de Sᵗ Habund, clerc, Ténemᵗ et vigne en la par. de Reneison : *Forez*, 1290, 1291. (*r*. 493, *p*. 136, 137.)

SIMON (Conuet), Fief assis à la Perinniere, par. Sᵗ Germain : *Montfaucon*, 1453. (*r*. 333, *p*. 41.)

SIMON (Louis), écuyer, Sg. du Mortier. Rentes en seigle, par. Sᵗ Germain : *Montfaucon*, 1499. (*r*. 332, *p*. 84.)

SIMON (Clément). Fief de Jusset, le g^d et petit, en la châtell. de Charroux : *Bourb.*, 1506. (*r.* 452, *p.* 94.)

SIMON (François), fils de Jaques Simon et de Cather. Agard. Fief de la Roche Chausenay, par. d'Allouy : *Mehun-s.-Y.*, 1668. (*r.* 443, *p.* 52.)

SIMON (Jaques), fermier de la seg. de Brenay, comme hérit. de Cather. Simon, sa tante, v^e de Pierre Agard, Sr de Champt-à-Loup. Fief des Brenésins, par. de Brenay : *Vierzon*, 1670. (*r.* 444 et 445, *p.* 9 et 10.) — Isaac, aussi Jean-Isaac Simon, son fils et de Perine, al. Jeanne Dorneau, pour lui, ses frères et sœurs. Terres appel. les Brenéfins, par. de Brinay : *Vierzon*, 1682, 1693. (*r.* 445, *p.* 345 ; *r.* 447, *p.* 142 et suiv.)

SIMON (Louis), Sr de la Godiniere, fils de François Simon, Sr de la Chausenay, et petit-fils de Jaques Simon. F. s. de la Godiniere, et terrage en la par. de Brenay : *Vierzon*, 1672. (*r.* 444 et 445, *p.* 47 et 105.)

SIMON (Marguer.), v^e de Jean Lurchy al. Turch, notaire, héritière de feu Pierre Simon, m^d. F. s. du Bois-Berrier, par. de Mornay-sur-Allier : *Bourb.*, 1712, 1725. (*r.* 477, *p.* 84 ; *r.* 480, *p.* 23.)

SIMON (Benjamin), m^d drapier à Romorantin. Fief et mét. du Priou, par. de Mereau, et le fief et terrage de la Fregeoliere, par. de Teillay, acq. de Marie-Magdel. de Seve, ép. de François-Bernard Brissonnet, Mis d'Oysonville : *Mehun-s.-Y.*, 1721. (*r.* 451, *p.* 10.)

SIMON (Denys), bourg. Cens, tailles et 2 étangs en la par. de Ceron : *Moulins*, 1720. (*r.* 478, *p.* 98.)

SIMONAULT (Jean), écuyer. Fief de Monzay, par. de Faye-sur-Ardin : *Fontenay-le-Cte* 1663. — Pierre Simonault, écuyer ; *Idem*, 1714, 1716. (*r.* 433, *p.* 267 ; *r.* 437, *p.* 260 ; *r.* 438, *p.* 152.)

SIMONET (Etienne), du Vernoy. Partie de vigne et 2 pièces de terre en la par. de Livry : *Bourb.*, 1300. (*r.* 464, *p.* 429.)

SIMONET (Guill.), paroiss. d'Ottoverins, pour Bonne, sa f^e. Moitié de ténem^t de Gros-Loup, dom. et cens, par. de Varennes : *Chaveroche*, 1378. (*r.* 468, *p.* 40.) Non noble.

SIMONET (Pierre, Jean et Jeanne), frères et sœur. Ténem^t de Malvernay, terres, prés et vignes : *Chaveroche*, 1443. (*r.* 467, *p.* 293.) Non noble.

SIMONIN (Guill.), Dam., Sg. du Bosc de Chiseue. Cens, tailles et moitié d'un bois ès par. de Malletas et de Sausaigne : *Bourb.-Lancy*, 1315. (*r.* 466, *p.* 140.) — Guillelmine, fille de feu Guill. Simonin, Dam. Troisième partie de l'hôtel qui fut à Jean-Phil. Symonin de Mesengi, vignes et terres environnantes : *Bourbon.*, 1353. (*r.* 465, *p.* 49.)

SIMONIN (Jean), fils de feu Jean Simonin, Dam. F. s. de Bruillat, par. de Mesangi : *Bourbon*, 1323. (*r.* 465, *p.* 34.)

SIMONIN (Guill.), écuyer, Sg. de Chizeul. Cens, rentes et tailles au vill. de Millieres : *Bourb.-Lancy*, 1312. (*r.* 467, *p.* 83.)

SIMPLE (Louis). Maison en la rue de Bourchanin : *Lyon*, 1676. (*r.* 495, *p.* 68.)

SIMPLET (Pierre), de St Geran-le-Puy. Deux dîmes en cette par., quelques terres, cens et rentes : *Billy.* 1445. (*r.* 457, *p.* 21.)

SIOLET (Pierre), paroiss. de Begnes, à cause de Bonète, sa f^e, fille de feu Guionet de Begnes. Huitième partie d'un moulin au ter. de Neuville, maisons et terres ; châtell. de *Rochefort*, 1343. (*r.* 458, *p.* 21.)

SIRAMY (Martin), m^d, fils de feu Gilbert Siramy, m^d. Dîme et fief, par. de Louroux de Baune : *Chantelle*, 1722. (*r*. 478, *p*. 161. 263.)

SIRAND (Austorge), et Jean de Viger, bourg. d'Aurillac ; ens. Pierre de Montjoue, homme de loi, s'engagent de restituer 12 animaux qu'ils avoient saisis sur le mas de Rocasolier, ou de payer 40 l. tour. : *Carlat*, 1344. (*r*. 473, *p*. 99.)

SIRAT (Jean dit), de Changi. Déclaration des tailles qu'il perçoit sur divers ténemens : *Arcy*. 1378. (*r*. 467, *p*. 10.)

SIRET (Hugues), paroiss. de Louchy. Fief, dom. et seg. de Maignols, *al*. Maignoux, par. de Voussat : *Murat*, 1486, 1488. — Jean Siret, écuyer ; *Idem* ; 1505. (*r*. 432, *p*. 62 ; *r*. 453, *p*. 82 ; *r*. 482, *p*. 14 ; *r*. 484, *p*. 27.)

SIROT (Jean), dit ly Lochars, Dam., fils de feu Etienne Sirot, Chev. Le mas du Chesaux, dom. et justice, par. de Mars, dioc. de Mâcon : *Beaujeu*, 1324. (*r*. 485, *p*. 103 ; *r*. 486, *p*. 89.)

SIROT (Etienne de), Sg. de Busquoile, époux de Marie-Renée de la Mote-Fromant ; Jeanne de Lostanges de Beduer, v^e de Louis de Beauvoir, Sg. de St Paul. Partage entr'eux de la t. et seg. de Jarniost. par. de Ville-sur-Jarniost : *Lyon*, 1734. (*r*. 498, *p*. 115.)

SIRVINGES (Robert de), Chev., prieur de St Jean des vignes à Châlons sur Saône, fils unique de Jean de Servinges, Chev. Chât. t. s. de la Motte-Camp.; fief du Liesme, et rentes nobles, par St Bonet de Cray et de St Denis de Cabanes : *Lyon*, 1734, 1739. (*r*. 498, *p*. 133, 167 ; *r*. 810. *p*. 30.)

SIRY (Louis de), écuyer, Sg. de Champlon. T. s. de la Faye, du Vergier, du Coursay et du Bouchet, ès par. de Matefray, du Bouchet et de la Faye : *Moulins*, 1716, 1723. (*r*. 477, *p*. 181 ; *r*. 478, *p*. 439.)

SIVERES (Ant. de Gerbert de), écuyers. Cens et rentes, par. du Teil et autres ; présens, Louis de St Aubin et Huguet de Malgerbert, écuyers : *Chantelle, Verneuil*, 1443. (*r*. 459, *p*. 27.)

SIVRAY (Guill. de), autrement de Thieu-Auçon, Dam. Hôtel, dom. et seg. de Sivray, par. de Coleuvre et de St Placide : *Bourbon.*, 1322. (*r*. 464, *p*. 379.)

SIVRAY (Jean de), paroiss. de Teneuil, pour Agnès du Brognicay, sa mère. Maison sise au chesal de la Kaminière, et ses apparten. : *Bourbon.*, 1401. (*r*. 465, *p*. 80.) Non noble.

SOBER (Jean), fils de Jean. Cens et tailles et quelques légers domaines en la par. d'Ingrande : *Bourb.*, 1443. (*r*. 365, *p*. 88.) Non noble.

SOCHE. Voy. Souche.

SOCHET (Julien), écuyer, Sr de Villebonin. T. s. de Chambretel : *Maubergeon*, 1669. (*r*. 433, *p*. 128.)

SODOY (Guill. de), Dam., paroiss. de Gharede. Dom., bois et cens en la par. de Chavanne, *al*. Thavane : *Murat*, 1322. (*r*. 461, *p*. 19.)

SOIL..... (Archinbaud de), Dam., Dom., rentes, cens, tailles et arr. fiefs ès par. de Bar, Montcombroux et autres : *Chaveroche*, 1322. (*r*. 468, *p*. 250.)

SOISSONS (Jean de), Chev., Sg. de Moreul, prince de Poix. T. s. de Suze : *Mans*, 1504. (*r*. 348 *bis*, *p*. 15.)

SOISSONS (Radegonde de), v^e de François de la Mothe, Chev. T. s. de Feuillet : *Amboise*, 1642. (*r*. 358, *p*. 69.)

SOLAS (Louis), écuyer, Sr de Vodot, à cause de Bonne de Chemeres, sa fe. Rentes en grain et argent. *Chantelle*, 1453. (*r.* 458, *p.* 105.)

SOLEIL (Gilbert du), fils d'Etienne du Soleil, petit fils de Jean. Maison, fief et rente noble de Pierre-Benite, tour avec pénonceaaux et chapelle, par. d'Oulines : *Lyon*, 1707. (*r.* 496, *p* 183 *ad* 185.)

SOLET (Jean de), fils de Guill. Solet. Rentes acq. des feus Renaud et Phil. de Bourbon, Dam.: *Gannat*, 1352. (*r.* 458, *p.* 50.) Non noble.

SOLEYLLANT (Fleurdelise, ve de Jaquet, aussi Jaquemet, aussi Jean), donne à l'hôpital de Montbrisson un pré sis aud. lieu ; 1298.—Jaquemet et Guill. leurs enfans vendent à Baronet Gaurant, de la Carriere-neuve de Montbrisson, une vigne située à la Garde-Conteys ; 1307, 1310 : *Forez*. (*r.* 1402, *p.* 1367, 1388, 1404.)

SOLHOLS (Guill. de), tient de Phil. de Levis, Sg. de Florensac et de la Roche, divers cens et rentes au mandement de Meissillac : *Forez*, 1345. (*r.* 1398, *p.* 754.)

SOLIGNE (Renaud de), Sg. d'A..... Habergement de Leppin-Grandiere en la chatell. de Mayet : *Chât.-du-Loir*, 1344. (*r.* 344, *p.* 81.)

SOLLEMPNIACO, traduit Solegny (Beraud, *al.* Lheutand, sire de): Chât. t. s. d'Auriol, au dioc. du Puy ; 1317, 1334. (*r.* 492, *p.* 196 ; *r.* 1400, *p.* 990.)

SOLLIER (Amirault du), autrement Limoziniere, écuyer, reçoit du Duc de Bourb., 300 francs d'or en indemnité des injures et spoliations qu'il a éprouvées en passant par Moulins ; 1367. (*r.* 1377, *p.* 2869.)

SOLLIER (Claude et Ant. du), fils de feu Regnaud du Sollier, Me de la monnoye de Trevoux, vendent à Pierre de Bourbon, la moitié d'une maison sise à Trevoux ; 1483. (*r.* 1390, *p.* 550.)

SOLOMHAC (Bernard de), écuyer, homme d'armes de la Compie du Cte de Dampmartin. T. s. de Solomhac, et divers manoirs en la par. de Boisset : *Calvinet*, 1468. (*r.* 471, *p.* 105.)

SOLON (Libert de). Moitié du chesal du Plesseis, terres, prés, bois, vignes et cens : *Germigny*, 1307. (*r.* 465, *p.* 304.)

SOMERIAT (Hugues de), *Someriato*, Dam. Deux manoirs et dép. : *Bourb.-Lancy*, 1323. (*r.* 466, *p.* 154.)

SOMMERKER (Jean-Daniel), de Gempe, et Marie-Anne de Toutteville. T. s. de Bressolle, par. de même nom : *Moulins*, 1726, (*r.* 479, *p.* 77.)

SOMMIEVRE (Maximilien de), écuyer, fils de François Sommievre, écuyer, Chât. t. s. de Parentignat, Buron, Hironde et la Fayette-Vieille, par. d'Auzelle et de Parentignat : *Riom, Usson*, 1669 *ad* 1685. (*r.* 499, *p.* 107, 108 ; *r.* 500, *p.* 80 ; *r.* 503, *p.* 58 ; *r.* 504, *p.* 33.)

SONNAIN, *al.* Sonnin (Pierre). Terre et chatell. de Daon : *Angers*, 1406. (*r.* 337, *p.* 84 ; *r.* 340, *p.* 129.)

SONNET (David), apothicaire à Bourges, comme mari d'Anne Bonnet, fille de feu Jean Bonnet. Maison sise à *Bourges* ; 1670, 1672. (*r.* 444, *p.* 58, 127.)

SORBERS (Artaud de), Dam. Partie des Landes de Rugieres, par. de même nom ; 1300. — Gui de Sorbers, clerc, Dam. Moitié de la terre qui fut à Bartholomée Bezon, et qu'il partage avec Anselme et Eustache de St Martin, Dam. ; ens. les aides de la foire de Rugieres ; 1300 : *Billy*. (*r.* 457, *p.* 147, 200.) Voy. Sorbieres.

SORBERS (Marguer., v⁵ de Hugues de), Chev. Dom. et cens à Sorbers: *Chaveroche*, 13... (r. 468, p. 8.)

SORBET (Archinbaut de), Dam., à cause de Jeanne, sa fᵉ, fille de feu Pierre de Jantes, Chev. Cens, rentes et tailles ès par. de Sorbers et de Montcombros: *Chaveroche*, 1300. (r. 468, p. 327.)

SORBIERES (Aymon de), Chev. Cens en grain et argent ès par. de Sᵗ Loup et de Voroz, *Vorotio*: *Verneuil*, 1300. (r. 460, p. 259.)

SORBIERES (Guiot de), fils d'Artaud de Sorbieres, Dam. Moitié des cens et tailles de la Villefranche de Raugeres qu'il partage avec le Sire de Bourbon: *Billy*, 1322. (r. 456, p. 186.)

SORBS, al. Sorps (Durand de), fils de feu Pierre de Sorbs; Pierre de Sorbs, fils de feu Girald de Sorbs et Pierre de Pliens, paroiss. de Boysset, dioc. de Clermont. Troisième partie du mas de Sorbs, dom. et dr. en dép.: *Carlat*, 1304. (r. 473, p. 146.)

SORCE (André), fils de Jean Sorce. Herbergement ou métairie de la Micheliniere, par. d'Azay-sur-Cher: *Amboise*, 1480. — Perrine, sa vᵉ, dem. à Tours; *Idem*; 1515. (r. 432, p. 15, 83.)

SOREAU (Huet). Les bois de Flee, dits les bois de Jarryaie: *Chât.-du-Loir*, 1342. (r. 344, p. 52.)

SORET (François), mᵈ, fils de Jean-François Soret. F. s. de la Bourgonnerie, par. Sᵗ Bonin: *Ainay*, 1714, 1717. (r. 477, p. 117, 616.)

SORIN (Guill.); Mathe Sorine, sa sœur; Pierre Volu et Perrine Sorine, sa fᵉ, vendent au comte d'Angoul., leur dom. de Peublanc en la par. de Cherues, près de *Cognac*; 1492. (r. 1404, p. 280.)

SOUBRANY (Amable), cons. au présid. de Riom, fils de Jaques Soubrany, cons. au même siége, et de Susanne de Golefer. Dîmes ès par. de Charbonnieres-les-Varennes, de Chatel-Guion et autres: *Gannat*, *Riom*, 1669. — Amable Soubrany, son fils; *Idem*; 1684, 1686. — Amable Soubrany, Sʳ de Veyrieres, av. en parl., fils de celui-ci; *Idem*; 1716. — François-Amable Soubrany, trés. de France; *Idem*; 1722. (r. 499, p. 650; r. 502, p. 103; r. 503, p. 186; r. 504, p. 105; r. 507, p. 27; r. 508, p. 6.)

SOUBRANY (Jaqueline), vᵉ d'Annet du Fraisse, écuyer, Sg. du Cher, secrét. du Roi, cons. honor. au présid. de Riom. Chât. t. s. de Sᵗᵉ Christine, par. id., acq. d'Annet-Gilbert Boyer, écuyer, Sg. de Saunat: *Gannat*, 1723. (r. 508, p. 16, 83.)

SOUBSTOUR. Voy. Sous-la-Tour.

SOUCANIOL (Etienne de), Dam. Redevance sur la dîme de Sanciat, cens et tailles: *Verneuil*, 1342. (r. 460, p. 65.) Au dos: Souteneol.

SOUCELLE (Anceau de), écuyer, Sg. de Soucelle et d'Oyre. Haute justice à Lyaus: *Baugé*, 1503. (r. 348, p. 18.)

SOUCHE (Himbaud de la), Chev. Cens, rentes et tailles en la par. de Sonat: *Chantelle*, 1322. (r. 458, p. 54.)

SOUCHE, aussi Soche (Jean de la), *de Sochia*, Dam. Hôtel, dom. et seg. de la Souche et de Salevert, par. de Doyet; autres possessions et dr., par. de Sᵗ Bonit, etc.; et, pour Ysabelle de la Roche-Raoul, al. la Roche-Gradulphe, Damoiselle, son ép. Hôtel, t. s. de Varennes, dr. d'usage dans la forêt de l'Espinace, par. de Cosne et Auton; terres, dîmes, garenne, cens et tailles ès par. Sᵗ Saturnin, Villefranche et autres: *Hérisson*, *Murat*, 1377. (r. 460, p. 396; r. 461, p. 9; r. 462, p. 156.)

SOUCHE (Raoulin de la), Dam. Rentes et cens en grain, à la mesure de Montmareau, etc. : *Montluçon, Murat,* 1398. (*r.* 461, *p.* 57, 140.)

SOUCHE (Pierre de la), écuyer. Hôtel, t. s. de Salevert, par. de Doyet, et moitié de divers bois et garennes : *Montluçon, Murat,* 1443. (*r.* 466, *p.* 347.)

SOUCHE (Charles de la), écuyer. Partie des seg. de la Souche, de la Varenne et de Beaume. — Jean de la Souche, écuyer ; *Idem : Hérisson, Murat, Souvigny,* 1505. — Jean de la Souche, écuyer, Sr de Beaumont. Dîmes, cens et rentes en la par. de Tortezay : *Hérisson,* 1506. (*r.* 453, *p.* 42, 113, 121.)

SOUCHE (Jeanne de la), v^e de Victor des Champs, écuyer. Fief des Montays, par. de Domerat : *Montluçon,* 1703. (*r.* 476, *p.* 125.)

SOUCHE (Gilbert-Bon de la), écuyer, Sg. de Bois-Aubin, fils de feu François de la Souche, écuyer. Fiefs de Bois-Aubin, le cheseau St Bonnet-le-Desert, par St Bonnet ; ens. deux dîmes : *Ainay,* 1711. (*r.* 477, *p.* 35.)

SOUCHE (Claude de la), v^e de Gilbert Maistre, écuyer, tutrice de leurs enfans Michel, Léonard et Gabriel Maistre. F. s. du Max-du-Theillet et de Rochebut, par. de Theillet : *Montluçon,* 1720, 1728. (*r.* 478, *p.* 138 ; *r.* 460, *p.* 72.)

SOUCHE (Alexandre de la), Chev., Sg. d'Abret, Vaubresson, etc., sous brigadier des mousquetaires. T. s. de Foucauds, par. de Chemilly et de Besson : *Beçay,* 1736. (*r.* 481, *p.* 174.)

SOUCHET (Guill.). chan. de Clermout, Etienne Souchet, licentié ès lois, Michelet et Ant. Souchet, frères, écuyers. Baronnie, t. s. de Briou, relev. du Cte de Montpensier : *B.-Auvergne,* 1494. (*r.* 471, *p.* 196.)

SOULAS (Louis), écuyer, Sg. de Vodot. Tour, forteresse, basse-cour, dom. et seg. en la ville d'Estole ; autres dom. et dr. en la par. de Broue : *Chantelle,* 1453. (*r.* 469, *p.* 58.)

SOULAUD (Louise). Partie des dîmes des Chevaliers, par. N. D. de Montluçon ; 1718. (*r.* 477, *p.* 624.)

SOUMARD (Vincent), Sr de la Grange. F. s. de Villeneuve ; ens. la t. et seg. de Laleuf, par. de Mesple, acq. de Jean de Louan, Chev., Sg. de Cousay : *Bourges, Hérisson,* 1723. (*r.* 451, *p.* 88 ; *r.* 478, *p.* 406.)

SOURCHES (Jean de), Chev. de l'Ordre, capit. de 100 h. d'arm. T. s. de Mauge et de Malicorne, qu'il tient du chef de Magdel. de Baif, sa mère : *Chât.-du-Loir,* 1606. (*r.* 452, *p.* 28.)

SOURCHES (N. de), Cte de Montsoreau. Chatell. t. s. de Neuilli : *Saumur,* 1699. (*r.* 425, *p.* 75, 76.)

SOUROUX (Pierre), m^d. F. s. de Cagnons, *al.* Cagnouet, par. de Monbeugny ; 1711. — Gabriel Souroux, m^d, son fils ; *Idem* ; et, à cause d'Anne Girard, sa f^e ; maison de Fougerolle, sise à *Moulins* ; 1722, 1728. (*r.* 477, *p.* 58 ; *r.* 478, *p.* 178 ; *r.* 480, *p.* 16.)

SOUS-LA-TOUR (Milon de), *de Subtus turre,* Dam. Maison de la Tribale, sise à Nocle. dom. et seg. ; ens. deux fiefs que tiennent de lui le sire Odon de Pierrechain, Chev., et Hugues de Laumont, Dam. ; 1327.— Gauthier, *al.* Gaucher de Sous-la-Tour, Chev., sire de la Nocle, se plaint au Sg. de Luzy et de Bourb.-Lancy des malfaiteurs qui ravagent ses possessions ; 1354. — Louis et Guichard, ses enfans, déclarés majeurs par le

B^{on} d'Espoisse et de Bourb.-Lancy ; 1371. — Guichard de Sous-la-Tour, Chev. Maison et forteresse de la Nocle, dom. et seg. ; ens. le bois de la Nocle qu'il partage avec Jean de Marcilli, Chev. ; 1394, 1396: *Bourbon-Lancy*. (r. 466, p. 131, 169, 170 ; r. 1377, p. 2945, 2949.)

SOUVIN (Pierre), chatellain de Daon: *Angers*, 1406. (r. 337, p. 84.)

SOUVRÉ (Françoise de), Dame de Lansac, gouvernante du Roi, comme tutrice d'Armande de Lusignan, fille de feu Arthus de Lusignan de St Gelais, Chev., Sr de Lansac, et Henri-François de Lassé, M^{al} de camps au reg. de Piémont, pour Dame Marie de Lusignan, son ép., sœur delad. Armande. Chatell. t. s. de Ballon : *Mans*, 1652. (r. 355, p. 17.)

SOUVRÉ (Anne de), M^{ise} de Louvois et de Courtanvau, v^e de François-Michel le Tellier, Chev., Mis de Louvois, ministre et secret. d'Et. F. s. de Cullant ; ens. la forêt de Grailly : *Dun-le-Roi*, 1712. (r. 449, p. 98.)

SOYSI (Hugues de). Troisième partie de la terre de Montaudir, à cause du douaire de sa f^e; et hommes tailliables en la par. de Belon, etc. : *Moulins*, 1300. (r. 454, p. 294.)

SPARNIERS, *al.* Esparniers, *Sparneris, Esperneriis*, (Guill. de), Dam., Sp. du chât. de Sparniers, du consentem^t de Cather., son ép., et de Lirençon, *al.* Jarençon, leur fils, vend à Pierre Goy et Guillemet la Claposa, enfans de Bernard la Claposa, habitans d'Achoges, *Achogiis*, par. de Graloze, son ténem^t del Pruebi-d'Esperniers : *Forez*, 1280. (r. 1381, p. 3316.)

SPY D'AUZOLLE (J. B.) juge civil et crim. à St Flour. Chât. t. s. de Ternes, et le mandem^t de Tagenat, ès par. de Ternes, Villedieu, Vergezy et autres : *St Flour*, 1740. (r. 511, p. 54.)

STAMPLE (Pierre), trésorier et payeur de la gendarmerie. Fief du Petit Villarson, acq. de Jaques Sanson, écuyer: *Orléans*, 1623. (r. 355, p. 98.)

STEVENET (Jonet), paroiss. du Teil, pour Cécile, sa f^e. Diverses parties d'héritages: *Chantelle*, 1404. (r. 458, p. 335.) Non noble.

STEVENIN (Jean), du Chaulmes, à cause de Marguer. de Chancois, sa f^e. Hôtel, grange, vacherie et terres à Chancois, par. d'Ingrande : *Bourb.*, 1443. (r. 464, p. 192.) Non noble.

STRADA (Jean de), écuyer, fils d'Octavio Strada, écuyer, pour lui et son frère Octavio ; 1669 *ad.* 1685. — Jean de Strada, Chev., son fils, et Magdel. du Crou, f^e de celui-ci; 1700 *ad* 1723. T. s. de Couron, Aubière et Sarlieu, *al.* Sarlière, avec les ruines d'un chât., le dom. et mouv. en dép., par. St Hilaire ; ens. droit de bateau sur l'Allier, acq. de Gabrielle-Henriette de Sedière, f^e de François de Bonne, Chev. : *Clermont, Riom*, (r. 499, p. 139, 140 ; r. 502, p. 130 ; r. 503, p. 132 ; r. 504, p. 77 ; r. 506, p. 108 ; r. 507, p. 77 ; r. 508, p. 62.)

STRATA (Jean, Pierre, Durand et Guillemet de), enfans de Hugues, *al.* Hugonet de Strata. Hospice, jardin, pièce de terre et moitié du four de Cernerie: *Forez*, 1334, 1340. (r. 491, p. 50, 110, 129, 253, 255.)

STUARD (Jaques), de Cossade. T. s. de la Vauguyon, saisie par lui et poursuivie sur André de Bethevent de Cossade et Marie Stuart de Cossade, sa f^e : *Maubergeon*, 1680. (r. 435, p. 99.)

SUARD, *al.* Suhard (Gilles), pour sa f^e Louise Bonnier, et François Chesnay, mari de Julienne Bonnier, filles de feu Michel Bonnier, apothic.

au Mans. Maison et cour en la ville du *Mans;* 1607. (*r.* 353, *p.* 61.)

SUCY (Jean de), prêtre. Moitié de l'hôtel, dom. et mouv. de Fremigne, par. de Chastelley ; ens. un étang et tailles en la par. de Barday : *Aynay, Hérisson,* 1367. (*r.* 462, *p.* 160, 304.) Non noble.

SUDRE (Belote), *déguerpie feu Jaquet* Jarre, fille et seule héritière de feu Helies Sudré, donne en rente perpétuelle à Graciot Douhet, son cousin, un verger sis à *Cognac*; 1423. (*r.* 1405, *p.* 377.)

SUEMATIN (Jean de), bourg. de Limoges. Seg. foncière et directe du vill. des Bouchery, par. de Compreignat : *Marche,* 1512. (*r.* 470, *p.* 262.)

SUGNEU, *al.* Sugureu (Ant. de), écuyer. Chât. t. s. de Rousset et d'Ailly : *Beaujeu, Forez,* 1512. (*r.* 483, *p.* 87.)

SUGNY (Ant. de), *Sugniaco,* Dam., fils du sire Berthon de Sugny, Chev. et de Dame Arthaude de Grandval. Chât. t. s. de Suigny au mandement de Bussy ; de la Salle et de la Gentilière au mandement de Donzy, et de St Just en Chavalet : *Forez,* 1414. (*r.* 493, *p.* 142.)

SUIROT (Claude), écuyer, Sr du Coudreau. F. s. de Larnou et Champ-Romard, par. d'Eschiré: *Partenai,* 1697. (*r.* 436, *p.* 120.)

SULLY (Henri de), *dominus Sulliaci,* en présence de son oncle Simon, archev. de Bourges, et de son frère Archambaud, Sire de Bourbon, se rend caution pour sa parente Agnès de Goson et Guill. son fils, de l'hommage de la terre de Goson, à rendre par celui-ci lorsqu'il sera en âge compétent ; 1229. (*r.* 1369, *p.* 1660.)

SULLY (Henri de), Bouteillier de France, et Jeanne de Vendôme, de l'agrém[t] du Roi, promettent leur fille Marguer. à Jean, fils du Cte de Clermont, Sire de *Bourbon;* 1320, 1321. (*r.* 1355, *p.* 1449 ; *r.* 1377, *p.* 2801.)

SULLY (Gilles de), Chev., Sire de Beaujeu et d'Aynay-le-Vieux. Hôtel des Barres en la ville de Bourbon ; cens, rentes et tailles ès par. d'Aguirande, St Aubin, Rocles et autres: *Bourb., Hérisson, Murat, Verneuil,* 1323. (*r.* 464, *p.* 380.) — Guy, aussi Joffroy, *al.* Géoffroy de Sully, Sg. d'Aynay-le-Vieux. T. s. et baillie des Barres ; dr. d'usage en la forêt de Troncey ; ens. la terre de Gastellieres à Ingrande : état des revenus de ces terres, dressé après sa mort pour Guy, son frère, Chev.: *Aynay-le-Chatel, Bourb.,* 1374 *ad* 1384. (*r.* 464. *p.* 125 ; *r.* 465, *p.* 91, 92; *r.* 469, *p.* 24.)

SULLY (Henri, sire de). Chât. t. s. d'Espineuil et arr. fiefs, par. de Neully et autres. — Louis, sire de Sully. Même terre d'Espineuil ; ens. les chatell. d'Orval et de Bruyère-sur-Cher, mote et chat. de Montraon, et arr. fiefs: *Aynay, Hérisson,* 1365. (*r.* 462, *p.* 37, 40, 230.)

SULLY (Guill. de), Sg. de Voullons, et Marguer. de Beaujeu, son ép., transigent avec Jaques de Beaujeu, Sg. de Linières et d'Amplepuys ; 1489. (*r.* 1366, *p.* 1475.)

SURGAN (Guill.), fils de Jaques Surgan et de Marguer. Seigneur. T. s. de la Courbe, par. de *Beaumont-le-V*[te]. René et Louis Surgan, ses frères ; 1659, 1663. (*r.* 356, *p.* 69 ; *r.* 358, *p.* 121 ; *r.* 431, *p.* 12.)

SURGIERES (Jaques de). Chev., Sg. de la Flocelière, et Renée de Maillé, son ép. Chat. t. s. de Ballon : *Mans,* 1469. Rel. de lui: Jean de l'Espinart ; Gilbert du Puy ; Guill. de Turé, Chevaliers. — Jean de la

Fontaine : Jaquet Maridort ; Colas de Montguyon, écuyers. (*r.* 343, *p.* 12 ; *r.* 345, *p.* 117.) — René de Surgieres, Chev., Sg. de la Flotelière et de Cérisay. Même t. et seg. de Balon ; 1487. (*r.* 348 *bis. p.* 15.)

SURIAT (Albert de), Dam., fils de feu Faucon de Suriat. Dr. seig. sur les courtils de Chavatieu et de Publos, au ressort de *Montbrisson* : *Forez*, 1334. (*r.* 493, *p.* 94.)

SURINE (Sulpice), pour Françoise Pichon, sa f[e]. Pièce de vigne au Clos-Bonniou, par. St Oulchard : *Bourges*, 1671. (*r.* 445, *p.* 167.)

SURMONT (Ant. de), écuyer, fils de Gilles de Surmont et de Renée Eveillart, et petits-fils d'Ant. T. s. de Brustel : *Sonnois*, 1666. (*r.* 357, *p.* 60, 62.) Tiennent de lui : Jean de Beauvais, S[r] de St Paul ; Jean de Beauvais, Sr de Haute-Rive ; Felix de Pluviers, à cause de Louise de la Tousche, sa f[e] ; Claude de la Tousche, Sr de Boquauce ; Marie de Beauvais, v[e] d'Odet de la Tousche, Sr de Montigny, écuyers.

SUSANE (Guill.), Chev. Maison forte de Morlant, par. de Cocoure au dioc. de Macon ; ens. sa maison de Lesplaces, *Deplateis*, dom. et dr. en dép. : *Beaujeu*, 1283. (*r.* 485, *p.* 108, 124.)

SUSANE (Hugues), Chev. Le treuil du pressoir de Vernet : *Forez*, 1323. (*r.* 491, *p.* 73.)

SUYRIN (Pierre de), Valet. Herbergem[t] de la Grimaudière ; 1313. — Jean de Suyrin. Herbergement de la tour Suyrin ; 1326 ; *Mirebeau*, (*r.* 330, *p.* 128, 129.)

SUYTZON (Etienne de), héritier d'Etienne le Roux, *Ruffi*, de Byolay, bourg. de Lent, son oncle. Partage de sa succession avec Guichard, Sire de *Beaujeu* ; 1318. (*r.* 1301, *p.* 563.)

SYMES (Nicolas). Dr. de terrage en la par. de Clouzeaux : *Roche-sur-Oyon*, 1407. (*r.* 333, *p.* 82.)

SYNEUIL, *Synolio* (Hugues, sire de). Seigneurie et justice sur les territ. de Liouret, Valenches et Rayret : *Forez*, 1334. (*r.* 492, *p.* 248.)

SYRMAY (Jean de), paroiss. de Teneul, et Jeanne, sa f[e], fille de Jean Bouvelle. Partie d'une maison, terres et dr. en dép. au chesal de Villebrugiel : *Bourbon.*, 1410. (*r.* 465, *p.* 59.) Non noble.

SYVRY, aussi Suyry, *Syvriaco, Suyriaco*, (Pierre et Artaud de). Maison de Marcou et dép. au mandem[t] du chât. de Marcilly, ou Marcillac, *Marcilliaco* ; 1311. — Phil. de Syvry, Dam. Maison et grange de Vieilles-Chaises, dom. et mouv., terres, bois, pêche, etc., ès par. de St Marcel et de Balbigny ; 1317. — Margarone, sa f[e], comme héritière de Hugonin et Clémence, leurs enfans, décédés, et tutrice de Marguer. leur sœur. Même possession ; 1332. — Pierre de Sivry, Dam., fils de feu Pierre de Sivry, Chev. Maison forte, t. s. de Morton, *al.* Merton ; 1333. — Faucon de Sivry, Dam. Mouvances en la par. d'Essartines et autres ; 1333 : *Forez*. (*r.* 490, *p.* 91, 222 ; *r.* 492, *p.* 2, 39, 186.)

T.

TABERNIER, aussi Tavernier (Josseran), du Péage de Rosset, et Cather., sa f[e], vendent à Annet Marco un quartel de froment qu'il leur devoit sur une pièce de terre sise en Gourneys : *Beaujeu,* 1368. (*r.* 1360, *p.* 842.)

TABUTEAU (Pierre.) Fief, seg. de Birac. — Jean Tabuteau, bourg. de Chât.-Neuf; *Idem : Angoul.*, 1730. 1739. (*r.* 442, *p.* 2, 39.)

TACHART (Guill.), Marion Goye, sa femme, et autres parens, vendent au Cte d'Angoul. leur part de droit au port Saunier de *Cognac;* 1489. (*r.* 1404, *p.* 283.)

TACHEREAU (Gabriel), Chev., Sg. de Baudry, M^e des requêtes de l'Hôtel, Intendant des finances. Terre, châtell. de Bleré par lui nouvell. acq. : *Tours,* 1737. (*r.* 426, *p.* 81.)

TAFFEREAU (André). La Mote-Airau et dev. en dép. : *Chât.-Ceau,* 1455. (*r.* 350, *p.* 23.)

TAFFU (Mathurin), secrét. de la Duchesse de Bourb.-Montpensier. T. s. du Couldreau, par. de Breette, acq. de Nicole l'Espines, v^e de Georges Couleard, élu en l'Elect. du *Mans ;* 1666, 1681. (*r.* 357, *p.* 40 ; *r.* 431, *p.* 46.) Voy. Tastu.

TAHOURDIN (Jaques, Louis et Marie-Anne), enfans de feu Isaac Tahourdin, et d'Anne Provost. F. s. de Nutin, *al.* Nutton, par. de Surin : *Civray*, 1704. — Louis Tahourdin, av. au siège de Civray; *Idem ;* 1716. (*r.* 437, *p.* 82 ; *r.* 438, *p.* 140.)

TAIGNER (Aubin), du Donjon. Tailles, cens et autres dev. à Souvigny: *Chaveroche*, 1512. (*r.* 461, *p.* 165.) Non noble.

TAIGNERIE (Jean de), Dam., pour Jeanette sa f^e. Dom., étang, mouv. en la par. de Blanzey : *Semur en Brionnois,* 1338. (*r.* 466, *p.* 144.)

TAILLADES (N.), Dam. Terres, dîmes et seg. de Deveys, et châtell. de Tyhet, par. de Peschadoire : *Forez,* 1334. (*r.* 491, *p.* 150.)

TAILLANDIER (Hugues), fils de feu Guiot Taillendier des Bordes, vend à Jean, son frère, pour dix francs d'or, son héritage situé en la par. de Baigneux : *Belleperche,* 1368. (*r.* 465, *p.* 124.)

TAILLANDIER (Guill.), dit Bobin, prêtre. Un pré en la prairie de Livry : *Bourbon,* 1403, 1443. (*r.* 463, *p.* 170 ; *r.* 464, *p.* 232.)

TAILLANDIER (Phil.). Une pièce de terre, cens et rentes au vill. de la Crote, par. de Baigneux : *Belleperche,* 1443. (*r.* 465, *p.* 185.) Non noble.

TAILLE (Guill. de la), *de Taillia.* Hôtel, t. s. de la Taille ; ens. le bois de la Faye, par. du Garnier : *Germigny,* 1301 *ad* 1356. (*r.* 1366, *p.* 50, 103, 107.)

TAILLE (Jean de), Sg. de la Motte. Partie du fief de la Roche-Rigault : *Loudun,* 1405. (*r.* 341, *p.* 89; *r.* 346, *p.* 15.)

TAILLEFER (Bonit) vend à Jean, Cte de *Forez,* divers dr. et dev. sis à St Bonnet; 1318. — Pierre Taillefer, fils de feu André Taillefer. Vente au même, d'objets semblables; 1332. (*r.* 1385, *p.* 213 ; *r.* 1395, *p.* 210.)

TAILLEFERT (Jean), m^d grocier à Moulins. Cens et partie de dîme en la par. de Lucenay-les-Ays : *Moulins,* 1698. (*r.* 478, *p.* 560.)

TAILLEUR (Géofroi le), licentié ès lois. F. s. de Thonnin, ou Thounin, et constitution de rente sur sa maison des 4 fils Aymon à *Moulins ;* 1506, 1510. (*r.* 453, *p.* 92 ; *r.* 1355, *p.* 111.)

TAILLEUR (Joseph le), du Thonnin, écuyer, fils de feu Ant. le Tailleur, du Thonnin, écuyer. T. s. de la Presle, par. St Martin de Bellenave :

Chantelle, 1688 ad 1722. (*r*. 474. *p*. 675 ; *r*. 477, *p*. 372 ; *r*. 478, *p*. 252.)

TAILLEVIGNE (Jean de), vend au Cte d'Angoul. une maison et jardin mouv. de lui à *Cognac ;* 1448. (*r*, 1404, *p*. 232.)

TAILOURDEAU (Paul), S^r de St Paul, pour Louise Thubin, son ép. Fief de la Mothe-en-Haute-Roche : *Fontenay-le-Cte*, 1677, 1680. (*r*. 435, *p*. 14, 66.)

TAIX, *al*. Taye, (Pierre), écuyer, pour Marguer. d'Ardayne, Damoiselle, son ép., fille de feu André d'Ardene. Hôtel, t. s. d'Ardene, par. d'Autry et de Mellier, et 3^r partie de la dîme de Montarembert en la par. St Hilaire, bois, terres, cens et tailles : *Bourbon*., 1407, 1410. (*r*. 463, *p*. 202, 247.) Au bas de l'acte on lit : *Nunc est in manibus ignobilis*.

TAIXIER (Jean le). Fief de la Lande, par. d'Esquimoux : 1400. — Thomas le Taixier. Domaine de la Ragotiere ; 1403 : *Chât.-du-Loir*. (*r*. 444, *p*. 56, 118.)

TALARU (Mathieu de), Chev. Maison forte, t. s. de Noailleu ; ce qu'il tient au chât. de Donzy ; ens. la maison de Jarries, dom., dîmes et supériorités en dép., avec une vigne au territ. de Noireau : *Forez*, 1297, 1300, 1314. Il consent une rente perpétuelle affectée sur sa terre ; présens Guill. de Beaujeu, frère de Guichard, Sire de Beaujeu, et Pierre de Rochefort, Chev. ; 1322. (*r*. 485, *p*. 82 ; *r*. 493, *p*. 38 ad 40.) — Hugues de Talaru, Chev., du dioc. de Lyon. Même terre et seg. de Noaylleu. Il est gouverneur du chât. ou roche *Soucini* : *Forez*. 1327 ad 1333. (*r*. 491, *p*. 149.)

TALARU (Jean de), Chev. Chât., t. s. de Chalmasel, etc. : *Forez*, 1411. (*r*. 493, *p*. 87.)

TALARU (Gaspard de), Sg. de Chalmazel, Chât. t. s. d'Escotay : *Forez*, 1503. (*r*. 491, *p*. 81.)

TALARU (Claude de), de Chalmazel, Chev., fils de Christophe Talaru. Chât. fort, t. s. de la Faye et de Freyssonet. *al*. Frissonnet : *Riom*, 1669. (*r*. 499, *p*. 552 ; *r*. 502, *p*. 30.)

TALARU-CHALMAZEL (Hugues de), Chev., Sg. de Chaussaing, Montpeyroux et autres lieux, donataire de Jeanne Talaru-Chalmazel, v^e de Joachim de Colli. Le dom. des Usseaux et dép., par. de Haute-rive, *al*. Auteville : *Riom*, 1669. (*r*. 499, *p*. 637 ; *r*. 502, *p*. 9.) — Claude de Talaru, B^on d'Escotay. Chât. fort, t. s. de Chalmazel, ens. la t. et seg. de St Marcel : *Forez*, 1674. (*r*. 496, *p*. 33.)

TALARU (François-Hubert de), Chev., Mis de Chalmazel et Sg. de St Marcel, capit. au rég. des Carabiniers. T. s. de Montperroux et du Pavillon : *Billy*, *Vichy*, 1694, 1697. (*r*. 475, *p*. 123, 183.)

TALARU (Louis de), Chev., Mis de Chalmazel, fils de Hugues de Talaru, colonel d'infanterie, puis brigaddier des armées du Roi. T. s. de Rats, du Chaussin, du Pavillon, par. Ste Thevre et autres ; t. s. du mas, par. de Bessenay ; ens. celle de Quinssat, par. de Vernet, acq. de Gaston de la Richardie, écuyer. Sg. de Vernet : *Billy, Forez, Lyon, Vichy*, 1717, 1720. (*r*. 477, *p*. 289, 292 ; *r*. 478, *p*. 46 ; *r*. 497, *p*. 18 *ad* 22.)

TALEAT, aussi Talayat (Perrin de), Dam., fils de feu Robert de Taleat, Chev. Hôtel, t. s. de Talayat et autres possess. ès par. d'Ouroux, *Oratorio*, aussi *Horatorio*, de Bellevaine et de Chazelles : *Chantelle* ; 1325.

— Johanot de Talayat, Dam.; *Idem;* témoin Jean de Montespedon, Dam.; 1398. — Jean de Talayat, écuyer; *Idem;* 1449. (*r.* 458, *p.* 122, 182, 201.)

TALEYRAND (Charlotte-Phil.), de Chalais, Prieure de N.-D. de Marsat et Gyac : *Riom,* 1670. (*r.* 499, *p.* 750.)

TALLERET, *al.* Tailheret (Jean, Jeanne et Guill.), enfans mineurs de Pierre Talleret. Trois pièces de terre et cinq acres de vigne en Bescheron, par. d'Averines : *Moulins,* 1411. (*r.* 455, *p.* 108.)

TALLEUS (Pierre), Chev. Echange de cens et rentes avec l'hôpital de *Montbrisson;* 1215. (*r.* 1402, *p.* 1423, 1437.)

TALLIACO (Guill. de), Chev. Le fief de Ronneyre au mandem^t de la Roche : *Forez,* 1324. (*r.* 494, *p.* 39.)

TALLIERE (Claude), cons. en l'Elect. de Moulins. Fief des Preux, par. d'Iseure : *Moulins,* 1697. (*r.* 476, *p.* 17.)

TALLOT (Martial), m^d, pour sa f^e Marguer. Aucuturier, fille de Silvain Aucouturier et de Jeanne Guymonet. Un huitième du fief de Merdelon, par. de *Dun-le-Roi;* 1710. (*r.* 449, *p.* 33.)

TALPHE (Pierre), du consentem^t de ses fils Pons et Hugues, donne à la léproserie de Mondon, la mouvance d'une vigne et d'un essart situés dans le voisinage : *Forez,* 1216. (*r.* 1402, *p.* 1417.)

TALUCHET (Hugues). T. s. de Pierrefite ès par. d'Ambert et de St Habund : *Forez,* 1336. (*r.* 492, *p.* 252.)

TAMISIER (Gilberte), v^e de Jean Pajot, bourg., fille de feu Gilbert Tamisier. F. s. de Laye, par. d'Estroussat : *Ussel,* 1723. (*r.* 478, *p.* 372, 414.)

TANART (Mathe). Le ténement du Plaix, bois, garenne, censives, etc., ès par. de St Menoux, d'Agouges et du Breuil : *Bourbon.,* 1443. (*r.* 464, *p.* 135.) Non noble.

TANAY, aussi Taney (Pierre de), Chev., par success. de feu Pierre Jalet, son cousin germain, tient du Cte de Roucy, Sg. de Mirebeau, un fief au bourg de l'Aumosnerie et à la Treille : *Anjou,* 1312. — Pierre Tanay, Valet ; Jouffroy de Ri, Valet, sire de la Tour ; et Grimaut de Doge, Valet, tiennent égalem^t du Sg. de *Mirebeau;* 1339. (*r.* 329, *p.* 7, 45.)

TANAY (Guill. de), Dam. Serm. de fidél. et prom. d'aveu au Sire de *Beaujeu;* 1374. (*r.* 485, *p.* 93.)

TANAY (Jean de), Dam. Maison forte de la Fauconnerie, *Falconaria,* au mandem^t de Pont de Vele, par St André de Suriac ; 1402 ; celle d St Enemond; 1415 ; et la Tour de Tanay, dom., bois et mouv.; 1459 : *Beaujeu.* (*r.* 486 ; *p.* 7 ; *r.* 488, *p.* 24, 25, 26 ; *r.* 1360, *p.* 890.)

TANE (Emanuel-Fédéric), Chev., par success. de sa mère Jeanne de Canillac, et Gabrielle de Pons, son ép., fille d'Ant. de Pons, Chev. de l'ordre de St Jean de Jérus., brigad. des armées. T. s. de Chadieu, de Chaslus,-les Martres et autres : *Brioude, Clerm.,* 1730. (*r.* 410, *p.* 45.)

TANNEAU (Géofroy) Chev., Sg. de Mortemer, d'une part ; et Jeanne de Maillé, Dame de Chât.-l'Archier, f^e de Saudebant d'Oradour, Sg. du Bouschet en Brenne, d'autre part. Echange entre eux de l'hôtel et Seg. de Bern en la chatell. de Genceÿ, contre les hôtels, t. s. de Sonnay, de Rougnon et de la Chaussée : *Chinon, Mirebeau,* 1462. (*r.* 1354, *p.* 231.)

TANUISIER (Ant.), et Jeanne, sa f^e, fille naturelle de feu Jean de

Chouvigny, vendent au Duc de *Bourbon* un cens de 100 liv. tourn.; 1467. (r. 1364, p. 1287.)

TAQUENET, aussi Tacquenet (Jean), élu au Comté de la Marche. F. s. de la Vallazelle ès par. de Pronnat, Passat, Gernage et autres: *Ahun, Gueret,* 1501. (r. 471, p. 112.)

TAQUENET (Ant.), écuyer, pour lui et ses frères, héritiers de feu Fiacre Taquenet, écuyer. F. s. de Villelot, par. de Gleni; 1639. — Etienne Tacquenet, écuyer, Sr de Neufville, comme proc. de Gabriel Tacquenet, écuyer, son oncle. Fief de Villely; 1669: *H. Marche.* (r. 474, p. 267, 309.) Voy. Tellier.

TAQUENET (Austrille), Chev. F. s. du Chazau-Roux; ens. celui du Crost, par. St Laurent: *H. Marche,* 1669, 1684. (r. 474, p. 252, 256, 538.)

TAQUENET (Charles), écuyer, Sr de Lavault, fils d'Ant. Taquenet, écuyer. Fief de Villetot et de Villelis, par. de Gleni, *al.* Gleinet; 1684, 1690. — Claude Tacquenet, écuyer, Sr de Lynard, neveu de Gabriel Tacquenet. Fief de Villelis; 1690: *Guéret.* (r. 474, p. 542; r. 475, p. 33, 43, 44.)

TARAT, aussi Taratre (Bernard, sire de). Cens, rentes et autres dr. sur divers ténemens et sur le bois de la Faye, par. de Violeys: *Forez,* 1322. (r. 491, p. 26; r. 492, p. 175.)

TARAVEAU (Jean). F. s. de Villefort, par. de Ste Feyre: *Marche,* 1669. (r. 474, p. 221.)

TARAVELLA (Himbert), Dam. Cens et rentes en la par. de Mazeriet: *Gannat,* 1322. (r. 458, p. 64.)

TARCERIES (Guill. des), écuyer. Le mas de Crechat, dom. et cens, par d'Evahon: *Combrailles.* 1398. (r. 469, p. 137.) Voy. Terceries.

TARDET (J. B.), Sr de Lavaut, hérit. de Louise Soulaud, sa tante. Partie de la dîme des Chevaliers et de Durdat, par. N. D. de *Montluçon;* 1725. (r. 478, p. 442.)

TARDINEAU (Claude), praticien en la par. de la Fa. Terres et près aud. lieu: *Marche,* 1669. (r. 474, p. 234.)

TARNASSA (Bertrand), Dam. Maison, terres et bois au vill. de Ronhac: *Gannat,* 1301. (r. 457 *bis, p.* 86.)

TARTARIN (Jean), paroiss. de Livry, pour sa f^e Marguer., fille de feu Hugues Rochery. Partie de terres et de bois appel. les Givernou de la Moreau, et l'emplacem^t de l'hôtel de Gobrenet, t. seg. et justice en dép., par. de Cenquouins: *Bourbon.,* 1403, 1410. (r. 464, p. 51, 101.)

TARTARIN (Ant.), paroiss. de Monteux, recon. avoir été indemnisé par Ysabelle de Harcourt, moyen. 2000 liv., de ses terres comprises dans l'étang construit par cette dame: *Beaujeu,* 1432. (r. 1392, p. 659.)

TASSOEN (Guill.), clerc de Thiern. Cens et rentes en la par. de la Selle, acq. de Guy du Vernet, Dam., et de Hodinet, son fils; *Forez,* 1293. (r. 491, p. 109.)

TASSOEN, *al.* Cassoent (Pierre), Dam. Dom., dîmes, cens et rentes au territ. del Feu, par. de Vinzellat: *Auv.,* 1427. (r. 471, p. 4.) Voy. Cassoendi.

TASSY (Isaac), av. du Roi au siège et prévôté de St Flour. T. s. de la Chasseigne, dîmes, rentes et four bannal, par. de Coltines, par lui nouvell. acq., Elect. d'Issoire : *Murat*, 1699. — Isaac-Ignace de Tassy, écuyer, trés. de France. Chât. t. s. de la Chaissaigne. etc.; 1716. 1718. (r. 506, p. 252 ; r. 507, p. 13, 237.)

TASSY (Marguer.), v^e et héritière de Raymond de Podevigne de Grandval, receveur des décimes du dioc. de St Flour. Métairies de Begus et de Broudassel, moulin, justice h. m. et b., par. de Vabres : *Murat*, 1699. (r. 506, p. 256.)

TASTU (Mathurin), secrét. des finances de Mademoiselle d'Orléans. Dom. et seg. de Couldreau, par. de Breete : *Mans*, 1670. (r. 358, p. 25.) Voy. Taffu.

TAUPIN (Hugues), fils de feu Perrin Taupin, écuyer. Maison sise à Niry, terres, prés, vignes et mouv. : *Chât.-Chinon*, 1396. (r. 470, p. 7.)

TAUPPIN (Pierre), pour Ysabeau de Tours. sa f^e. Chât., dom. et seg. de la Robretière, par. St Laurent, *Chât.-Ceaus*. 1459. (r. 350, p. 8.)

TAULPIN (Phil.), écuyer, Sg. d'Ambly. Reconnoissance de l'aveu qu'il a rendu de sa t. et seg. située en la chatell. de *Bourb.-Lancy* ; 1503. (r. 467, p. 5.)

TAUPIN (Jean), Sr du Creuzet. T. s. de Montgarnaud, par. de Neuvy : *Moulins*, 1733. (r. 479, p. 15.)

TAUREAU (Jean), S^r des Genets, al. Genestre, M^e particulier des eaux et forêts de Bousinières. Moulin de la Douaire au faub. St Louis d'Issoudun, acq. de Charles de la Rocheaymon, Chev., Sg. de Bois-Bertrand, et d'Antoinette Chappus, son ép. : *Issoudun*, 1676, 1678. (r. 445, p. 267 ; r. 446, p. 33 et suiv).

TAUSSANES (Christophe de), écuyer. Maison de la Nouvoix : *Aubusson*, 1506. (r. 452, p. 196.)

TAUXANNES (François de). T. s. de Chazelles et autres : *Hérisson*, *Montluçon*, *Murat*, 1506. (r. 453, p. 186.)

TAVEAU (Charles), écuyer, Sg. du Bouchet en Braine. Chât. t. s. de Lussac : *Bourb.*, 1506. (r. 452, p. 188.)

TAVEAU (René), Chev., Sg. de la Busière. F. s. de la Jarrie : *Châtelleraut*, 1689. (r. 435, p. 312.)

TAVEAU (Françoise). ép. de Jaques Bertholin ; Chev., Sg. d'Aifre. Maison et seg. de Pindray : *Monmorillon*, 1688. (r. 435, p. 320.)

TAVEAU (Marie), v^e de Jean Clerville. F. s. de la Picardière, par. St Georges : *Maubergeon*, 1711. (r. 437, p. 196.)

TAVEAU (François), de Morthemer, Chev., Sg. de Normandon. F. s. de Coursecq : *Maubergeon*, 1711. (r. 437, p. 170.)

TAVEAU (François), Sg. de la Ferrandiere, et Françoise de Blond, son ép. F. s. de Laage-Courbe-Jarret, par. de Latus : *Monmorillon*, 1717. (r. 438, p. 208.)

TAXELET (Jeanet), Dam. Hôtel, t. s. de Repantin : *Aynay*, 1375. (r. 463, p. 24.)

TAXIERES, *Taxeriis* (Gui de), Dam., tant pour lui qu'à cause de feue Ysabelle, son ép. Chât. t. s. de Marfons, Posminhac et autres : *Carlat*, 1337. (r. 473, p. 140.)

TAXON (Marguer., fille de Guill.), Dam., v^e de Jean Prévot de Seron.... Tailles en la par. de Colanges : *Moulins*, 1383. (r. 455, p. 7.)

TAYS (Perrin), Dam., à cause de sa f^e. Partie de la dîme appel. des

Feaux : *Billy,* 1300. — Audin Tays, Dam. Hôtel, t. seg. de Vorox : *ibid.,* 1355. (*r.* 457, *p.* 70, 184.)

TECHE (Guill. de), Dam. Maison, terres, garenne, moulin en la par. de Tresail ; et pour Agnès du Moble, sa f^e ; maison et mote des Escures, terres et bois contigus, par. de Chastel-Perron : *Chaveroche,* 1342. (*r.* 463, *p.* 243 ; *r.* 467, *p.* 312.)

TEIL (Balthasard du), écuyer, pour Hélix Jouve, sa f^e, nièce et héritière de feu Pierre du Teil, écuyer. Chât. t. s. du Pecher de Nussargues, par. de Moissac : Elect. de St *Flour,* 1684. (*r.* 503, *p.* 253.)

TEILLARD, aussi Telliard (Guill.), lieut. gén., civil et crim. du duché des montagnes d'Auv., séant à Murat. Partie de la seg. de Chabrieres, par. de la Chapelle d'Alagnon ; 1669. — René Teillard, proc. du Roi aux gabelles de Languedoc, en la prévôté de St Flour ; *Idem* ; ens. la t. et seg. de Ceyllotte-Nozerelles ; 1683, 1685. — Pierre Teillard, son fils, aussi proc. du Roi aux gabelles de Languedoc, et mari de Jeanne de Lendis ; même possess. de Chabrière, et partie du fief noble de Cresponnez, en la ville de *Murat;* 1724. (*r.* 499, *p.* 43 ; *r.* 503, *p.* 33, 639 ; *r.* 509, *p.* 120, 121, 127.)

TEILLARD (Claude), fils de Jehan Teilhard, trés. de France, Sg. de de Beauvezeix. T. s. d'Auzelle, par. de même nom : *Usson,* 1669, 1687. (*r.* 499, *p.* 203 ; *r.* 505, *p.* 87.)

TEILLARD (Eléonore), v^e de Guill. Savaron, tutrice de Jean Savaron, leur fils. T. s. de Villaret, par. St André : *Riom,* 1669. (*r.* 499, *p.* 340.)

TEILLARD (Hugues), Sg. de Ceillols et de Montclard, cons. au présid. de Riom. T. s. des Haires, par. d'Aubiat : *Gannat,* 1716. (*r.* 507, *p.* 44.)

TELLIARD (René), av. en parl., fils d'Ant. Telliard, lieut. gén. au baill. d'Andelot, hérit. de feue Anne Telliard, f^e de Guill. Longas. Chât. t. s. de Tissonnières en toute justice h. m. et b. : Elect. de St *Flour,* 1723. (*r.* 509, *p.* 77, 120, 121.)

TEILHOT (Benoit), m^d. Cens et rentes en seg. directe, percept. ès par. de la Chapelle-Aignon, d'Augerolles et autres : El. de *Clermont,* 1701. (*r.* 506, *p.* 281.)

TEILLAYE (Jean), al. Thellaye, Theloys, écuyer. Maison, t. s. de la Cheze, sur la riv. d'Yonne : *Chât.-Chinon,* 1445. (*r.* 470. *p.* 12, 13.) A payé le rachat, nonobstant sa qualité d'écuyer.

TEILLE (Pierre), écuyer, Sg. des Chastelliers. F. s. des Avarroux, par. de Limalonges : *Civray,* 1716. (*r.* 438, *p.* 131.)

TEILLERES (Guill. de). Herbergement de la Buerie, al. Beuerie, al. Venerie, relev. de Bertrand de Dinan, Sg. des Huguetières, M^{al} de Bretagne : *Chât.-Ceaus,* 1426. (*r.* 332, *p.* 108 ; 341, *p.* 136, 160.)

TEILLEU (Guill. de), écuyer. Maison de Teilleu, dom. h. j. et serfs ès par. St Léger, de Fougeroy et de *Chât.-Chinon;* 1351. (*r.* 469. *p.* 219.)

TEILLIS (Jaquet de), et Marguer. Bleynete, sa f^e. Une pièce de terre et un pré en la par. de *Beçay* ; 1411. (*r.* 455, *p.* 158.)

TEILLIS (Louis de), écuyer. Hôtel de Putay, dom. et dr. en dép. : *Bourb., Chaveroche, Moulins,* 1488. (*r.* 454, *p.* 305.)

TELIS, Tellis. Voy. Thelis.

TELLIER (Louis du), écuyer, Sr de Rouzières. Fiefs de Villely et de

Villot : *H. Marche*, 1669. (*r*, 474, *p*. 242.) N^a. Il tenoit probablem^t ces fiefs par indiv. avec les Taquenet. Voy. plus haut.

TENANT (Jean de), Chev., Sg. de Lonchamps, et Jean de Tenant, Chev., Sg. de la Garde, frères, hérit. de François de la Touche, Sg. de Bellemon, leur oncle, fils de Charles de la Touche, Chev., Sg. de Rochefort-Bellemon. F. s. de St Sulpice : *Xaintes*, 1727. (*r*. 441, *p*. 38.)

TENDE (Anne, comtesse de), de Villars et de Beaufort, v^e de René, bâtard de Savoye, comme ayant le bail de Claude de Savoye, leur fils aîné, rend hom. à sa (belle) sœur, régente de France ; 1525. (*r*. 348 *bis p*. 14.)

TENENEAU (Philippa, v^e de Jean), de Viore. Cens et tailles ès par. d'Ussel, Cressanges et autres : *Chantelle, Verneuil*, 1357. (*r*. 460, *p*. 220.)

TENEULLE (Jehanet de), écuyer. Hôtel, t. s. de Teneulle, et l'étang de Combes : *Bourbon*, 1353. (*r*. 463, *p*. 220.)

TERÇAT (Jean de). Rentes au vill. de Chambaron : *Chantelle*, 1301. (*r*. 458, *p*. 102.)

TERCELET (Tenevin), Dam. Hôtel, t. s. de Marcein, par. de Cerilli, et arr. fiefs : *Aynay*, 1357. (*r*. 462, *p*. 374.) Rel. de lui : Pepin Chaillou, Chev. ; Guill. de Guites, Dam.

TERCELLET (Guill.), Dam. Hôtel, t. s. de Boy, *Boyaco*, et de Repentin ; 1357. — Jeanet, aussi Johannet Tercellet, Dam. ; *Idem* ; 1381 *ad* 1410 : *Aynay-le Chât*. (*r*. 462, *p*. 277 ; *r*. 463, *p*. 74, 75 ; *r*. 465, *p*. 265.)

TERCERIES (Amorose des), *Amorosus de Terceriis*, écuyer. Maison, fossés, t. s. de Terceries, par de St Eloy : *Montlaçon*, 1301. (*r*. 461, *p*. 210.)

TERCERIES (Guill. des), aussi Tarceries, Dam., et Georges, son fils. Cens, rentes et tailles sur les mas de Rocles ; autres en la par. de Bellevane ; ens. une partie de la dîme de Blusmat : *Chantelle, Montluçon, Murat*, 1711. (*r*. 459, *p*. 20 ; *r*. 460, *p*. 346 ; *r*. 461, *p*. 220.)

TERCERIES (Jean, Michel *al*. Michelet, et Louis des), écuyers, et leur mère, Bonne de St Aubin. Hôtel, t. s. en la par. de Bellevane : *Chantelle*, 1443, 1446. (*r*. 432, *p*. 63, 64 ; *r*. 458, *p*. 129, 245.)

TERGUEIL (Renaud), Chev. Fiefs ès par. de Bellavane, Chirat, Branciat et St Germain : *Chantelle, Verneuil*, juin 1259. (*r*. 458, *p*. 299.)

TERIERS (Alez), Damoiselle, v^e de Perrin de Vic, Dam. Dîme à Contigny : *Verneuil*, 1300. (*r*. 460, *p*. 282.)

TERNIER (Jean), substitut du proc. gén. de la Cour des Aides de Clerm.-Fer. T. s. de Cournon, par indivis avec Jean de Strada, Sg. de Sarlieu : *Clermont*, 1717. (*r*. 507, *p*. 164.)

TERRASSE (Jacques), Chev., trés. de France. T. s. d'Yvours et fief de la Blancherie : *Lyon*, 1723. (*r*. 497, *p*. 207.)

TERRASSON (Claire), v^e de Gaspard Gachot, tutrice de leurs enfans. Maisons de Combefort et de Courbeville ; ens. diverses rentes ès par. de Boixdeing, St Laurent et autres ; 1700. — Claude Terrasson de la Tomassière. F. s. de la Menue, par. de la Haute-Rivoire ; 1702. — N. Terrasson ; même fief, 1739 : *Lyon*. (*r*. 496, *p*. 161, 178 ; *r*. 498, *p*. 170.)

TERREIT, *al*. Territ (Jeanne, fille de feu Perret), Dam., f^e de Jean Guastonet. Maison, prés, vignes et cens ; ens. le mas. de Tison, par. St Victor : *Montluçon*, 1354, 1356. (*r*. 461, *p*. 266, 304.)

TERRENERE (Pierre Dorelle de), Chev., fils de Pons de Terrenere. Chev. T. s. de la Garde, par. de Bort; 1684. — Charles-Louis de Terreneyre, Chev., son fils; *Idem;* ens. la seg. du Crouzet, par. de Sauxillanges; 1730 : *Issoire, Riom.* (r. 503, p. 421 ; r. 510, p. 42.)

TERRIBLE (François). Dom. assis au vill. de Meausse, par. de Pierre d'Alerac : *Aubusson.* 1669. (r. 474, p. 203.)

TERRIS (Guill.), pour Ant. Terris, son fils. T. s. de la Mothe Mazerier : *Gannat,* 1525. (r. 483, p. 41.)

TERSAC (Geofroy de), Dam., et Ahelis, son ép., du dioc. de Clerm. Le vill. de Bessas-Jean, *al.* Bosse-Johan, en la par. de Lupsac, dom., bois, garenne, four, moulin, etc. : *Montluçon,* 1266. (r. 461, p. 275.)

TERSAC (Marguer. de), Damoiselle, fille de Petronin de Tersac, Dam. et v[e] de Robinet de Tersac, Dam. Partie de la dîme de *Vichy ;* 1378. (r. 457 *bis, p.* 21.)

TERSAC (Jean de), écuyer. F. s. de Colombier : *Gannat,* 1490. (r. 484, p. 128.)

TERSAC (Jean de), écuyer, Sg. de Ligone, consent au retrait par Gilbert, Cte de Montpensier, Dauphin d'Auv., des terres de Montrognon et de Chamaliere en la *B. Auvergne;* 1494. (r. 1376, p. 2878.)

TERSEY (Jeannet de), pour Marguer., son ép., et Alix, f[e] de Gaudrie, son fils, filles de feu Hugues de Quatremain. Maison, t. s. de Marne, par. St Symphorien de Marmaigne : *Beaujeu,* 1322. (r. 489, p. 326.)

TERTRE (Jaques du), av. à Saumur. Deux tiers de la t. et seg. de Richebourg, obtenus à titre de grace : *Saumur,* 1603. (r. 352, p. 157 ; r. 354, p. 16.)

TESSE (Charles de), Sg. de Tesse. Fief de la Petite Mullotière : *Baugé,* 1508. (r. 347, p. 40 ; r. 348, p. 37.)

TESSIER (Ant.), gentilh., servant ordin. du Roi. T. s. de Montaret, par. de Souvigny, acq. de S. E. le cardinal de Noailles : *Souvigny,* 1717. (r. 477, p. 255.)

TESSONNIERE (Jean de la). T. s. de Chaveyne au pays de Gyen, relev. du sire de *Beaujeu ;* 1486. (r. 488, p. 145.)

.TESTARD (Jean), de Besson, à cause d'Ysabelle, son ép., et Durand Bougran, pour lui, ses frères et sœurs. Un pré et terres adjacentes, au ter. des Rues : *Verneuil,* 1342. (r. 460, p. 144.) Non nobles.

TESTU (Phil.), Sr de Balincourt. T. s. de Herouville au comté de Beaumont : *Touraine,* 1606. (r. 354, p. 17.)

TESTU (Claude-Guill.), Chev., Mis de Balincourt, Bon de Boulloire, brigad. des armées, comme légat. univ. de Claude de Seve, v[e] d'Ant. Girard, Chev., Cte de Villetaneuse, proc. gén. en la Chamb. des comptes de Paris, et aussi comme exerçant les dr. de Marguer. Guillemette Allamand de Montmartin, son ép. F. s. de Plotard, Champagny et Chilou, par. Ste Thorette : *Vierzon,* 1717. (r. 449, p. 281.)

TEULAUHAC (Guill., Jaques et Rigaud), frères. Le pré de Gothachalueil, avec justice jusqu'à 60 sols : *Auv.,* 1502. (r. 471, p. 131.)

TEXIER (Pierre), *Textoris,* pour sa f[e] Jeanne, fille de feu Guill. de Graveres, Dam. Le mas de Villanon, cens et tailles, par. de Contigny : *Verneuil,* 1357. (r. 460, p. 197.)

TEXIER (Guill., François, Fiacre, Jaques et Jean), m[ds] à Felletin. Cens et rentes ès chatell. d'Ahun et Aubusson : *Marche*, 1506. (*r*. 451, *p*. 263 ; *r*. 452, *p*. 223, 236 ; *r*. 453, *p*. 255 ; *r*. 462, *p*. 179.) Voy. Tissier et Tixier.

TEXIER (Jean), Sg. de Seneuil, cons. au présid. de Poitiers. F. s. de la Bertonneliere : *Chatelleraut*, 1684. (*r*. 435, *p*. 133.) — Jean Texier, de la Baraudiere, cons. au même siège. F. s. de Brochesac, par. de Celle-Levesquault : *Lusignan*, 1717. (*r*. 438, *p*. 230.)

TEXIER (Marie), de la Nogerette. F. s. de Poujeux, par. de Cressange : *Verneuil*, 1720. (*r*. 478, *p*. 125.)

TEYLE (Pierre de), Dam. Maison et censives au chât. de St Germain-Laval : *Forez*, 1322. 1337. (*r*. 491, *p*. 168 ; *r*. 493 *bis*, *p*. 26.)

TEYLLET (Pierre de), du mandement d'Oliergue, et Beatrix de la Panse, sa f^e, du mandement de Valombre, au dioc. de Clermont. Cens sur quelques ténemens ; présens Bertrand de Rota et Pierre de Rochefort, Chevaliers. Guill. de Montrevel, Damoiseau : *Forez*, 1324. (*r*. 472, *p*. 9.)

THABAUD (Noble Guill.). de Chantosme, élû en l'Election de la Chatre, et lieut. en la Louveterie du Roi, pour Etienette-Renée Ragon, sa f^e. F. s. de Besse, par. St Maur ; 1714. — Hyacinthe Thabaud, leur fils et pour eux ; *Idem* ; 1724 : *Hérisson*. (*r*. 477, *p*. 132 ; *r*. 478, *p*. 537 ; *r*. 480, *p*. 48.)

THADÉ (Adam), Chev. Fief du Puy d'Ardenne : *Loudun*, 1319. (*r*. 432, *p*. 34.)

THAONS (Jean), Dam. Rentes en grain sur la dime de Guiretes, et menus cens ; ens. 3 setiers de bled à Loglet : *Hérisson*, 1300. (*r*. 462, *p*. 131.)

THARAYRO (Guill. de), Dam. F. s. ès par. de St Marcel et de *Tharayro* : *Beaujeu*, 1237. (*r*. 485, *p*. 123.)

THAUMAS, Thaumassiere. Voy. Thomas, Thomassiere.

THEBAULT (Nicolas). Maison, vignes, terres et prés relev. de *Vierzon* ; 1668. (*r*. 445, *p*. 6.) Voy. Thibaut.

THEBAUT (Jaques), écuyer, Sg. de la Tour-la-Plaisse. F. s. du Bouchet-Ratault, autrement le G^d Bois : *Melle*, 1653. (*r*. 433, *p*. 295.)

THELIS. aussi Tellis, etc. (Pierre de), Chev., cède à Guill. du Verdier, Dam. tous les dr. qui lui appartiennent à Neyronde, à condition qu'il les tiendra de lui en fief : *Forez*, 1274. (*r*. 1395, *p*. 377.)

THELIS (Guichard de), Chev. Dom. et seg. entre les 3 eaux de Noireau, al. Neyronde, vers Chât.-Neuf : *Forez*, 1290. (*r*. 491, *p*. 279.)

THELIS (Perrin de), Dam. T. s. de Combres : *Forez*, 1294. (*r*. 490, *p*. 18.)

THELIS (Jean de), Chev., transige avec Jeanne de Chât. Vilain, Dame de Beaujeu et Guichard de Beaujeu, son fils, Sg. de Perreux, au sujet de la terre du Fet ; 1347. (*r*. 1390, *p*. 448.) Il est nommé par Ant., Sire de Beaujeu, lieut. gén. du pays de *Beaujolois* ; 1369. (*r*. 1368, *p*. 1609, 1611.)

THELIS (Jean de). Serm. de fidél. et prom. d'aveu au Sire de *Beaujeu*; 1374 ; dont il reçoit une rente de 40. l. sur la chatell. de Tisy ; 1380. (*r*. 486, *p*. 66 ; *r*. 1390, *p*. 475.)

THELIS (Guill. de) dit des Farges, *Fargiis*, Chev., avoue le four bannier de Tisy, *Tisiaci*, les bois de Marnacon et de la Sarra, garennes, etc. : *Beaujeu*, 1375, 1401. (*r*. 485, *p*. 38, 39.)

THELIS (Pierre de), Dam., Sg. de Pisseleis. F. s. de Combres ; présent

Guill. de Thelis, autrement des Farges, Chev. : *Beaujeu,* 1400. (*r.* 485, *p.* 34 ; *r.* 486, *p.* 150.)

THELIS (Jean de), Dam. Serm. de fidél. et prom. d'aveu au Sire de Beaujeu ; droit de Guet aux chât. de Montmallas et de Saen, par. de la Cenna ; ens. la maison forte de les Farges sur la rivière de Loire, dom. et seg. en dép., par. de Vougie : *Beaujolois,* 1400 *ad* 1441. (*r.* 485, *p.* 42 ; *r.* 488, *p.* 100 ; *r.* 1390, *p.* 489.)

THELIS (Tachon de), Dam., Sg. de les Farges. T. s. et four bannier de Tisay ; bois de Marnacon et de la Sarra ; présent Jean de Chavenes, Dam. : *Beaujeu,* 1441, 1459. (*r.* 485, *p.* 41, 43.)

THELIS (Jocerand, aussi Josserand), Sg. de Vaulx-Privaulx ; André et Ant. Dam. ses frères. Maisons fortes, t. s. de l'Espinasse, de Suz, *al.* du Jou, aussi du Fou, et de Vaulx-Privaulx, par. de Valorges, St Cirice et de Chirassimont : *Beaujeu,* 1465 *ad* 1477. (*r.* 485, *p.* 24, 25 ; *r.* 491, *p.* 77 ; *r.* 1360, *p.* 876.) — Antoine de Thelis, écuyer des écuries d'Anne de France, Duch. de Bourbon ; *Idem* : *Beaujolois,* 1505. (*r.* 452, *p.* 194.)

THELLIE (Guill. de la), *Thellya*. Hôtel et seg. de la Thellie, par. de Fleuriet, Senac et autres ; 1300. — Franconin de la Thellye, Dam., son fils ; *Idem* ; 1322. — Cather. de la Thellie, paroiss. de Parede, veuve. Dom. et dr. en la par. de Fleuriet ; 1322. — Agnès *de Tilia,* Damoiselle, paroiss. de Parede, vᵉ de Perrot Bricadel, héritière de la moitié dud. hôtel et seg. de la Thellie ; 1354 : *Chantelle.* (*r.* 458, *p.* 233 *ad* 236.)

THELLIS (Louis de), écuyer. T. s. de Putay et autres lieux : *Chaveroche, Moulins,* 1488. (*r.* 484, *p.* 87.)

THEPHENON, *al.* Tesenon (Guill.), pour Garite Fardoillele sa fᵉ Herbergement situé à Poligné : *Mirebeau,* 1375, 1388. (*r.* 330, *p.* 91, 92.)

THERONNEAU (René) écuyer, Le fief de Poujaud, *al.* Peniaud, par. S. Sulpice : 1698. — Daniel-René Theroneau, Chev., son fils ; *Idem* ; 1719 : *Vouvant.* (*r.* 436, *p.* 152 ; *r.* 438, *p.* 394.)

THEURAULT (J. B.), proc. du Roi en la chatell. d'Ainay. Partie de la dîme et terrage de la Tour du Boceis, par. de Barday : *Ainay,* 1717. (*r.* 477, *p.* 377.)

THEVEAU (Guillemette, *al.* Guillete), Damoiselle, vᵉ de Henry Gontry, *al.* Gutry. Maison-des-bois, dom. fiefs ; ens. la mote de Fleury et 20 arpens de bois en la par. d'Estriguelles : *Gien,* 1506. (*r.* 453, *p.* 210 ; *r.* 469, *p.* 77.)

THEVENARD (Françoise), vᵉ de noble Louis Michon, de la Farge, dem. au chât. de Vougy, tutrice de Jean-Michon de la Farge, leur fils. Fief d'Aillant, par. de Poully-le-Monial en la chatell. de Charlieu ; ens. dom., bois, dîme et h. j., par. St Nizier : *Lyon,* 1723. (*r.* 497, *p.* 209.)

THEVENARD (Jacques), Sʳ de la Chassignolle, Garde-marteau en la maitrisse de Cerilly. Dîme de Bouis et de Cloux, par. de Cerilly : *La Bruyere-l'Aubepin,* 1728. (*r.* 480, *p.* 40.)

THEVENET (Claude), écuyer. Rente noble de la Roche, maison et terres, ès par. de StDidier et de St Cyr : *Lyon,* 1717. (*r.* 496, *p.* 258.)

THEVENET (Jean), laboureur. F. s. des Robins, par. St Clement : *Vichy,* 1723, 1726. (*r.* 478, *p.* 335 ; *r.* 481, *p.* 3.)

THEVENIN (Jeanne), vᵉ de sire Ant. Bourdaloue. Le pré Peloile, maison et jardin à *Mehun-sur-Y.* ; 1670. (*r.* 444, *p.* 8 ; *r.* 445, *p.* 124.)

THEVENET (Agnès), v^e de Charles de Beauquaire. F. s. de Cossonnay et de Lienesse, par. de Bessay-le-Fromental, et de Neuilly : *Aynay*, 1695. (*r. 475, p.* 143, 144.)

THEVENIN (Jacques). écuyer, Sr de la Roche, fils aîné de Philip. Thevenin, Chev. et de Claude Tiraqueau. F. s. de Viguolles, par. de Xanton : *Vouvant*, 1708. — Charles Thevenin, écuyer, son frère et hérit. : *Idem*; 1718. (*r*. 437. *p*. 59, 318 ; *r*. 438, *p*. 350.)

THEVENIN (Ant.), jardinier à Montluçon, oncle et tuteur des enfans de Jean Thevenin et de Cather. de Foubonnot. Un pré en la par. de Sertine ou d'Esertine : *Montluçon*, 1724. (*r*. 478, *p*. 495.)

THEVIN (Robar), Sr de la Romanerie. Fief d'Escherbot Gastevin, dit anciennement la Jaille, par. St Silvain : *Angers*, 1605. (*r*. 352, *p*. 77.)

THEVIN (les enfants mineurs de Jacques), stipulant pour eux René Aubert, Sr de la Vilane leur curateur. Hôtel noble, t. s. du Rivault, par. de Jaulnay : *Maubergeon*, 1668. — René Thevin ; *Idem*; 1670. — Jaques Thevin ; *Idem* ; 1716. (*r*. 433, *p*, 198 ; *r*. 434, *p*. 77 ; *r*. 438, *p*. 161.)

THIANGES, aussi Tianges (Guill. de). T. s. de Souvigny, *Silviniaco*, le cimetière de Banoy, al. Binoy, le port de Maiol, etc., tenus d'Archambaud, Sire de *Bourbon;* juillet 1218. (*r*. 454, *p*. 106, 280.) — Guill. de Thianges, Chev. Moitié de l'octroy du port d'Aveuldre, tenu de la même Sirerie ; mars 1243. (*r*. 464, p. 120.)

THIANGES (Guill. de), Sg. d'Ussel, Dam. La mote de Parede, *al.* Paray, dom., bois, garenne, et h. j. *Bourb.-Lancy ;* excepté ce que feue sa mère Falca a acq. de Guill. Tronçay, Lam.; 1324.—Eirard de Thianges de Parede-Frédéric, *al.* Paray-le-Frayry, Dam.; *Idem;* ens. tout ce que tient de lui Guill. Buriane, Dam., 1353. — Philib. des Thianges, Dam. Même mote et seg. de Paroy-le-Fiery ; 1380. (*r*. 466, *p*. 238, 239, 240.) Voy. Tienges.

THIANGES (Ysabelle de), v^e de Dalmas d'Espinace, Sg. de Changy, Chev. Maison de Cruzille, *al.* de la Cruzelles, dom., bois et seg., par. de Brienon et autres : *Beaujeu ;* ens. la mote, dom. et seg. de St Didier et arr. fiefs. par. de Nully : *Chaveroche;* 1337 (*r*. 468, *p*. 241 ; *r*. 489, *p*. 228, 232.)

THIANGES, aussi Tianges (Guill. de), écuyer. Bente sur la prévôté de Borda, partie de terrage, 12 serfs, tailles et cens : *Bourbon.*, 1396. (*r*. 465, p. 66.)

THIANGES (Joseph de), écuyer, Sg. de Valligny en Bourbonnois. T. s. de Hautefaye : *H. Marche,* 1669. (*r*. 474, *p*. 265.)

THIANGES (Joseph de), Ch. T. s. de Lusaac, par. de même nom : *Montluçon*, 1684 *ad* 1717. [*r*. 474, *p*. 487; *r*. 476, *p*. 55 ; *r*. 477, *p*. 497.)

THIANGES (Gabriel de), écuyer Sr du Taillet, fils de Gabriel de Tiange, écuyer, et de Magdel. de la Plattiere. Fief de Coudray, par. de Veurdre : *Bourbon.*, 1703. (*r*. 476, *p*. 93.) Signe, du Coudray.

THIANGES (Claude de), Chev., Sg. de Boton. T. s. de Bord-Peschin, par. de Doyet ; partie de la dîme de Lison ; ens. le fief de Chauroche, par. de Chamblet, acq. de Gaspart-Amable de Montagnac, Chev., Sg. de Roche-Brian : *Montluçon, Murat,* 1720, 1724. (*r*. 478, *p*. 104, 105, 329, 546.)

THIANGE (Henri de), écuyer. Fief de Bourg, par. de Faucoing : *S. P. le Moust.*, 1726. (*r.* 481, *p.* 69.)

THIBAUT (Hugonin), Dam. Hôtel de la Garenne, terres, moulin, etc., par. d'Ussel : *Chantelle*, 1322. (*r.* 468, *p.* 225.)

THIBAUT (Jean), fils de Hugues, paroiss. de Cordelle, *al.* Codrelle, vend à Guill. du Verdier, Chev., une pièce de terre eu lad. par.; 1323. — Pierre Thibaut. Echange d'une pièce de terre contre une autre en la même par.; 1329. — Guirone et Guillemette, filles de feu Hugues Thibaut. Une pièce de terre, *id.*; 1330 : *Forez*, (*r.* 1393, *p.* 361 ; *r.* 1395, *p.* 338, 348, 366.)

THIBAUT (Hugonin). Maison, mote, terres, prés, étang; ens. la baillie de Tresail, cens et rentes : *Chaveroche*, 1378. (*r.* 467, *p.* 304). Non noble.

THIBAUD (Michel), pour lui et Marie, sa sœur. Diverses parties de terre, un quartier de bois, un petit étang et pré contigu, four, dîme et mouv. en la par. de Tresail; ens. la prévôté de Bouchot : *Chaveroche*, 1443. (*r.* 467, *p.* 302 ; *r.* 468, *p.* 181.) Non noble.

THIBAUT (Michel), écuyer, dit Baudin. Le téném^t appel. du Trachet et du Bienfait, par. de Tresail, dom. et mouv. : *Chaveroche*, 1488. (*r.* 468, *p.* 46 ; *r.* 484, *p.* 40.)

THIBAUT (Charles). Partie des dîmes de Meriaulx : *Hérisson*, 1506. (*r.* 461, *p.* 177.) Non noble.

THIBAUT (Louis), dit Bresseau, écuyer, gentilh. de la venerie du Roi, M^e des eaux des forêts d'Amboise et de Montrichard· T. s. de la Perret, par. St Oyon-de-Bois : *Amboise*, 1523. (*r.* 432, *p.* 82.)

THIBAUT (Marie-Benigne), de la Carte, v^e de François du Chilleau, Chev., ayant la garde noble de leurs enfans. T. s. de la Chariere : *Niort*, 1681. (*r.* 435, *p.* 25.)

THIBAUT (Jaques), écuyer, Sr du Plantis. F. s. de la Garonniere et de Mondardiere, par. de *Secondigny* ; 4699, 1716. (*r.* 436. *p.* 250; *r.* 438, *p.* 85.)

THIBAUT (Philbert-Joseph), de Noblet, pour Henriette-Brigide de Martel, son ép., héritière de Marie-Henriette Bouillé, sa mére. Terre et châtell. de Thorigny en la châtell. de Ste Suzanne: *Mans*, 1708. (*r.* 425, *p.* 45.)

THIBAUT (Marguer.-Françoise-Antoinette de), ép. de J. B. de Thibaut de la Roche-Thulon, Chev. de St Louis. F. s. d'Allemagne, par. de Beaumont ; du Rivault, par. de Naintré ; et de Baudement, par. de Moussay : *Chatelleraut*, 1711, 1717. (*r.* 437, *p.* 200 et suiv. ; *r.* 438, *p.* 281 et suiv.)

THIBAULT (Jean), écuyer, Sr du Bellay, pour Renée Nau, son ép. F. F. s. de Courge : *Lusignan*, 1716. (*r.* 438, *p.* 116.)

THIBAUT (Jean-François), Sr de Chamline, présid^t au gren. à sel de St Amand, pour Maurice de Beaufort, son ép. Moitié du f. et s. de Villecheureux, dit Bouchet, par. de Cerilly : *La Bruyère l'Aubépine*, 1717. (*r.* 477, *p.* 283.)

THIBAUT (Charles), clerc, commis au présid. de Moulins, pour Cather. Burelle; sa f^e. F. s. des Loutaud et la Rochelle. par. de Varenne : *Billy*, 1722. (*r.* 478, *p.* 211.)

THIBAYNE (Huguenin), veuf de Cather., pour Guillaume, Guilleme, Jeauette et Phil., leurs enfans. Hôtel de Saulon, dom., bois, dîmes, garenne, par. de Veroz : *Germigny*, 1388. Non noble. — Guill. Thibayne, écuyer et Jehanette, sa sœur, mariée à Perrin Chailleneau ; *Idem* ; 1411. (*r*. 465, *p*. 257 ; *r*. 466, *p*. 5.) Non reçu, parce que celui-ci se dit noble.

THIBERGEAU (Gillot). Fief de Villate, et l'habergem^t de la Testerie ; 1394. — Jeanne, sa v^e, tient le fief de Bouteliniere et la métairie de la Picherie ; 1407. — Mery Thibergeau, écuyer. Le dom. de la Testerie et les seg. de Preaux, la Roche de Flée, etc., par. de Jupilles ; 1489. — Jaques Thibergeau, écuyer, gentilh. de la Chambre, fils de Louis Thibergeau, Chev. de l'Ordre ; *Idem* ; 1594, 1607. — Louis Thibergeau, Chev., Sr de la Mothe. T. s. du Pont de Flée, à présent dit la Mothe-Thibergeau ; ens. les seg. de la Testerie, de Thoiré et autres ; 1655 *ad* 1670 : *Chât.-du-Loir*. (*r*. 344, *p*. 8, 29, 35, 118 ; *r*. 439 *bis*, *p*. 18 ; *r*. 351, *p*. 97 ; *r*. 353, *p*. 84 ; *r*. 358, *p*. 13, 14, 68.(

THIELE (Michelon de), pour Jeanette, sa f^e, fille de Robin de Vernago. Menus cens et rentes : *Moulins*, 1367. (*r*. 454, *p*. 78.) Au dos : *Ignobilis*.

THIELERIE (Guill. de la), fils de Jean, paroiss. de Cerilly. Moitié du chesal de Saude, dom., bois, garenne. — Pierre de la Thielerie, fils de feu Jeanet de la Thielerie, Agnès, sa f^e et Cather., sœur de celle-ci, enfans de Phil. Perrenet de Mauderes. Parti du même chesal, par. de Theneuil : *Bourbon.*, 1401. (*r*. 464, *p*. 64 ; *r*. 465, *p*. 70.) Non nobles.

THIERNE, Thiers, *Thiernum, Tyernum* (Etienne de). Hom. à l'Ev. de Clermont du fief de Maubec ; 1215. (*r*. 1381, *p*. 3325.)

THIERNE (Gui de), Sg. dud. lieu, Dam. et Marguer., son ép., donnent à Guill., leur fils, émancipé, le chât. et mandem^t de Thierne, s'en réservant l'usufruit ; 1292. Diverses transactions entre eux et le Cte de Forez au sujet de cette seg., de celle de Peschadoires, *Piscatoriarum*, de la maison du four bannal de Dorat, etc., et comptent pour vassaux : Pierre Bollier ; Guill. de Chazelas ; Guy Garennes ; Etienne Gros ; Etienne de la Roche, Chevaliers ; Chatard et Pierre de la Forest, Damoiseaux ; présens, Bernard Graulere et Eustache Varret, Damoiseaux et autres, mais non qualifiés : *Forez*, 1301. 1399. (*r*. 472, *p*. 64, 115 ; *r*. 491, *p*. 245 ; *r*. 1380, *p*. 3281, 3284 ; *r*. 1381, *p*. 3307, 3309, 3314, 3317, 3321, 3322.) — Agnès, v^e dud. Guill. de Thierne, à présent f^e de Guill. Ganant, Chev., transporte à Jean, Cte de Forez, les chât. de St Morice et de Bamyn ; ens. la moitié de St Germain-Laval, et rappelle une fondation de son père en faveur des Religieuses de Venna. — Guill. de Thierne, son frère, mari d'Agnès de Malmont, Damoiselle, recon. avoir reçu de Jean, Cte de Forez, diverses sommes à raison du transport qu'il lui a fait de rentes et de revenus sur les mandemens de St Morice, St Germain-Laval, Chatellus et Busty. — Conterie de Thyerne, leur sœur, ép. de Humbert Guy, Dam., fils de Girard Guy, Chev., Sg. de Chabannes ; accord avec le même Cte de *Forez* ; 1320, 1322. (*r*. 1380, *p*. 3293 ; *r*. 1381, *p*. 3328 ; *r*. 1395, *p*. 239 ; *r*. 1400, *p*. 918.)

THIERNE (Louis de), Chev., fils de Gui de Thierne. Chât. fort, t. s. de Valobre, et arr. fiefs, par. de Courtepierre et autres ; h. m. et h. justice sur un courtil près l'église de Celle ; il vend à Jean, Cte de Forez, quelques cens et rentes, et moitié du bois de Porcrassahas, en la même par. de Colle, et reçoit de Guill. de Thierne, Dam., son frère, les chât. de Chastelluz et de St Maurice en Roannois ; 1308. *ad* 1318. (*r*. 472, *p*. 114 ; *r*. 491, *p*. 205, 244 ; *r*. 1380, *p*. 3291 ; *r*. 1381, *p*. 3302, 3306, 3313.) — Guill., son fils ; *Idem* ; 1334, 1335. (*r*. 491, *p*. 201, 202, 204.) — Louis de Thierne, Chev., Sg. de Volobre. H. m. et b. j. en la châtell. de Thierne, par lui acq. de Jean, Cte de *Forez* ; 1456. (*r*. 1364, *p*. 1282.)

THIL (Perrel de), fils de feu Henri de Thil. tient l'étang de Bosc, et vend à Jean de Chât.-Vilain, Sg. de Luzy, son bin à vin aud. Luzy: *Beaujeu*, 1272. (*r*. 489, *p*. 188.)

THIL (Jean de), donne à Marie, sa fille, en considérations de son mariage avec Edouard, Sire de *Beaujeu*, le chât. de la Roche-Nollay ; 1332. Devenue v^e, elle obtient la levée d'une sentence qu'elle avait encourue pour avoir excité ses sujets à la révolte contre les commissaires du Roi, chargés de lever un subside de guerre ; elle transige avec Anne de Chât.-Vilain, Dame de Beaujeu, et son fils Guichard de Beaujeu, Chev., Sg. de Perreux, et obtient arrêt au sujet de son douaire, contre Ant. de Thil, son fils ; 1349, 1351. (*r*. 1388, *p*. 59 ; *r*. 1389, *p*. 141, 148.)

THIL (Huet de), Dam., pour Jeanette, sa f^e, fille de Guill. des Prés, Dam. Dom., dîmes et mouv. en la châtell. de Luzy : *Baeujeu*, 1345. (*r*. 489, *p*. 298.)

THIL (Huet de), et Jaquete, sa f^e, v^e de Hugues de Bonan, tiennent le bois de Berteigne, avec un autre nommé la Gareane, ens. un moulin, étang, mouv. et autres dr. : *Bourb.-Lancy*, 1376. (*r*. 467, *p*. 75.)

THIL (Pierre de), Chev., Sg. de St Burris, *Burisii*, et de Mont St Jean. Maison forte, t. s. de Veure, et tailles au territ. de Pailloux, par. de Varennes, Neufvis et autres : *Bourb.-Lancy*, 1359 *ad* 1401. (*r*. 466, *p*. 109, 110, 112, 115, 148 ; *r*. 467, *p*. 72.)

THIL, aussi Til (Guill. de), Dam., et Ant., son frère. T. s. d'Avena : *Beaujeu*, 1444. (*r*. 485 *bis*, *p*. 15.)

THILAY (Herart de). La terre du Thillay ; maison des Bordes, terres, bois, garenne, moulin de la Villene, dîmes et rentes : *Bourbon.*, 1350. (*r*. 464, *p*. 51.)

THILER (Guill.), paroiss. de Cirilly. Moitié d'un Chesal appel. le lieu de Saulde, tenant à la forêt de Stivray : *Bourbon.*, 1403. (*r*. 464, *p*. 222.) Non noble.

THIRON (Jean), écuyer. F. s. du Déport et de Massignac : *Marche*, 1506. (*r*. 452, *p*. 238.)

THIROU (Philib.), de Chammeuil, écuyer. Rente en grain, par. de Lugny : *Bourges*, 1722. (*r*. 451, *p*. 12.)

THOLLERS (Vincent), pour Agnès, sa f^e, fille de feu Reinier du Verger. Un chesal et dép. ; ens. une partie de champs et de prés : *Germigny*, 1307. (*r*. 466, *p*. 44.)

THOLLET, aussi Tholled (Ant. de), écuyer. F. s. de Boiscirame, et le chezal de Chauvier ; 1647. — Antoine de Tholled, écuyer, son fils, pour lui, ses frères et sœurs ; *Idem* ; ens. la dîme et terrage de Palin ; 1670 : *Dun-le-Roi*. (*r*. 443, *p*. 32 ; *r*. 445, *p*. 106.)

THOLON, aussi Tolon, Thoulon (Hugues de), Dam. Hôtel de Becé, vulg:

appel. la Vinchete, dom. et dr. en dép.: *Beçay*, 1327. (*r.* 455, *p.* 166.)

THOLON (Hugonin de), fils de feu Amblardins de Tolon, *Tolonio*, paroiss. de Becé. Dîmes, dom., cens, rentes et tailles, par. S¹ Loup; 1342. — Amblardins de Tolon, Dam., son fils; *Idem;* ens. l'hôtel et dép. de la mote, et une vigerie, même par. de S¹ Loup; 1352: *Pougny, Verneuil.* (*r.* 455, *p.* 170; *r.* 460, *p.* 172, 238.)

THOLON (Pierre de), écuyer. Hôtel, maison forte et seg. de Genzat, par. de Cucy; 1417. — Louis de Thoulon, écuyer, son fils, cons. chambellan du Duc de Bourbon; *Idem;* 1444, 1474. *Billy, Vichy.* (*r.* 456, *p.* 168, 170, 171.)

THOLON (Jean de), dit Emblardin, écuyer, paroiss. de Trestiaux, Maison, dom. et mouv. de Barmont: *Chaveroche*, 1443. (*r.* 468, *p.* 230.)

THOLON (Jeanne de), vᵉ d'Ythier d'Aubigny, écuyer, Sg. de Nereux, tutrice d'Ythier et de Jeanne d'Aubigny, enfans de feu Jaques d'Aubigny, leur fils, et pour Jean d'Aubigny, écuyer, frère de celui-ci. Chât., tour et maison forte de Genzat, dom. et seg.; ens. la t. et seg. de Nereux: *Chantelle, Vichy*, 1488. (*r.* 459, *p.* 76; *r.* 484, *p.* 21.) — Pierre de Tholon, écuyer. F. s. de Genzat: *Vichy*, 1506. (*r.* 452, *p.* 29.)

THOMAS (Pierre), autremᵗ Champier, et Denise, vᵉ de Jean Thomas, vendent à Jean, Cᵗᵉ de *Forez*, un bois assis au mandemᵗ de Sury-le-Bois; 1478. (*r.* 1394, *p.* 1.)

THOMAS (Marie), vᵉ de Jean Chaubier, cons. en l'Elect. de Poitiers. T. s. d'Aillé, par. S¹ Georges-les-Baillargeaux: *Maubergeon*, 1669. (*r.* 433, *p.* 147, 148; *r.* 434, *p.* 99.) Tiennent d'elle: Jean Irland, lieut. gén. crim. en la sénéch. de Poitiers; Jean Besneau, écuyer, Sʳ de la Cour-Channereau.

THOMAS (Claude), notaire et proc. au bureau ecclésiast. de Bourges. Fief appel. le Chapperon-à-la-Piate, par. de Pigny; 1671. — René Thomas, cons. au présid. de Bourges, son fils; *Idem;* ens. dimes et censives à Asnieres, par. S¹ Privé-lez-*Bourges*; 1709, 1718. (*r.* 444, *p.* 24; *r.* 445, *p.* 158; *r.* 448, *p.* 195; *r.* 450, *p.* 43.)

THOMAS (Jaques), bailli d'Henrichemont, fils aîné de Silvain Thomas, pour lui, Elisabeth et Marie, ses sœurs. Fief et censives de la Fontaine-Rouge, par. S¹ Martin d'Auxigny; 1684, 1686. — Philippes Thomas, proc. fiscal des seg. et justices de S¹ Palais et Quantilly; *Idem: Bourges*, 1699, 1707. (*r.* 445, *p.* 364; *r.* 447, *p.* 27, 222; *r.* 448, *p.* 152.)

THOMAS (Jaques), Sʳ de Grivelière. Dîme inféodée de la Rivière; ens. le fief de Biozay, par. de Teneuil: *Bourb.*, 1716 *ad* 1729. (*r.* 477, *p.* 159, 243, 494; *r.* 479, *p.* 23; *r.* 480, *p.* 37.)

THOMAS (Remy), écuyer, Sg. de Martiniere, pour lui et les enfans d'Ant. Thomas, écuyer, Sg. de Varoux, son frère. T. s. de Chaffault, ès par. de Frauchesse, Teneuil et autres: *Bourb.*, 1717. (*r.* 477, *p.* 507.)

THOMASSET (Jaques), bourg. de Chalamont en Dombes, recon. avoir reçu 500 florins d'or pour la dot de Jeanette, *donnée* de feu Antoine, Sire de Beaujeu, son épouse, dernièremᵗ décédée, et dont il a eu deux filles auxquelles il laisse ses étangs de Chalamont et d'Allonie. Le même, et Gauthier Verdon, Dam., son gendre, mari d'Anthonie, vendent à Philibert, sire de l'Espinace, dit Cormorant, Chev., plusieurs héritages situés en la par. de Chalamont: *Beaujeu*, 1394 *ad* 1407. (*r.* 1391, *p.* 553 *ad* 559.)

THOMASSIERE, aussi Thaumassiere (Gaspard-Thomas de la), écuyer Sr du Puy-Ferrand. F. s. de Lituay; ens. les vicomtés ou veheries de L'Esteuf, al. Brissay, et d'Arçay, par indivis avec Charles de Riviere, écuyer, commandant pour le Roi au fort et vallée de Perouze, près Pignerol, acq. de Pierre Robin, écuyer, Vte de Coulongne : *Bourges*, 1673 ad 1687. (r. 445, p. 226, 250; r. 446, p. 76.) — Nicolas-Thaumas de la Thomassière, écuyer, son fils, cons. en la prévôté de Bourges; *Idem*; 1705, 1709. (r. 448, p. 100, 198.)

THOMASSIN (Ambroise), écuyer. Moitié du f. et seg. de Meuloy, par. de Brassy : *Moulins*, 1686. (r. 474, p. 618.) Signe, de Thomassin.

THOMAZET (Grégoire), av. en parl., fils d'Ant. Thomazet. Fief et maison noble de Tremeolles et de Blanval, par. de Roche-Savigne : *Riom*, 1669. (r. 499, p. 115.)

THOMAZET (Anne, v^e de Morin-Imbert), av. au parl. de Paris. Fief sans justice, consistant en un chât., dom. noble, cens et rentes appel. de Tremeolles, par. de G^d Rif : *Riom*, 1724. (r. 509, p. 510.)

THOMAZET (Amable), médecin à Montferrand, pour lui et Charlotte Artaud, v^e de Joseph Colombier, tutrice de leurs enfans ; et, par success. d'Annet Thomazet et Benoit Colombier, leurs ancêtres. Partie du fief et maison noble de Colombier-Blanval, par. d'Ambert et de Monestier : *Issoire*, 1724. (r. 509, p. 163 ; r. 510, p. 12.)

THOMÉ (Louise), v^e de Jean Soisson, écuyer, secrét. du Roi. Rente noble de Chassagny, ès par. de Grayzieu et la Varenne : *Lyon*, 1700. (r. 496, p. 152.)

THONIER (Ant.), curé de la par. du Theil. F. s. du Bouchat, acq. de Gilbert Boutet, écuyer, Sr de Sazeret, et de Marguer. de Fontis, son ép., par. de Feline : *Verneuil*, 1708, 1717. (r. 476, p. 224 ; r. 477, p. 537.)

THONNELLIER. Voy. Tonnelier.

THONS (Guill. le), Chev., et Sibille, sa f^e. Maison de Rosset, moulin et mouv. sur divers ténemens au mandem^t de Laniac : *Forez*, 1333. (r. 492, p. 211.)

THORACEL (Guiot), de Cravent, écuyer, à cause de Jeanne de Lineres, sa f^e. Terres, près, vignes, bois : *Chât.-Chinon*, 1351. (r. 470, p. 20.)

THOREAU (Louis), écuyer. Hôtel du Bois de Marmande, appel, depuis Bois de Prully, par. de Montersille ; ens. l'hôtel et dom. de Rigné, par. de Claunay : *Loudun*, 1406, 1446. (r. 339, p. 20 ; r. 341, p. 46 ; r. 346, p. 16, 19.)

THOREAU (René), écuyer, Sr du Tillou, cons. au présid. de Poitiers, pour lui et Marie Poudret son ép. ; ens. Marc Jarno, écuyer, Sr du Pont, proc. du Roi au même siège, et Anne Poudret, sa f^e ; et encore pour Joseph Roatin, écuyer, cons. aud. siège, époux de Marie Poudret. T. s. de Longe, par. St Sauvan : *Lusignan*, 1663. (r. 433, p. 242.)

THOREAU (Pierre), écuyer, Sg. d'Assais. F. s. de Rouilly et de la Maratière, par. de Cramard : *Partenay*, 1699. (r. 436, p. 299, 300.)

THOREAU, aussi Thureau (Jean), proc. au présid. de Poitiers. F. s. des G^d et petit Ponts, autrem^t la Tour St Secondin : *Civray*, 1699, 1716. — Marc Thoreau, son fils ; *Idem*; 1727. (r. 436, p. 226 ; r. 438, p. 26, 550.)

THORY (Gui de), *Thoriaco*, Dam., et Cather., son ép., avouent tenir de Gui de Dampierre, Sg. de St Just et de Belleperche, leurs fiefs situés ès par. de l'Ouroux et d'Albigny, dioc. de Bourges et de Nevers : *Belleperche*, 1269. (*r*. 465, *p*. 146.)

THORY (Guiot de), fils de feu Guill. de Thory, écuyers. Cens et tailles: *Moulins*, 1350. (*r*. 454, *p*. 196.) — Guiot de Thory, Dam., pour Hugues, Cécile et Jeanne, ses enfans. Cens, rentes et tailles ès par. de Sanciat et de Villefranche; ens. un arr. fief : *Verneuil*, 1357. (*r*. 460, *p*. 132.)

THORY (Hugues de), Dam., fils de Guy de Thory, Chev. Moitié d'un bois et d'un étang, cens et tailles, par. de Milly, Neuvéeglise, etc. : *Moulins*, 1365. (454, *p*. 172.)

THORY (Jean de), autremt Arpin, Dam., et Ysabelle de Champrobert, Damoiselle, son ép. F. s. d'Oregny, dîme, bois, garenne du petit Paribet, vignes de Becheron, et cens, par. de Genestines, Lucenay et Neufvi : *Bourbon.*, 1376. (*r*. 454, *p*. 178, 181.)

THORY (Guontaut, sire de), Chev. Maison et seg. de Vernnces, ès par. de Besson et de Brauçay, *al*. Brainet; ens. les terres de Pringy et de Lochy : *Verneuil*. — Gontaut, aussi Goussaut, sire de Thory, Chev. Maison et dîmes de Broces ; terres de Prunay, de Renardère, de Montagor et arr. fiefs ; maison forte du Recay, dom., bois, dîmes et arr. fiefs : *Belleperche*, 1377. (*r*. 410, *p*. 153 ; *r*. 460, *p*. 187 ; *r*. 464, *p*. 282.)

THORY (Jean de), Dam. T. s. de Darisseulles..... (*r*. 454, *p*. 11.)

THORY (Marguer. de), ve de Jean Rousseaul, dit Michiel. Hôtel, dom. et seg. de la Grange, et arr. fiefs : *Moulins*, 1411. (*r*. 463, *p*. 82.)

THORY (Louis de), écuyer, et ses frères Philippon et Claudin. F. s. d'Origny et de Montgarnaut, par d'Averine et autres : *Billy, Moulins*, 1443. (*r*. 455, *p*. 239, 240.)

THORY (Gilbert de), écuyer. F. s. de Montgarnault et de la Bobe : *Moulins*, 1505. (*r*. 452, *p*. 178.)

THORY (Charles de), Chev., fils d'Ant., et petit fils de René de Thory, Chevaliers. Chatell., t. s. de Bommois, *al*. Boumoin : *Saumur*, 1605, 1607. (*r*. 352, *p*. 102 ; *r*. 383, *p*. unique.)

THOU (Auguste-Jaques de), abbé command. de Samer, comme légat. univ. de Marie-Louise Pot de Rhodès, ve de Louis de Gand de Merodes de Montmorency, prince d'Isenghen. F. s. de Menethon-Salon : *Mehun-sur-Y*, 1718. (*r*. 450, *p*. 30.)

THOUARS (Louis, Vte de), Cte de Dreux (par sa fe Jeanne de Dreux), et sire de St Morisse. Hom. de ses t. et seg. à la duchesse de Bourbonnois ; 1346. (*r*. 1378, *p*. 3078.)

THOUARS (Jeanne, Vtesse de), comtesse de Dreux. Chatell. t. s. de Sr Morisse-Tyronaille, mouv. du Duc d'Athenes, pour raison de sa terre de Ponceaux : *Chât.-Chinon*, 1352. (*r*. 470, *p*. 33.) Rel. d'elle : Guill. de Dici, Sg. de Villefranche ; Jean Tafforneaul ; Herri de Trissi, Chevaliers. Guill. de Bleury; Perrin de Broyemiche ; Guill., Sire d'Erbloy; Jean de Mailli ; Pierre de la Porte, paroiss. de Dracy ; Gautier de Seignellay, écuyers.

THOURRET (François). Le terrier de Villars, par. St Bonnet-du-Four : *Murat*, 1723. (*r*. 478, *p*. 230.)

THOY (Aquart de), autremt d'Estoy, écuyer, pour Feliberde Aurarde,

Damoiselle, sa f®. Dom. et seg. de Mesaugy et arr. fiefs : *Germigny*, 1443. (*r*. 463, *p*. 213.)

THOYRE (Humbert, Sg. de), et de Villars, par son proc. Jean Cailliot de Mornant, Dam. Chat. t. s. de Mirebel : *Forez*, 1378. (*r*. 493, *p*. 4.) Voy. Vilars.

THUBIERES (Charles-Henri de), de Grimoard, de Postel et de Levy, Chev., Mis de Caylus. T. s. de Branzac, de Fontanges, la Roche, etc., par. de Loupiat et autres; 1670, 1672. — Jean-Anne de Thubières, Cte de Caylus, M^{al} des camps et armées; *Idem*; 1699 : *Aurillac*, St *Flour*. (*r*. 499, *p*. 677 ; *r*. 500, *p*. 119 ; *r*. 506, *p*. 21.)

THURET (Charles de), écuyer, fils de Claude Thuret, écuyer, et de Cather. du Bois. F. s. de Labrais et des Molins, par. de Preuilly : *Mehuns.-Y.*, 1635, 1646. (*r*. 443, *p*. 23, 27.)

THUREY (Girard de), le jeune, *de Thureyo*, Chev., Sg. des Noyers, et son fils Aymard, Dam. Chat. t. s. de Morillon; présent Phil. de Turey, chantre de l'église de St Jean de Lyon : *Bourbon-Lancy*, 1377 *ad* 1395. (*r*. 466, *p*. 171, 172, 177, 180.)

THURIN (Philbert de), présid^t au G^d Conseil. Chat. t. s. de Soudé : *Baugé*, 1629. (*r*. 354, *p*. 49.)

THY (Ant. de), Dam., Sg. d'Avenas, comme tuteur de François de Thy, son neveu, fils de feu noble Guill. de Thy. Maison appel. de la Cour, sise à Avennas, dom., forêts, h. j. : *Beaujeu*, 1459. (*r*. 485 *bis*, *p*. 16.)

TIBORD, aussi Thibord (Austrille), av. en parl. Fief du Mas-la-Tour-St-Austrille, par. de même nom; 1669. — François Thibord ; *Idem* ; 1684 : *Chenerailles*. (*r*. 474, *p*. 201, 500.)

TICIE (Claude). F. s. du Chatelet, par. de Coulandon : *Moulins*, 1727. (*r*. 479, *p*. 82.)

TIENGES (Herad de), Dam., autrem^t de Rosemont, Sg. de Parey, *Paredo*, pour Jeanne Challoye, son ép. Partie de la terre de Broce, 2 étangs, cens et tailles : *Billy*, 1353. (*r*. 456, *p*. 37.) Au dos : Thientés.

TIENGES (Philib. de), écuyer, Sg. de Croset. Hôtel du Breuil-Eschais, dom. et seg., par. de Benegon; ens. droit d'usage en la forêt de Tronçay : *Aynay*, 1397, 1405. (*r*. 462, *p*. 298, 307.)

TIERCELIN (Charles), Sg. de la Roche du Maine, Chev. de l'Ordre, capit. de 50 lances, gouvern. de Mouzon. T. s. de Coignars : *Loudun*, 1557. (*r*. 351, *p*. 44.)

TIERCELIN (Jaques), Chev. de l'Ordre, T. s. de Burçay : *Chât.-du-Loir*, 1574. (*r*. 351, *p*. 17.)

TIERCELIN (Géofroy de), Chev., gouverneur de Mouzon, petit fils d'Adrien Tiercelin. Chatell. t. s. de Brosses : *Tours*, 1662. — Adrien-Pierre Tiercelin, son fils aîné, mestre de camp d'un régim. d'infanterie; *Idem*; 1668. (*r*. 356, *p*. 108 ; *r*. 358, *p*. 118.)

TIERCELIN (Charles-Bernard), Chev., Mis de la Roche du Maine. F. s. d'Apel-Voisin, par. St Paul en Gastines ; ens. le fief appel. les Garennes-à-Conils : *Vouvant*, 1708. — Charles-Bernard-Donatien Tiercelin, Chev.; *Idem*; ens. les f. et seg. de Cenon, la Brosse, Tarnay et autres, par. de Naintré, St Cyr, etc. : *Chatelleraut*, *Vouvant*, 1711, 1717. (*r*. 437, *p*. 150, 151, 171 et suiv. ; *r*. 438, *p*. 268 et suiv.)

TILLE (Agnès, v^e de Jean de), Dam. Maison et dép. de Tille, ou Tillie, *de Tillia*, par. de Vau, *Valle*; cens et rentes ès par. de St Priest et St Genest : *Montluçon*, 1301. (*r.* 461, *p.* 103.)

TILLET (Charlotte du), Damoiselle. Chât. t. s. de Lassay : *Mans*, 1600, 1630. (*r.* 352, *p.* 173; *r.* 354, *p.* 41, 42.)

TILLIER (Marguer. le), v^e de Charles d'Armagnac, Chev., B^{on} d'Armagnac. T. s. de Polligny : *Chatelleraut*, 1682; ens. les fiefs de Bertault et de Nanteuil : *Maubergeon*, 1684. (*r.* 435, *p.* 27, 132, 133.)

TILLIERS (Jaques), écuyer, Sr de Beaumont, du chef de sa f^e Marguer. Sabourin, conservateur des privilèges royaux de l'université de *Poitiers* : 1701. (*r.* 437, *p.* 8.)

TILLIER (Marte le), v^e de Michel de Meschinet, écuyer, Sg. de la Brosse-Moreau. F. s. de Chanteguin, par. St Georges-les-Baillargeaux : *Maubergeon*, 1711, 1716. (*r.* 437, *p.* 184; *r.* 438, *p.* 35.)

TILLIERE (Jean-Guillin de la), et Jeanne, sa f^e, fille de Stevenot Roussat. Dix-neuf pièces de terre, un pré et menus cens à Agouges : *Bourbon.*, 1410. (*r.* 464, *p.* 202.) Non noble.

TILLON (Olivier), écuyer. Fief de la Ralliere : *Angers*, 1452. (*r.* 337, *p.* 52 ; *r.* 341, *p.* 13.)

TILLY (Marie de), v^e de Pierre de la Coste, Sr de Longuebouelle, héritière de Magdel. de Bras de fer, sa tante. F. s. de Chaulmont, par. de Brinay : *Vierzon*, 1671. (*r.* 445, *p.* 187.)

TINYERES (Jean de), Chev. Lettres de pardon des excès et vols par lui commis à Montagu, pardon accordé en considération de Jean de la Chaussée, écuyer tranchant du Cte de la *Marche*, son beau frère ; 1428. (*r.* 1363, *p.* 1220.)

TIOULET (Jean). Trois parties du chesal du Sande, terres, prés, rentes, par. de Teneuil : *Bourbon.*, 1381. (*r.* 463, *p.* 264.) Non noble.

TIREBEUF (Guill.), aussi Thirebeuf et Thireboux. Le chesal ou manoir, al. hôtel, f. s. de Parçons, par. de Francesches et de St Placide : *Bourb.*, 1300. — Guiot Thirebeuf, Chev., son fils; *Idem*; 1322. (*r.* 463, *p.* 255 ; *r.* 464, *p.* 268, 326.)

TIREBEUF (Hugues), Dam. Fief de Follein, al. Feillan, dom., cens et tailles ès par. de Cronay, Breuil et St Menou : *Bourb.-Lancy*, 1350, 1376. (*r.* 463, *p.* 259 ; *r.* 466, *p.* 242.) Voy. Tyrbeuf.

TIREGUAIGE (Phil. de), à cause de Guillemette, sa f^e, fille de feu Perel de Til. Maison sise à Luzy, terres, dîmes et cens : *Bourb.-Lancy*, 1315. (*r.* 467, *p.* 9.)

TISSANDIER (Jean-Amable), ancien juge au présid. de Clerm. Dr. de lods dus aux mutations par échange dans l'étendue de la justice de Montaigu, acq. du Roi; 1700. — Jean de Tissandier, son fils, pour lui et sa mère Marie-Marguer. Mouricaud. Chat. t. s. des Greniers, des Echanges et de la Gallerie, par. St Julien et de St Loup de la Ville-Billon; 1716, 1723 : *Clermont*. (*r.* 506, *p.* 90, 123 ; *r.* 507, *p.* 99 ; *r.* 508, *p.* 152.)

TISSANDIER (Anne de), v^e de Jean-Jaques du Chateau, écuyer. F. s. de Fretaize, par. de Ronnet : *Montluçon*, 1724. (*r.* 478, *p.* 523.)

TISSART, aussi Tessart (François), écuyer, Sr de Villetissart, controll. gén. de l'artillerie. T. s. de la Guespière : *Amboise*, 1519. (*r.* 432, *p.* 81.)

TISSEUR (Claude), m^e balancier. Partie de maison en la rue de Confort à *Lyon*; 1676. (*r.* 495, *p.* 77.)

TISSIER (Jean), de Cernerie. Cens sur le ténement de Laucete : *Forez*, 1311. (*r.* 493 *bis*, *p.* 57.)

TISSIER (Pierre), médecin. Cens, rentes et autres dev. au mandem^t de Cernerie : *Forez*, 1322. — Guilleme, sa sœur, et héritière ; *Idem* ; 1330. (*r.* 492, *p.* 137 ; *r.* 493, *p.* 110.)

TISSIER (Guill.). Menus cens à Cernerie et Meyranges ; 1333. — Etienne le Tissiers, de Veniole en la par. St Martin de l'Estral. Une pièce de terre en lad. par. ; 1336. — Alise, fille de feu Guill. Tissier, de Croset. Une pièce de terre dépend. du ténem^t de Grimaut ; 1336 : *Forez*. (*r.* 490, *p.* 12, 131, 144 ; *r.* 491, *p.* 148.)

TISSON (Sibille), v^e de noble François Rigaud, av. du Roi en la cour des monnoies de Lyon. Maison près des ponts du Rhône à *Lyon* ; 1721. (*r.* 497, *p.* 112, 122.)

TITON DE VILLEGENOU (Louis-Maximilien), Chev., inspecteur gén. des fabriques et magasins d'armes pour les troupes de S. M. Chât. t. s. du Montel, par. St André de Busseol : *Clermont* ; t. s. de Gensat, par. *id.*, acq. de François-Gaspard de Montmorin, Chev. et de Marie-Michelle de Mongon, son ép. : *Chantelle* ; ens. la t. et seg. de Langlard, par. de Mazerier, acq. de Pierre de la Mere-de-Matha, Chev., Sg. du Bosc : *Bourb.*, 1721. (*r.* 478, *p.* 160, 280 ; *r.* 507, *p.* 246.)

TIVIERE ou Tiverie (Guill. de), Chev., Sg. de Muitent. Chât. t. s. de Mayrenchalm, par. de même nom : *Auzance-en-Combrailles*, 1370. (*r.* 469, *p.* 128.)

TIXIER (Tiene), v^e de Guillerme, à présent f^e de Guill. de la Font. Partie de terres, prés et cens en la par. de Leugy, *Leugiaci* : *Billy*, 1410. (*r.* 455, *p.* 268.)

TIXIER (Etienne), sindic du collége de Felletin ; 1669. — Joseph Tixier, stipulant par son tuteur, Claude Miomandre, Sg. de Laubard. Partie de la t. et seg. du Bosc, indivise avec Jean, Laurent et Marie Tixier, f^e de Claude de Panpelune, écuyer, Sr de Livry ; 1669. — Antoine Tixier. Le fief de la Combe, du Tarderon ; 1669 ; et, pour son frère Ant. Tixier, le jeune, M^e chirurgien ; le fief et ténement du Bosc en partie, par. St Martial de Croze ; 1684. — Léon Tixier, apothicaire à Felletin. Rente sur le ténement de la Virolle, par. de la Nouaille ; 1669, 1684. — Etienne Tixier, chirurgien à Felletin, par son proc. A-la-Catin. Le fief de Genivaix-petit-Peroux, par. de Poussange ; 1684 : *Felletin*. (*r.* 474, *p.* 4, 36, 134, 147, 300, 399, 415, 531.) — Les enfans de feu Nicolas Tixier, M^e partic. des eaux et forêts de la H.-Marche, sous la tutelle de François Garneau, Sr de la Salle. Le fief de Bordessoulx, *al.* Bourdesoullons, par. St Quentin : *Felletin*, 1669, 1684. (*r.* 474, *p.* 298, 295.)

TIXIER (Charles), écuyer, Sg. de la Nogerette, receveur gén. du Duc de Bourbon. F. s. de la Vivere, par. de Souvigny, acq. de Louis Herouis, écuyer, Sr de Mirebeau, trés. de France, et de Marguer. Brisson, son ép. ; ens. celui de Montifaud, par. de Meillier, aussi nouvel. acq. : *Bourb.* *Souvigny*, 1708, 1712. (*r.* 476, *p.* 225 ; *r.* 477, *p.* 76.)

TIXIER (Jean), Sr de Bois-Robert, fils de feu Claude Tixier, capit. des chât., baronnies et seg. de Chatel-Montagne, Monmorillon et Arfeuille. F. s. de la Croix, par. de Nizerolles : *Vichy*, 1710 *ad* 1728. (*r.* 476, *p.* 245 ; *r.* 478, *p.* 332 ; *r.* 479, *p.* 55.)

TIXIER (Claude), bourg. de Moulins. F. s. de Chatellet, par. de Coulandon : *Moulins*, 1725. (*r*. 479, *p*. 75.)

TOCQUES (Charles de), écuyer. F. s. de la Mothe des Noyers : *Billy*, 1505. (*r*. 452, *p*. 131.)

TOFFIN (Martin et Guill.). Partie du chesau de Charnoux, terres, garenne, prés, bois et rentes : *Aynay*, 1357, 1376. (*r*. 462, *p*. 373 ; *r*. 463, *p*. 50.) Non nobles.

TOGUES (Jean de), Dam. T. s. à Montmigny : *Beaujeu*, 1345, 1347. (*r*. 489, *p*. 68, 188.)

TOGUES (Guill. de), Dam. paroiss. de Laugy. Dom., bois, cens et tailles en la par. de Varennes-sur-Tesche ; et pour Marguer. Guinegaud, son ép. ; dom., dîmes et bois au territ. de Mart : *Billy*, *Chaveroche*, 1374 *ad* 1398. (*r*. 468, *p*. 110, 157, 191.)

TOLOZAN (Ant.), secrét. du Roi. Maison, dom., bois, vignes sur le g^d chemin de Lyon à Villefranche, appel. Montfort ; cens et autres dev. en la par. de Chasselay : *Lyon*, 1735, 1736. (*r*. 478, *p*. 127 ; *r*. 498, *p*. 145.)

TOMERIE (François-Nicolas de la), fils de François. F. s. de Buignonnet : *Secondigny*, 1727. (*r*. 438, *p*. 564.)

TOMOILLE (Guill. de la), écuyer. Hom. de tout ce qu'il tient au duché de *Bourbonnois* ; 1381. (*r*. 467, *p*. 39.)

TONGAS (Guill.), proc. principal des gabelles du Languedoc et de la H.-Auv., comme mari d'Anne Teillard, v^e de Jean Salesses. Chât. t. s. de Tissonnieres, par. de Chalinargues : St *Flour*, 1683, 1685. (*r*. 503. *p*. 143, 566.)

TONNELIER (Charles), comme tuteur de Sébastien, Ant., Marie et Marguer. Tonnelier, enfans d'Etienne Tonnelier, son fils, et de Marie Parchot, fille de Sébastien Parchot. Fief de Torgue, par. de Laugy : *Billy*, 1636. (*r*. 481, *p*. 144.)

TONNELIER (Charles), commissaire en la prevoté gén. du Bourbonnois. F. s. des Angles, de la Fond, de Fontarbin, de Chât.-Gaillard, cens et dîmes, par. de Laugy, Sensat, St Remy, Souillet : *Billy*, 1697 *ad* 1720. (*r*, 475, *p*. 207 ; *r*. 477, *p*. 434, 435 ; *r*. 478, *p*. 112.)

TONNELIER (Louis-Nicolas le), de Breteuil. Baronnie de Preuilly, acq. de Louise de Crevant d'Humieres, ép. de Charles de Hautefort, Mis de Surville : *Tours*, 1700. (*r*. 425, *p*. 69.)

TONNELIER (Marie-Claude-Ther. le), ép. de Bernard Bernard, Chev., Mis de Torcy. F. s. d'Asbin : *Chatelleraut*, 1716. (*r*. 438, *p*. 149.)

TONNEREAU (Jeanne), v^e de François Besnard, bourg. de Tours. Maison, t. s. de la Chassetière et Renetière, par N. D. Oué, acq. de Jean Brodeau, écuyer, Sr de Cande : *Tours*, 1666. (*r*. 357, *p*. 75, 120 ; *r*. 358, *p*. 114.)

TONSE (Guill. le), médecin de la Duch. d'Anjou lui rend hom. lige de ce qu'il tient d'elle au comté du *Maine* ; 1389. (*r*. 1335, *p*. 79.)

TON-TRU-TOU (Guill. le), écuyer. F. s. de Pardines ; *Beaujeu*, 1477. (*r*. 1360, *p*. 877.)

TOR (Hugenins de la), fils de feu Guilemes de la Tor, Chev. T. s. en deçà et audelà de l'Allier, s'étendant de la rivière de Baudre vers Pozi, etc.; 1288. (*r*. 464, *p*. 392.)

TORANE (Cather. de), v⁰ de Gerenton Malet, de Charpey au dioc. de Valence, tutrice d'Alise, leur fille. Dom. cens et rentes en divers territ.: *Forez*, 1409. (*r. 494, p. 83, 91.*)

TORCHART (Thibaut), écuyer, et Adenete Chabote, sa f⁰, fille de Pierre Chabote, Sg. du Vergier. Vente d'une maison à *Angers*, chargée de 7 l. tour. de cens et rente ; 1462. (*r. 1346, p. 40.*)

TORNABIZE. Voy. Tournabize.

TORNAMENT (Jean), Dam. et Cebelie, son ép., fille....., Caelatre, Dam. Le mas del Maymel et dép., par. de Gondelles : *Carlat*, 1350. (*r. 473, p. 7.*)

TORNELLE. Voy. Tournelle.—Tornemire. Voy. Tournemire.

TORQUINS (Jean), de Vaudenesse. Chev. Maison forte, chât. t. s. de Norry, que tient à viage Marguer. sa mère : *Chât.-Chinon*, 1351. (*r. 470, p. 97.*)

TORRATE (Regnaud de la), écuyer. Hôtel du Plex-Vachot, dom. dîme et mouv. : *Bourbon.*, 1402. (*r. 465, p. 51.*)

TORT (Henri le), dem. à Moulins-Engilbert, reçoit de Jeanne de Mello, Ctesse d'Eu, le moulin de la Broce et dr. et dép.; 1346. — Jean le Tort, dem. au même lieu. Maison de Maesses, dom., bois, dîme, moulin, tailles et serfs ès par. St Leger et St Hilaire ; 1350, 1357.—Jean le Tort, clerc, garde du scel en la prevôté de Moulins-Engilbert, Droin et Guiot, ses frères, bourg. dudit lieu, et Phil. le Tort, chan. de Nevers. Mêmes possess. et dr.; 1396 : *Chât.-Chinon.* (*r. 469, p. 147, 217 ; r. 470, p. 45, 58, 74, 75 ; r. 1380, p. 3269.*)

TORT (Guill. le), sire de Champart, pour Charles le Tort, son fils. Hom. de ce qu'il tient aux vill. de G^d Riz, G^d Riot et la Brosse : *Chât.-Chinon*, 1450. (*r. 470, p. 25.*)

TORTENAY (Jean, Sg. de), Chev., pour lui et Gilles Malet, sa f⁰. Hôtel de Brueil et dép.: *Maine*, 1454. (*r. 351, p. 89.*)

TORTERETOT, aussi Tourteretot (Guill.), paroiss. de Seron, Marguer., f⁰ de Jean de Lesue, et Thomas, fils de feu Jean Tourteretot. La mote de Melleran, fossés, terres, bois, garenne, etc., par. de Chambilli : *Chaveroche*, 1398, 1411. (*r. 468, p. 28, 258.*) Ont payé le rachat.

TORTERUE-BONNEAU (Louis), banquier de la Rochelle. F. s. de Grolleau en la chatell. de Dompierre, acq. d'Anne-Marguer. Grassineau, v⁰ de Jean-Honoré Sauvestre Chev., Sg., Cte de Clisson, G^d Sénéchal d'Aunis, et de Charles-Bernard-Xavier Sauvestre de Clisson, leur fils aîné : *La Rochelle*, 1714 ad 1734. (*r. 439, p. 39, 82 ; r. 440, p. 46 ; r. 442, p. 21.*)

TORTON (Jean). F. s. de la Roche : *Marche*, 1506. (*r. 452, p. 254.*)

TOUCHART (Géofroi), pour Perrine Cyrnière, sa femme, v⁰ de Vincent Crespin. Fief et dom. de Vezins : *Angers*, 1465. (*r. 340, p. 31.*)

TOULIGNY (frère Acharie de), de l'ordre de Cluny, prieur de Tisy, en son privé nom. Maison de la Forest et autres possessions, achetées de la success. de feu Jean de la Forest, bourg. de Tisy : *Beaujeu*, 1453. (*r. 486, p. 76.*)

TOULY (Dominique), prêtre. Rente noble appel. Combe Blanche, par. de la Guillotiere : *Lyon*, 1723. (*r. 497, p. 203.*)

TOUSCHE (François de la). Herbergemens de Cherues et de Brueres, tant pour lui que pour sa f⁰ Cather. de Brueres : *Mirebeau*, 1446, 1454. (*r. 330, p. 59 ; r. 331, p. 39.*)

TOUSCHE (Jean de la), écuyer. T. s. de Montagrier : *Marche*, 1506. (r. 452, p. 292.)

TOUCHES (Jean des), pour Pierre des Touches, son père. Etang, garenne, dîme, cens et rentes; 1506. — Pierre des Touches. Parties de dîmes et menus cens ès par. de Vallon et de Venas; 1513 : *Hérisson*. (r. 454, p. 170 ; r. 461, p. 178.) Non noble.

TOUCHES (Claude de la), Chev., Sg. de Montigny. T. s. de la Gasselinière : *Sonnois*, 1666. (r. 357, p. 69.)

TOUCHE (Benigne la), v⁰ de Jean Marchand, m^d trippier. Moitié d'une maison à *Lyon* ; 1721. (r. 497, p. 125.)

TOUCHE (François de la), Chev., Sg. de Belmon. Moitié de la t. et seg. de St Sulpice : *Xaintes*, 1722. (r. 440, p. 56.)

TOUR (Matilde de la), rend hom., *homenagium*, par l'entremise de Guill., son fils, à Archambaud, Sire de Bourbon, de l'étang et moulin de Beaulieu ; 1237. (r. 464, p. 148.)—Guill. de la Tour, Dam. Terre et seg. longeant le chemin public qui conduit d'Anuldre à Lurcy, et s'étend jusqu'à la rivière *de Andulia*, aboutissant à la terre du sire Guill. de Verfeuil, *Viridifolio*, Chev.: *Bourb.*, 1241. (r. 465, p. 38.)

TOUR (Humbert de la), Sg. de Colenges. renonce à ses droits sur les fiefs de Lent et de Chalamont, au profit du Sire de *Bourbon* ; 1280. (r. 1391, p. 531.)

TOUR (Bleynet, *al.* Guiot de la). Maison, dom., bois, garenne, moulin, cens et tailles de Besson, par. de même nom : *Souvigny*, 1300. (r. 469, p. 244, 248.)

TOUR (Hugues de la), Dam. T. s. en la prévôté de Bor-le-Comte, dioc. d'Autun ; ens. le ténem^t qu'il doit hériter d'Artaude, v⁰ de sire François de Martenat, 1302. — Pierre de la Tour, Dam. Dom. et mouv. de Bor-le-Comte ; ens. la dîme de Malay; 1322. *Chaveroche.*(r. 468, p. 303, 341.)

TOUR (Guill. de la), Dam. Dom. et mouv. ès par. de Lurcy et d'Anuldre ; 1323. — Guill. de la Tour. Domaines, justice et mouv. à Lurcy-le-Sauvage et sur la rivière de Besbre..... *Bourbon*. (r. 464, p. 65, 122.)

TOUR (Jean de la), Sg. de Neurre, Dam, Dom, et seg. à Livry, et trois arr. fiefs ; 1323. — Jean de la Tour, Dam., et Jeanne, son ép., Damoiselle, fille de Guill. Rocher, Dam. T. s. de Neurre ; hôtel de Fraigne-les-Cenquoins, dom. et seg. en dép. ; ens. une maison en face du four de *Germigny*, 1344, 1356. — Guichart de la Tour, Dam. Partie de la t. et seg. de Neurre ; 1375 *ad* 1432. (r. 464, p. 47, 78, 323, 430 ; r. 465, p. 105 ; r. 470, p. 224, 225 ; r. 471, p. 6, 19.)

TOUR (Béatrix de la), Dame de Beaumont. Les prés de la Baüme ; un fief tenu d'elle par les enfans de feu Hugues de la Garde, Chev. ; et mouv. en la par. de Livry : *Bourbon*,, 1323. (r. 464, p. 436.)

TOUR (Jean de la), Dam. Maison et motte de Soillas, *al*. Soullaz, dom., bois, garenne, h. j. en la par. de Chât.-sur-Allier; 1336. Et, comme tuteur de Perrin et Jean, enfans de feu Jean Aureul, *Aurollio*, Dam.; rentes sur la terre de Gastellières en la par. d'Ingrande, ayant appart. à feu Audenet du Suly; 1356 : *Bourb*. (r. 464, p. 238, 450.)

TOUR (Hugonin de la), Dam. Hôtel et motte de la Tour, dom. et dr. en dép. ; *Moulins*, 1350. (r. 454, p. 232.)

TOUR-BARIEUL, *al.* Baireul (Perrin de la), écuyer : *armiger*. Les G^d et petit Boillas près l'Alleir ; dom. et seg. de Fontenay ; le champ et vignes de Repentin et des Quarrées, etc. — Guill. de la Tour-le-Boillas-Barieul ; *Idem : Bourbon*, 1350, 1356. (*r*. 463, *p*. 157, 251.; *r*. 464, *p*. 254.)

TOUR (Phil. de la), Chev. Maison. t. s. de Monnerin, *al*. Montverain, et arr. fiefs ; *Bourbon.*, 1350, 1357. (*r*. 463, *p*. 268 ; *r*. 464 ; *p*. 266.)

TOUR (Jean de la), autrem^t du Plessois, Dam., et son ép. Marguer., fille de feu Hugues de la Faye. T. s. du Plessis. — Guillemette de la Tour, autrem^t du Plessois, Damoiselle. Terres, prés, vignes, cens et tailles en la par. de Livry, qu'elle partage avec Johannet du Plessois, son frère : *Bourbon.*, 1357. (*r*. 464, *p*. 11 ; *r*. 465, *p*. 31.)

TOUR (Anne de la), Chev. Chât. t. s. d'Oliergue, *Oliergii*, et arr. fiefs. Auv., 1396. (*r*. 470, *p*. 169 ; *r*. 471, *p*. 2.) Rel. de lui : Fardit de Broglia, pour Ant. son fils ; Faydit de Hudel, pour lui et Ant. son fils ; Hermite de la Faye ; Ant. de Froideville, fils du sire Hugonin de Froideville, Chevaliers. Guiot d'Alleyrat ; Guill. de la Baume ; Albert de Bertholeye, *al*. Bertholeyre ; Jean del Boschet ; Mengard del Boschet : Chatard del Boysse; Jean du Clusel ; Bertrand de la Faye, à cause de Marguer. de la Gardete, sa f^e, fille de Beraud de la Gardete ; Gilbert de la Fayete ; Guill. de Fontanet ; Pons de Maffleux ; Jean Miche ; Jean Marreaud de la Mote ; Guionnet Pons le Veyers, *al*. le Beirers ; Simon. *al*. Mondet Rischer ; Berthon de Tellet, Damoiseaux.

TOUR (Bertrand, sire de la), Chev. Chât. et chatell. de St Saturnin et de St Amand, et hautes seg. en dép. ; ens. la forteresse de Montperroux : *Auv.*, 1397. (*r*. 471, *p*. 22, 59, 143.)

TOUR (Louis, sire de la), Chev. Le fief de la Galonère ; 1437. — René et Christophe de la Tour, ses fils, écuyers ; *Idem* ; ens. la dîme de Lobas ; 1453 ad 1465 : *Chât.-Ceaus*. (*r*. 329 bis, *p*. 1. ; *r*. 341, *p*. 40 ; *r*. 350, *p*. 3 ; *r*. 1341, *fol*. 152 ; *r*. 1345, *p*. 26.)

TOUR (Guichart de la), écuyer, Sg. de la Charnée ou Channée. Cens et rentes és par. d'Augi et de St Libaudie : *Bourbon.*, 1443. (*r*. 463, *p*. 209.)

TOUR (Jean de la), Estier et Guichart, écuyers, frères. Terres, dîmes, bois, champart, h. m. et b. j. en la par. de Neurre : *Bourbon.*, 1455. (*r*. 464, *p*. 223.)

TOUR (Bertrand de la), Cte de Boul. et d'Auv.. à cause de Jaquete du Peschin, sa f^e. Mote, t. s. du Peschin et de Banassat ; ens. le fief du Coudrel. Partage de ses biens entre ses deux fils, Bertrand et Godefroi, celui-ci marié à Jeanne de Bressay : *Chantelle, Murat*, 1456, 1459. (*r*. 458, *p*. 256, 258 ; *r*. 465, *p*. 113 ; *r*. 1375, *p*. 2483.)

TOUR (Anet de la), Vte de Turenne, et Anne de Beaufort, son ép. Traité avec le Duc d'Anjou, au sujet des sommes consid. qu'ils réclamoient sur le comté de Beaufort : *Saumur*, 1468, 1471, (*r*. 336, *p*. 79 ; *r*. 1342, *fol*. 9, 178.)

TOUR (Jean de la), écuyer, réclame divers dr. à lui échus de la success. de feue Marguer. Gautier en la chatell. de Boutteville : *Angoul.*, 1477. (*r*. 1404, *p*. 138.)

TOUR (Jean de la). T. s. de Cours : *Bourb.*, 1506. (*r*. 453, *p*. 67.)

TOUR (François de la), Chev., Vte de Turenne. Echange de justice seig. entre lui et le Duc de *Bourbon* ; 1520. (*r*. 1374, *p*. 2377.)

TOUR (Henri de la), écuyer, comme mari de la dame de Rivière. T. s. de la Peyre et de la Veyssière, par. de la Celle et de St Cirgues, relev. de l'Abbé d'*Aurillac*; 1669. (*r*. 499, *p*. 519.)

TOUR (Jaques de la), Chev., fils de Martin de la Tour, Chev. T. s. de Murat-le-Quayre, par indivis avec Maurice de la Tour, fils de René de la Tour : *Riom*, 1669. (*r*. 499, *p*. 101.) — René de la Tour, Chev., fils de feu René de la Tour, Chev. Partie de la Terre-Basse de Murat-le-Quayrert: *Riom*, 1683. (*r*. 503, *p*. 66.)

TOUR (Claude de la), écuyer. Maison forte, t. s. de Varan, par. St Féréol, mandem^t d'Oriol : *Forez*, 1674. (*r*. 496, *p*. 1.)

TOUR (Pierre-Ant. de la), écuyer, fils de Hugues de la Tour de Rochette, écuyer, Sg. de St Vidal. T. s. d'Ally et de la Rochette : *Riom*, 1683. (*r*. 503, *p*. 68.)

TOUR (Henri-Auguste de la), Chev., Mis d'Aizenay. F. s. du Bourg-Batard et du Bois des Brandanières; *Vouvant*, 1698. (*r*. 436, *p*. 220, 225.)

TOUR (Alexandre de la), écuyer ; Charles de Brilhac de Nouziere, écuyer, Sg. de Feniou ; Marie de Brilhac de Nouzière, v^e d'Hector de St Georges, écuyer, Sg. de Dirai ; Marie-Anne Guillier, v^e de René Goumier, écuyer, Sg. de Gachetière, et Jean-Charles de St Martin, écuyer, Sg. du Parc de Vossay, *al*. Rozes, tous parageurs du fief et seg. de Geay, par. de même nom, compris le fief commun, anciennem^t appel. le fief de Chevallon de Burle: *Xaintes*, 1717. (*r*. 439, *p*. 98 ; *r*. 440, *p*. 20.)

TOUR D'AUVERGNE (Maurice-Frédéric, aussi Frédéric-Maurice de la), Chev. et René, son frère, enfans de René de la Tour d'Auvergne, et de Gabrielle Aubier. Chât. t. s. du Planchat, par. St Sauve ; ens. la seg. de la Terre-Basse de Murat de Caires, par. de Messeix-St Julien : *Riom*, 1683, 1685. — Godefroy-Maurice de la Tour d'Auvergne, Chev. T. s. de Murat et de Bains-lèz Mont d'Or : *Clermont*, 1700. (*r*. 503, *p*. 3 ; *r*. 504, *p*. 85 ; *r*. 506, *p*. 116.) — Jeanne-Marie de la Tour d'Auvergne, v^e de Nicolas de la Roche-Aymond. T. s. de Murat et de Bains, par succèss. de Jean de la Tour et de Marie d'Apchier: *Clermont*, 1723.(*r*. 509, *p*. 60.)

TOUR D'AUVERGNE (Louis de la), prieur de Souxillanges : *Issoire*, 1723. (*r*. 508, *p*. 26.)

TOUR D'AUVERGNE (Henri-Oswal de la), Archev. de Vienne. Le Doyenné d'Aronne : *Vichy*, 1725. (*r*. 488, *p*. 122.)

TOUR d'Auvergne (Marie-Victoire-Hortense de la), v^e de Charles-Armand-René, Duc de la Trimouille et de Thouars, pair de France, tutrice de Jean-Bretagne-Charles-Godefroi, Duc de la Trimouille et de Thouars. Comté de Laval et seg. en dép. ; *Louvre*, 1742. (*r*. 427, *p*. 43.)

TOURAINE, ou Tourame (Guill. de la), Valet. Herbergem^t situé à Poez, *al*. Poiz ; 1381. — Jeanne de la Touraine, Damoiselle, v^e de Pierre de Bonnemain, écuyer. Hôtel de la Touraine ; ens. l'herbergem^t, nommé le G^d-Parigné ; 1440, 1442. — Perrote de la Touraine, Damoiselle, v^e de noble Jean d'Augis. T. s. du Petit-Parigné ; 1459 : *Mirebeau*. (*r*. 329, *p*. 46 ; *r*. 330, *p*. 38 ; *r*. 331, *p*. 1, 11, 12.)

TOURLANDRY (Jean de la), Chev., Bon de Bouloire, à cause d'Angélique de Kairbout, son ép., fille de Lancelot de Kaibbout, Chev., et de

Marie de Lignies. Baronnie de Verrieres : *Loudun*, 1631. (*r*. 354, *p*. 38.)

TOURNABIZE, aussi Tornabize (Guill.), clerc, et Guiard Tornabize, *al*. Retiers, Dam. Maisons, près, vignes, garennes, dîmes et cens, par. de Salis et autres : *Forez, Thierne*, 1334. (*r*. 472, *p*. 47 ; *r*. 492, *p*. 141.)

TOURNABIZE (Guill. de), Dam. Fief de la Varcherie ; cens, tailles sur plusieurs tènemens en la par. d'Estocahoux ; présent Fardet de la Varghat, Chev. : *Auv.*, 1396. (*r*. 471, *p*. 80.)

TOURNEBIZE (Jean de), écuyer. T: s. de Coetz et l'Huyet : *Chaveroche*, 1506. (*r*. 453, *p*. 149.)

TOURNELLE (Mathieu de la), Chev. et Hellouys, son ép. Echange de cens et de rentes avec Robert, Cte de Clerm. en *Beauvoisis* ; 1284. (*r*. 1369, *p*. 1762.)

TOURNELLE (Jean de la), écuyer. Maison de Guippi, dom., bois, justice, serfs et autres dr., par indivis, avec Jean de la Tornelle, Chev. ; ens. la seg. du vill. de Tressoze : *Chât.-Chinon*, 1351, 1357. (*r*. 469, *p*. 226 ; *r*. 470, *p*. 64.)

TOURNELLE (Gui de la), Chev. Chât. t. s. de Maison-Comte, ès par. de Chaumoy et de Courancy ; 1351. — Jean de la Tornelle, son fils ; *Idem* ; 1409. — Michel de la Tournelle. Ordre du Roi de le saisir au corps pour avoir fait mourir en son chât. de Maison-Comte, Louis de la Touruelle, son frère, et de le livrer au Duc de Bourbon, son Suzerain ; 1443 : *Chât.-Chinon*. (*r*. 469, *p*. 175 ; *r*. 470, *p*. 119 ; *r*. 1357, *p*. 329, *ad* 332.)

TOURNELLE (Renoars de la), Dam. Maison forte, t. s. de la Tornelle ; ens. celle de la Vieille-Tornelle que tient de lui en fief Hugues de la Perrere, Sg. de la Boé, à cause de Dame Yolande, sa f^e, par. d'Alleu : *Chât.-Chinon*, 1352. (*r*. 469, *p*. 157.)

TOURNELLE (Jean de la), écuyer. Dom. et mouv. au territ. de Rosere, j. h. m. et b : *Chât.-Chinon*, 1352. (*r*. 469, *p*. 189.)

TOURNELLE (Ysabeau de), Dame d'Anisi. Hôtel, t. s. de la Broce, hommes et f^{es} serfs : *Chât.-Chinon*, 1396. (*r*. 469, *p*. 166.)

TOURNELLE (Guill. de la), écuyer. T. s. de Beauregard, de la Fontaine et du Chastelet ; 1396. — Phil. de la Tournelle, v^e de Hugues du Bos, Chev., et Philiberte du Bos, fille de Jaques du Bos, écuyer. T. s. de Beauregard ; 1444 : *Chât.-Chinon*. (*r*. 469, *p*. 187 ; *r*. 470, *p*. 40.)

TOURNELLE (Pierre de la), écuyer. Msison forte de la jeune Tournelle, dom., bois, moulin, h. j., et arr. fiefs tenus, entr'autres, par Jean, Pierre et Philib. de Franay, écuyers, frères : *Chât.-Chinon*, 1443. (*r*. 470, *p*. 40.)

TOURNEMINE (Gilles), Chev., Sg. de la Hunaudaye, pour Marie de Villiers, sa f^e, fille de feu Jean de Villiers, Chev., Sg. du Hommet. T. s. de Chalonge et de Tournabelle : *Anjou*, 1470. (*r*. 1342, *p*. 102.)

TOURNEMIRE, aussi Tornemire, Tornamire (Bertrand de), Chev., pour sa f^e Cebelie de Cambon. Cens et rentes à Cambon ; ens. le mas de Poget : *Carlat*, 1410. (*r*. 472, *p*. 129.)

TOURNEMIRE (Victor), écuyer, Sg. de Tornamire, en partie. Chât., t. s. de Rocin, *al*. Rossin, h. m. et b. j., par St Priest ; 1510. — Gui. de Tornamire, écuyer, Sg. de la Praere-au-Vidame. Chât. de Tornamire, tour tournelles, et h. j. ; 1501. — Nicolas Tornamire, écuyer. Hommage

« avec attouchement de mains, et baisem^t de bouche et de joe » de son chât. et châtell. de Marzer et de Tornamire en partie ; 1501 : *Auv.* (*r.* 470, *p.* 157, 170, 175.)

TOURNEMIRE (Guill. de), écuyer, pour Magdel. du Mas, son ép. Maison d'Escourailles en la seg. de St Christophe : *Riom,* 1669. (*r.* 499, *p.* 562.)

TOURNEMIRE (Françoise de), v^e et hérit. de Jean de Traverse. Cens et rentes en la par. de Chalinargues : *Murat,* 1669. (*r.* 499, *p.* 466.)

TOURNEMIRE (Louise de), douairière de Sauvebœuf. T. s. de Leybros, par. St Bonnet : *Riom,* 1669. (*r.* 499, *p.* 148.)

TOURNEMIRE (Marguer.), Damoiselle, v^e de noble Blaise de Quinard, écuyer. T. s. de Bezaudun et coseigneurie de Tournemire, ès par. de Gingols, St Poget et Tournemire ; 1669, 1672 : *Riom.* (*r.* 499, *p.* 92 ; *r.* 500, *p.* 137.)

TOURNEMIRE (Jean-Jaques de), écuyer, Sg. de St Bonnet. H. j., cens et rentes sur divers vill. qu'il partage avec le Sg. de Mougon, par. St Bonnet et d'Olby ; 1684, 1700. — Ant. de Tournemire, écuyer, vic. gén. de St Flour, son donataire ; 1716 : *Riom.* (*r.* 503. *p.* 251 ; *r.* 506, *p.* 269 ; *r.* 507, *p.* 73, 132.)

TOURNEMIRE (Pierre de), écuyer, fils de Jean. Fiefs de St Bonnet, Ville-Jaques et de Monterbeyre, ès par. de St Bonnet et d'Olby : *Riom,* 1730. (*r.* 510, *p.* 44.)

TOURNIER (Alexandre), exempt des gardes du corps. T. s. de St Lubin, par. de Reillé : *Amboise,* 1607. (*r.* 353, *p.* 93.) Tient de lui : Barthelemy de Balsac, Chev., S^r de St Pol, comme tuteur d'Ant. son fils, et de feue Anne du Bois son ép.

TOURNIER (Guill.). Cens et rentes de Beaumontel, ès par. de Bredon et la Chapelle : *Murat,* 1669. (*r.* 499, *p.* 35.)

TOURNILLAC (Hugues), habitant du bourg de Velore. Fief allodial de Bonnevie, maison et dom. en dép. : *Clerm.,* 1723. (*r.* 508, *p.* 164.)

TOURNIOL (Ant.), Sr du Rateau, av. du Roi au présid. de Gueret. F. s. de la Rebiere : *H. Marche,* 1669. (*r.* 474, *p.* 330.)

TOURNIOL (Olivier). T. s. de la Faye et de Chât.-Cloup, par. St Disier : *Marche,* 1669, 1684. (*r.* 474, *p.* 554). — J. B. Tourniol, prêtre. Fief de Chât-Cloup, par. d'Ausesme et de St Sulpice : *Gueret,* 1724. (*r.* 481, *p.* 32.)

TOURNIOL (Phil.), avocat, pour lui et Jeanne Angoz, sa f^e. Dom. et maison noble de St Leger, par. *id.* : *Marche,* 1684. (*r.* 474, *p.* 431.)

TOURNIOL (Guill.) de la Rodde, comme tuteur des enfans de feu Silvain-Joseph de Biencourt, écuyer, Sr de Pezat, et de Gabriel Tourniol, ses neveux. F. s. appel. la rente des Guillots, par. de Bonneuil en Berri, relev. de *Monmorillon ;* 1699. — Olivier Tourniol, M^e partic. des eaux et forêts de Gueret. T. s. de la Rodde, par. de *Gueret ;* 1724. (*r.* 436, *p.* 310 ; *r.* 481, *p.* 44.)

TOURNIOLE (Phil. de), *de Turricula,* Chev. Un mas assis à Barbaranghas-de-Mannas, appel. le mas de St Flour, tenu du monast. de St Flour ; 1276. (*r.* 471, *p.* 132.)

TOURNON (Guill. de), Chev. Chât. et bourg de Retortoire, dom., et seg. en dép. ; ens. la t. et seg. de Colombier, acq. de Tachon de la Matra ; 1317 *ad* 1338. — Guill. sire de Tournon, chât., t. s. de St Symphorien, relev. du Sg. de Rossillon ; 1358. — Guil. de Tournon, Chev., donne quittance de 2000 francs d'or, à Phil. de Levis, Vicomte de Lautrec, Bon de la Roche ; 1373. — Guill., Sg. de Tournon, au dioc. de Valence, Chev., vend à Guill. de Revel la seg. d'Argental ; 1411 : *Forez*. (*r*. 491, *p*. 24, 278 ; *r*. 493 *bis*, *p*. 94, 100 ; *r*. 494, *p*. 183 ; *r*. 1396, *p*. 445 ; *r*. 1397, *p*. 547.)

TOURNUS (Claudine), v^e de François Chermette, fils de Jean, chatelain de Tarare, tutrice de leurs enfans. Maison forte, dom., bois et mouv. en la par. de Tarare : *Lyonois*, 1720. (*r*. 497, *p*. 59, 78.)

TOURRAUT, aussi Tourreaut (Gilbert), Sr de Rebis, capit. au rég. de Leuville, et Marie-Magdel. Vauvrille, son ép. F. s. de Breuil, par. de Genetines : *Moulins*, 1701. Jeanné, leur fille ; *Idem* ; 1722. (*r*. 476, *p*. 145 ; *r*. 478, *p*. 205.)

TOURRAUT (Ant.) F. s. de la Barotiere, par. de Coutigny : *Verneuil*, 1712, 1717. (*r*. 477, *p*. 77, 531.)

TOURRET (François), m^d, Sr de la Presle, fils de François Tourret. Terrier de Villars, par. St Bonnet-du-Four : *Murat*, 1717. (*r*. 477, *p*. 238.)

TOURTIER (Henri), écuyer ; Claude Tourtier, f^e de Jean Busson, Sg. de Villeneufve, proc. au parl. de Paris ; Gabriel de Laurent, écuyer, Sr de Nizerolle ; Henri Lable, écuyer, Sg. de Champ-Grand, cons. au baill. de Berri ; Hugues Baugy, écuyer, Sg. de Nuisement et Vichy, lieut. crim. au présid. de Bourges ; Jean-Jaques Labbe, prieur de Cressy ; Vicent Sarrazin, écuyer, Sr de Soullangy, trés. de France ; Jaques Bigot, écuye., Sr de Contremoret, tous proches parens paternels et maternels, de Michel Tourtier, écuyet, fils de feu Nicolas Tourtier, écuyer, et de Claude Macé, ayant fait prononcer son interdiction, Henri Tourtier, 1er comparant, nommé son curateur, fait pour lui les foi et hom. dus pour la h. m. et b. justice de Merdelou : *Dun-le-Roi*, 1684, 1688. (*r*. 447, *p*. 3.)

TOURZEL (Morinot de), Chambel. du Duc de Bourbon. Chât. t. s. d'Alegre, de Busset et de Chaumeles ; 1385. Il consent que le Duc de Bourbon lève sur ses hommes aide et fouage pour une fois seulement ; 1407. (*r*. 471, *p*. 125 ; *r*. 1357, *p*. 437.)

TOUTBEAU (François), directeur des postes en Berri. Fiéf de Bois-Briou ; h. m. et b. justice sur la par. de Pigny : *Bourges*, 1700, 1703. (*r*. 448, *p*. 9, 51.)

TRAFFE, *al*. Trasse (François), écuyer, et Annette Gouzolle, sa f^e. Hôtel, t. s. de la Garde, par. de la Cellet : *Montluçon*, 1444, 1506. (*r*. 453, *p*. 149 ; *r*. 461, *p*. 148.)

TRALLERI (Pierre), notaire. Echange avec l'hôpital de *Montbrisson*, de divers ceus contre d'autres : 1428. (*r*. 1402, *p*. 1366.)

TRAMBLAY (Humband de), Dam. Maison à Corceles, terrés, près, vignes et mains-mortables ; 1343. — Jean de Tramblay, Dam. ; *Idem* ; ens. les terres, seg. et h. j. de Hery, Precy et Parcy ; 1351, 1396 : *Cât.-Chinon, Habant*. (*r*. 469, *p*. 233 ; *r*. 470, *p*. 127, 134.)

TRANCHECOTE (Beatrix, fille de feu Guill. de), v^e de Guigue Aymerie, Chev. Maison forte et dép. à Channet : *Forez*, 1266, 1268. (*r*. 493 *bis*, *p*, 104.)

TRANCHESERT (Charlotte), v⁰ de François Josselleix. Fief d'Autefaye, par. de Bannise-la-Borne; 1684. (r. 474, p. 529.)

TRANSPUY (Jean de), du dioc. de Viviers, vend à Phil. de Levis, Sg. de Florensac et de la Roche, un pré assis à Mesillac : *Forez*, 1344. (r. 1398, p. 733.)

TRASETES, aussi Trasets, Tresetes, *Trasetis* (Raoul de), Chev. Serm. de fidél. et prom. d'aveu au Sire de *Beaujeu*; 1374. — Humbert de Trasetes, Chev., pour Alise Chopane, son ép. Métairie de la Porte et menues tailles, tenues en fief lige, par. de Huitvernes : *Moulins*, 1375. — Humbert de Trasets, Chev., et Hugonin de Trasets, Dam. Serm. de fidél. et prom. d'aveu au Sire de *Beaujeu*; 1400. — Humbert de Trasets, Chev. Sixième partie de la dîme d'Amplepuy, et maison au chât. de Thisy : *Beaujeu*, 1406. (r. 454, p. 210 : r. 485, p. 59; r. 486, p. 34, 155, 165.)

TRAVERSE (Mathieu), chan. de N. D. de Murat, par. success. de Françoise de Tournemire, sa mère. Rente appel. de Mazeires, dr. et dev. féodaux, par. de Chalinargues : *Murat*, 1683, 1685. (r. 503, p. 36; r. 504, p. 18.) — Guill. Traverse, bourg. de Murat, Marianne de Malatierre, sa f⁰, et Jean Bontoute comme mari d'Antoinette Tournier. Droits de lods et ventes ès par. de Châlinargues, de Virargues et autres : *Murat*, 1723. (p. 509, p. 97.)

TRAYNAY (Robert de), Dam., du dioc. de Nevers. F. s. ès par. de Dorne et de Lurcy : *Moulins*, 1299. (r. 454, p. 267.)

TREFFORT (Hugues, aussi Hugonin de), Dam., et Marie de la Porte, son ép., v⁰ de N. des Barres ; ens. Jean des Barres, fils de celle-ci. T. s. de Benegon, Ramon, Poliguy, et arr. fiefs; comme aussi celle de Francesches et dép. : *Ainay*, 1366, 1375. (r. 462, p. 297 ; r. 463, p. 199.)

TREFFORT (Magdel.), v⁰ de Paul Gautier, secrét. du prince de Condé, comme tutrice de leurs enfans Paul, Marie, et Renée-Susanne Gautier. T. s. de Coulans et de Loupelande : *Mans*, 1691. (r. 425, p. 100.)

TREILLE (Louis), bourg. de S¹ Pourçain, *al.* S¹ Porcian, élu d'Auvergne. T. s. de la mote de Sauzet, par. S¹ Didier : *Billy*, al. *Moulins*, al. *Verneuil*, 1490 *ad* 1505. (r. 452, p. 148; r. 456, p. 101 ; r. 484, p. 7.)

TREILLE (Vital), bourg., pour sa f⁰ Marguer., fille unique de Claude Beraud de la Gilliere. Rente noble de Monestier, par. d'Ysière : *Lyon*, 1702. (r. 496, p. 175.)

TREL (Uldin, *al.* Aldin de), Dam., fils de feu Pierre de Trel, Chev., recon. que par partage fait avec son frère Bernard de Trul, il lui a donné en Frareche, la dîme et dr. en dép., située ès Ays : *in Asiis*, de *Clermont* et de Montferrand, appel. dal Cesops ; 1266. (r. 1364, p. 935.)

TRELHARD DE CHIRARDONE, Chev., Sg. de Beaupeyre, et Peronelle de Montalpedon, Damoiselle, sa f⁰, tiennent en fief plus. villages en diverses chatell. : *Marche*, 1506. (r. 452, p. 282.)

TRELLER (Jean), fils de feu Philippon Treller, paroiss. d'Ingrande. Un pré et une pièce de terre à Pontgluin : *Bourb.*, 1441. (r. 465, p. 21.) Non noble.

TREMEOLLES (Pierre-Gabriel de), de Barges, écuyer, capitaine chatelain et juge royal de la ville de S¹ Heron. Rente appel. de la Grue, percept. à S¹ Heron et lieux circonvoisins : *Forez*, 1674. (r. 496, p. 13.)

TREMER, *al.* Tremuerch (Charles de). Moitié de la chatell. de Pocé : *Saumur*, 1449. (*r.* 375, *p.* 7.) Rel. de lui: Jean de la Gresille, Chev. ; Jean Bessonneau ; Gilles de la Hune ; Jean de Vaux, écuyers.

TREMEUGE, aussi Tremeughe (Marc de), écuyer, Sr de la Barre, pour Françoise de Sauret, sa femme. T. s. de Cheylat et autres, ès par. d'Auzat, St Just et Fournol ; 1669. — Antoine de Tremeuge, écuyer, son fils ; *Idem: Riom*, 1685. (*r.* 499, *p.* 419 ; *r.* 503, *p.* 483 ; *r.* 504, *p.* 116.)

TREMEUGE (Jean de), écuyer, Sr du Cheyla, comme donataire de Mathieu de Sauret, son oncle. T. s. de Lissargues, par. de Taleizat ; ens. le dom. noble de la Roussiere, par. de Fournol, Elect. de St Flour : *Riom*, 1669 *ad* 1685. (*r.* 499, *p.* 317, 318 ; *r.* 503, *p.* 191 ; *r.* 504, *p.* 39.)

TREMOLLAS (Nicolas de), fils de Ponce de Tremollas, Dam. Chât. t. s. d'Auzol, par. de Senezergues, dioc. de St Flour en la baron. de Calvinet : *Auv.*, 1490. (*r.* 470, *p.* 174.) Rel. de lui ; Amblard de Caslus, *de Caslucio*, Sg. de Matros ; Guill. de Rochedagon, Chevaliers. Jean de Chaussecourte ; Bertrand de la Fullaie ; Bertrand de la Roche, Damoiseaux.

TRENCHARD (Jeanne), fille de feu Hugues, Dam. Cens au vill. de Chatellus et autres lieux : *Forez*, 1334. (*r.* 491, *p.* 103.)

TRÉS (André de), fils de feu Guiot de Trés ; Jeanet de la Celle, et Jaquet Seignoretz. Garenne, quelques terres et prés en la par. de Dorne : *Moulins*, 1364. (*r.* 455, *p.* 87.)

TRETCOL ou Tretiol (Jean), pour sa f^e Marguer., fille de feu Blein Martel. Rentes en la par. de Charelle : *Chantelle*, 1322. (*r.* 459, *p.* 45.)

TREUGES (Herard de), *Treugiis*, Chev., Sg. de Guine, pour Jeanne, fille de feu Géofroi de Fontenay, Chev. Terres, cens et rentes ès par. de St Porcien, Parede et autres : *Verneuil*, 1350. (*r.* 459, *p.* 188.)

TREUIL, aussi Treuille (Guill. du), Dam. Hôtel du Treuil, dom. et mouv. ; ens. le clos au bouteiller, par. de Besson : *Souvigny*, 1301, 1356. (*r.* 457, *p.* 201 ; *r.* 467, *p.* 245.) Voy. Truel.

TREUILLE (Thomas), Sr de Breuil, mari d'Anne Gourjault. La dîme inféodée de Passac, par. de Chapuiers... 1704. (*r.* 437, *p.* 86.)

TREZIN (Mary), Sg. de Cangey, auditeur en la Chamb. des comptes de Paris. T. s. des Granges : *Amboise*, 1700. (*r.* 425, *p.* 72, 73.)

TRIBARD (François, m^d de drap et soye à Bourges, et Cather. Roze, sa f^e, fille de Pierre Roze. T. s. de Trouy ; ens. la métairie de Villeperdue, par. Ste Thorette, acq. de Louis de Chambellan, écuyer : *Dun-le-Roi*, *Mehun-s.-Y.*, 1707 *ad* 1720. (*r.* 448, *p.* 142 ; *r.* 449, *p.* 68, 295 ; *r.* 450, *p.* 65.)

TRIBOULLART (N.) sire de Periers, Chev. Le dom. de Torcé : *Mans*, 1387. (*r.* 345, *p.* 77.)

TRIDON (Gilbert). Maison du Creux, et un terrier de même nom, par. de Rocles : *Souvigny*, 1723. (*r.* 478, *p.* 334.)

TRIE (Dreux de), et son frère Anselin de Trie, *droco Dominus de Triangulo* ; 1238. (Archiv. du roy., 2e carton des titres diplomatiques.)

TRIE (Mahé, sire de), Chev., M^{al} de France, et Jeanne d'Avesnes, vendent une maison rue du cerf à Paris, à Louis de Clermont ; 1320. (*r.* 1369, *p.* 1843.)

TRIEAU (noble Thomas), Sr du Piney. Dime inféodée en la par. de Verignieu : *Forez*, 1674. (*r.* 496, *p.* 23.)

TRIMOUILLE, plus souvent Trimoille et Tremoille (Guill. de la), Dam. Chambellan du Duc de Bourgogne. Chatell., terre et baron. de *Bourb.-Lancy*, droit de grâce et de rémission; 1378. (*r*. 1357, *p*. 458.)

TRIMOUILLE (Gui, aussi Guiot, de la), Sg. de Sully, chambel. du Cte de Nevers, est reçu à foi et hom, par Jean, Duc de Bourg., Cte de Nevers et Bon de Donzy, pour tout ce qu'il tient en la chatell. de *Moulins-Engilbert*; et transige avec le Duc de Bourbon et autres au sujet des terres de *Chât.-Chinon*, Ouroer, Bracy, etc.; 1395 *ad* 1405. (*r*. 466, *p*. 128, 129; *r*. 1357, *p*. 325.)

TRIMOUILLE (Georges de la), Chev., Sg. de Sully, et Cather. son ép., fille de Macé de Tessé. Baronnie de Craon; ens. la mote, t. s. de Chât.-Neuf-sur-Sarthe : *Angers*, 1410 *ad* 1439. (*r*. 337, *p*. 51, 65; *r*. 339, *p*. 36; *r*. 340, *p*. 119, 120.) Rel. de lui : Pierre de Charnacé; Pierre de Coymes; Pierre Damon; Jean l'Enfant; Michel le Roi; Jean le Maczon; Gui d'Orenges, à cause d'Alienore d'Ingrande, son ép., Chevaliers.

TRIMOUILLE (Georges, Sg. de la), de Sully et de Craon, G^d Chambellan de France, et Cather. de l'Isle, sa f^e, fille de feu Jean de l'Isle Bouchard et de Doué. T. s. de Doué, de Rochefort-sur-Loire et de Chât.-Neuf-sur-Sarthe : *Angers, Saumur*, 1443, 1445. (*r*. 337, *p*. 36; *r*. 339, *p*. 34; *r*. 340, *p*. 28; *r*. 344, *p*. 127.) Rel. d'eux : Jean Amenart : Jean de la Beraudiere; Pierre de Charnacé; Pierre de Chiersay; Pierre de Coymes; Jean l'Enfant; Guill. de la Jumeliere pour sa terre de St Aubin; Jean le Maczon; Guy d'Orenges; Pierre de Planceys; Michel le Roi; Jean Turpin; Jean le Voyer, Chevaliers. — Louis et Georges de la Trimouille, ses enfans. Partage entre eux de sa succession; 1457, 1461. (*r*. 338, *p*. 3; *r*. 339, *p*. 9.; *r*. 340, *p*. 139; *r*. 345, *p*. 207.)

TRIMOUILLE (Louis de la), Sg. de Sully, par success. de Louis, son père, et de Georges, son frère. Châtell., t. et seg. de Chât.-Neuf, de la Possonniere et de Rochefort : *Angers*, 1480, 1481. (*r*. 1340, *fol*. 153; *r*. 1344, *p*. 70.)

TRIMOUILLE (N. sire de la), 1er Chambellan du Roi. Châtell. de Bery : *Loudun*, 1498. (*r*. 348 *bis*, *p*. 17.)

TRIMOUILLE (François de la), Mis de Noirmoustier, fils de Claude de la Trimouille, Chev. T. s. de la Roche d'Iray et de Chât.-Neuf : *Angers*, 1585. (*r*. 553, *p*. 38.)

TRIMOUILLE (Charlotte-Cather. de la), Princesse de Condé, fille de François de la Trimouille et de Jeanne de Montmorenci. Les baron. de Craon et de Bounnieres : *Angers*, 1605. (*r*. 352, *p*. 69.)

TRIMOUILLE (Henri, Duc de la), et de Thouars, Cte de Laval. T. et seg. mouv. d'*Angers* et du Chât. du *Mans*; 1671. (*r*. 401, *p*. uniq.) Rel. de lui :

Amproux (Benj.), cons. au parl. de Paris, comme Veneur fayé du comté du Maine.

Aubert (Pierre), écuyer, Sr de Launay.

Beaumanoir (Charles, Mis de), lieut. du Roi. au comté du Maine,

Biragues (Jaques, Vte de), B^{on} d'Entrasmes.

Biragues (Armand, Mis de), sire du Verger.

Bouillé (Phil. de), Cte de Créance, Sg. d'Arquenay.

Broise (Jean de la), écuyer, Sg. de Laufiere, pour Angél. du Taillis, sa f^e.

Cazet (Louis), Sg. de Vautorte.
Cernon (Joseph du), B^{on} des Arcis, Sg. de la Cropte, cons. au parl. de Bretagne.
Chalus (Gabriel de), écuyer, Sr du Fresnay.
Champagne (Hubert de), Mis de Vilaines.
Chantepie (René de), Sg. de Preaux.
Chemin (Ambroise du), Sr de la Gimbertiere et de Fresne, en la par. de Sacé, m^d.
Clerc (Pierre le), Sg. de Courcelles, assesseur au présid. d'Angers.
Clerc (Jean le), écuyer.
Clerc (Jaques le), de Juigné, Sg. de Champagne.
Clerc (France le), S^r des Chastelliers, assesseur en la maréchaussée.
Cornu (Henri le), Sg. du Plessis de Cosmes et de la G^{de} Puisardiere.
Daumagne (Louis de), Sg. de la Roche-Hue.
Desnoes (Gilles), Sg. d'Emnart, mari de Susane Malnoc.
Dufrie (François de la), écuyer. Sr de la Mote.
Falluere (Pierre de la), cons. au G^d Conseil, Sg. de Boisgamâtre.
Febvre (René le), Sr de la Falluere, cons. au Parl. de Paris.
Fontenailles (René et Ch. de). pour la motte du Plessix-d'Authenaise.
Girard (Phil. de), écuyer, Sr de Charnacè.
Goyon (Claude-Charles), Vte de Terchant.
Hautefort (Gilles de), Cte de Montignac.
Hautefort (Marie de), v^e de Charles de Schomberg, Duc d'Halluin.
Hauterive (Urbain de), Sg. de Chenevieres.
Haye (Claude de la), écuyer, Marg. de la Materais, sa f^e, et Claude leur fils.
Jaille (Pierre de la), Sg. de Courtaudon.
Loulay (Jean de), écuyer, Sr de Souyray.
Martin (François), Sr de la Blanchardiere.
Martin (René), Sr de la Reault, m^d.
Meaulme (Claude de), Sg. de Laucheuil.
Monstreuil (Hervé de), Sg. de la Chau.
Montbourcher (René de), Mis de Bordage.
Montecler (Louis-Joseph de), Sg. de Fouilloux.
Montesson (Charles, Cte de), Sg. de Troncalou.
Planche (N. de la), écuyer, Sr de Ruillé.
Porte (Jean de la), Sr du Manoir.
Porte (Sébastien de la), Sr de Bonnes.
Porte (Valentin de la), Sr de Forges.
Portes (Pierre des), écuyer, Sr du Boulay.
Pourprix (Marie du), v^e de Claude de la Cordiere.
Prestre (Nicolas le), présid^t en la Cour des Aides de Paris.
Quatre-Barbes (Claude de), Sg. de St Denys.
Quatre-Barbes (Hyacinthe de), Sg. de la Rougerie.
Saron (Malo et N.), cons. au Parl. de Paris, Sg. de Gressen.
Sevigné (René-François de), Sg. de Chemeré.
Souvré (Magdel. de), v^e de Phil. de Laval, Chev., Mis de Sablé.
St Remy (Marie de), fille uniq. de René de St Remy, écuyer.
Valory (Braudelix de), Sg. de la Mote et de Sougé-le-Bruant.
Vaux (Jaques des), écuyer, Sr de Dureil.

TRIMOUILLE (Charles-Armand-René, Duc de la), de Thouars, etc. T. s. de Beauregard, de Nade et de l'Espinace : *Chantelle, Vichy,* 1722, 1725. (*r.* 478, *p.* 294 et suiv. ; *r.* 480, *p.* 118, 123.)

TRIOLON, *al.* Troillon (Louis de). Maison noble et seg. de la Foy de Pairs, par. de Caulnay : *Civray,* 1677. Gaspard de Troillon ; *Idem* ; 1680. (*r.* 435, *p.* 69, 301.)

TRION (Pierre de), de Montalambert, Chev. T. s. de Pamvilliers ; ens. le fief de la Garde, par. de Brus, Blanzay et Pamvilliers : *Civray,* 1676, 1695. — Phil.-Ignace de Trion de Montalambert-Legurat ; *Idem* ; et pour son ép., Marie-Anne de Guerusseau ; le fief et seg. de Lauriere : *Parthenay,* 1698, 1716. (*r.* 433, *p.* 6 ; *r.* 436, *p.* 43, 158, 164, 165 ; *r.* 438, *p.* 124, 125.) Signe, Legurat.

TRITAUD, *al.* Tritault (Phil.-Louis), Chev., Sg. de l'Herbaudiere. F. s. de la Barre d'Anglié, par. de St Lin : *Parthenay,* 1698. (*r.* 436, *p.* 134.)

TROCHEREAU (Remy), Sr de la Voute. Cens et dev. en la par. de Boulon ; 1700. — Gabriel Trochereau, av. du Roi au présid. de Moulins. F. s. de Boucheron ; 1724. (*r.* 476, *p.* 25 ; *r.* 478, *p.* 501.)

TROCHON (n. h. Jean), hérit. de Géoffroy de Bussieres, *al.* Buxieres. Maison de Bussieres, dom., bois, garennes, cens, rentes et tailles, par. Ste Marie du Boisset : *Beaujeu,* 1441, 1459. (*r.* 485 *bis, p.* 37, 38 ; *r.* 486, *p.* 37.)

TROLER, *al.* Trolier (Odin le), paroiss. de Sorber. Une émine de terre près de Tresail : *Chaveroche,* 1342. (*r.* 468, *p.* 179.)

TROLLIER (Ant.), écuyer. Fief, maison, moulin et rente noble de Messimieux, *al.* Mezimieux, par. d'Ance : *Lyon,* 1720. — Pierre Trollier, écuyer. T. s. et rente noble de Sardon, par. de Rive de Gier ; 1725. — J. B. Trollier, écuyer, cons. en la Cour des monnoies de Lyon, fils de feu Ant. Trollier, écuyer. Chât. t. s. de Messimieux et rentes nobles en la ville d'Ance ; 1731 : *Lyon.* (*r.* 497, *p.* 23, 25 ; *r.* 498, *p.* 1, 50, 61.)

TROLIERE-MULATIER (Jean de la), par. de Teneuil. Hom. du lieu de la Troliere, lequel avait appartenu à Jean Mulatier, sire de la Troliere : *Bourbon.,* 1443. (*r.* 464, *p.* 357.)

TROLLIERE (Pierre de la), écuyer, S^r de St Morice. T. s. da la Troliere, et 3e partie de celle des Bordes ; et, du chef d'Agnès de Genestines, par donation entre vifs de Charles de Genestines, écuyer ; t. s. de Genestines : *Bourb.,* 1500, 1506 (*r.* 453, *p.* 182 ; *r.* 484, *p.* 72.)

TROLLIERE (Claude de la), écuyer, S^r dud. lieu. F. s. de Belair, acq. de Cather. Blanchet de la Chambre, v^e de François Menudel, écuyer, par. de Neuvy : *Moulins,* 1690, 1695. (*r.* 475, *p.* 29, 149.)

TROLLIERE (Phil. de la), écuyer, fils de feu Ant. de la Trolliere, écuyer, Sg. dud. lieu. Fief de Gosiniere, *al.* Gausiniesre, par. de Teneuille : *Bourb.,* 1708, 1716. (*r.* 476, *p.* 214 ; *r.* 477, *p.* 196.) Signe, Gausiniesre.

TROLLIERE (Jean de la), écuyer, à cause d'Anne Audras, son ép., nièce de Marguer. de la Trolliere. T. s. de la Trolliere, par. de Teneuille : *Bourb,,* 1719. (*r.* 478, *p.* 14.)

TROMBLE (Jean de), écuyer. F. s. du Petit-Bois en la châtell. de *Gien;* 1507. (*r.* 452, *p.* 267.)

TROMPOUDON (Jaques), écuyer. Seigneurie du vill. de Salignac: *Ahun*, 1506. (*r*. 452, *p*. 295.)

TRONÇAY, *al*. Troustoy (Hugues de), Dam. Dom., bois, pêche, garenne en la par. de Souvigny-le-Thion ; ens. la baillie de Chambonnet : *Beçay*, 1330. (*r*. 455, *p*. 189.)

TRONCHET (Raynaude, Cather. et Ayglentine), filles de feu Bertrand Tronchet, Dam., paroiss. de Bauzet au dioc. d'Annecy. Maison forte de Batayroles, dom., bois et mouv. : *Forez*, 1336. (*r*. 493 *bis*, *p*. 95.)

TROTIER (Perraud), paroiss. de St Prix de la Roche. Une pièce de terre à Cordelle : *Forez*, 1309. (*r*. 1395, *p*. 387.)

TROTTIER (Marie), v^e de Pierre Ribaut. T. s. de Porcé, par. de la Quinte : *Mans*, 1665. (*r*. 357, *p*. 94, 95, 120 ; *r*. 431, *p*. 24.)

TROTTIER (François). T. s. de Lavort, *al*. Lavaure, par. St Julien de Coupel ; et, par success. de sa mére Marie Broc ou Broe ; dîme en la par. de Gerzat; 1669, 1687. — Benoît Trottier, Chev. de St Louis, son fils ; *Idem*; Elect. de Clerm. : *Mercœur*, 1716. (*r*. 499, *p*. 209 ; *r*. 505, *p*. 76, 80 ; *r*. 507, *p*. 64.)

TROUAND (Albert), Dam., et Flore, sa f^e, vendent à Guichard, Sire de Beaujeu, plusieurs devoirs percept. à Lay ; 1321. — Girin Trouand, Dam. Maison et dép. sises à Perrues ; 1357 : *Beaujeu*. (*r*. 488, *p*. 190 ; *r*. 1390, *p*. 451.)

TROUILLARD (Henneur), v^e de Guill. Bellenger. Tenures acq. de n. h. Gilles Chaillou, situées à Challonge, par. de Roize : *Mans*, 1508. (*r*. 432, *p*. 156.)

TROUPMON (les enfans de feu Jean), par leur tuteur Jaques Picot, chan. de Bellegarde. Fief de la Roche, justice h. m. et b. ès vill. de Chanet et de Chefbridon : *Marche*, 1669. (*r*. 474, *p*. 308.)

TROUSSEAU (Jaquelin), écuyer, Vte de Bourges, 1er M^e d'hôtel du Roi. T. s. de Marsy : *Germigny*, 1472. (*r*. 465, *p*. 261.)

TROUSSEBOIS (Odon), Chev., est gratifié d'un fief par Henri de Suly, *Soliaco*, Chev., et Petronille de Courtenay, *Curtiniaco*, son ép. : *Aynay*, 1264. (*r*. 462, *p*. 295.)

TROUSSEBOIS (Jean), Dam. Hôtel de la Roche-au-Thaon, dom., dîmes et seg. en dép., par. de Castellays sur la riv. d'Oeuil, *Occuli*: 1300. — Guill. Troussebois, Dam. ; *Idem*; 1375, 1377. — Jean Troussebois, Dam.; *Idem*; 1405, 1410 : *Hérisson*. (*r*. 462, *p*. 21, 85, 169, 171, 213 ; *r*. 1357, *p*. 395.)

TROUSSEBOIS (Jean), Chev., Sg. d'Ouronx, *al*. Oroer, *al*. Oreour, etc., *de Oratorio* ; ens. les étangs et moulins de Crochet et de Richebour, terres, prés et cens. Et, cause de Jeanne, sa femme, fille d'Arnoul de Nouhes, Chev. ; les hôtels, t. s. de Chamaigne, de Joux et de Ris ; la g^{de} dîme de la par. de Besson, celle de Montarembert, sise à Rocles, le four bannier et dr. d'usage en la forêt de Boisplain, etc., par. de Besson, Guzon et Rocles : *Aynay, Murat, Souvigny*, 1350, 1354. (*r*. 461, *p*. 60 ; *r*. 462, *p*. 386 ; *r*. 463, *p*. 121 ; *r*. 464, *p*. 36 ; *r*. 467, *p*. 105, 122.)

TROUSSEBOIS (Louis), Dam., Sg. de Chantellon. Deux prés, le bois des Moines et celui de Chauderon, par. d'Anuldre : *Bourbon*, 1350. (*r*. 464, *p*. 391.)

TROUSSEBOIS (Phil.), Chev., sire de Jouy, pour Jeanne de Jaligny, sa f^e. Partie de l'hôtel de la Perrine à Livry, al. Lurcy, et 8e partie de la vigne qui fut à Pierre de la Perrine: *Bourbon.*, 1350. (*r.* 464, *p.* 418.)

TROUSSEBOIS (Jeanet), Dam., Sg. de Chamegne. Hôtel, mote, terres et seg. de Ris, par. de Besson; ens. celui de Joux; cens, rentes en la par. de Sancet ; le péage de Villefranche, four banier de Limoyse, terres, dîmes, moulins, étangs bois, cens et rentes en divers lieux : *Souvigny, Aynay, Verneuil,* 1374. (*r.* 459, *p.* 143 ; *r.* 463, *p.* 116 ; *r.* 467, *p.* 120.) — Jaques Troussebois, écuyer, Sg. de Chameigne. Même t. et seg. de Ris ; 1455. (*r.* 467, *p.* 258.)

TROUSSEBOIS (Jean), Chev., Sg. d'Oreour. Manoir, dom. et seg. de la Chaume, per. St Verain ; et, à cause de sa f^e Agnès de Coys, Dame de Hais ; l'hôtel, t. s. de Barday : *Aynay,* 1374. (*r.* 462, *p.* 319, 375.)

TROUSSEBOIS (Jaquet), Dam., Sg. d'Ouroux. Le ténem^t appel. la Maison-Rouge de Talo ; autres à Livry et Rousse ; deux dîmes ; moulin, cens et tailles en la par. St Plaisir (Placide) ; présent, Jean Troussebois, Sg. de Chamegne, Chev. : *Bourb.,* 1389. (*r.* 464, *p.* 12.)

TROUSSEBOIS (Alips), v^e de Jean de St Briçon, al. Brisson, Chev., Sg. de la Ferté-Hubert, Dame de Cussans. Hôtel fort de Cousture et dép.; ens. la terre de la Villate : *Germigny,* 1402. (*r.* 465, *p.* 311.)

TROUSSEBOIS (Pierre), écuyer, valet de chambre du Roi de Hongrie et de Jérus., Cte de la *Marche,* et Laudes, sa f^e. Maison, jardin et dép. en la ville de Crozant ; 1415. (*r.* 1363, *p.* 1255.)

TROUSSEBOIS (Ant. et Guiot), écuyers, Sg. de Perry. Accensem^t de dom. par eux fait aux habitans de leur seigneurie : *Aynay,* 1489. (*r.* 462, *p.* 384.)

TROUSSEBOIS (Jean), écuyer. T. s. de Breuil et de Chamesgne : *Murat, Verneuil,* 1505. (*r.* 453, *p.* 66 ; *r.* 454, *p.* 11.)

TROUSSEBOIS (Ant.-François de), Chev. Fief et h. j. de Maleray : St P. le Moust, 1685. (*r.* 474, *p.* 579, 634.)

TROUSSEBOIS (Mathias de), Sg. de Champaigne et de Beaumont. Fief de Breuil, par. de même nom : *Bourb.,* 1686. (*r.* 474, *p.* 608.)

TROUSSEBOIS (Charles de), écuyer. T. s. de Beaumont, et fief de Pringy, par. d'Agouge : *Bourb.,* 1716, 1720. (*r.* 477, *p,* 221 ; *r.* 478, *p.* 74.)

TROUX (Perrin le), de Geury, écuyer. Dom., bois, serfs et la dîme de la Quendraye. — Jean le Troux, écuyer, pour Ysabeau, sa f^e, fille de feu Pierre Boceart, de Vendenesse, Chev. Dom., vignes et serfs, ès par. de Thalement, de Paisi et Eri : *Chât.-Chinon,* 1337. (*r.* 470, *p.* 47, 96.)

TROYL (Hugonin de). Maison et dép. de Troyl : *Souvigny,*.... (*r.* 467, *p.* 209.)

TRUCHARD (Bonit), et Antonie, son ép. Maison, terres et bois entre St Bonit et la Cheze : *Forez,* 14 nov.... (*r.* 491, *p.* 203). — Hugues Truchart, fils de feu Pierre Truchart. Ténem^t, terres, prés, bois ès mandemens de St Bonit et d'Escotay : *Forez,* 1317. (*r.* 493, *p.* 70.)

TRUEL (Guillemin du). Maison, dom. et mouv. en la par. de Besson. Autres fiefs ;.... : *Souvigny.* (*r.* 467, *p.* 157.)

TRUNEY (Joannet), de Sivry-Comtal, vend à Jean, Cte de *Forez*, un pré assis près le ruisseau de la Mar ; 1309. (*r.* 1395, *p.* 191.)

TRUYLLET (Jean), de Buyssul, tient en hom. de Regnaut de Luzy, Dam., le maz de Massaireux ; ens. les maisons de Meulins et de Masoer: *Beaujeu*, 1381. (*r*. 1392, *p*. 715.)

TRYNENGES (Ysabelle de), v^e de Guill. de Nevers, Chev. La mote de St Didier, justice h. m. et b. : *Moulins*, 1350. (*r*. 455, *p*. 109.)

TUBEUF (Simon-Joseph), Chev., Bon de Vert et de Blanzat, cons. au parl. de Paris. T. s. de Palern et de St Ignat : *Riom*, 1720. (*r*. 507, *p*. 238.)

TUCÉ (Baudouin, sire de), écuyer, à cause de Jeanne de Tucé, sa f^e. F. s. de Tucé ; 1453. — Louis de Tucé, écuyer ; *Idem* ; ens. la baron. de la Milliere ; 1470 : *Mans*. (*r*. 343, *p*. 10, 20 ; *r*. 445, *p*. 25, 68, 118.) Rel. de lui : Ambroys de Gaigne, Chev. Charles de Texe ; Baudouin de Tucé, Sg. de Lenthoniere, écuyers.

TUCÉ (Marguer. de), Dame de l'Estang, v^e de Jean de Villiers, écuyer, ayant le bail de leurs enfans. T. s. de la Ferrieres et de Periers ; ens. la métairie de la Thoynardiere : *Chât. du Loir*, 1489. (*r*. 348 bis, *p*. 18.)

TUCÉ (Baudouin de), Chev., Sg. dud. lieu, de Mernay et de la Blanchardiere-les-Landes d'Auvers : *Baugé*, 1507. (*r*. 347, *p*. 48.).

TUDERT (Guill.). Herbergem^t de la Gauschaliere, par. de Cuon ; 1380. — Jean Tudert, M^e des requêtes de l'hôtel ; *Idem* ; ens. l'hôtel appel. de Liargues; 1440, 1459 : *Mirebeau*. (*r*. 329, *p*. 35 ; *r*. 330, *p*. 139, 140.)

TUELLES (Odin de), Dam. La dîme de Chastaigne, rentes en grain et argent : *Chaveroche*, 1302. (*r*. 468, *p*. 323.)

TUFFET (Jaques), Sr du Chatellier, doyen des conseillers au présid. de la Rochelle. T. s. de Maubel : *Rochefort*, 1688. (*r*. 435, *p*. 272.)

TUILLES (Guiot de), Dam. Hôtel de Rochetaillon, et ce qu'il tient ès par. de Leugy, Creschy et Sensat; ens. une terre en la par. St Felix, appel. du Mas : *Billi*, 1301. (*r*. 457, *p*. 177.)

TUILLES (Pierre de), Dam., fils de feu Archamb. de Tuilles, Dam. Moitié d'un ténem^t, maison, terres, prés, bois, serfs et autres dev. en dép., par. de Chaleme, châtell. d'Arcy ; 1344. — L'autre moitié tenue par Hugonin de Tuilles, Dam. ; 1363 : *Beaujeu*, (*r*. 466, *p*. 194, 201.)

TULLIER (Jean), écuyer, fils de feu Pierre Tullier, écuyer, et de Gabrielle Mocquet. F. s. de Doux, par. St Georges de Moullon ; ens. la veherie et justice de Bouy : *Bourges*, 1669, 1688. — Jean Tullier, écuyer, son fils ; *Idem* ; 1716. (*r*. 445, *p*. 57 ; *r*. 446, *p*. 168 ; *r*. 449, *p*. 231.)

TULLIER (Cather.), fille de Pierre Tullier, prévôt-juge ordin. en la ville de Bourges. et de Magdel. le Large, fille de Louis le Large, écuyer, Sr de Malsac. Le pré et le bois de St Oulchard : *Bourges*, 1670. (*r*. 445, *p*. 104.)

TULLIER (Louis), écuyer, Sr de Bois Jaffier. F. s. de Seppières, à lui advenu par François Tullier, qui le tenoit du chef de sa f^e Marie : *Dun-le-Roi*, 1671, 1673. (*r*. 444, *p*. 76 ; *r*. 445, *p*. 188.)

TULLIER, aussi Thuillier, Tuillier (Cather.), v^e de Claude-Phil. Bonnet, écuyer, Sr de Genetoy. Le Pré-à-l'Archev., et petit bois taillis, par. St Oulchard : *Bourges*, 1715, 1717. (*r*. 449, *p*. 186, 271.)

TULLO (Durand de), Dam., fils de Guionet de Tullo. Maisons et jardins sis aux Monteils : *Montluçon*, 1377. (*r*. 461, *p*. 159.)

TURCAUT (Mathie), fils de Johannot, de Noville, homme de serve condition. Ses biens, après décès, vendus à Guaron, sa fille, également de serve condition : *Bourbon.*, 1400. (r. 1377. p. 2830.)

TURCHY (Gilbert), m^d. T. s. du Coudray, et dîme en dép., par. de Veurdre, acq. de Gilbert de Viry, écuyer, Sg. de la Barre : *Bourb.*, 1720, 1723. (r. 478, p. 69, 409.)

TURCQ (Louis le), m^d parcheminier à Bourges. Vigne au clos Bonniou, par. St Oulchard, tenu du Roi à plein fief et hom. : *Bourges*, 1673.(r. 444, p. 70.)

TUREMIER (François de), écuyer, Sr du Fort, pour sa f^e Cather. de Gastines, v^e de Gilliot du Peyroux, écuyer. T. s. des Landes, par. St Loup : *H.-Marche*, 1669. (r. 474, p. 277.)

TURÊNE, al. Tareyre et Tuner (Guill. de), Chev., Vte de Narbonne et Anne, al. Anette d'Apchon, sa f^e.....; 1447. (r. 1376, p. 2723.)

TURENNE (Hugues de), écuyer, fils de Jean de Turenne. Chat. t. s. del Bac, par. St Martin-Chautelles, dioc. de Clermont : *Riom*, 1669, 1672. (r. 499, p. 123 ; r. 500, p. 155.)

TURENNE, al. Turaine (Jean de), Chev., Cte d'd'Aubepeyre, B^{on} des Salles, colon. au régiment de milice d'Armagnac. Fief de Belleville-la Forest : *Montmorillon*, 1693. (r. 436, p. 10.) Signe, d'Aubepeyre.

TURPIN (Gui), Chev. T. s. Thoriguy : *Mans*, 1396. (r. 343, p. 16 ; r. 345, p. 84.)

TURPIN (Lancelot), Chev. Même terre de Thorigny, près de Commercy ; ens. la chatell. de Vihers et du Petit Montreveau : *Angers*, 1404, 1405. (r. 340, p. 32 ; r. 343, p. 15 ; r. 345, p. 26 ; r. 358, p. 17.) Rel. de lui : Gui Amenart ; Robert d'Anjou ; Jean Chapperon ; Phil. Chenu ; Gilles Clerambaut ; Brient de la Jaille ; Brient de la Haye ; Jean de Montbason ; Géofroy le Roux ; Jean Savary, Chevaliers. André Quentin, Sg. de la Nubaudiere ; Jean le Voyer, Sg. de Peschere, écuyers ; Jean Augoin, Valet.

TURPIN (Ant.), Chev., Sg. de Crissé. T. s. de Marigne, et métairie de la Claye : *Angers* ; et, à cause d'Anne de la Grezille, son ép. ; le fief de la Grezille : *Saumur*, 1439, 1444. (r. 337, p. 76 ; r. 340, p. 133 ; r. 341, p. 118 ; r. 344, p. 129.) Rel. d'eux : Jean Amenart ; Jaques du Plesseys ; Jean de Villeneuve, Chevaliers. — Sa f^e, autorisée par arrêt du parl. à régir les biens de son mari, et les siens reçoit du Duc d'Anjou la bute de St Laud d'Angers, à tenir de lui à un chapeau de rose, etc. ; 1462. (r. 335, p. 49.) — Jaques Turpin, écuyer. Serm^t de fidél. pour la t. et seg. de Grezille et l'hôtel de la Roze : *Angers*, 1462. (r. 1340, fol. 83.)

TURPIN (Jean), Chev. T. s. des Moriers, par. St Lambert : *Saumur*, 1449. (r. 341, p. 116 ; r. 345, p. 12.)

TURPIN (Géofroy), écuyer, Sr de la Pouse. Hôtel, dom., bois, garenne et dev. de Launay-Vallenson ; 1459. — Jean Turpin, écuyer, Sr de la Pouese et de la Jouyniére ; *Idem* ; 1467. (r. 350, p. 415.)

TURPIN (Jaques), écuyer. Censives et autres dev. perceptâ Bois-le-Roi, en la chatell. de *Montargis* ; 1466. (r. 432, p. 182.)

TURPIN (Charles), Sg. de Crissé, Chev. de l'Ordre. Baronnies de Vieue et de Montrouvreau : *Saumur*, 1475. (r. 354, p. 6.)

TURPIN (Jaques), écuyer, pour Françoise de la Lande, sa f^e, et pour son oncle François de la Lande. F. s. de Busserolles : *Bourb.*, 1506. (r. 452, p. 187.)

TURPIN (Guill.). Maison au vill. de Trezeil : *Chaveroche*, 1506. (*r*. 452, *p*. 112.)

TURPIN (Henri-Charles), Chev., Sg. de Montoiron, fils de Henri-Charles Turpin. Le comté de Vihiers, par retrait lignager sur Jaques Meusnier, cons. au parl. de Paris ; 1669 ; ens. le fief de Chaumont ; 1687 : *Angers, Chatelleraut, Niort*. (*r*. 358, *p*. 81 ; *r*. 435, *p*. 199.)

TURPIN (Jeanne-Marie), v^e de Jean Tiercelin de Rancé, Chev., M^{al} des camps et armées du Roi, pour elle et comme aiant la garde noble de Jean-Louis Tiercelin de Raverson, leur fils. T. s. de la Chapelle-Baslon, Bazelat, St Sébastien, Fleuret et Maillat: *H. Marche*, 1669. (*r*. 474, *p*. 299.)

TURPIN (Claude), Gruyer en la gruerie d'Allongny. F. s. de Bourgy, dîme, terrage, cens et rentes, par. d'Allongny, par lui nouvellem^t acq. : *Mehun-sur-Y.*, 1686. (*r*. 445, *p*. 386.) — François Turpin. Etat et office noble d'Huissier fayé hérédit. au bureau des finances de Bourges, acq. de Claude Turpin, son frère, provenant de Claude Turpin, leur père: *Dun-le-Roi*, 1690, 1695. (*r*. 446, *p*. 82 ; *r*. 447, *p*. 174.)

TURPIN (Phil.-Charles), Chev., Cte de Crissé, fils aîné de feue Magdel. de Laurent. Le fief de Bizontreuil, par. de Chenais ; ens. la t. et seg. de Tarcé : *Chatelleraut, Lusignan*, 1687. Sa v^e Eléonore de Mesgrigny, et leurs filles avouent la t. et seg. des Deffens : *Maubergeon*, 1688, et celle de Ste Maxiere, al. Maxire : *Fontenay-le-Cte*, 1692. (*r*. 435, *p*. 196, 200, 290, 334.)

TURPIN (Marie-Jeanne), v^e de René d'Argeance, Chev., Sg. de Soucy. F. s. de Montoyron : *Châtellerault*, 1711. (*r*. 437, *p*. 207.)

TURPIN (Etienne), Sr de la Talle. Deux étangs en la par. d'Allouy, savoir de Lavau et de Jarry : *Mehun-sur-Y.*, 1714, 1717. (*r*. 440, *p*. 163, 180, 307.)

TURPIN (Charles), écuyer, Sr de Sauldre, et Cather. Gassot, son ép., v^e de Guill. Corbin, écuyer, S^r des Chaumes, tuteurs solidaires de François, Jeanne, Françoise et Marie-Anne Corbin. Un quart des dîmes de la par. de Ste Thorette : *Issoudun*, 1718. (*r*. 450, *p*. 31.)

TURPIN-CRISSÉ (Lancelot), Chev., Cte de Jansay, brigad. des armées. F. s. des Roches, par. de Mouilleron : *Vouvant*, 1717. (*r*, 438, *p*. 232.)

TURPIN-CRISSÉ (Angelique-Marie-Eléonore-Damaris), épouse d'Armand-Gabriel de Crux, chef de nom et armes de Crux, autorisée de son mari, et Eléonore-Henriette de Poitiers, v^e de Blaikart-Maximilien, Cte d'Helmestadt, mestre de camp d'un régiment Allemand cavalerie. T. s. de Vihiers : *Angers*, 1734. (*r*. 426, *p*. 70.)

TURQUATIN (Pierre), m^d papetier, à cause de Marguer. Louvet, son ép. Moulin à papier en la par. de Lizaigue : *Issoudun*, 1713. (*r*. 449, *p*. 119.)

TURRANT (Jean), fils de feu Pierre Turrant, paroiss. de St Martin de Charenton. Les chesaux de Parer et de Blondeles au ter. d'Ardillier et au vill. de Meonjon : *Aynay*, 1433. (*r*. 462, *p*. 287.) Non noble.

TURRATI (Louis de la), écuyer. T. s. du Plex-Vachot, par. de Pousy ; dîme de la Ferretere, et le Champart de Mesaugy : *Bourb.*, 1399. (*r*. 464, *p*. 168.)

TUTAULT (Phil.-Louis), de l'Herbaudiere, écuyer. F. s. de la Barre-Sanglier, par. St Lin : *Parthenay*, 1698. (*r*. 436, *p*. 214.)

TYBERT (Berthelon), écuyer, pour Jeanne Duysseau, sa f^e. Hôtel de l'Angle, par. de Doussay : *Mirebeau*, 1453. (*r*. 330, *p*. 38.)

TYRBEUF (Pierre), prêtre. Maison de Crevent, garenne, terres, prés, bois, eaux, serfs, etc. : *Hérisson*, al. *Verneuil*, 1300. (*r*. 462, *p*. 211.)

TYREBOUX (Jean), écuyer. Deux fiefs tenus de lui à Estivaleiles : *Hérisson*, 1300. (*r*. 462. *p*. 85.)

TYSI (Hugues de). Maison et dép. à Villefranche, acq. de Jean de l'Escuer et de Marguer., sa f^e : *Beaujeu*, 1274. (*r*. 1366, *p*. 1504.)

U.

UFFAIN (Pierre), Chev. Mouvances sur divers ténemens au territ. de Moneres, par. d'Eurs : *Forez*, 1291. (*r*. 493 *bis*, *p*. 66.)

UFFAIN, aussi Uffan (Pierre), Chev. ; 1301. — Pierre Uffain, Dam., son fils ; 1322. — Guill. Uffain, Chev. ; 1350. — Jean Uffan, Dam. ; 1307, 1374. — Ymbert Uffans, Dam. ; 1375. — Lancelot Uffain, Dam. ; 1377. Hôtel fort, t. s. de Chanillac, *al.* Chanillat et de Crusiet-le-Vieil, ès par. de Teil, Feline, Lochy et autres ; moitié de la grande dîme de Mazeret ; rentes à Isserpans et St Christophe : *Billy*, *Chantelle*, *Gannat*, *Verneuil*, *Vichy*. (*r*. 456, *p*. 5 ; *r*. 457 *bis*, *p*. 30 ; *r*. 458, *p*. 73, 274 et suiv. ; *r*. 460, *p*. 101, 201, 213.)

ULMES (Pierre-Marie des), Chev., Sg. de Montifault, pour Antoinette de la Platière, son ép. de Claude-Pierre des Ulmes, Chev., héritière de Gaspard de la Platière, Chev. T. s. de Torcy en Boulon, par. *id.* : *Moulins*, 1728, 1736. (*r*. 480, *p*. 7 ; *r*. 481, *p*. 160.)

ULPHE, *al.* Ulpheu, *Ulphiaco*, (Arnou, sire d'), Chev. Chât. t. s. d'Ulpheu au mandem^t de Donzy. Il donne décharge de 20 liv. que lui devoit Gui, Cte de Forez, à cause de la maison de la Bastice, *de Basticia*, et dép. : *Forez*, 1316 *ad* 1338. (*r*. 490, *p*. 39 ; *r*. 492, *p*. 265, 270 ; *r*. 1395, *p*. 285. — Guichard d'Ulphe, Chev., pour lui, sa f^e Perrone de Cernon, et les enfans d'Arnou, son frère. Le chât. d'Ulphe et dép. ; ens. le donjon de Rochefort : *Forez*,.... (*r*. 493, *p*. 29.)

ULPHI (Paillard d'), *Ulphiaco*, Chev., et Ysabelle de Blot, sa f^e échangent leur chât. t. s. de la Condamine contre celui de Bussi et moitié de celui de Sotrenon, apparten. au Duc de *Bourbon* ; 1437. (*r*. 1357, *p*. 273.) Voy. Dulphe.

URGEL (Humbert d'). Fief à St Bonit-Chatel : *Forez*, 1291. (*r*. 493 *bis*, *p*. 11.)

URGEL (Guichard, sire d'), Chev., fils de feu Jaques d'Urgel, Chev., Sg. du chât. de St Priest, vend à Jean, Cte de *Forez*, sa 4e partie du bois de Robertane ; 1307. (*r*. 1395, *p*. 199.)

URGEL (Hugonet d'), Dam. Maison, dom. et dr. sous le chât. de la Tour-en Jarese, mandem^t de St Bonit : *Forez*, 1324, 1334. (*r*. 490, *p*. 111 ; *r*. 492, *p*. 241.)

URGUILLE (Hugonet), Dam. Hôtel et garenne de Coutigny, dom. et dr. féodaux en cette par. et celles de Sancet, Mellars, Cressanges, etc : *Verneuil*, 1301. (*r*. 460, *p*. 265.) Voy. Orgueil.

URSINS (Guill.-Juvenal des), Chev., Sg. de Treynel, Chancelier de France. Hôtel, dom. et seg. de Nerbonne, près la ville de Tours : *Amboise*, 1469. (*r*. 432, *p*, 115.)

USSEL (Morel d'), Dam. Hôtel de Vernet, dom. et dr. en dép., par. d'Ussel, Genciat, Monestier et autres ; 1300. — Pierre d'Ussel, son fils ; *Idem* ; 1322. — Géofroi d'Ussel, Dam. et Hugues, son frère. Dom., bois, garenne, maison, rentes et tailles, ès par. de Vernet, Gentiat, St Germain-de-Salle et autres ; 1351 ; *Chantelle*. (*r*. 458, *p*. 259 ; *r*. 459, *p*. 58, 59.)

USSEL (Etienne d'), Dam. Maison et pressoir au chât. d'Escotay ; cens, rentes et cout. à Montbrisson : *Forez*, 1318, 1328. (*r*. 490, *p*. 167 ; *r*. 492, *p*. 56, 255.)

USSEL (Pierre d'), paroiss. de Vernet. Dom., cens en cette par. et celle de Bayat : *Chantelle*, 1322. (*r*. 459, *p*. 3.) Non noble.

USSEL (Girbert d'), Dam. Hôtel, t. s. de Vernet, et divers dr. en la par. de la Chapelle-Andelau : *Chantelle*, 1351, 1356. (*r*. 458, *p*. 251 ; *r*. 459, *p*. 56.)

USSEL (Jean d'), Chev., et Agnès de Montmorin, sa f^e. Chât. fort de l'Anglas, dom. et seg., par. de Mazeriet : *Gannat*, 1455. (*r*. 458, *p*. 286.)

USSEL (Gilbert d'), Chev. Baronnie et seg. de Chât.. Vert : *H. Marche*, 1669. (*r*. 474, *p*. 280.)

USUREAU (Jean, et Mery dit Naudon). Herbergement et terres, mouv. du chât. de *Mirebeau* ; 1454. (*r*. 332, *p*. 25, 37.)

V

VACHÉ (Jean), pour Isabelle Rollin, sa f^e, fille de Louis Rollin. F. s. de Laude, par. St Germain d'Entrevaux : *Verneuil*, 1722. (*r*. 478, *p*. 244.)

VACHERESSES (Thierri de), Chev. Hôtel, terres et étang de Vacheresses, et mouvances dans les vill. de Charpoil, Crespi et Laleu : *Moulins*, 1299. (*r*. 454, *p*. 113.)

VACHERETES (Thierri de). T. s. de Vacheretes, par. d'Azi-le-Vif, acq. de Girbert de Neure : *Belleperche*, 1300. (*r*. 465, *p*. 216.)

VACHERETTE (Jeanne), v^e de Hubert Boucher, écuyer. T. s. du Poureau et de Vauderolle : *Chât.-du-Loir*, 1489. (*r*. 348 bis, *p*. 18.)

VACHEROLLES (Thibaud de). Le tiers de la Maison-Richot assise à Bruion-les-Alleurs, partie de terre et un cens : *Habant*, 1355. (*r*. 469, *p*. 155.)

VAGINAY (Cather.), v^e et héritière d'Ant. Radisson, notaire et greffier à Tarare. Partie d'une rente noble appel. de Daurieux : *Lyon*, 1676. (*r*. 495, *p*. 20.)

VAHIER (Jaques le), fils de François le Vahyer, écuyer, lieut. gén. au Mans, et de Renée de la Boindre. Chatell., t. s. de Sablé et Mareil : *Mans*, 1683. (*r*. 410, *p*. 5.)

VAJLHENT (Barthelemy), autrem^t Gaba, de St Baldomer, vend à Robert de Chalus, Sg. de Botheon et d'Entragues, ses moulins appel. Forte-Fontaine, *al.* Fontfort, maison, terres et prés contigus, sur la riv. de la Coise : *Forez*, 1388. (*r*. 1397, *p*. 499, 506.)

VAILLANT (François), Chev., Sg. d'Avignon, et Françoise, sa sœur, v^e de Honoré de Boislinar, Chev., Sg. de Margoux. Droits d'échanges honorifiques, etc., ès par. de Pezey, Poligny et autres : *Issoudun*, 1701. (*r*. 448, *p*. 25, 33.)

VAIRE (Perrin, dit le), *al.* Verre, à cause de Bienvenue, sa f^e, fille de feu Guill. de la Talle, *al.* Taille. Ténem^t, dom. et bois en la par. du Gravier ; 1378, 1398. — Sa v^e ; *Idem* ; 1402 : *Germigny*. (*r*. 466, *p*. 18, 20, 105.) Non nobles.

VAISAT (Guill.), pour Jeanne, sa f^e, fille de feue Marguer. du Vergier ; Jean de Bourges, à cause de Babeaul, sa f^e, sœur de lad. Jeanne, et Laurent, leur frère. Le manoir, terres et prés du Verger : *Germigny*, 1411. (*r*. 465, *p*. 341.)

VAISSEU (Paynet de), Dam., fils de feu Humbert de Vaysseu, Dam., cède à Barthelemy Mespuy, juge ordin. de la terre de Beaujeu, ses dr. et actions sur les biens de Guill. de Vaisseu, dit Espagnet, situés à Balbignac : *Forez*, 1336. (*r*. 1394, *p*. 58.)

VAISSIERE. Voy. Veissiere.

VAISSY (Simon de), *Vaissiaco*, Dam. Maison de la Salle, t. s. en dép., par. de Balbigny : *Forez*, 1333. (*r*. 490, *p*. 71.)

VALADOUX (Ant. de), Chev. T. s. de Monmorillon et de St Clément, par. d'Arfeuille, St Clément et autres : *Billy, Vichy*, 1695. — Paul de Valadoux, Chev., Mis d'Arcy, son fils, gouverneur de la ville et citad. de Montlouis ; *Idem* ; 1717. (*r*. 476, *p*. 60 ; *r*. 477, *p*. 298.)

VALANET (Bernard), m^d à Aubusson, et Jean, son frère. Cens et rentes en la chatell. de *Felletin* ; 1506. (*r*. 452, *p*. 326.)

VALARCHER (Ant.), bourg. de St Flour. Rente au vill. de la Brugière, par. de Bournoncles : *Riom*, 1669. (*r*. 499, *p*. 295.)

VALARD (J. B. de), Chev., Sg. de Vabrette, capit. au régim. de Navarre, donataire de Claire de Vergezac, sa mère. Rente de la Revoulte, ès par. du Bourg d'Arlent, St Sauveur et autres : *Riom*, 1685. (*r*. 503, *p*. 469. — J. B. de Valard, écuyer. Chât. t. s. de la Revoulte, par. de Dore l'Eglise : *Issoire*, 1724. (*r*. 509, *p*. 125.)

VALEIX (Joseph de), Chev., dem. à Vienne en Dauphiné. Fief et rente noble de la Jaquetière : *Lyon*, 1734. (*r*. 178, *p*. 99.)

VALENAU (Jean de), veuf de Phil. Géofroi, tant pour lui que pour Marie, Antonie, Gabrielle, Magdel. et Jaques, leurs enfans, vend au Duc de Bourbon une maison, sise à *Moulins* ; 1499. (*r*. 1374, *p*. 2356.)

VALENCIENNES, aussi Vallanciennes (Phil. de), écuyer. T. s. de Jarrige, saisie sur lui ; 1673. — François de Valenciennes, écuyer. Même t. et seg. de Jarrige, autrem^t dite Rosiers, par. de Leigne ; 1692. — Louise Barbe, sa v^e, tutrice de leurs enfans ; *Idem* ; 1702. — Pierre-François de Valenciennes ; *Idem* ; 1713 : *Monmorillon*. (*r*. 433, *p*. 65 ; *r*. 436, *p*. 10 ; *r*. 437, *p*. 27, 242.)

VALENCIENNES (Jeanne de), v^e de Guill. Berthier, comme héritière de feu Jean de Valenciennes, son père, bourg. d'Issoudun, et dud. Berthier. Le fief de Poulliaux, *al.* Pouliost, par. de Lizeray : *Issoudun*, 1689, 1693. (*r*. 447, *p*. 14, 137 et suiv.)

VALENÇON (Dalmas et Aldin de), Dam. Partie de la dîme de Bransat, et cens en la par. de Mellers : *Verneuil*, 1300. (*r*. 459, *p*. 196 ; *r*. 460, *p*. 273.)

VALENET (Austrille), écuyer, fils de feu Jaques Valenet, pour lui et Austrille Valenet de Puiroche, son neveu. T. s. de Roseille : *H. Marche*, 1669. (*r. 474, p.* 170.)

VALENS (Naudin), écuyer, proc. du Duc de Bourbon ès montagnes d'Auv., tient de lui un emplacement de maison à *Salers* ; 1451. (*r.* 1361, *p.* 946.)

VALENTIN (Paul), [capit. au rég. des Vosges. Maison et dom. en la par. de Chasselay : *Lyon*, 1699, 1717. (*r. 496, p. 146,* 278.)

VALERES (Marguer. de), v⁰ de Pierre d'Essartines, Chev., pour elle et Guiot, leur fils. Maison d'Essertines et dép. en la chatell. de Semur : *Beaujeu*, 1314. (*r. 489, p.* 34.)

VALERI (Jean, sire de), vend à Agnès, Dame de *Bourbon*, les vill. de Symeaustre et de Monteiguit entre les rivières d'Allier et de Scioule ; 1267. (*r.* 1377, *p.* 2780.)

VALET, aussi Vallet (François), Chev. trés. de France, fils de Gilbert. T. s. de Bosredon, de Rochevert et autres lieux, par. de Volvic ; dom. noble des Brandons, par. Sᵗ Bausire. Et, comme hérit. de feu Charles de Pierrefite, présidᵗ au bureau des finances de la général. de Riom. T. s. de Blesmat, par. de Chapdes ; dîmes et rentes en celle de Charbonnieres : *Gannat, Riom*, 1669, 1683. (*r. 499, p.* 57, 624, 644 ; *r.* 503, *p.* 70.)

VALET (Pierre), bourg. de Brioude, proc. du Roi aux gabelles dud. lieu. Rentes seig. ès par. de Bassat, de Sᵗᵉ Florine, Ausat et Auson : *Riom*, 1669, 1686. (*r.* 500, *p.* 106 ; *r.* 503, *p.* 457 ; *r.* 504, *p.* 117.)

VALET (Pierre, mᵈ à Marennes. Fours ban., passages de rivières, pêche, bancs et autres dr. à lui aliénés par le Roi, à charge d'hom, lige et sermᵗ de fidélité : *Cognac*, 1717. (*r. 439, p.* 119.)

VALETAN (Pierre de), paroiss. de Montperroux, et Peronette, vᵉ de Guill. de Montformois. Moitié de la dîme de Lesthenaul, par. du Pin : *Moulins*, 1397. (*r. 454, p.* 52.)

VALIGNI (Guill. de), gendre de feu Marote de Dolly, *Dolliaco*. Moitié de 2 champs au territ. de la Faye : *Aynay*, 1310. (*r. 463, p.* 52.) Non noble.

VALLANTIN (Léonard), notaire. Fief d'Entre deux ris, par. de Fresselinat et de Lourdoneys-Sᵗ Michel : *H.-Marche*, 1669. (*r. 474, p.* 209.)

VALLEAUX (Jean), écuyer, tant pour lui, que pour les enfans de feu Evrard Bouchat. T. s. de Lage-Brochesat, en la chatell. de Crozant : *Marche*, 1506. (*r.* 453, *p.* 240.)

VALLEAUX (Bertrand de), écuyer, Sʳ de Bois-Rebis. T. s. des Touches-Valleaux : *Angers*, 1606. (*r.* 352, *p.* 62.)

VALLÉE (Durand de la), *de Valle*. fils de feu Hugues de la Vallée, paroiss. de Thiele. Rente sur la dîme de Tramblaye possédée par l'abbaye de Septfons : *Bourbon.*, 1343. (*r. 466, p.* 156.)

VALLÉE (Jean de la), et Jean, son neveu, paroiss. de Sᵗ Porcien-de-Maresches. Trois prés et 5 pièces de terre en lad. par. : *Moulins*, 1367. (*r.* 454, *p.* 81.) Non nobles.

VALLÉE (Jean de la), Dam. La dîme de Vauvre : *Gannat*, 1377. (*r.* 458, *p.* 62.)

VALLÉE (Guill. de la), paroiss. de Sᵗ Pourcin. Diverses pièces de terre et menues rentes : *Moulins*, 1443. (*r. 454, p.* 98.) Non noble.

VALLÉE (Gérard de la), et Jean, son frère. Rentes ès par. de Thiel et de Chavigny : *Beçay, Pougny,* 1443. (*r.* 455, *p.* 190.) Non nobles.

VALLÉE (Maurice de la). Hôtel, t. s. de la Grant-Villonniere en la par. de Longeron ; 1479. — Micheau de la Vallée, écuyer, Sg. dud. lieu : *Idem ;* 1510, 1514 : *Montfaucon.* (*r.* 332, *p.* 93, 94 ; *r.* 333, *p.* 54.)

VALLÉE (Christophe de), Chev., Sg. de Fye, Vte de Champfleur, Groustil et autres lieux en Sonnois, fils de Jaques de Vallée, Chev., et Renée de Pilloys, son ép. T. s. de Chevin et du Petit-Bois : *Sonnois,* 1658, 1666. (*r.* 355, *p.* 43 ; *r.* 457, *p.* 46.)

VALLÉE-PIMAUDAN (Marie-Marguer. de la), v^e de Louis de Barberin, M^{al} des camps et armées, Commandeur de l'ordre milit. de St Louis. Marquisat, chât. t. s. de Reignac-sur-Indre, ci-dev. appel. le Fau, et auparavant Brais : *Loches,* 1727, 1742. (*r.* 426, *p.* 40 ; *r.* 427, *p.* 53.) Rel. d'elle : Louis de Baraudin, Sg. de Manthelan et Bourvaise, lieut. du Roi au chât. de Loches : Eusebe-Jaques de Chaspoux, Sg. de Betz ; Pierre de Grateloup, Sg. de Chambourg, Chevaliers. Jean Isaac du Chesne, Sr de la Garenne, écuyer ; Phil. le Hayer, Sg. Vte d'Azay.

VALLERAN (Jean), fils de Guill. de Valleran, et Ysabelle, sa f^e. Achat de 2 prés, de Roger d'Auvairet-la-Vilaine ; 1303. Jean et Huguenet, ses enfans, hommes serfs de Bernay, affranchis moyennant 80 francs d'or ; 1360 : *Chastel-Chinon.* (*r.* 1380, *p.* 3253, 3270.)

VALLERES, Vallers, Valeirs, *Valeriis, Valleris* (Aymon de), Chev., recon. tenir de la Ctesse de Nevers sa maison forte de Cos et dép. : *Chaveroche,* 1243. (*r.* 468, *p.* 262.) — Blain de Valieres, Chev., vassal de l'abbé de Mauzac. Il est reconnu que sa maison en la par. de Varennes-sur-Tesche ne relève point dud. abbé : *Bourb.,* 1264. (*r.* 1354, *p.* 314.)

VALLERES (Roger de), Dam. T. s. du Bouchat, et autres dom. et dr. ès par. de la Feline, Trebent et Sancet ; 1300. — Perrin de Vallers, Dam. Maison et garenne de Chamhon de Siole, dom. et dr. en dép., même par. ; 1301. — Perrin de Valieres du Bouchat, Dam., paroiss. de Contigny, et Guill. son fils. Maison, dom., bois, garenne, dîme, cens et tailles ès par. de Tile et de Feline ; 1322 : *Verneuil.* (*r.* 459, *p.* 146 ; *r.* 460, *p.* 140. 252.)

VALLERES (Monin de), Dam. Cens et rentes en la par. de St Remy ; 1322. — Aymoinin de Valleres, Dam. ; *Idem ;* 1347. — Guill. de Valeirs, Dam. et Marguer., sa f^e. Rentes et cens au territ. de la Forest ; 1354, 1357 : *Billy.* (*r.* 455, *p.* 281, 306, 363 ; *r.* 457, *p.* 67.)

VALLETAS (François et Ant. de). Fief de la Valette : *Marche,* 1669. (*r.* 474, *p.* 92.)

VALLETES, Valetes (Guiot), de *Valletis, Valetis,* aussi de Vaux, Dam., tient une partie de pré sous l'étang dit de Bernard ; 1291. — Gerard de Valletes, Dam. Divers mas relev. de lui à Luzey et ès environs, et généralement tout ce qu'il a acquis de Jean de Blanesc, *Blanesco,* Chev., Sg. de Falain, au vill. de Valletes ; 1322 : *Beaujeu.* (*r.* 489, *p.* 247 ; *r.* 1392, *p.* 719.)

VALETES, écrit Valotes (Jean de), Dam. Tailles et h. j. sur divers ténemens assis à Vandenesse et ailleurs ; 1375. — Girard de Valetes, Dam., fils de Jean de Valettes, Dam., Sg. de Valettes. Etangs. h. j. tailles et autres dev. sur des ténemens assis à Chassegneu et Vandenesse ; 1401. —

Marguer. de Valete, Dame en partie de Rochefort. T. s. de Champmorin; justice h. m. et b. en la par. de Vandenesse sur Arroux; 1445 : *Bourb.-Lancy.* (*r.* 432, *p.* 51 ; *r.* 466, *p.* 241, 245.)

VALLETTE (Philib.). Fief de Montmarie, par. St Minsant : *Aubusson*, 1684. (*r.* 454, *p.* 474.)

VALLETTE (Elisabeth), v^e de Pierre de Chaudes-Aigues controlleur des actes à la cour des aides de Clerm.-Fer. Dom. nobles de Paullac, *al.* Pauliac, la Vergne et Rieusalat ; cens et rentes és par. de Chaudes-Aigues, Vestrie, Neuveglise et autres, Elect. de St Flour : *Riom*, 1699, 1701. (*r.* 506, *p.* 19, 286.)

VALLETE (Claude), trés. de France, par. succession de François Vallete, Chev., présid^t au bureau des finances de Riom. T. s. de Bosredon et Rochevert; ens. celles de Bleinac et Espinasse, par. de Volvic et de Chapdes : *Riom*, 1717, (*r.* 507, *p.* 229.)

VALLETON (François), m^d tanneur. Maison en la rue de l'hôpital à *Lyon*, 1714. (*r.* 496, *p.* 193, 225.)

VALLIERES, aussi Valliers (Micy de), paroiss. de St Remy. Terres, dîme, cens et rente au ter. du G^d et petit Goudallier, par. St Geran-le-Puy : *Billy*, 1443. (*r.* 455, *p.* 233.) Non noble.

VALON (Pierre), présid^t en l'Elect. de Riom, comme hérit. de sa mère Amable Imbert, *al.* Jeubert. Partie de dime et rentes és par. de Varennes et d'Artonne ; 1669. — Jean Valon, garde de la monnoye de Riom, son fils. Fief et dom. de Granville, par. de Loubeyrat, avec une directe appel. des Chirols en la baron. de la Tour : *Gannat, Riom*, 1716. (*r.* 499, *p.* 418; *r.* 500, *p.* 54 ; *r.* 507, *p.* 136.)

VALON (Marc-Ant.), Chev., Bon de Montmain, comme mari de Dame Anne-Magdel. Fouquet. T. s. de Pomay, par. de Lusigny : *Moulins*, 1719. (*r.* 478, *p.* 16.)

VALORIE (Anne), v^e d'Auverignais, *al.* Auverguaz-Chapperon, Chev. Hôtel de Terrefort, t. s. de la Vouslte, de Glariette et Fonsgeffroy : *Mirebeau*, 1456 ad 1471. (*r.* 329, *p.* 1 ; *r.* 331, *p.* 1 ; *r.* 1342, *p.* 124.)

VALORY (Cesare, v^e de Barthelemy); Gabriel Valory ; Louis Valory, M^e d'hôtel du Cte du Maine ; Me Hilaire Valory, licentié ès lois, tous écuyers et frères, vendent au Cte du *Maine* les chât. et vill. de Marignes et de Roignac ; 1454. (*r.* 335, *p.* 80.)

VALORY (Charles de), écuyer, Sr de Lecé. Partie de la seg. des Petits-Bois, à lui délaissée par Magdel. du Celier, sa 1re femme, fille de Jaques du Celier, l'autre partie apparten. à sa 2de f^e Elisabeth de la Rochefoucault, fille de René de la Rochefoucault, Sg. de Neuilly-le-Noble ; François de Valory, écuyer, S^r dud. lieu et de la Galopiniere, agissant aussi pour eux : Beaufort en Vallée, *Anjou*, 1660. (*r.* 355, *p.* 2 ; *r.* 431, *p.* 6.)

VALOT (Gaspard), Sr de Roddons, fils d'Etienne Valot, *al.* Valet, et de Magdel. Agard. Maison à *Vierzon*; 1670. (*r.* 444, *p.* 25 ; *r.* 445, *p.* 140.)

VANDÉE (Alexandre de), Chev., Sg. de Champron, héritier de son frère Henri de Vandée, Chev. T. s. de Bois-Chapeleau, par. de la Chapelle-Tireuil : *Vouvant*, 1708, 1716. (*r.* 437, *p.* 152; *r.* 438, *p.* 137.) Signe : Cranisée.

VANDEMORE (Pierre), bourg. de Lyon. Maison et dom. de Montisset, par. St Pierre-les-Nonains : *Lyon*, 1700. (*r.* 496, *p.* 155.)

VANGINOT (Gilbert), curé de Paillot, tuteur des enfans de Jean Vanginot. Rente seig. en la par. S¹ Marc-Allombaud : *Ahun*, 1684. (*r*. 474, *p*. 510.)

VANINI (Magdel.), vᵉ de Jean de Gagnieres, Chev., Cⁱᵉ de Sauvigny, lieut. gen. des armées, tutrice de Camille de Gagnieres, leur fils. T. s. de S¹ Laurent, de S¹ Vincent d'Aynis et de Viricelle : *Forez, Lyon*, 1675, 1700. (*r*. 496, *p*. 73. 162.)

VANURE (Thomas de), dit Michallet. Vignes et cens aux environs de S¹ Giran : *Billy*, 1449. (*r*. 477, *p*. 100.) Non noble.

VARAX (Henri de), Chev., et Sibile, son ép., Dame de Richemont et de la Poype, par. de Saudreyns, fille de feu Jean *de Palude*, Chev., Sgr dud. lieu, vendent à Ysabeau de Harcourt, Dame de Villars, le chât. de la Poype : *Beaujeu*, 1396. (*r*. 1392, *p*. 648.)

VARAX (Gaspard de), Chev., Mⁱˢ de Survie, achète de Jean de Levis, Chev., Sg. de Vauvert, tuteur d'Odet, Antoinette et Louise, enfans de feu Ant. de Clermont, Chev., Sg. de Surgeres, la châtell. et mandemᵗ de Chât.-Gaillard : *Forez*, 1416. (*r*. 1399, *p*. 766.)

VARCY (Perrin de), et Ysabelle, sa fᵉ, vendent à Guy, Cᵗᵉ de *Forez*, leur droit d'aide sur les boucheries, boulangeries, etc., de Bece : 1354. (*r*. 1394, *p*. 96.)

VAREGNY (Beatrix de), *de Varenhiaco*, Dame de S¹ Germain-des-Fossés et d'Othonin, vᵉ de Michel, Sg. de S¹ Germain. Maison et mothe d'Othonin, dom., bois, garenne en dép. : *Moulins*, 1358. (*r*. 454, *p*. 217.)

VAREIGNES (André dit), de S¹ Germain-des-Fossés. Partie de deux bois : *Billy*, 1335. (*r*. 455, *p*. 331.) Non noble.

VARENIER (François), *al.* Varmier ou Varinier, T. s. de Taney, par. S¹ Didier : *Beaujeu*, 1510. (*r*. 483, *p*. 89 ; *r*. 487, *p*. 3 ; *r*. 1360, *p*. 874.)

VARENES (Guill., Jean, Barthelemy et Mathieu de), enfans de feu Audran de Varenes. Le mas de Mirablet et dép., vendus à Guillot Parpenet, bourg. de Montluçon : *Hérisson*, 1299. (*r*. 1357, *p*. 389.)

VARENNE (Jean de), Chev., pour Ysabelle de la Colencele, sa fᵉ, et comme ayant la garde d'Yolant, fille de sad. fᵉ, et de feu Guil. de Villarnou, écuyer. Maison, t. s. et h. j. ès par. de Bocé et de Flore : *Bhaveroche*, 1300. (*r*. 468, *p*. 290.)

VARENNES (Mathieu et Jean de), Dam., frères. Hôtel, mote, dom. seg. et arr. fiefs de Varennes, par. d'Agouge et de Colonges ; 1350, 1357. — Barthomé, aussi Berthomer, et Pierre de Varennes, écuyers, frères ; *Idem*, 1407, 1410 : *Bourbon*. (*r*. 463, *p*. 191 ; *r*. 464, *p*. 20, 75, 375.)

VARENNES (Jean de), Chev., ses frères et sœurs, comme hérit. de leur mère Jeanne de Rosillon. Hôtel, t. s. de Marcy : *Germigny*, 1350. (*r*. 465, *p*. 242.)

VARENES (Guil. de), fils de feu Regnaud de Varenes, pour sa fᵉ Regnaude, fille de feu Girard de Velle. Maison forte de Lanois, dom. et dr. en dép. au territ. de Velle : *Beaujeu*, 1354. (*r*. 484, *p*. 63.)

VARENNES (Guil....), fille de Girard *de Valle*, Dam. Maison forte de Lannoys, appart. et dép. : *Beaujeu*, 1357. (*r*. 489, *p*. 100.)

VARENES (Robert de), Dam. Hôtel, t. s. de Champfoleys, par. de Parey, *Paredi* : *Billy*, 1357. (*r*. 457, *p*. 79.)

VARENNES (Jean de), Chev. T. s. du Bosc : *Germigny*, 1357. (*r*. 465, *p*. 248.) Rel. de lui : Jean de Fontenay, Sg. de Bonnebusche ; Phil. de Sancerre ; Jean Sausons, Chevaliers, et Agnès de Mornay. Dame de Garcie. — Alise, fille dud. Jean, Damoiselle. Terre et Champart de Chardonnere ; le bois de Laleu, dîmes, cens et rentes sur plus. chesauls : *Germigny*, 1378. (*r*. 465, *p*. 247.)

VARENNES (Guill. de), Dam. Hôtel, t. s. d'Auteri, *Bourbon.*, 1382. (*r*. 463, *p*. 154.)

YARENNES (Thevenin de), écuyer, pour lui et Jeanne du Chastellier, sa f^e. Hôtel. t. s. de Marcy en Luysant ; 1399. — Pierre de Varennes, écuyer, leur fils ; *Idem*, ens. la meignerie de la chatellenie de Germigny. c'est-à-dire que « nul maignen n'oseroit affaitier, ne adoubier paelles (poêles à frire), ne faire autre chouse de son mestier, sans le congé dud. avouant » ; 1406 : *Germingy*, (*r*. 465, *p*. 241, 349.)

VARENE (Hugonin et Jean de la), écuyers, frères. Maison, mote, fossés, t. s. de Veure ; 1411. — André, *al*. Odré de la Varenne, écuyer, fils unique de feu Jean de la Varenne, écuyer, et neveu de Hugues. Hôtel, dom. et seg. de la Varenne, par. de Colonges ; présent Jean de Buffevent, écuyer ; 1443 : *Chaveroche*. (*r*. 468, *p*. 64, 375.)

VARENNE (Odrès de la), écuyer, paroiss. de Colonges. Le tènem^t du Mès, dom. et dr. en dép., par. de Saligny : *Moulins*, 1435. (*r*. 455, *p*. 83) ; et pour sa f^e Ant. de Togues, deux clos de vigne au terr. de St Forgeul, par. de Sancet, cens et rentes : *Chantelle, Verneuil*, 1455. (*r*. 458, *p*. 132 ; *r*. 459, *p*. 136.)

VARENNES (Ant. de), Sg. de Pierrefitte. Maisons fortes d'Essertine et de Mars, dom. et seg. en dép. : *Beaujeu*, 1459, 1486. (*r*. 485 bis, *p*. 13 ; *r*. 486, *p*. 183.)

VARENNES (Jaques de), écuyer, et Gabrielle Grivelle, sa f^e. Moitié du dom., justice et seg. de Maignance : *Moulins*, 1505. (*r*. 452, *p*. 164 ; *r*. 454, *p*. 3.)

VARENNE (Oudres de la), pour Ant. de la Varenne, écuyer, son père. Hôtel, t. s. de Veure, *al*. Vesvre, et de Bosc, autrem^t de la Mote Chessault : *Chaveroche*, 1505. (*r*. 452, *p*. 136 ; *r*. 468, *p*. 378.)

VARENNE (Jean de la), prévot, juge et garde ordin., civil et crim. des prevotés et Chatell. de Mehun-sur-Y. et de St Laurent-sur-Barengon, pour lui et Etienne, son frère, bourg. de Vierzon, hérit. de feue Elisabeth Rousseau, leur mère. Métairie de Montcorneu, avec le droit de garenne et de colombier, par. de Marmond ; 1669. — François de la Varenne, prévôt de Mehun, fils dud. Etienne. Même métairie de Montcorn. ; ens. les fiefs de la Godiniere, par. de Brinay, et de la Pionnerie, par. de Foecy. Et comme proc. de Marie Bailly, v^e de Jean de la Varenne, son oncle ; le fief de la Roche-Chacouay, par. d'Allouy : *Mahun-sur-Y.*, 1711 *ad* 1726. (*r*. 443, *p*. 43 ; *r*. 449, *p*. 73, 160, 167 ; *r*. 450, *p*. 10, 96 ; *r*. 451, *p*. 112, 139.)

VARENNE (René de la), Chev., Mis de Poix, gouverneur de la Flèche. Le Marquisat de Varenne : *La Flèche*, 1673. — René de la Varenne, Chev. Mis dud. lieu, son fils aîné, lieut. gén. du Roi en Anjou, agissant par René le Brun, Chev., Cte de Chollet. La baronnie de Ste Susanne : *Beaumont-le-Vte*, 1678. (*r*. 405, *p*. 6, 15.)

VARENES (Etienne de), trés. de France. Chât. t. s. de Bois-Rigaud et de Condat; ens. la terre de Cendré, par indivis avec les Ursulines de Clermont, acq. de Marc Verdonnet, écuyer, ès par. de St Jean en Val et de Condat; 1683, 1687. — François de Varenes, prêtre, et Gabriel de Varennes, écuyer, trés. de France, ses fils; *Idem*; 1698, 1717 : *Clerm.*, *Usson*. (r. 503, p. 47; r. 505, p. 42, 69, 76, 104; r. 507, p. 203.)

VARENNE (Jean de la), bourg. de Lyon, capit.-enseigne de la bourgeoisie. Rente noble de la Jomarière; maison forte, avec ses tours, crenaux, meurtrières, dom. et dr., par. de Brignais et de St Genis de Laval; 1720. — François de Varennes, son fils; *Idem*, 1724, 1729 : *Lyon*. (r. 497, p. 37, 54, 222; r. 498, p. 40.)

VARENES (Etienne), écuyer, fils d'Etienne, trésoriers de France. Fief de Champfleury, autrem^t de Chautrane, et tailles sur les habitans de Malintrat, St Vincent et autres : *Clermont*, 1733. (r. 511, p. 32.)

VARETE (Domeniou de la), Dam. Maison de la Varete et dom. en dép. : *Forez*, 1334. (r. 490, p. 155.)

VAREUILLE (Hugues, aussi Aymon, Sg. de). Traité de son mariage avec Marguer., fille aînée d'Aymar, Sg. de Rossillon, et dot de 1000 florins d'or à elle assignée; 1332. (r. 1360, p. 799; r. 1375, p. 2472.)

VAREY (Ant. de), écuyer : *Scutifer*, Sg. de Balmont. T. s. de Virieu, Malleval et Chavanay, *al*. Chauvenay : *Forez*, 1510, 1517. (r. 452, p. 162; r. 1379, p. 3104, 3112.)

VARIGNY (Hugues de), Chev., tuteur de la fille de feu Giraud de Varigny, Dam. Traité de mar. entr'elle et Guill. de Bourbon, Sg. de Beçay; 1307. (r. 1364, p. 1321.)

VARIGNY (Françoise-Magdel.-Claude de), v^e de Bernard de la Guiche, Cte de St Geran et de la Palisse, etc. T. s. de la Palisse, par. de Lubier : *Billy*, 1711. (r. 476, p. 259.)

VAROHÉ (Guill., fils de Guill. de la), Dam., Petronille, Louis et Alise, ses frère et sœurs. Cens, tailles et une baillie en la par. St Placide : *Bourbon*, 1353. (r. 464, p. 354.)

VARONERIE (Jean de la), paroiss. de Poilli, Béatrix, son ép. et André leur fils, vendent à Ysabelle, mère de Louis, Sire de *Beaujeu*, un pré et un bois en la même par.; 1285. (r. 1390, p. 464.)

VARSON (François), m^d chandellier. Maison à *Lyon*; 1699, 1700. (r. 496, p. 131, 171.)

VASCON (Ponce, aussi Pons de), Chev., et Hebide, son ép. Le mas de Chaldaurelha et dép., par. de Paolhac : *Carlat*, 1337, 1355. (r. 473, p. 44, 112, 136.)

VASEILLE (Cather.), v^e de Claude Moysshonier, m^d. Maison à *Lyon*, 1733. (r. 498, p. 79.)

VASSADEL (Charles), élu en l'Elect. de Clermont. Chât. t. s. de la Chaux, cens, dîmes et autres dev., par. de Vieil-Comte (forte Vic-le-Comte); 1716. — Jaques Vassadel, av. en parl.; *Idem*, 1723 : *Clermont*, (r. 507, p. 60; r. 508, p. 47.)

VASSAILLY, *al*. Vassailleu, *Vassalliaco*, *Vasseilleto* (Etienne de), Dam., transporte à Louis, Sire de *Beaujeu*, un pré et quelques redev. assis en la par. de Vassailly; 1286. (r. 1389, p. 356.)

VASSAILLEU (Eloise, v^e de Ponce de), Chev., et Jarenton, leur fils.

Maisons, t. s. dans les confins de la Tour de Jarese : *Forez,* 1290. (*r.* 492, *p.* 98.)

VASSALLY (Beraud de), Dam. Maison de la Charete, dr. et coutumes échus à Agnès, sa fe, par le décès d'Arthaude, sa mère, en la franchise de Noireau : *Forez,* 1299. (*r.* 492, *p.* 14.)

VASSAILLY (Ponchon, fils de Ponce de), Dam. Maison, dom. et seg. de Vassailly, au mandemt de St Victor, et ce qu'il tient au mandemt de la Tour de Jarese : *Forez,* 1327. (*r.* 492, *p.* 193; *r.* 493, *p.* 6.)

VASSAL (Pierre), licentié ès lois. Droit au port Saunier de *Cognac;* 1466. (*r.* 1404, *p.* 176.)

VASSAL (Pierre), écuyer, pour Jean Vassal, écuyer, Sg. de Seguret, et Cather. de Marcy, sa fe. Maison, dom. et mét. appel. la Maison de Troussay : *Beçay,* 1506. (*r.* 452, *p.* 64, 128.)

VASSAL (Joseph), me serrurier à Moulins. Partie de la Mothe-Chezy, par. *id.* : *Moulins,* 1722, 1737. (*r.* 478, *p.* 254; *r.* 481, *p.* 176.)

VASSÉ (Henri-François de), Chev., Mis de Vassé, Bon de la Roche-Mabille, Vidame du Mans, gouverneur du chât. du Plessis-lez-Tours, lieut. gén. des armées. T. s. de Beaumont-le-Vte, acq. d'Angelique-Claire d'Angennes de Rambouillet; ens. la t. et seg. de Dangeul. Et, par success. de Françoise de Souvré, son ayeule ; la chatell. t. s. de Ballon, comme aussi pour Marie de Lusignan de St Gelais, son ép. ; la prévôté et Quinte d'Azay-le-Rideau : *Beaumont-le-Vte, Chinon, Mans,* 1662 ad 1670. (*r.* 357, *p.* 86; *r.* 358, *p.* 37; *r.* 395, *p.* uniq.; *r.* 400, *p.* uniq.; *r.* 405, *p.* 31, 32.) Rel. de lui :

Chevaliers

Angennes (Charles-François d'), Mis de Maintenon.
Balsac (Robert), Sr de St Pau et de la prévôté de Nazelle.
Beaumanoir (Jean de), Sr de Lavardin.
Chambez (Bernard), Cte de Montsoreau.
Clermont (Georges de), Mis de St Aignan.
Faudois, ou Faudoas, Cte de Cerillac et de Courmoyenne.
Hurault (Henri), Mis de Vibraye et de la Guerche.
Inverse (Jaques d'), Sr de Bullon.
Sanglier (Gilles), Sg. de Joué.
Valette (Pierre de la), Sg. de la Touche.
Vasseur (Georges le), Sr de Thouars.
Vasseur (Antoine le).

Ecuyers

Baigneux (Ant. de), Sr de Glatigné.
Belossier (Paul), Sr de Maulny.
Divin (Louis le).
Escarbout (Louis d'), Sr du Coudray.
Febvre (J. B. le), Sr de Vaugermain, secrét. du Roi.
Hannequin (Michel), Sr de Montault.
Jardins (Jaques des), Sr de Vouves.
Maridor (Jaques de), Sr de St Ouen.
Mondion (François de), Sr de la Clousière.
Perronyn (Jean), Sr de Mefossez.
Pierrefitte (Charles de), Sr d'Angouille.

Pierrefitte (François de), Sr des Cours.
Tardif (Arthus), Sr du Doulon.

VASSÉ (Jean), écuyer, Gd Prévôt de France, fils et seul hérit. de Jaques de Vassé, bailli de la prévôté du Mans. T. s. de Chereir : *Mans,* 1664. (*r.* 356, *p.* 22.) — Jean Vassé, écuyer, gentilh. serv., en la Gde Fauconnerie, lieut. des gardes de la Gde Prévôté de France. Le fief de Cheres, par. de Savigné-l'Evêque : *Mans,* 1666. (*r.* 358, *p.* 10.) Rel. de lui : Jaques Lair, écuyer, receveur gén. des tailles en la général. de Tours.

VASSÉ (Louis), licencié ès lois, par donation de Susane Mougereau, sa mère. F. s. du Gd Sortouer : *Chât.-du-Loir,* 1669. (*r.* 358, *p.* 79.)

VASSÉ (René, J. B. de), Chev. T. seg. de la Rochefaton ; ens. les fiefs de Reigné, *al.* Rougné, la Rollandire, etc., par. de Gourgé : *Partenay,* 1702. (*r.* 436, *p.* 104 et suiv.; *r.* 437, *p.* 33.)

VASSÉ (Charles-Armand, Mis de). T. et chatell. de Ballan : *Mans,* 1739. (*r.* 427, *p.* 21.)

VASSELIN (Christophe), écuyer, Sr de Beauchesne. Habergemt et dom. de Fossemore, par. de Lezillé : *Amboise,* 1506, 1523. (*r.* 432, *p.* 82, 93.)

VASSELOT (feu Louis de), Chev. Ses enfans, sous la curatelle d'Armand de Broc, Chev., Bon d'Eschemire. Les t. et seg. de Chastaigner, et la métairie de l'Esterp, par. St Sauvant : *Lusignan,* 1663. — Jaques de Vasselot, Chev., Sg. d'Anne-Marie ; *Idem;* 1669. (*r.* 433, *p.* 251, 252 ; *r.* 434, *p.* 87, 88.)

VASSELOT (Gabriel), écuyer, Sr de Rigné, autorise sa fe Charlote Prévost à faire hom. de son f. et seg. de Thou, par. St Hilaire : *Vouvant,* 1716. (*r.* 438, *p.* 74.)

VASSEUR (Louis le), Chev., Sg. de Fontaine-Valles, fils de Louis le Vasseur, Chev. F. s. de Coulre et Bois-Besart, *al.* Bois-Pezats : *Sonnois,* 1666. (*r.* 357, *p.* 37, 70.) Rel. de lui : Loup de Garoust, Sr de la Tierriere ; Pierre de Grongnaut, Sr de la Chicaudiere ; Jaques de Maulny, écuyers.

VASSEUR (Suzanne le), ve de Henri d'Espagne, Chev., Sgr. de Vermeuelles, comme hérit. de Gabriel de Montgommery, Chev., et comme ayant les dr. de Jaques le Vasseur, Chev., son co-héritier. T. s. d'Avennes : *Sonnois,* 1666. (*r.* 357, *p.* 58.)

VASSEUR (Georges le), Chev., Sg. de Thouars, capit. col. d'un rég. d'infanterie, fondateur des églises de St Mars, Ballon et Mezieres, fils de feu Louis le Vasseur, Chev., Sg. de Cognau et autres lieux, avoue la h. j. en la terre de Thouars, etc. : *Sonnois,* 1666 *ad* 1671. (*r.* 357, *p.* 65, 66, 67.)

VASSEUR (Judith le), fille et hérit. d'Ant. le Vasseur, écuyer. T. s. d'Allures en *Brionnois;* 1667. (*r.* 357, *p.* 11.)

VASSEUR (Paul-Charles le), Chev., Sg. de Fargot, veuf de Marie Allaire. T. s. de Romaigné, par. St Xandre : *La Rochelle,* 1669. (*r.* 433, *p.* 160 ; *r.* 434, *p.* 30.)

VASSEUR (Anne-Louise le), ve de Jean-Gilbert de Longueuil, Chev. Partie des t. et seg. de Saulzay, Beauverger et Listensois : *Bourb.,* 1722. (*r.* 478, *p.* 291.)

VASSEUR (Nicolas le), md à Lyon. Une maison appel. Bassecour ; terres, prés, bois et rente noble appel. la Roche, par. St Andeol et de St Martin de Cornas : *Lyon*, 1733. Signe, le Vasseur de Bassecour. — Hierôme, aussi Jérôme, le Vasseur, m^d. Maison en la même ville ; 1735. (*r*. 478, *p*. 106 ; *r*. 498, *p*. 128, 142 ; *r*. 810, *p*. 19.)

VAUCHAUSSADE (Gilbert de), écuyer, Sr de Brousse, et Françoise de Neuville, sa f^e. T. s. de Maisonneuve en la par. St Priest : *Riom*, 1684. (*r*. 503, *p*. 261.)

VAUCHEMER (Jean, sire de). Herbergement de Vauchemer, dom. et dép.; Jeanne de Bauchemer, sa tante : *Mirebeau*, 1327 *ad* 1406. (*r*. 329, *p*. 56 *ad* 62.)

VAUGELET (Poncet, fils de feu Hugues de), de *Vallegeleta*. Cens et rentes aux mandemens de la Tour en Jaresc et de Sorbers : *Forez*, 1334. (*r*. 491, *p*. 216.)

VAUGELET (Felice de), v^e de Guill. Recod, pour elle et Beatrix Recod, Damoiselle, celle-ci à cause d'Aymard, son fils, né de Hugues Ravinet, rend hommage à Aymard, Sg. de Rossillon et Annonay, de ce qu'elles tiennent en sa mouvance ; 1335. (*r*. 1392, *p*. 763.)

VAUGIE, aussi Vaugy (Arduin de), *de Vaugia, de Vaugiaco*, Chev. Maison forte de Vaugie et dép. ; ens. la dîme de St Turci de Faveres ; présens Robert *de Chaluco* ; Raoulet de Area ; François d'Abiscicourt, Chevaliers ; Guichard de Farges, Damoiseau : *Beaujeu*, 1400. (*r*. 485, *p*. 119, 120.)

VAUGIRAUD (Jean), paroiss. de N. D. de Beaupreau. Gaignerie de la Doucinière, par. de la Regnaudière : *Montfaucon*, 1471. (*r*. 333, *p*. 11.)

VAUGIRAULT (Jaques de), écuyer, valet tranchant de la Reine de Sicile, ép. de René, Duc d'*Anjou*. Don à lui fait de 75 écus ; 1474. (*r*. 1346, *p*. 202.)

VAUGRINIEUSE (Louis-Honoré de), Chev., comme hérit. de Marie-Elisabeth de Sauzion de Rouzières, sa mère. Fief de la Neellière, par. de Pomeys ; ens. deux rentes nobles és par. de St Romain en Giers et d'Echalas ; *Lyon*, 1731. (*r*. 498, *p*. 55.)

VAULCUYGNOLLES (Thibaut, fils de Jean de), clerc, à cause de Jaquete, sa f^e. Partie de terres, prés et vignes, et une maison en la Champaigne de Brinen : *Haban*, 1253. (*r*. 470, *p*. 135.)

VAULIN (Guill. de), pour Agnès, sa f^e, fille de feu Perronet le Beaul de Poissons. Maison à Champseur, et terres ès par. de St Hilaire de Corancy et de *Chât.-Chinon* ; 1354. (*r*. 470, *p*. 17.)

VAULRY (Anne), v^e de François Moreau. Le fief de Combescot : *H. Marche*, 1669, (*r*. 474, *p*. 233.)

VAULSECRET, *al*. Valseriet (Marguer. de), v^e de Hugues de Maesse, écuyer. Maison de Bruaille, dom., bois, moulin, hommes et f^es de serve condition : *Chât.-Chinon*, 1335 *ad* 1357. (*r*. 470, *p*. 27, 71, 109.)

VAURE (Guill. de la), *al*. Vore, *de Vora*, Dam. T. s. de la Tour, aux territ. de Vymers, Montverdun et autres : *Forez*, 1333. (*r*. 491, *p*. 192.)

VAURE (Stourgon de), écuyer, Alips Bompare, sa f^e et Alix Bompare, v^e de Jean de Mealet, écuyer, hérit. en partie de Marguer. de Vichy, Dame de Chas. Dîme, justice, rentes, cens et tailles sur partie de la Vaure de Ris : *Vichy*, 1444. (*r*. 457 *bis*, *p*. 30.)

VAUREGARD (Guill. de). Partie d'un mas et tènem^t appel. l'Héritage-Sayer : *Billy*, 1505 (*r*. 452, *p*. 126.)

VAURES (Robert de), fils de feu Jean de Vaures, bourg. de Montbrisson. Cens, rentes et autres dr. ès environs dudit *Montbrisson*, 1362. (*r*. 490, *p*. 33.)

VAURION (Hugonin de), Dam., *al*. Vaulrion, Sg. dud. lieu. Cens et rentes ès par. de Vallissone, et de Ste Apollinaire : *Beaujeu*, 1441, 1459. (*r*. 486, *p*. 63, 65.).

VAUVRILLE (Antoine), Sg. de Bagneux. Fief de Blasson, par. d'Iseure : *Moulins*, 1688. (*r*. 474, *p*. 696.)

VAUX, Vaulx, Vaus, Val : *Vallis, Valle, Vallibus*.

VAUS (Andrevet de), Dam., vend à Guill. de Chât. Neuf, fils de feu Ponce de Chât. Neuf, le mas de Pis, situé en la terre de Guigues, Sg. de de la Roche, au dioc. d'Annecy ; 1269. (*r*. 1398, *p*. 655.)

VAUX, aussi Vaulx (Milon de, *al*. des), Chev., et Guy de St Trivier, exécuteurs testamentaires d'Eléonore de Savoye, Dame de Beaujeu : celui-ci obtient une rente sur le péage de Chavaigne, *Chavaigniaco*, qui se perçoit à Belleville sur Saône ; 1296 : et l'autre est gratifié de tous les dr. de Guichard, Sire de Beaujeu, sur la prévoté des Vaux, à charge de les tenir de lui à foi et hom. ; 1308. — Hugonin, Sg. de Vaulz, fils de feu Milon. Maison de Montmalast ; dr. de foire et marché au bourg de Vaulx, ens. le donjon de la Chavaigne. Hugues, Sg. de Vaux, Chev. Le bourg, t. s. de Chavaigne. — Jaquete, Dame de Vaux, fille et hérit. univ. de Hugues de Vaulz. T. s. de Vaulx. H. m. et basse justice, et dr. de foire au bourg de Vaulx ; 1310. *ad* 1358 : *Beaujeu*. (*r*. 486, *p*. 70, 71 ; *r*. 487, *p*. 10, 11, 12 ; *r*. 1390, *p*. 407, 416.)

VAUS (Pierre de), chan. de Hérisson. Cens, rentes et le pré Fayele, par. de Magn. : *Hérisson*, 1300. (*r*. 462, *p*. 26.)

VAU, Vaul (Ysabelle Belond, v^e de Perret de la), Dam., et Gérard, leur fils. Maison, t. s. de Vau, *de Valle*, etc. : *Beaujeu*, 1307, 1322. (*r*. 489, *p*. 1, 183.)

VAU (Alide de la), *de Valle*, v^e de Jean, dit Trialeuf ou Terraleuf, et Ysabelle, v^e de Gui Terraleuf, frère dud. Jean. Mouvances sur plusieurs ténemens ès par. de St Leger et de *Bourbon-Lancy* ; présens, Guionet et Hugues de Vignolle, Damoiseaux, frères ; 1315. (*r*. 467, *p*. 44.)

VAUX (Blanc, aussi Blanchet et *Blanchus* de) *de Vallibus*. Terres, garennes, dr. de chasse et de pêche, cens et tailles au territ. de St Georges-sur-Cosant. — Alise, sa v^e, Blanchet et Jean, leurs enfans ; *Idem* ; *Forez*, 1322 *ad* 1339. (*r*. 490, *p*. 94, 217 ; *r*. 493, *p*. 16.)

VAULZ (Jaques de), *de Valle*. Partie de terre et de bois en la chatell. de Semur : *Beaujeu*, 1338. (*r*. 489, *p*. 237.)

VAUX (Rolet de), Dam. Maison, dom. et mouv. de la Roche, par. de Dompierre, chatell. de Froges ; *Beaujeu*, 1340. — Guichard de Vaux, Dam., mari de Jeanette. Maison forte de Froges, dom. et seg., par. de Dompierre, acq. de sa belle-mère Agnès de Bosc, v^e d'Oudart Mipon, Chev. : *Beaujeu*, 1369, 1376. (*r*. 486, *p*. 117 *ad* 120.)

VAUS (Jean de), *de Vallibus*, paroiss. de Tresail. Maison, terres et vignes au territ. de Cadeleres ; 1341. — Phil. de Vaulx ; *Idem* ; 1342 : *Chaveroche*. (*r*. 468, *p*. 129, 200.) Non nobles.

VAUS (Pierre de), paroiss. de Tresail. Un bois, trois pièces de terre et un pré au ter. de Rugné : *Chaveroche*, 1367. (*r.* 468, *p.* 134.) Non noble.

VAU (Robert de) *de Valle*, Dam. Hôtel, dom. et seg. de Vau, ou de Laval : *Montluçon*, 1374. (*r.* 461, *p.* 130.)

VAUX (Jean de), *de Valle*, Dam., et Alise, son ép. Rentes sur les maisons de Puyperdu, de Veciat, du Bois des Ays, et autres, par. de Sanciat et de Feline : *Verneuil*, 1377. (*r.* 460, *p.* 82.)

VAUS (Colas de la), Dam., pour Jeanne des Marex, sa f^e. Hôtel, dom., dîme et mouv. de Teneul : *Bourbon.*, 1396. (*r.* 465, *p.* 52.)

VAUX (Guill. de), Dam., paroiss. de Volore. T. s. de Vaulx, dom., bois et dev. en dép. : *Auv.*, 1398. (*r.* 470, *p.* 18, 246, 247.)

VAUX (Guichard de), Dam. Serm. de fidél. et prom. d'aveu au Sire de *Beaujeu ;* 1400.—Guiot de Vaux, Dam. ; *Idem* ; 1402. (*r.* 486, *p.* 129, 130.)

VAUX (Berthomer de), à cause d'Ysabeau, sa f^e, fille de Mathé de Vaux. Bois, prés, champs en la par. de Paroy : *Moulins*, 1404. (*r.* 455, *p.* 98.) Non noble.

VAU (Jean du), cons. et juge du comté de Beaufort, obtient le dr. de garenne à Couvins en son dom. de la Herbelotiere : *Angers*, 1453. (*r.* 337, *p.* 7 ; *r.* 1341, *fol.* 181.)

VAULX (Richard des), écuyer, Sg. de Glaye. Contestation entre lui et le Cte du Maine, Sg. de la Ferté-Bernard, au sujet de l'étang de Jault : *Mans*, 1476. (*r.* 335, *p.* 169.)

VAU (Jean de la), cons. en la duché de Bourbonnois. Hôtels nobles de Droilles et du Rechout-Voisin : *Marche*, 1506. (*r.* 452, *p.* 272.)

VAUX (Benoit de), écuyer, fils d'Ant. de Vaulx et de Marguer. de Servieres, fille de feu Jean-Pierre de Servieres, écuyer, et Marguer. de Fornior, sa f^e. T. s. de Vaux et de Laire, par. de Volore et de Vaudon, *al.* Vodon : *Riom*, 1669. — Joseph de Vaulx, écuyer, leur fils ; *Idem ;* 1683, 1686. (*r.* 499, *p.* 308 ; *r.* 500, *p.* 3 ; *r.* 503, *p.* 86 ; *r.* 504, *p.* 92, 93.)

VAUX (Jean de), proc. au présid. de Riom. Maison noble et dom. de Bourrasol, h. m. et b. justice, par. de Menestrol, acq. de Claude du Bois, v^e d'Ant. Forget, écuyer, Sr de Gourdon, cons. en la Sénéch. d'Auv. : *Riom*, 1681, 1687. — Guill. de Vaux, écuyer, son fils, proc. du Roi au présid. de Riom ; *Idem* ; 1716. (*r.* 501, *p.* 64 ; *r.* 505, *p.* 81 ; *r.* 507, *p.* 14.)

VAULX (Annet de), écuyer, fils d'Ant. de Vaulx. Chât. t. s. de la Roche, par. St Dier, *al.* St Oye : *Usson*, 1687. — Jean-Paul de Vaulx, écuyer ; *Idem ;* 1723. (*r.* 505, *p.* 84 ; *r.* 508, *p.* 146.)

VAULX (Gilbert), av. en parl., héritier de Françoise de Champpheu, son ayeule, veuve de Henri de Vaux, élu en l'Elect. de Moulins, et aussi hérit. de Pierre de Vaux, son père. T. s. des Aragons, par. St Etienne : *Billy*, 1699. (*r.* 476, *p.* 23.)

VAULX (Gilbert de), fils de Gilbert. F. s. de Closrichard, par. de Vouroux : *Billy*, 1717. (*r.* 477, *p.* 397.)

VAUX (Charles de), m^d tanneur à St Geran-le-Puy. Cens et devoirs en la par. de Sansat, acq. de Claude-Louis de Berthet ; et, pour Marie Gallien, sa f^e. F. s. du Cernilly, dit la Roque, par. de Sernilly : *Billy*, 1717, 1722. (*r.* 477, *p.* 620 ; *r.* 478, *p.* 113, 282.)

VAULX (Claude de), écuyer. Maison noble du Chambon et dom., par.

de Courpiere : *Clermont,* 1723. (*r.* 508, *p.* 151 ; *r.* 509, *p.* 16.)

VAUX (Ant. de), écuyer, gendarme des gardes du corps, du chef d'Annonciade de Rode, sa mère, ép. de Charles-Philib. de Vaux, Sr de Tizon. F. s. de Bellefais, dit Chabillon, par. St Christophe : *Vichy,* 1726. (*r.* 480, *p.* 125.)

VAULX (Jean de), écuyer. F. s. du Merlay, par. de Fleury ; ens. celui de Fleury-sur-Loire, acq. de Benoit-Marie de Vaulx, écuyer, Sg. de Germancy : *Belleperche, Moulins,* 1728. (*r.* 479, *p.* 4, 8 ; *r.* 480, *p.* 14.)

VAVASSEUR (Geuffroin le), serviteur de la Duch. d'Anjou. Herbergemens de Malitourne et de Vaulx, par. de Fley, tenus à hom. lige : *Chât. du Loir,* 1393. Robine, sa v^e ; *Idem ;* 1403. (*r.* 344, *p.* 20 ; *r.* 356, *p.* 42.)

VAYER (Pierre le). Le fief de Cingé : *Baugé,* 1602. (*r.* 352, *p.* 164.)

VAYER (Martin le), Sr de Mebezon, et Jaques le Vayer, Sr de Seillere, son fils. T. s. de Mebezon, par. St Denis, Estrige et Genetay : *Mans,* 1602 *ad* 1638. (*r.* 352, *p.* 104, 105, 118, 131, 132 ; *r.* 354, *p.* 22 ; *r.* 430, *p.* 13.) — Françoise de Vayer, v^e de René le Silleur, écuyer, Sg. de Chenier. Même t. et seg. ; 1667. (*r.* 358, *p.* 143 ; *r.* 431, *p.* 34.)

VAYER (Jaques le), préside au G^d Conseil, pour Jaques le Vayer, Sg. de Josay et Marcilly, ci-dev. Intendant de Moulins, son père. Terre et châtell. de Sablé : *Mans,* 1724. — Jean-Jaques le Vayer, M^e des requêtes, son fils ; *Idem ;* 1739. (*r.* 426, *p.* 21 ; *r.* 427, *p.* 17.)

VAYLLENT (Etienne de). Maison et dép. de Chaulon, près de Vilerese : *Forez,* 1323. (*r.* 492, *p.* 31.)

VAYLLETA (Mathias), du dioc. d'Annecy. Divers immeubles, cens et rentes au vill. de la Roche, par. de Nisier, *Niserio,* dioc. de Lyon : *Forez,* 12 ou 1390. (*r.* 492, *p.* 54.)

VAYRET (feu Duraud de). Sa v^e Margarone recon. tenir en fief lige sa maison à *Silingiacum* et tout ce qu'elle possède à Ysore, St Bonit, etc. : *Moulins,* 1288. (*r.* 454, *p.* 103.)

VAYRET (Hugonet de), clerc, fils de feu Jean de Vayret, tient en fief franc et lige, de Robert, Sire de Bourbon, fils de St Louis, des cens et tailles en la par. de Baaslon : *Moulins,* 1301, 1303. (*r.* 454, *p.* 154 ; *r.* 455, *p.* 120.)

VAYRET (Jean), Pierre et Michel, ses fils. constituent 400 florins de dot à leur sœur Alise, future épouse de Paul-Girard de Venise : *Moulins,* 1335. (*r.* 1377, *p.* 2825.)

VAYRET (Perraul, *al.* Perele, *Perellus* de), fils de feu Jean Vayret Chev. Terre et vassaux d'Anglesson, par. de Chemilli. Autres propriétés à Tholon : *Beçay, Moulins,* 1350. (*r.* 455, *p.* 370.)

VAYREZ (Jean). Chât. t. s, de Domerat. dom. et dev. en dép., par. de Trenel : *Moulins,* 1353. (*r.* 455, *p.* 86.)

VAYSIN, aussi Voysin (Jean), écuyer, paroiss. de Cussy au dioc. de Nevers, pour Alise de Villaine, sa mère. Dr. seig. en la terre de Blet : *Aynay,* 1402. (*r.* 463, *p.* 30.)

VAYSSADA (Ponce), du chât. de Mur. Le mas del Bosquet, cens et autres dr., par. de Brocinat : *Carlat,* 1354, 1355. (*r.* 473, *p.* 42. 110.)

VAYSSEN (Humbert de), Dam., par success. de feu son frère Guillemin Espaynol. Dom. et seg. à Balbigny et Balbignet : *Forez,* 1323. (*r.* 492, *p.* 284.)

VAYSSIEYRA, Vayssiere (Aymeric de la), Dam.; 1335. — Ponce, al. Pons la Vayssieyra, Dam., son fils ; 1351, 1355. Divers mas tenus soit par eux, soit par leurs vassaux, par. de de Raolhac et de Jaen : *Carlat*, (*r*, 473, *p*. 12, 22, 25, 45, 68. (Voyez Veissieres.

VEAUCE (Guil., sire de) *Dominus Velciæ*, Chev, T. s. de Veaulce : *Chantelle*, 1272, 1285. (*r*. 458, *p*. 140, 142.) — Guill. de Veauce, écuyer, sire de St Augustin. Terres, bois et rentes en la par. d'Aubigny ; 1300. — Perrin *de Velcia*, Dam. Maison, dom., bois, moulin, étang, garenne, dîme et tailles en la par. de Baignoux, et dr. d'usage en la forêt dud. lieu ; 1331 : *Belleperche*. (*r*. 465, *p*. 204, 213.)

VECE (Hugues de), prêtre, et Jean son frère. Maison, terres, vignes et tailles ès par. de Tresail et de *Chaveroche* ; 1301. — Jeanin de Vece, autrem^t Torment, Dam., paroiss. de Varenne-sur-Tesche. Dom. et dr. en cette par. et celle de Tresail ; 1322. — Agnès, v^e de Guill. de Vece. Maison, dom., bois et cens de Monet, par. de Tresteaux ; 1322. — Jean de Vece, Dam. Hôtel de Vece, dom. et seg. en dép., même par. de Tresteaus ; 1350 : *Chaveroche*. (*r*. 468, *p*. 20. 162, 178, 187.)

VECENAT (Hugues. de), Dam., paroiss. de Brugiat. F. s. de Vecenat ; et ce qu'il a acq. de Guill. de Chabanas, autrem^t dit de la Cost, Dam., ès par de St Remy et de Villane : *Billy*, 1378. (*r*. 455, *p*. 312.)

VEDERAINE (François), m^e maçon. Deux 5es de maison en la rue Confort à *Lyon* ; 1715. (*r*. 496, *p*. 223.)

VEIER (Jean le), Chev., Sg. de la Clarté et de Coaymes. Domaines de Biez, de Gubiz, de la Chichardiere, des Rideaux, et de la Chalotiere, par. de Memeil : *Angers*, 1404. (*r*. 337, *p*. 40 ; *r*. 341, *p*. 15.)

VEILHANS (Gabriel de), de Penacort, écuyer, fils de feu Hercules de Veilhans, écuyer, et de Cather. Robert de Lignerat. Chât. t. s. de Faumentel du Cambon, par. St Frioux : *Riom*, 1669. (*r*. 499. *p*. 90 ; *r*. 500, *p*. 99.)

VEILLAN (Marguer. de), v^e Hugues Chevalier, pour elle et leurs enfans François, Lambert, Magdel. et Antoinette. Hôtel fort dom. et seg. de Peyrigort : *Montluçon*, 1481. (*r*. 461, *p*. 194.)

VEILLAN (Jaques de), écuyer, veuf de Marguer. de la Forêt, pour lui et leurs enfans Ant. et Jaques. T. s. du Pleix, par. de Chamblit : *Murat*, 1488, 1505. (*r*. 453, *p*. 120 ; *r*. 460, *p*. 318, 421 ; *r*. 484, *p*, 129.)

VEILLARD (Phil. de). Chev., Sg. de Pauldy, capit. d'infanterie, donataire univ. de René de Veillard, Chev., et de Cather. Heurtault ; F. s. d'Availles : *Issoudun*, 1672. (*r*. 444 et 445, *p*. 52 et 86.)

VEILLAT (Renée-Marguer.) ép. de Pierre-Charles do Gaallon, Sg de Courdault, auparavant v^e de Jean Mesnay, Sr de la Gasniere, tutrice de 5 enfans nés de son 1er mariage. T. s. de la Coudre de Chicheville et du Péan, par. de Beugnon : *Secondigny*, 1722. (*r*. 438. *p*. 441, 442.)

VEILLECHEZ (Charles de), av. du Roi en l'Elect. de St Maixent. Le fief de Bizon : *Lusignan*, 1663. (*r*. 433, *p*. 255.)

VEISSIERE (Beraud), fils de Jean-Claude Veissière, Sg. de Rouel. T. s. de St Saturnin en la seg. d'Aubigeoux ; 1669. — Jean Veissiere, bailli de Cervières, fils de Jean Veissiere. Rente appel. la Veissiere, et justice d'Oliergues, ès par d'Augerolles, de la Chapelle Agnon et autres ; 1669. — Vessiere (Ant.), fils de Jean Veissiere, bourg. de Salers. Le dom de la

Boubinie ; la montagne de Chanis, etc., par. St Paul ; 1669, — Cather. Veissiere, v^e de Gervais la Farge, habitant de Salers, tutrice de leurs enfants. Dom. appel. de la Pierre en la seg. de Salers, par. St Paul ; 1669, 1677. — Pierre Veyssiere, av. du Roi au baill. des montagnes d'Auvergne à Salers. Dom., cens, rentes, et une métairie tenue en toute justice h. m. et b. ; 1669, 1672 : *Riom*, (r. 401, *p.* 20 ; *r.* 499, *p.* 52, 53, 252, 408, 561 ; *r.* 500, *p.* 25, 118.)

VEYSSIERE (Melchior, aussi Merchiol de la), écuyer, Sr de Cat, époux de Marie-Françoise de Chiliarguet, comme donataire de Jaques de Chiliarguet, son beau-père. F. s. de Chiliarguet, *al.* Chilliaguer, et dom. de Brignon, *al.* Brignion ; et, comme proc. de Marguer. Mire, *al.* Miet, Damoiselle, sa belle mère ; t. s. de l'Estival en la par. de Langhat, seg. de Mercœur, Elect. de Brioude : *Riom*, 1669. (*r.* 499, *p.* 377, 378 ; *r.* 502, *p.* 133.) Signe. de Cat de la Vaissiere.

VEYSSIERE (Ant. la, aussi Marc-Ant. de la), *al.* Vessiere, écuyer, fils d'Antoine. T. s. de la Veyssiere, par. de Charmoussac : Elect. de *Brioude*, 1670. (*r.* 499, *p.* 704 ; *r.* 502, *p.* 118.) — Benoit-Joseph de la Vessiere, Rente en directe, appel. de la Vessiere, en la baron. d'Oliergue, par. de Murat : *Riom*, 1683, 1685. (*r.* 503. *d.* 13, 537.)

VELATE (Berthomer de la), pour sa f^e Marguer., fille de feu Guillet Tillier. Le ténem^t de Saulde.—Jean de la Velate, fils de feu Berthomer de la Velate ; Pierre de la Velate, et autres de même nom. Le Chesal et ténem^t de la Velate : *Bourbon*, 1443. (*r.* 453, *p.* 249 ; *r.* 464, *p.* 81.) Non noble. Voy. Villate.

VELCE (Guill. de la). Dam. Maison de Chameron, dom., seg. et arr. fiefs : *Bourbon*, 1325. (*r.* 465, *p.* 6.)

VELCE (Perrin de), Dam., *Velcia*, Maison, dom., bois, moulin, étang, garenne, dîme et tailles en la par. de Buignoux ; ens. le dr. d'usage en la forêt dud. lieu : *Belleperche*, 1331. (*r.* 465, *p.* 204.)

VELCHE, aussi Velchie, *Velchia* (Pierre de la), paroiss. d'Essartines, et Alix, son ép., du consentem^t de Hugues la Velche, leurs père et beaupère, vendent à l'hôpital de Montbrisson divers cens percept. à Bretaignes : *Forez*, 1256. (*r.* 1402, *p.* 1433.)

VELCHÉE (Roland de), Chev., vend à Renaud, Cte de Forez, sa justice moyenne à *Montbrisson* ; 1261. (*r.* 1395, *p.* 297.)

VELCHIE (Guichard de), Chev., vend à Jean, Cte de *Forez*, ses cens, rentes et autres dev. percept en la par. de Crumtille ; 1301. (*r.* 1395, *p.* 293.)

VELCHIE (Jean de), fils de feu Laurent de Velchie. Chev. Dom, cens. rentes et cout. à Velchete où François de St Priest, Dam., a des possess. semblables : *Forez* 1315. (*r.* 491, *p.* 264.) — Jean de Velchie, Dam., vend à Hugues Jomard, bourg. de St Baldomer, divers cens et rentes percept. au même lieu de Velchie : *Forez*, 1323. (*r.* 1395, *p.* 326.)

VELCHIE (Berard de), Dam., recon. tenir en fief de Gui, Cte de *Forez*, sa maison de Velchie et dép. ; 1333. (*r.* 1395, *p.* 160.)

VELLARD (Jean-Claude de), Chev., fils de Jean de Vellard, Chev. Chât. t. s. de Martilly et dîme de la Roche, par. de Branssat et de Martilly, Elect. de Gannat : *Riom*, 1669 ad 1700. (*r.* 499, *p.* 255 ; *r.* 502, *p.* 70 ; *r.* 503, *p.* 361 ; *r.* 507, *p.* 3.)

VELLARD (Louis de), écuyer, Sʳ de Varaine. Fief de Fontivolant, par. de Bellevane : *Chantelle*, 1686. (*r.* 474, *p.* 596.)

VELLARD (Mˡˡᵉ Eloyte de), hérit. de feu Philib. de Vellard, écuyer, son frère. Fiefs de Logiere et de la Grange-Bayeux, par. de Chatel de Neuvre : *Verneuil*, 1700. (*r.* 475, *p.* 276.)

VELLE (Henri de la), écuyer, fils de Nicolas de la Velle. F. s. et dîme de Sᵗ Fargeol, par. de la Forest; 1669 ad 1685. — Guill. de la Velle, écuyer ; *Idem*. Et, pour Marie de Douhet, son ép. : la t. et seg. de la Vergne, par. de Cisterne ; 1717, 1723 ; en la baronnie d'Herment : *Riom*, (*r*, 499, *p*. 351 ; *r*. 503, *p*. 64 ; *r*. 504, *p*. 11 ; *r*. 507, *p*. 217 ; *r*. 508, *p*. 124.)

VELORT (Regnault de), écuyer, et Simone Tisonne, sa fᵉ. Hôtels de la Lande et de la Roche-Rigault ; t. s. du Puy-Savoureau de Meulles, etc. ; 1437. — Arthus Velort, écuyer. La t. et seg. de la Tour de Dercé, ens. de Tille, de la Roche-Rigault, etc. ; 1486 : *Loudun*. (*r*. 339, *p*. 26 ; *r*. 341, *p*. 91 ; *r*. 346, *p*. 34 ; *r*. 348 *bis*, *p*. 17.)

VELOURT (Cather. de), Dame de Sᵗ Loup, vᵉ de Jean de Dercé, Chev. T. s. de Dercé : *Loudun*, 1505. (*r*. 348 *bis*, *p*. 17.)

VENAS (Pierre de). Dîme en la par. de Venas : *Hérisson*, 1506. (*r*. 453, *p*. 145.)

VENDAT (Roger, sire de). Dom. et bois sis à Olonzat, par. de même nom, par lui cédés à Archambaud, Sire de Bourbon : *Billy*, 1237. (*r*. 1355, *p*. 37.)

VENDAT (Hugues de), Dam. Terres, bois, garenne, vignes et cens à Chassinhet : *Chantelle*, 1300. (*r*. 459, *p*. 63.)

VENDAT (Phil. de), Dam. Chât. de Vendat, dom. et dr. en dép. ès par. de Sᵗ Remy, Sᵗ Pons, Espinace et autres ; 1300. — Jean de Vendat, Chev. ; *Idem* ; 1342. — Audin de Vendat, Chev. ; *Idem* ; 1358, 1377 : *Billy, Chantelle.* (*r*. 456, *p*. 16, 22, 69 ; *r*. 457, *p*. 137.) Vassaux : Audin de la Tour, Chevalier. Jean Audrant ; Perrin de Chambon ; Girard de Graniers ; Jean de Marc ; Girard de Roulat, Damoiseaux.

VENDAT (Audin de), Chev., Sg. dud. lieu. Dom. et dr. ès par. de Salet, Vernet, Broc, Sᵗ Pol, etc. : *Chantelle*, 1377. (*r*. 459, *p*. 11.) — Jean de Vendat, son fils, à cause d'Alienor de Vichiet, sa fᵉ. Moitié du Chât.-Panier ; ens. d'une mote, dom. seg. et rentes au territ. de Fluriet : *Chantelle, Verneuil,* 1378. (*r* 460, *p*. 26.)

VENDAT (sire Oudin, Sg. de), Chev., vend au Duc de *Bourb.*, sa part du chât. et terres de Vichy, qui lui est échue, soit par le décès de Mahaut de Vichy, fille de feu Oudin de Vichy, soit par celui de Jean de Vichy, soit du côté de Guiot Morel, à cause de Marguer. sa fᵉ, fille de Raoul de Vichy ; 1374. (*r*. 1357, *p*. 423, 424.) — Audin de Vendat, Chev. Hôtel de Beauregard-les-Vichy, dom. et h. j. : *Billy*, 1377. (*r*. 455, *p*. 326.)

VENDAT (Robinet de), écuyer tranchant du Duc de Bourbon. Don à lui fait, par ce Prince, de la maison forte de Tison et dép. : *Hérisson*, 1397, 1399. (*r*. 1357, *p*. 404, 407. Voy. Ventadour.

VENDAY (Géofroy de), Sg. de Preaux. Droit de pacage dans la forêt de Burçay, à raison de sa seg. de Preaux : *Chât.-du-Loir*, 1341. (*r*. 344, *p*. 46.)

VENDE (Horace), écuyer, cons. en la Cour des monnoies de Lyon.

Chât. t. s. de St André du Coin et Limonets : *Lyon*, 1720. (*r*. 497, *p*. 80.)

VENDEZE (Phil.), m^d à St *Flour*, taillable en cette ville, à la somme de 15 l. tourn., et y payant d'autres subsides. Haute justice en la par. de Chaliers ; cens et b. j. en celle de Tarvanelle ; 1503. (*r*. 471. *p*. 135.)

VENDOSME (Robert de), Chev. Chât t. s. de la Chartre-sur-Loir et de Laczay ; 1384. — Charles de Vendosme ; *Idem* ; 1404. — Jean de Vendosme ; Vidame de Chartres ; *Idem* ; et, à cause de sa f^e, la moitié de 4 moulins ès Marches d'Anjou et de Poitou ; 1442, 1452. — Jaques de Vendôme, Vidame de Chartres, Prince de Chabanays. Partie de la terre de Bourdelant, etc. ; 1485, 1499 : *Chât.-du-Loir, Montfaucon*. (*r*. 332, *p*. 85, 86 ; *r*. 333, *p*. 60 ; *r*. 337, *p*. 47 ; *r*. 343, *p*. 2 ; *r*. 345, *p*. 28, 32, 44, 82.)

VENDOSME (Marguer. de), v^e de Jean du Mellé, Chev. Terre et chatell. de Gorron : *Mans*, 1403. (*r*. 343, *p*. 62, 118.)

VENDOSME (Pierre de), Chev., Sg. de Segré. Dîme en la par. de Chaze-sur-Argone : *Angers*, 1405. (*r*. 337, *p*. 88.)

VENDOME (Jean, Cte de), à cause d'Ysabeau, sa f^e. T. s. de l'Appentis-Relyon et de l'hôtel de Caseneuve : *Angers*, 1462. (*r*. 1347, *p*. 1.)

VENDOSMOIS, Vendousmoys, etc., (Hubert). Habergem^t de l'Isle et d'Ourne, dom. et arr. fiefs ; ens. le dr. de pacage en la forêt de Burçay ; 1342. — Jean Vendoumays, Chev. ; *Idem* ; 1393. (*r*. 344, *p*. 55.) — Guill. Vendosmois. Seigneurie et voierie en sa terre de Chourses ; herbérgement de Haute-Perche, dom., fiefs et arr. fiefs ; 1393. Jeanne, sa v^e ; *Idem* ; 1402 : *Chât.-du-Loir*. (*r*. 344, *p*. 54, 55, 61, 118.)

VENDOSMOIS (Christophe), doyen de Mortaigne, Sg. de Craune. T. s. de Champ-Marin : *Chât.-du-Loir*, 1498. (*r*. 348 *bis*, *p*. 18, 21.)

VENDOSMOIS (Jean de), écuyer. T. s. et justice de Parpace ; ens. divers dr. féodaux en la ville de *Baugé* ; 1495 *ad* 1507. (*r*. 347, *p*. 47 ; *r*. 348, *p*. 29, 37.)

VENET (Monin), paroiss. de Tresail, pour Guilleme Renhere, sa f^e. Un mas, bois, censives, etc., vers Cadelers : *Chaveroche*, 1341. (*r*. 467, *p*. 269 ; *r*. 468, *p*. 14.) Non noble.

VENEUR (Guill. le). Gaignerie appel. la Couppetiere, par. de la Varenne : *Chât.-Ceaus*, 1454. (*r*. 332, *p*. 112, 124, 154.)

VENOIX (Benedict de), écuyer, pour son ép. Anne de Chovigny de Blot. F. s. de Montfort, par. de Vernet, Elect. d'*Issoire* : 1669. (*r*. 499, *p*. 696.)

VENTADOUR (Bernard, Cte de), et de Montpensier. Conventions de son mariage avec la sœur de Jean, Vte de Beaumont, sire de Pouancé ; 1336 ; il donne à sa future 3000 l. avec joyaux et meubles ; 1338 ; avoue les chât. et chatell. de Josserant et de Montceaux ; 1352, 1374 ; prête au Roi Charles (V), son chât. de Ventadour, assis au duché de Guienne, moiennant 2000 francs d'or par an ; 1370. — Marguer. de Beaumont, sa v^e, et Guill., archid. de Rouen, leur fils, du consentem^t de Robert, frère de celui-ci, cèdent au Duc de Bourbon leurs parts de la success. du défunt ; 1390 *ad* 1396 ; et led. Robert obtient ensuite du même Duc la remise du chât. de Ventadour ; 1399. (*r*. 458, *p*. 35, 48 ; *r*. 1355, *p*. 59, *ad* 71 ; *r*. 1374, *p*. 2432.)

VENTADOUR (Ysabeau de), Ctesse de Ventadour. Hôtel de Beauregard ; ens. les terres de Lourdie et d'Escollet : *Billy, Chantelle, Vichy*, 1443,

1452. (*r.* 455, *p.* 280; *r.* 457 *bis*, *p.* 16, 25; *r.* 458, *p.* 255.) — Louis, C*te* de Ventadour, Chev., Chambell. du Roi. T. s. de Beauregard : *Vichy*, 1489. (*r.* 484, *p.* 103.)

VENY, aussi Veyny (Gilberte-Gabrielle de), d'Arbouze de Villaumont, mère d'Anne de Veny. T. s. des Ramades et de Fernoir, par. de Villosanges : *Riom*, 1684. (*r.* 503, *p.* 204.)

VENY (Jaques de), d'Arbouze, Chev., Sg. de Villemont, capit. gouverneur du duché de Montpensier. T. s. de Jayet, par. de S*t* Genest et de Poysat : *Gannat*, 1689, 1690. — Gilbert-Henri-Amable de Veny, d'Arbouze, M*is* de Villemont, son fils, mestre de camp de cavalerie, mari de Geneviève de Colbert de Vilasse. T. s. de Jayet, et la Garenne, mêmes par. S*t* Genest et de Poysat; ens. celle de Montel, par. S*t* André de Berseole : *Clermont*, *Gannat*, 1716 *ad* 1728. (*r.* 474, *p.* 743; *r.* 475, *p.* 38; *r.* 478, *p.* 465; *r.* 480, *p.* 121; *r.* 507, *p.* 49.)

VENY (Guill. de), Chev. T. s. de S*t* Georges de Marcillat : *Montluçon*, 1717. — Marien de Veny, Chev., son fils; *Idem*; 1727. (*r.* 477, *p.* 263; *r.* 480, *p.* 70.)

VER (Philib. le), Dam. Hôtel de Chastel en Boucé, dom. et dr. : *Billy*, 1399. (*r.* 456, *p.* 162.)

VERAS (Charles), Sg. de Monchoré. F. s. de Laage-Chausson, par. S*t* Martial : *Monmorillon*, 1726. (*r.* 438, *p.* 541.)

VERBUISSON (N. de), de Montressoux. Le mas de Viziniol, dom. cens et rentes, par. S*t* Priest de Champs : *Riom*, 1670. (*r.* 502, *p.* 139.)

VERCY (Jaques de), Chev., pour Ysabelle, son ép. Maison d'Issart et dép. : *Souvigny*, 1300. (*r.* 467, *p.* 229.)

VERD, Vert, *Viridis* (Géofroi le), Dam. Maison du Tronchet, fiefs et arr. fiefs ès par. d'Iguerande et de Maillac, *Mailliaco*; 1272. — Renaud le Verd, Dam. T. s. en la par. de Brionois et dr. de Fourches à Maltaverne; 1293. — Géofroy le Verd, Dam. Maison forte du Troncheiz, dom. et mouv. ès par. d'Yguerande, de Malliac et Jivisy; et, d'accord avec Marie, sa f*e*, ils vendent à Jean de Luzy, Dam., ce qu'ils tiennent en la par. de Luzy, dioc. d'Autun, terres, bois, vignes, etc.; 1301 *ad* 1323. — Hugues le Verd, Dam. Dom. et mouv. en la par. d'Yguerande; 1314. — Hugonin le Verd, Dam. Maison de Maillie, dom. et h. j., par. *id.*; 1321. — Guill. le Verd, Chev. Partie de dom., bois, étangs, garennes et mouv. en la t. et s. du Troncheys; ens. d'autres possess. ès par. d'Yguerande, Varennes et S*t* Bonnet; 1321, 1334. — Guiot le Verd, Dam. Maison de Maillac et dép.; ens. un ténement relev. de lui, par. de Maillac et d'Yguerande; 1340. — Perronin le Verd, Dam. Serm*t* de fidél. et prom. d'aveu; 1374 : *Beaujeu*. (*r.* 486, *p.* 77; *r.* 489, *p.* 18, 138, 144, 145, 146, 181, 186, 199, 242; *r.* 1377, *p.* 2943; *r.* 1392, *p.* 683.)

VERD (Faucon le), Chev. Maison de Fauris et dép.; ens. ce qu'il tient à Sauvigny, mandement de Montbrulons; 1247. Marquese, sa v*e*, tutrice de Falcon et Marguer., leurs enfans, vend à Jean de Sauvigny, *al*. Salvainay, *Salvaigniaco*, bourg. de Montbrisson; sa maison forte de Foris, dom. et seg. en dép.; 1285; et avoue une maison sous les murs de S*t* Bonit; ens. ses dom. sur les bords de l'Allier; 1291. — Faucon de Verd, Dam. Maison de S*t* Bonit-Chateau, et ce qu'il tient à Maignat de Hauterive; 1333. — Dalmas de Verd, Dam. Cens, rentes et autres dev. à Buyas, le Moncet et Logas ; 1322. — Arthaud de Verd, Chev. Rente sur le mas de Laval, et moitié de l'hospice de Chanaleilles et dépend. ; cens et rentes au mandement de St Bonit-Chateau ; 1322, 1336. — Pierre de Verd, Dam. Maison située à Replat, dom., bois et mouv. ; 1334. — Ysabelle le Verd, autrement de Chanaleilles, Damoiselle, recon. tenir de Louis, Cte de Forez, les hospices de la Boene et de Grandval, assis à Marcilly, etc. ; 1361. — Plothon le Verd, Chev. Maison et dép. au chât. de St Bonit ; cens et rentes à la Torrete et à St Germain-Laval ; 1378. — Amé le Verd, Chev., Sg. de Chanalelles, Bailli de Forez. Chat. t. s. de Veauche ; 1479 : *Forez*. (*r*. 490, *p*. 213 ; *r*. 491, *p*. 62, 181, 184 ; *r*. 492, *p*. 35, 41, 161, 317, *r*. 494, *p*. 94 ; *r*. 1359, *p*. 746 ; *r*. 1394, *p*. 3, 106.)

VERD (Philib. le), Dam., mari de Jeanette Berriere. Hospice, dom. et seg. au-delà de la rivière de Valençon ; maison et partie de la dîme de Bassechères : *Billy*, 1412. (*r*. 456, *p*. 140.)

VERDEL, *Verdelli*, (Pierre), et sa f^e Garone, fille de Pontet Arthaud. Moitié d'une maison et jardin à St Germain-Laval ; 1322. — Durand Verdel. Maison au même lieu ; 1337 : *Forez*. (*r*. 490, *p*. 113 ; *r*. 499, *p*. 268.)

VERDIER, *Viridario* (Guill. du, aussi de), Dam., reçoit de Gui, Cte de Forez, un terrain près le chât. de Neironde, pour y construire un pressoir ; 1274. — Guill. de Verdier, Dam., hom. d'armes du Roi de France : *Serviens in armis*, fils de Guill. du Verdier, Chev. T. s. de la Cordelle ; ens. sa grange du Verdier au mandement de St Maurice. Il échange avec le prieur de Charlieu divers dom. et seg. assis ès par. de Cordelle, Marpaulde, Agulay et Perreux ; 1296, 1299 ; et reçoit gratuitement de Jaquete dal Viver, paroiss. de Cordelle, ses maisons, terres, vignes, et généralement tous ses biens, meubles et immeubles, réservé l'usufruit ; 1326. — Guill. du Verdier, Chev. Maison forte, t. s. de Verdier, par. de la Cordelle ; 1333. — Beatrix du Verdier. Menus cens en la par. de Salis ; 1333. — Dalmas du Verdier, de Peres, Dam. Maison forte de Chaselles, dom. et seg. ; 1334. — Garone et Bonne de Verdier, sœurs, et leurs maris Jean et Pierre Rigaud, frères. Partie de terres et de prés en la par. de Salis ; 1340. — Guicharde, fille de Barthélemy du Verdier. Le ténement du Verdier, dom., dîme et mouv., même par. de Salis ; 1402 : *Forez*. (*r*. 490, *p*. 73, 88 ; *r*. 491, *p*. 89, 111, 212, 254, 274 ; *r*. 1395, *p*. 335, 345, 347.)

VERDIER (Girard du). Maison, dom., bois, garenne, cens et tailles, par. de Teneuil : *Bourbon.*, 1300. (*r*. 464, *p*. 301.) Non noble.

VERDIER (Helie), bourg. d'Aurillac. Dr. et dev. seig. en toute j. h. m. et b. sur le vill. d'Aubussier, par. St Cyrgues en Jourdane. *Riom*, 1669. (*r*. 499, *p*. 449.) — Bernard du Verdier, son fils, *Idem* ; 1685. (*r*. 503, *p*. 463.) — Gaspard Verdier, Pierre, son fils, praticien à St Saturnin, et Ant., son autre fils, bourg. de Clermont, maris, l'un de Claude, l'autre d'Antoinette, *al*. Anne Mosnier. Partie consid. d'héritages à Sannat en Gioux, par. St Saturnin, les uns tombés en ruines, les autres surchargés de tailles : *Riom*, 1669. (*r*. 499, *p*. 87, 88 ; *r*. 500, *p*. 83 ; *r*. 503, *p*. 388.) — Thomas Verdier, bourg. de Montferrand, fils d'Ant. Verdier. Dom. noble de Sannat, consistant en moulin, prés et vignes, par. St Saturnin, Elect. de Clerm. : *Riom*, 1700. (*r*. 506, *p*. 92.)

VERDIER (François du), écuyer, Sg. de St Vallier, trés. de Fr., pour

Henriette de Rioux, sa femme; Gabriel d'Assy, écuyer, Sg. de Pousieux, à cause de Marie du Rioux, son ép., et Marguer. du Rioux, toutes trois sœurs, et donataires de François Hérault, Sg. de Gourville, cons. au parl. de Metz. T. s. des Barres, par. de Bessay-le-Fromental : *Aynay* ; ens. la moitié de la t. et seg. de Ginçay, par. de Teneuil, à elle donnée par Marie du Rioux, v^e de Gabriel d'Assy, écuyer, Sr de Pouzieux : *Hérisson*, 1717, 1727. (r. 477, p. 464 ; r. 480, p. 34, 44.)

VERDIER (Dominique), écuyer, 1er lieuten. de la Vénerie du Roi. T. s. de la Flachere et de Tanay, nouvellem^t acq. : *Lyon*, 1726. (r. 810, p. 27.)

VERDON (Gauthier), fils de feu François Verdon, Dam. Son mariage avec Anthonie, fille de Jaques Thomasset et de feue Jeanette, fille *donnée* de feu Ant. Sire de *Beaujeu* ; 1402. (r. 1391, p. 558.)

VERDONNET (François de, écuyer, pour lui et comme tuteur de Marc, Alexandre, Marie-Jaqueline et Marguer., enfans de Louis de Verdonnet, écuyer, et de Maximilienne de la Renerye. Maison noble de Verdonnet et dép., par de Vouzet, Beauregard et autres. — Marc du Verdonnet, écuyer, fils du défunt. Moitié de la t. et seg. de Cindré *al.* Sindré, par indivis avec les Ursulines de Clermont : *Riom, Usson,* 1669 *ad* 1687. (r. 499, p. 160 ; r. 502, p. 116 ; r. 503, p. 159 ; r. 505, p. 43.)

VERDUN (Marie de), v^e de Pierre Mellan, Chev., Sg. de St Oyn et de Fontenailles, Chatell., t. s: de Brin-sur-Othion, acq. du Sr de la Bourdaisiere : *Anjou*, 1614. (r. 354, p. 97.)

VERENNES. (Guill. de), Dam., pour Arembour de Barreys, son ép. Maison de Barret et dép. en la par. de Bar, et dîme en la par. de Creschi : *Billy, Moulins,* 1350. (r. 456, p. 89.)

VERGAT (Hugues de), Chev. Hôtel et seg. du Bois ; dr. d'usage en la forêt de Tronceon, par. de Chirac, et 4e partie de la dîme des deux cases, avec une rente sur le grenier de *Murat* : Chantelle, 1322. (r. 458, p. 205 ; r. 461, p. 631.)

VERGAT (Symon de), Dam., fils de feu Roger de Vergat. Le mas. ou le vill. de la Charny ; l'étang et les serfs de Montguarre ; cens, rentes et tailles ès par. de Lucy, Murcy et autres : *Combrailles*, 1327. (r. 469, p. 129.)

VERGE (Jean de), Chev., G^d M^e d'hôtel du duc d'*Anjou*. Dr. de chasse à lui accordé dans toute l'étendue de sa métairie appel. le Plesseys de Verge ; 1401. (r. 337, p, 31.)

VERGIER (Jean du), clerc ; 1307, 1310. — Berthomer, aussi Bartholomée du Vergier ; 1307, 1310. — Humbaud du Vergier ; 1354, 1356. Pierre du Vergier ; 1354, 1356. — Jean et Agnès, enfans de Perreaul du Vergier; 1356. — Jean du Vergier ; 1392. — Perrin du Vergier ; 1397, 1399 ; tous paroiss. de Veroz. Chesaus, dom., granges, terrage, étangs, garennes et cens, ès terroirs de Vignaul, de la Faye et du Champ des Planches : *Germigny*. (r. 465. p. 229, 230, 239, 259, 316, 330, 331 ; r. 466, p. 51, 57, 69, 85, 86.) Non nobles.

VERGIER (Jean du), bourg. d'Angers, y tient en fief un emplacement propre à y construire un moulin sur la rivière de Mayenne ; 1438. (r. 335, p. 15.)

VERGIER (Pierre du), écuyer. Herbergement et ses dép. en la par. de Sully, appel. du Vergier : *Mirebeau*, 1442. (r. 329, p. 12.) — Regnaut du Vergier. Herbergement du Vergier-Gazeau, par. de Chouppes : *Mirebeau*, 1459. (r. 329, p. 13.)

VERGIER (Jean du), Sg. de Buron-Bouesseau entre Sarthe et Mayenne. Rente en blé, appel. les Feures, duc aud. Buron : *Angers*, 1456. (r. 337, p. 58 ; r. 340, p. 55.)

VERGIER (François du), écuyer, Sg. de Ballodes. Echange avec la Ctesse d'Angoul., de ses dr. sur le port Saunier de Cognac qu'il avoit acq. de Christophe de la Magdel., écuyer, Sr du Treuil, fils de Gardra de la Magdel., contre une rente de 20 l., percept. en la par. de Coulgeus : *Angoul.*, 1506. (r. 1404, p. 199.)

VERGIER (Paul du), S^r des Joberts. Dîmes d'Arpheuille, al. Arfeuille, par. de même nom : *Billy*, 1688, 1692. (r. 474, p. 737 ; r. 475, p. 95.)

VERGNAUD, Verniaud, Verignaud, etc. (François), écuyer. T. s. de Bostlinard et de la Bastide. — Jean Verignat, écuyer, Sg. du Mas. Maisons de la Grange de Raveneau et de Verast en la sénéch. de Dorat : *B.-Marche*, 1506. (r. 452, p. 234, 322.)

VERGNE (Charles) et Gabriel de Louche, son beau-père. Fief de Chastenet : *Marche*, 1669. (r. 474, p. 166.)

VERGNE (Marie-Magdel. de la), v^e de François de la Fayette, Chev., Cte de la Fayette. T. s. de l'Espinace, par. id. : Cusset en *Bourbon.*, 1686. (r. 474, p. 624, 652.)

VERGNES (Pierre des), lieut. partic. en la ville d'Aubusson. Les fiefs des Vergnes, Planet, Monsalard, Puilouche, Maseroles, Vedrenes et Comberouche, ès par. de St Pardoux-le-Neuf, St Alpinien et de Nioux ; 1669, 1684. — Ses enfans, sous la tutelle de François Lombard. Le fief. seg. et h. j. du Chier-la-Borne, par. d'Ardellerat : *Aubusson, Marche*. (r. 474, p. 41, 405, 452.)

VERGY, aussi Vergiac, *Vergiaco* (Guill. de), fils de feu Perrin de Vergy, Dam. Maison, dom., garenne, cens et tailles en la par. de Chirat et l'Ouroux : *Chantelle*, 1350. r. 459. p. 71.)

VERGY (Marie de), Ctesse de Valentinois, épouse de Jean d'Andelot, Chev. du dioc. de Lyon, fait don à Marguer. de Poitiers, sa fille, ép. de Guichard de Beaujeu, Sg. de Perreux. Chev. des chât. de Vadans et de Sonnans, l'usufruit réservé ; 1352 ; et relève du Cte de Savoye le chât. t. s. de Coligny acq. d'Ant., Sire de *Beaujeu*, 1368. (r. 1388, p. 44 ; r. 1398, p. 151.)

VERGY (Guill., Sg. de), d'Autray de Champlite, B^{on} de *Bourb.-Lancy*, vend cette baronnie au duc de *Bourbon ;* 1488. (r. 1378, p. 3000.)

VERIAUS (Jean). Dîme de la par. de Vic au dioc. de Clerm. : *Billy*, 1300. (r. 457. p. 141.)

VERINES (Hugonin des), écuyer Maison, mote, fossés, t. s. de Veure : *Chaveroche*, 410. (r. 468, p. 59.)

VERLA (Jeanne la), des Fabricis, vend à Jean, Cte de Forez, un pré et une pièce de terre assis à Lavaure ; 1309. (r. 1395, p. 298.)

VERMEIL (Vincent), av. en parl., pour Helene Bourdaloue, son ép. Maison près la porte Barberin à *Mehun-sur-Y.;* 1715, 1717. (r. 449, p. 201, 309.)

VERMEILLE (Jaques), de la Roche, et Pierre, son fils, cèdent à Guigues de la Roche, Chev., leurs dr. et actions sur le mas de Dinhac qu'ils partageoient avec Hugues Dragon, Dam. : *Forez*, 1323 (*r.* 1397. *p.* 531.)

VERMES (Jean de), écuyer, Sg. de la Roche-Mohet. T. s. de l'Estrade, du Mogier et du Courion : *Marche*, 1506. (*r.* 458, *p.* 254.)

VERNAIGES (Jean de), écuyer, par son proc Guy du Buz, Chev. T. s. de Maulvesinière : *Hérisson*, 1505. (*r.* 453, *p.* 175.)

VERNAISON (Pierre), Chev., trés. de France, fils de Pierre Vernaison, receveur des consignations au présid. de Riom. Cens et rentes ès par. du bourg d'Artenne et de Jullianges; ens. une dime inféodée, appel. de la Courtine, par. de Gerzat ; 1684, 1701. — Amable, aussi François-Amable de Vernaison, écuyer, trés. de France, son fils ; *Idem* ; et, à cause de Jeanne Deydier, sa f^e, fille de feu Joseph Deydier, proc. du Roy en l'Elect. de Clermont ; rente en directe seg. appel. d'Outremonne, *al.* Entremonne, en la chatell. de St Amand ; 1716 *ad* 1726 ; *Clerm., Riom.* (*r.* 503, *p.* 240 ; *r.* 506, *p.* 110, 284 ; *r.* 507, *p.* 93, 250 ; *r.* 510, *p.* 5, 25.)

VERNAY (Simonin de), paroiss. de la Ferté, pour Aelise de Perey, son ép. Maison, terres, bois, cens. dr. et actions en la par. de Neuve-Eglise et celle de Chemilly : *Beçay*, 1330. (*r.* 455, *p.* 163.)

VERNAY (Jean du), écuyer. Hôtel, t. s. de Bruillat : *Bourbon.*, 1443. (*r.* 464, *p.* 92.)

VERNE (Jean du), écuyer. Maison des Broces, ayant appartenue à feu Jean des Choux, dom., mouv. et le four bannal de Luzey : *Beaujeu*, 1359. (*r.* 489, *p.* 268.)

VERNEDE (Louis de la), écuyer, Sr de Serres. H. m. et b. justice en la par. de Roffiat : *Mercœur*, 1669. (*r.* 499, *p.* 458.)

VERNEDE (Pierre de Molin de la), écuyer, par success. de Françoise de la Salle, sa mère. Chat., t. s. de Malepeyre, par. de Lubillac, dioc. de St Flour. Et, à cause de Claude du Bourg, sa f^e; t. s. de Chambon, par. de Courpierre : *Riom.* 1669 *ad* 1686. (*r.* 499, *p.* 565, 569 ; *r.* 502, *p.* 105 ; *r.* 503, *p.* 222; *r.* 505, *p.* 17.) Signe. de Malesrey.

VERNEDE (Jean de la), écuyer, fils de Jaques de la Vernède et de Magdel. d'Aurole de Colombines. T. s. d'Auriat et de Molempize, *al.* Malompize; autres t. et seg. en la par. de Peyrusse ; 1669, 1686. — François de la Vernede, Chev., mestre de camp de cavalerie, son frère et hérit. ; 1699, 1701 : *Brioude*, (*r.* 499, *p.* 216, 217 ; *r.* 505, *p.* 24 ; *r.* 506, *p.* 54, 294.)

VERNEDE (Isaac de la), écuyer. T. s. de la Rochebrune et autres, par. d'Auradour, de Ste Marie, etc. : *Riom*, 1670. (*r.* 499, *p.* 766.)

VERNEDE (Claude de la), écuyer, héritier de sa mère Anne de Chambon. Châ t. t. s. de Begoulle, et dom. noble de la Bastide, par. de Malompize ; 1683. 1688. — Claude de la Vernede de Montrut, Chev. Même t. et seg. de Begoule ; 1717 : *Brioude*. (*r.* 503, *p.* 174 ; *r.* 505, *p.* 118 ; *r.* 507, *p.* 232.) Signe, Monrut.

VERNELLE (Jeanne de la), ép de Guill. de Bouquetran, Dam. Maison de la Maugerie, dom. et fiefs en dép.; ens. la terre de Jou, *de joco*, vendus au Duc de *Bourbon* ; 1375. (*r.* 1356. *p.* 274.)

VERNERET (Jean de), Dam L'étang de Montpalays ; tailles et autres devoirs sur cinq tenemens : *Bourb.-Lancy*. 1338. (*r.* 467, *p.* 58.)

VERNET (Guill. de), bourg. de Montbrisson, pour cause de ses services multipliés envers Gui, Cte de Forez, en obtient la j. et seg. de Rivats sur la Loire, par. de même nom, et divers cens au territ. de Tyvernol, 1258. — Guill. de Vernet, Chevalier, son fils, confirmé dans la jouissance des mêmes dons : *Forez*, 1317. (r. 1401, p. 1054, 1055.)

VERNET (Hugues de), bourg. de Montbrisson, tient en emphytéose de l'hôpital de Montbrisson divers héritages : *Forez*, 1267. (r. 1402, p. 1380.)

VERNET (Jean de) reçoit quelques cens et rentes de Gui, Cte de *Forez* ; 1275. (r. 1395, p. 166.)

VERNET (Mathieu de), bourg. de Montbrisson, et Guill. son fils, Chât. et dép de Roche-la-Molere, à eux vendu à charge de remeré, par Godemar de Laniac, Chev. : *Forez*, 1278. (r. 492, p. 151.)

VERNET (Barthelemy de). Un pré et une grange, près de Montbrisson : *Forez*, 1280. (r. 492, p. 83.)

VERNET (Guill. de), sacriste de l'Egl. de St Just de Lyon, tuteur des enfans de Johannet, son frère. Héritages situés à Rynas, St Thomas et *Montbrisson* ; 1290. (r. 493, p. 125.)

VERNET (Pierre de), bourg., fils de feu Guill. de Vernet, bourg. de Montbrisson. Maison, cens et rentes aud lieu ; ens. le chât., t., s. de Graisay, *Graisiaci* ; 1290, 1291. — Pierre de Vernet, Chev., Sg. de Greysieu. Les granges de Salvaguy et de Cotilli ; ens. sa maison de St Baldomer. cens et rentes ; 1314. — Guil. de Vernet, dit Morel, Dam., son fils. Chât. t. s. de Grezeys, etc. ; 1318. — Jean de Vernet, Dam., et Beatrix, ses enfans ; *Idem*, 1326 *ad* 1333. (r. 490, p. 72, 221 ; r. 492, p. 125, 170, 262, 299 ; r. 493, p. 128 ; r. 494. p, 74.)

VERNET (*Dalmacia*, v^e d'Ebrard de), Dam., tient en douaire, relev. du Sire de *Bourbon*, son hôtel de St Sibran, terres, bois, vignes, h. m. et b justice valant 15 l. tourn. de revenu ; et 2 arr. fiefs, ès par. de St Germain de Salle et de Grunzac ; 1300. (r. 458, p. 311.)

VERNET (Alise de), v^e de Louis de Rohere, Chev. Chât., t., s. de St Giran-le-Puy ; *Billy*, 1300. (r. 455, p. 279.) Rel. d'elle : Aymon Berniçon et Hugues de Jarrie, Chevaliers. Hugonin de Bos ; Guill. Brun de St Etienne ; Aynet de Genat. Archimbaud de Laugier, Guillot et Mathieu, ses frères ; Tachons de St Martin ; Oldin Tays ; Bernard de Vilars, Damoiseaux.

VERNET (Pierre de), de Sury-Comtal, vend à Jean, Cte de Forez, un pré à Vacherent : 1309. (r. 1395, p. 163.)

VERNET (Guill. de), Chev. Maison, dom. et seg. de Vernet, aux mandemens de St Baldomer, Bellegarde et Verigny ; autre maison au chât. de Montbrisson ; 1314 *ad* 1333. — Jean du Vernet, Dam., son fils ; *Idem* ; 1338. — Jean de Vernet, Chev., pour Mathie de la Pra, v^e de Jean de Vernet. Dam. Sg. de Greysey, et tutrice de Jean, leur fils, selon l'ordon. de Pierre du Verney, juge de Forez Hospice de Vernet ; four bannal et censives au chât. de Montbrisson ; 1349 : *Forez*. (r. 490, p. 95, 165 ; r. 492 p. 15, 187 ; r. 492 *bis*, p. 141.)

VERNET (Jean de), Dam. Maison de la Garde et dép. ; ens. une rente ou cens de 20 f. que les C^{tes} de Forez avoient donnée autrefois à Guill. de Vernet, bourg. de Montbrisson, assise à St Thomas des Moniales ; et, à cause d'Alamande, son ép., fille de feu Guichard d'Urgel, Chev. Maison de la Sala et dép., ayant appartenue à feu Guill. Chauderon, Chev. ; 1322. — Guill. de Vernet, sous la tutelle de son père Guill., Chev., comme héritier de feu son oncle Jean de Vernet, Chev., et d'Alamande, son ép. Maison de la Salle et de la Garde, cens, rentes et 1/4 du four bannal de Montbrisson ; ens. la rente de 20 l. que l'on vient de mentionner ; 1333, 1348. — Plothard de Vernet, Chev. Maison de la Garde, ayant appartenue à feu Jean de Vernet, Chev. ; ens. la maison de Vernet au mandem^t de St Baldomer, et une autre au chât. de même nom, acq. par feu Guill. de Vernet; 1366 *ad* 1374: *Forez*. (r. 491, p. 207 ; r. 492, p. 18 *ad* 21, 205; r. 493, p. 145 ; r. 493 *bis*, p. 14, 56.)

VERNET (Jocerand de), Dam., fils de feu Pierre de Vernet, Chev. Maisons de Champs, de Tyvernols, de Feures et de Billon, cens, rentes et h. j. aux territ. de Salvaigny et de Montbrisson : *Forez*, 1317 *ad* 1333. (r. 491, p. 195; r. 492, p. 17 ; r. 493 *bis*, p. 40, 46 ; r. 1400. p. 949.) — Louis de Vernet, Dam., son fils, d'abord par son tuteur Hugues de Marzy, Chev.; 1345 ; puis par lui-même, 1354. Chât., t. s. de Graysay : *Graysiaco* ; ens. la maison forte de Champs, avec un hôtel à Montbrisson : *Forez*, (r. 494, p. 56, 71.)

VERNET (Jeanin de), Dam., échange avec Jean, Cte de Forez, divers cens contre d'autres, percept. à St Romain du Puy; comme aussi sa maison de la Garde, dom. et dr. en dép., contre des terres et vignes assises aux mandemens de Stokay, de St Romain et de *Montbrisson*; 1322. (r. 1394, p. 69 ; r. 1401, p. 1048.)

VERNET (André de), dit Mayllet, du consent. de Barthelemy de Vernet, son oncle, avoue les dom., rentes et autres dr. assis aux mandemens de St Just en Chavallet, et de St Maurice en Roanois : *Forez*, 1322, 1333. (r. 491, p. 28, 76.) — Barthelemy de Vernet, chan. de Montbrisson. Cens et rentes à Montbrisson, ayant appart. à Robert de Vichier, *Vicherii*, Chev. : *Forez*, 1333. (r. 490, p. 15.)

VERNET (Etienne, *al.* Dumas de), Dam. Dom., bois, pêche, cens et tailles ès par. de Chimilli, Neuveglise et *Beçay*; 1330. (r. 455, p. 220.)

VERNET (Guill. de), Chev. Promesse d'aveu et dénombr. de certaines rentes acq. de Jean de Cussey : *Forez*, 1330. (r. 492, p. 12.)

VERNET (Barone de), épouse de Guyon de St Didier, Dam. Cens, tailles et h. justice à Margny : *Forez*, 1334. (r. 490, p. 124.)

VERNET (Jean de), fils de Guill. de Vernet, Chev., dit le Batard, et Françoise, son ép., fille de Hugues de Benne. Dom., dîme et seg. en la par. de St Julien-la-Vaistre ; ens. la maison de Chamberanges, par. St Sulpice : *Forez*, 1335. (r. 492. p. 214.)

VERNET (Beatrix de), ép. de Girard de Cuzeu, fils de Jean de Mays, Sg. de Cuzeu, Chev. Rente de 20 l. vien., en la par. St Julien-la-Vaytre, aux mandemens de Cernerie et de St Just en Chavallet : *Forez*, 1339. (r. 490. p 282.)

VERNET (Clémence du), v^e de Guill. Mareschal, Dam., par accord avec Jean Mareschal, Chev., et Jean, son fils, héritiers du défunt. Maison et dom. au chât. de St Marcellin ; cens et rentes en divers lieux : *Forez*, 1341. (r. 491. p 177.)

VERNET (Clémence du), v^e de Jean d'Ampuy, *Amputheo*, Dam. Cens, tailles et rentes au territ. de Montbrisson, acq. de Guill. de Barges, Dam.: *Forez*, 1341. (*r.* 491, *p.* 102.)

VERNET (Bertrand de), Chev., à cause d'Alize, Dame de Beaufort, son ép., pour raison du douaire qu'elle a reçu de son premier mari Raufet de la Roche, *Rofetum de Rupe*, Dam. Dîmes des par. de Billy et de Villeue, par indivis avec les sires Jean de Razeile, Guill. d'Isserpens et autres *Damoiseaux* : *Billy*, 1350. (*r.* 456, *p.* 128.)

VERNET (Etienne de), Dam. Hôtel, t. s. de Sulliet, par. *id.* : *Billy*, 1353. (*r.* 456, *p.* 29.)

VERNET (Hugues de), Dam. Maison, dom., bois, garenne ; ens. la baillie du Plex, par. de Fleuriet : *Chantelle*, 1354. (*r.* 458, *p.* 213.)

VERNET (Jean de), Chev. Cens et tailles en la par. de Croyset, mandem' de Neironde, *nigræ undæ* : *Forez*, 1358. (*r.* 1388 *p.* 80.)

VERNET (Guill. de), Sg. de Sautinhat. Hôtel de Boucheries, dom. h. j. et arr. fiefs, par. de Moles, S¹ Christophe et de Vic : *Billy*, 1362. (*r.* 455, *p.* 243.)

VERNET (Galeys, *al.* Galois de) Dam., fils d'Etienne de Vernet, Dam. Tour forte de Vernet, h. j. dom er dr., par. de Sulli et de S¹ Geran du Puy : *Billy* ; vignes et rentes, prés *Gannat*; 1377. (*r.* 456, *p.* 110 ; *r.* 457, *p.* 108.)

VERNET (Perrin du), Dam. Cens, ès par. de Vigeneulle, Avenat et autres : *Hérisson*, 1375. (*r.* 462, *p.* 106.)

VERNET (Thomas de), Dam. F. s. à S¹ Didier : *Beaujeu*, 1401. (*r.* 486, *p.* 26.)

VERNET, *al.* Verney (Babelle de), vᵉ de Jean de la Goute, *de Guta*. Moitié d'un hôtel, bois, colombier et pré au ter. de Verney, etc. : *Billy*, 1411. (*r.* 456, *p.* 176.)

VERNET (Louis de), écuyer. Partie de la tour et maison forte de Vernet, h. j., dom. et dr. en dép., par. de même nom et de Sulli : *Billy*, 1443. (*r.* 456, *p.* 122.)

VERNET (Guill. de), Dam., et Gabrielle de l'Aubespine, sa mère. Cens, rentes et autres dev. en la par. de Pole ; présent, Guill. de Verneis, Sg. de Verus : *Beaujeu*, 1455. (*r.* 486, *p.* 36.)

VERNET (Dauphine de), vᵉ de Louis de Thiery, Chev. T. s. de Bassignat : *Gannat*, 1472. (*r.* 458, *p.* 23.)

VERNET (Pierre du), Dam. T. s. de Virieu, *al.* Veruz, etc., par. de Chautay et de Pole : *Beaujeu*, 1502. (*r.* 486, *p.* 174.)

VERNET (Jean du), écuyer, lieut. au rég. de S¹ Aignan cavalerie. T. s. de Prelaud en Ferrière : *Bourb.*, 1716, 1723. (*r.* 477, *p.* 215 ; *r.* 478, *p.* 346.)

VERNET (Nicolas), mᵈ tailleur. Moulin de Lautrecht sur la riv. de Tournemine, par. S¹ Denis, acq. de Pierre Nadan, écuyer, et de Michelle Salemon son ép. : *Issoudun*, 1721. (*r.* 451, *p.* 18, 24.)

VERNEUIL (Varene, vᵉ d'Otmar de), vend à Gui, Cᵗᵉ de Forez, les droits assis à Chambole, à eux échus par le décès de leur fils unique ; 1220. (*r.* 1395, *p.* 207.)

VERNEUIL (Hugues de), Dam., pour Bonne de Vece, sa fᵉ. Tailles et rentes en la par. de Montagu-le-Blein : *Chaveroche*, 1374. (*r.* 468, *p.* 153.)

VERNEY (Hugues de), écuyer. Maison, dom. et dr. en dép., en la par. de Verney : *Billy*, 1300. (*r.* 457 *p.* 131)

VERNEY (Damaysete v⁰ de Hebrart de), Damoiselle. Maison, dom. et dr. féodaux ès par. de Maignet, Croset-le-Neuf, St Félix et autres : *Billy*, 1300. (*r.* 457, *p.* 161.)

VERNEYS (Pierre de), Chev., et Marguer., sa f^e, transigent avec Guichart, Sire de *Beaujeu*, au sujet de leur juridiction en la par. de Chambort, chatell. de Chamlet ; 1309 (*r.* 1390, *p.* 455.)

VERNEY (Jean), fils de feu Hugonin de Verney, notaire, et de Marguer., sa f , fille de feu Martin Fay, paroiss. de St Sulpice près Villars. Vente à Guill. du Verdier, Dam., Sg. de Cordelle, d'un pré et pièce de terre contiguë : *Forez*, 1310. (1395, *p.* 342, 364)

VERNEYS (Jean du), Dam., fils de feu Jean du Verneys, Chev. Dom. et seg. en la par. de Troysel, mandem^t de Neironde : *Forez*, 1317. (*r.* 493, *p.* 155.)

VERNEY (Pierre de), prêtre. Partie d'un mas de terre. appel. la terre de Rys ; cens et tailles par. de Neuveglise : *Beçay*, 1330. (*r.* 455, *p.* 214.)

VERNEY (Plotard du), Dam., et son ép. Clémence de Montmorillon. Rente annuelle de 60 liv ; 1336. — Plothard du Verney, Chev. Maison, t. s. de Chameranges, par. St Julien et St Didier ; 1367. (*r.* 490, *p.* 52, 149.)

VERNEY (Guiot de), paroiss. d'Averine. Hôtel de Verney, dom. et dev. en dép. : *Moulins*, 1364. (*r.* 455, *p.* 25)

VERNEY (Guichard de), Sg. d'Argigny, Chev. Serm^t de fidél. et prom. d'aveu au Sire de *Beaujeu* ; 1374, 1400. — Thomas de Verney, Chev., Sg d'Argigny. Maison forte de la Farge, etc.; et pour sa f^e, Marguer. de Veyre. Rentes et autres dev. à cause de la maison de Saligny ; 1459 : *Beaujeu*. (*r.* 485, *p.* 85 ; *r.* 486, *p.* 152, 181.)

VERNEY (Jean du), Dam., Sg. de Basucheres et de Rugères, hérit. en partie du sire Etienne de Chastel. Cens et rentes ès par. de Bocé, St Felix et *Billy* ; 1378 (*r.* 456, *p.* 183.)

VERNEYS (Guill. de), Dam. Le mas appel. du Mont ; h. m. et b. justice, par. St Jean de Turigny, possédée autrefois par Humbert, Sg. de Thoire et de Villars, et Hugues Morron, Chev. : *Beaujeu*, 1444. (*r.* 488, *p.* 20.)

VERNEY (Pierre), paroiss. de Monestey, pour lui et Jean Verney, fils de Jean ; ens. Ant. et Marguer. Verney. Terres et chevances en la chatell. de *Verneuil* ; 1495. (*r.* 484, *p.* 17.)

VERNEY (Jacques de), châtelain de la ville de Feurs. Fief de la Varenne, par. de Donzi : *Forez*, 1678. (*r.* 496, *p.* 99)

VERNEY (Claude du), m^d, pour sa f^e Marie Luestan, héritière de Humbert Luestan, curé de St Apollinaire. Maison en la rue Mercière à *Lyon* ; 1697. (*r.* 496, *p.* 122.)

VERNHA (Gui de la), de Montsalin, fils de Pierre et Agnès de la Vernha. Moitié du mas de la Brocardie ; autres dom. et dr., par. de Raoihac, Peyrat et autres ; témoins Amblard de Montamé et Azémar de Montjoui, Damoiseaux : *Carlat*, 1350, 1355. (*r.* 473, *p.* 8, 71.)

VERNILLET (Laurent et Guill. de), frères, à cause de Marguer. et

Jeanne leurs f^es. Tailles, cens. et cout. en la châtell. de *Chât.-Chinon* ; 1396. (r. 470, p. 31.)

VERNIN (Etienne), clerc. Vignes au territ. de Planay, al. Panne de Planar ; 1322. — Etienne Vernin. de St Germain-Laval, et Etienne, son fils ; *Idem* ; 1337, 1339 : *Forez* (r. 491, p. 12, 263 ; r. 1390, p. 67.)

VERNIN (Hugonia), vend à Jean, Cte de Forez, divers près à St Just en Chavalet ; 1324. (r. 1395. p. 300.)

VERNHIN (Pierre), bourg. d'Aurillac. Dom. et dr. en la par. de *Carlat* ; 1337. (r. 473, p 65.)

VERNIN (Robert), et Fleurdelise de Cuiresie, sa f^e. Cens et rente, lods et ventes et autres dev. au Monteil et à St Bonit : *Forez*, 1338. (r. 490, p. 184.)

VERNIN (Girard), de St Just, Dam. Cens et rentes aux mandemens de St Just et de St Maurice : *Forez*, 1352. (r. 490, p. 84.)

VERNIN (François), fils de Charles Vernin, av. en parl. F. s. d'Origny-Cornilly, par. de Neufvy : *Moulins*, 1718. (r. 477, p. 631.)

VERNON (Hugonin de la), fils de Perrin de la Vernon, pour Agnès, sa f^e, fille de feu Micho Alixendre. Terre et pré au vill. de Beguenoys : *Moulins*, 1367. Sa v^e ; *Idem* ; 1404. (r. 455, p. 94, 95.) Non noble.

VERNONS (Charlotte de), de la Rivière, v^e de François de Fumée, Chev., mestre de camp d'un rég. de cavalerie, tutrice de Jean-François de Fumée, leur fils. T. s. des Roches-St Quentin : *Amboise*, 1644. (r. 355, p. 83.)

VERNOUS (Just-François de), écuyer. F. s. du Noharet, par. du Bourg-Argental : *Forez*, 1675. (r. 496, p. 71.)

VERNOU (Louis-Charles), Chev. F. s. de Bonneuil, par. St Genard : *Melle*, 1716. (r. 438, p. 87.)

VERNOILLE (Rolland de), chan. de Montbrisson. Fief de Chaley ; cens, rentes et tailles à Varennes, Arzilliers et autres lieux : *Forez*, 1311, 1334. (r. 492, p. 153, 169.) — François-Bertrand de Vernoille, écuyer. Chât. fort. de la Roche bâti sur un roc au milieu de la Loire, t. s. en dép., par. St Priest : *Forez*, 1674. (r. 495, p. 175.)

VERNOY, aussi Vernois (Etienne du), Chev., pour Yolant, sa f^e. La mote de Neronde, dom. et dr. en dép., par. de St Loup et de St Girand-de Vaux : *Verneuil*, 1300. (r. 460, p. 118.)

VERNOY (Ysabelle, v^e de Guill.-Simon du), *de Vernoyo*. Partie de terres, bois et prés au village de St Prix : *Moulins*, 1335. (r. 455, p 64.)

VERNOY (Hugues de), Dam., pour Foulque de Mons, son ép. Partie de la dîme de Chesaulx, et garenne en la par. St Geran : *Bessay, Moulins*, 1387. (r. 455, p. 33.)

VERNOY (Jean du), écuyer, pour Guicharde Chamberline, Damoiselle, sa f^e. Maison, terres et redevances en la par. d'Aveuldre : *Bourbon*, 1411. (r 465, p. 48.)

VERNOY (Brisson). Une pièce de terre, une vigne et un pré en la par. de Monestay : *Verneuil*, 1446. (r. 460, p 37.)

VERNOIS (Jean de), écuyer, Sr de Beauvergier. Moitié du fief des Eschalloux, par. de Bavet, acq. de Marc-Marien de Brechard, écuyer, Sr de Mousseaux, et de Louise de la Roche, sa sœur : *Chantelle*, 1691. — Louis de Vernois, écuyer, son fils, l'un des chevaux légers de la garde du Roi ; Idem ; 1717. (r. 475, p. 59, 85 ; r. 477, p 570.)

VERNOYS (François). cons. au présid. de Moulins. F. s. de Monjournal, dîme et cens en la par. de Monestey ; ens. la t. s. de Beauvais, par. de Saulcet, acq. de Marie-Magdel.-Françoise du Fresnoy, v^e de Jean, Cte d'Allegre, Mis de Beauvais : *Verneuil*, 1703, 1717. (r. 476, p. 112 ; r. 477, p. 570.)

VERNEUIL, aussi Verneil (Jeanne de), Dame dud. lieu. Herbergement de Vernueil, et arr. fiefs, par. de Dissay ; 1395. 1409. — Jean de Vernueil, écuyer. Herbergement de Chevechiere, vers la forêt de Berçay ; 1409. — Ysabel de Verneil. Habergemens de Champeaux et de la Tibergerie ; 1404 : *Chât.-du-Loir*. (r. 344, p 4, 5, 7. 9, 118.)

VERNUIL (Béatrix de). Mote, t. s. de Guenegaud, par. de Soites : *Verneuil*, 1300 ; ens. ses maisons à Lochis et d'Eschiroles (r. 460, p. 24.)

VERNYELLE (Jaques), de la Roche, et Hugues, son fils, vendent à Guigues de la Roche, Chev., un droit de perception sur le prieuré de St Maurice : *Forez*, 1309. (r. 1397, p. 557.)

VERON (François-Louis), du Verger. T. s. de la Fontaine, et partie de celle d'Oustille, acq. de Charles-Pierre le Maire, Chev., Sg. de Montlivault. le 18 nov. 1736 : *Chât.-du-Loir*, 1738. (r. 426, p 88.)

VEROT (Marie), v^e de noble Léonard Borne, ancien échevin de Lyon. Fief, dom. et rente noble du Buisson, par. St Martin : *Lyon*, 1726 (r. 498, p. 29, 35.)

VERRET (Eustache), Dam. Maison de Pontastier, *de Ponte-Asterii*, entourée de fossés ; dom., cens et rentes, par. d'Orleac et de Peschadoire : *Thiers*, 1310. (r. 472, p. 108, 109.)

VERRI (Regnaud de), sire d'Issart. Justice, cens, rentes et autres dr. ès par. de Bocé, Rougères, etc., qu'il partage avec Jean de Garays, Jean de Mussegur, Chevalier, et autres : *Billy*, 1350. (r. 455, p. 314.)

VERRIER (Jean le), écuyer, Sg. de l'Espine, d'une part, et Pierre Quatre Barbes, écuyer, Sg. de la Rougiere et de Murs, d'autre part. Echange entr'eux d'hommages, cens et dr. seig. : *Angers*, 1467. (r. 1346, p. 102.)

VERRIER (Jeanin le), tient du Cte de Forez une maison à *Montbrisson*; 1475. (r. 1402, p. 1276.)

VERRIERE (Michel), m^d poëlier, et Michel Veriere, son fils, comme hérit. de sa mère Magdelaine Boismoreau, fille d'Ant. Boismoreau, proc. à Parthenay. F. s. de la Vouzallière, par. St Pardoux, tenu à hom. lige : *Parthenay*, 1699, 1702. (r. 426, p. 236 ; r. 438, p. 6.)

VERRINE (Claudine de la), Claude et Gilbert de la Verrine, ses frères. F. s. de Rochebut, par. de Trellet : *Montluçon*, 1703. (r. 476, p. 119.)

VERROIL (Jean de), Chev. Maison forte, t. s. de Graignac, par. de Verniac : *Forez*, 1322, 1333. — Jocerand Verroil, Dam.; *Idem* ; 1337. (r. 490, p. 219 ; r. 492, p. 80 ; r. 1400, p. 929.)

VERRON (Jean), boulanger ordin. du Roi et de la Reine d'Espagne, par son proc. Pierre Peret, officier chez le Roi de France. F. s. de Pironet, par. de Bressolles : *Moulins*, 1724. (r. 478, p. 526.)

VERROUQUIER (Charles), Sr de Courtauge, chan. de St Nicolas de Montluçon, fils de Charles Verroquier, av. en parl. Partie du fief et seg.

du Treuil, par. de Sertine ou Essertine : *Montluçon*, 1723. (*r*. 478, p. 455.)

VERROUQUIER (J. B.). de S*t* Argier, gendarme de la garde du Roi, pour Louise Seguin, son ép. Fief de la Barre, par. de Neville : *Murat*, 1736. (*r*. 481, *p* 105.)

VERSALLE (Jean de), paroiss. de S*t* Geran-du-Puy. Deux pièces de terre en la chatell. de *Billy* ; 1401. (*r*. 457, *p*. 18.) Non noble.

VERTAMY (Louis de), écuyer. fils de Louis, comme mari d'Anne d'Auzolle. Maisons nobles de la Borie et de Durbiat, par. de Champaignat et de Balie : *Riom*, 1669. (*r*. 499, *p*. 119 ; *r*. 500, *p*. 101.)

VERTEMI (Etienne de). Dam., pour Hugues de Vertemy, son fils, hérit. de feu Jean Sereys. Moitié du mas de Trolières, par. S*t* Jean de Bregoux. Cens, rentes et tailles : *Auv*., 1401. (*r*. 471, *p*. 3.)

VERTEUILE, *Vertholeya* (Guarin de), Dam. Dîme en la par. de S*t* Bonit de Bradelles ; présens, Pierre de Rochefort ; Guichart de Says ; Pierre de Crespinges, Chevaliers : *Forez*, 1333. (*r*. 490, *p*. 155.)

VERTEUIL (François de), écuyer. F. s. de Bois-Masson, vulg. appel. le Marseau : *Aunay*, 1674. (*r*. 433, *p*. 63.) Voy Barriere.

VERTEUIL (François de), écuyer, Sg. de S*t* Clément. F. s. de Boutinart, par. de Corsuert : *Aunay*, 1719. (*r*. 438, *p*. 402.)

VERTEUIL (Elisabeth de), v*e* de René Theronneau, écuyer, S*r* de Puyviau, ayant la garde noble des enfans de son ols Daniel-René Theronneau, Chev. F. s. de Puyviau : *Vouvant*, 1722. (*r*, 438, *p*. 474.)

VERTHAMON (Pierre de), écuyer, ancien Jurat de Bordeaux, capit. gén. garde-côte, entre les deux mers snr Garonne. F. s. de S*t* Jean d'Angle et de S*t* Fort : *Xaintes*, 1734. (*r*. 442, *p*. 24.)

VERTOILE (Garinat), Dam., dit del Garayt. Dîme percept. sur divers courtils au mandement de Chat. Neuf : *Forez*, 1314. (*r*. 492, *p*. 298.)

VERUHOLAS (Pierre), jurisconsulte. Le mas de l'Orme. *de Ulmo*, par-de Taxieres : *Carlat*, 1308. — Jeanne de Veruholas, f*e* de Jean la Roche, *la Roca* ; *Idem* ; 1364. (*r*. 473, *p*. 39, 142.)

VESCHERE (Ant.). F. s. de Peudazat : *H. Marche*, 1669. (*r*. 474, *p*. 254.)

VESSE (Jean), licentié ès lois. pour Cather. Esterlin, sa f*e*, fille de Macé Esterlin, celui-ci fils de Pierre, bourg. de Bourges. Dîme et terres en la par. de Lymoise : *Vierzon*, 1513. (*r*. 453, *p*. 262.)

VESSE (François de la), m*d*. Moitié du dom. noble, appel. de Treul, avec j. h. m. et b. en la par. S*t* Ciery : *Clermont*, 1701. (*r*. 506, *p*. 280.)

VESSENA (Hugonin de), Sg. de Brughat, avoue tout ce qu'il tient au duché de *Bourbonnois* ; 1366. (*r*. 456, *p*. 172.)

VESVRES, ou Vesures (Philib. de), Dam. T. s. de Vevres ; 1343. — Pierre de Vesvres ; *Idem* ; ens. l'hospice et seg. de Villemose, dom. du Bosc et arr. fiefs ; 1375. — Philib. de Vesvres, Dam. Hôtel, mote, fossés, bois, garenne, étang de Vesvres ; et devoirs en diverses par. ; ens. l'hospice et seg. de Villemose et de Bosc ; 1388. — Jaques et Christophe de Vesvres, écuyers. Même t. et seg. de Vesvres ; 1445. — Christophe de Vesvres, docteur en dr., pour lui et Louis de Vesvres, écuyer, son neveu ; *Idem* ; 1488 : *Germigny. Verneuil*. (*r*. 432, *p*. 10 ; *r*. 460, *p* 91, 92 ; *r*. 463, *p*. 229 ; *r*. 464, *p*. 438, 441 ; *r*. 484, *p*. 67.) Voy. Veure, Veures.

VETERIS. Voy. Vieux.

VEURE (Guill. de, aussi de la), et Jean, son frère. Chesal de la Veure et dép., par. d'Ingrande : *Bourbon.*, 1300. — Jeanet, Perrin et Guill. de Veure, chacun la 20m⁰ partie du même chesal; 1322. (r. 463, p. 288; r. 464. p 303. 323 ; r. 462. p. 37.) Non nobles.

VEURE (Guiot de), Dam. Maison, terres et mouv., sous le chat. de Taguerie : *Beaujeu*, 1310. (r. 489, p. 236.)

VEURE (Etienne de la), Dam. Cens en la par. de Sanciat : *Murat*, 1322. (r. 460, p. 392.)

VEURES (Guillelmine, Dame de), *de Veuriis*, Damoiselle. Hôtel des Veures et dép. ; ens. le pré de l'Escotay et diverses rentes : *Bourbon.*, 1350, 1357. (r. 463, p. 289, 290.)

VEURE (Jean de), fils de Jean. Chesau de Veure, maison, dom., bois taillis, pêche, garenne et cens : *Bourbon.*, 1357. (r. 463, p. 190.) Non noble.

VEURES (Hugonin des), Dam., et son ép. Jeanne de Varennes, Damoiselle, fille de feu Jean de Varennes, Chev. La mote, t. seg. de Bosc, sise à Augy, par. de *Germigny* ; 1374. (r. 463. p. 288 ; r. 466, p. 15.)

VEURE (Jean et Simon de), enfans de Jean de Veure, paroiss. de Lucenay-les-Ays. Rentes au ter. de Bayses : *Moulins*, 1391. (r. 455, p. 79.)

VEURE (Guil. de), prêtre, paroiss. d'Ingrande. Maison (ou chesau), au territ. de Veure, dom., cens et moitié du bois de Vignaul ; 1401. — Jeanne de Veure, fᵉ de Guillau de Rolines, et Filie de Veure, sa sœur, ép. de Georges Magin. Partie du même chesau ; 1411 : *Bourbon*. (r. 463, p. 147 ; r. 464, p. 83.) Non nobles.

VEURES (Christophe des), chan. de la Sᵗᵉ Chapelle de Bourbon, pour lui et Louis de Veures, son neveu. Hôtel fort, mote, dom. et seg. de Veures : *Bourbon.*, 1488. (r. 464, p. 273.)

VEXIAU (Hélène de), vᵉ de Jean Maire, tutrice de leur fils Jean Maire, petit-fils d'Adam Maire. Le fief Roy, autrement dit Bois-Lambert, par. de Montreuil-sur-Mer : *Fontenai-le-C.ᵗᵉ*, 1669. (r. 434, p. 85.)

VEYRE (Ant. de), écuyer, comme hérit. de Cather. de Roquemerel, sa mère. Chat. t. s. de Broussette, par. de Relhac : *Aurillac*, 1684, 1686. — Pierre de Veyre, écuyer, Sg. de Nerestan, son fils ; *Idem* ; 1723. (r. 508, p. 97 ; r 509, p. 77.)

VEYRERINS (Guill.-Ponce), Hugues et Stevenet, ses frères. Ténement appel. Font-Bayane ; cens et tailles sur divers autres ; ens. une dîme en la par. de Montvianeys : *Forez*, 1347. (r. 492, p. 109.)

VEYRET (Jean-Jaques), Sʳ de Broasses. Menus dom., cens et rentes en toute justice ès par. de Chaussenat et Brughat, Elect. de Sᵗ Flour : *Riom*, 1669. — Pierre de Veyret, Sʳ de Jarige, son frère et hérit. ; *Idem* ; 1684. (r. 499, p. 481 ; r. 502, p. 68 ; r. 503, p. 296.)

VEZAULT (François-Marie de), écuyer, Sʳ de Planaises, mari de Therese de Loubersac. T. s. de la Mote-Sᵗ Vincent, par. du même nom : *Gévray*, 1690. (r. 435, p 319.)

VEZE (François de), fils de Jean de Veze. Les vill. de Montfol et des Issendotes, j. h. m. et b., par. de la Trinitat : *Riom*, 1669. (r. 499, p. 383.)

VEZE (Alips de), vᵉ d'Ant. Gigaud, tutrice de leurs enfans. Partie d'une métairie appel. de l'Espinasse, cens, rentes et autres dev. : Elect. de St Flour. 1672. (r. 500, p. 130.)

VEZIAN (Jean) d'Extrocy, vend à Guy. Cte de Forez quelques menus cens et rentes ; 1341, 1345 : *Riom.* (r. 1395, p. 164, 200, 269.)

VEZIEN (René), fils de René, Sr de Masiere, et de Marie Chasseloup. T. s. de Serisiers, al. Galevesse, par. de Concise : *Monmorillon*, 1719. (r. 438. p. 412.)

VEZIER (Hugues), paroiss. de Trenol. Pré assis à Chassaigne : *Moulins*, 1368. (r. 455, p. 115)

VEZIN (Saulmin), paroiss. de St Felix. Cinq pièces de terre à Contigny : *Verneuil*, 1342. (r. 460, p. 109.) Non noble.

VEZINS (Jean de). T. s de Vezins et de Vaulogier en la chatell. de Mayet ; 1394, 1401. — Julien de Vezins. Le bois de la Mocquerie ; 1413. — Jean de Vezins, écuyer, Seigneur Vayer en la seg de Vezins ; 1489 : *Chât.-du-Loir.* (r. 344, p. 33, 64 ; r. 348 bis, p. 18.)

VEZOLES (Pierre de), Sr du Crouzet. Dom., cens., rentes et h. j. ès par. de Fontanges, St Priest et St Cirgue ; 1669. — Antoine de Vezoles, proc. du Roi en l'Elect. de Mauriac, fils d'Ant. de Vezoles, et de Marie Sigaud, al. Gigaud. Menus dom. cens et rentes en la par. de Fontanges. Et, pour Annet de Vezoles, son beau frère ; maison, dom. cens et rentes en la même par. ; 1669 ad 1685. — François de Vezoles. Dom du Lirouzet, la Gensonnie, et montagne en dép., par. St Priest ; 1685 : *Riom, St Flour.* (r. 499, p. 173, 253 ; r. 500, p. 121, 122, 134 ; r. 503, p. 325, 465 ; r. 504, p. 52)

VIAL (Claude), paroiss. de Ste Foy, pour Claude et Joachim, enfans de Claude Vial, son fils ; 1699 ; puis ceux-ci en leur nom ; 1715, 1722. Maison à *Lyon*, rue Bourg-Chanin. (r. 496, p. 130, 224 ; r. 497, p. 180.)

VIALET (Tevenin, al. Stevenin), et Jean, son fils. Censives ès par. de Sanciat et St Hilaire : *Billy*, 1411. (r. 455, p. 347.)

VIALET (Jeanne, v^e de Guill.), Jean et Guill., leurs enfans. Bois et garenne appel. Dorne ; ens. un mas de terre nom. Jaligny, mote, moulin, colombier, par. de Vouroux : *Billy*, 1411. — Jean Vialet, dem. à Bourbon, et Pierre Vialet, dem. à Varennes, cousins germains ; *Idem* ; 1443. (r. 457, p. 82, 83.) Non nobles. — Antoine Viallet. Menus cens : *Billy*, 1512. (r. 456. p. 194.)

VIALET (Gilbert), trés. de France. T. s. de la Forest, par. de Liernolles ; 1657. — Gilbert de Vialet, Sg. de la Forest, présid^t en la général. de Moulins. T. s. des Noix, par. de Cressange ; ens. la terre des Augeres, par. de Linerolles ; 1684 : *B.-Marche.* (r. 474, p. 376, 388, 573, 577.)

VIALET (Claude), écuyer, capit. au rég. de cavalerie de St Silvestre. Fiefs de Montifaud et de Sales, par. de Melier : *Bourb.*, 1684. (r. 474, p. 402.)

VIALIS (Clémence), v^e de Louis Philibert, secrét. du Roi. T. s. de St Laurent de Chamousset, la Fay et Montchorier ; 1720. — Benoît Vialis, docteur en Droit. Le dom. appel. d'Urgel ; et comme prébendier en l'égl. de N. D. de St Chamont : rente noble en la par. de Chaignon ; 1722 : *Lyon.* (r. 497, p. 72, 161, 183.)

VIALLE (René), fils de Jean, habitant du Montet. T. s. de Vialle, al.

Chervialle, et celle de Brousse, ès par. de Charensat et de Villossange; 1669 ad 1686. — Annet Vialle, curé de Doutreix; Idem; 1717; Elect. de Gannat: Riom. (r 499, p. 201; r. 500, p. 11; r. 503, p. 65; r. 504, p. 121; r. 507, p 183.)

VIARD (François), grenet au gren. à sel de Gannat. T. s. de St Paul-Viginaire, par. de Brouc; 1684. — Marien Viard lieut. de police de Gannat; Idem; 1717, 1725. (r. 474, p. 475; r. 477, p. 573; r. 480, p. 106.)

VIARD (Gabriel), cons. en la chatell. de Gannat. F. s. de Fontpaud, par. Ste Croix de Gannat; 1722. — Claude Viard, Sr de Fonpauld, pour son ép. Anne Elisabeth Roueron, fille de François Roueron. Dîme de Giverlay, partie de celle de Montavant, et celle de Boussat, par. de Junzat; 1722: Chantelle, Gannat, Hérisson. (r. 478, p. 164, 165, 223.)

VIAUT (Pierre), et Marie Goguet, son ép. F. s. de la Reigle, saisie sur eux: Parthenay, 1697. (r. 436, p. 99.)

VIAULT (Louis), Chev., Sg. de Breuillac, fils de feu René Viault, Chev. F. s. de Pressigny, de Fouerols et de Langeviniere, ès par. de Verruye: et de Mazieres: Parthenay, 1700. (r. 436, p 365 et suiv.)

VIAULT (Marguer.-Georgette). Damoiselle. F. s. de Rousliere, par. de Vernaye: Parthenay, 1700. (r. 436, p 373.)

VIC (Bertrand de), fils de feu sire Guill. de Vic et de Haalise. Mouvance et supériorité sur divers mas ès par. de la Brosse, Tessieres et autres: Carlat, 1265. (r. 472, p. 159.)

VIC (Etienne de), fils de Gilbert de Vic, Chev. — Marguer., ve de Faucon de Vic, Chev. Maison, t. s. de Vic: Billy, 1300. (r. 455, p. 367; r. 457, p. 162.)

VIC (Pierre de la), Chev., neveu du pape (Jean XXII). T. s. de Chailly, et partie de la ville de Longjumeau, à lui vendues, par Louis, Cte de Clermont, Sire de Bourbon; 1317. (r. 1363, p. 1149.)

VIC (Hugonin de), fils de Girbert de Vic, Chev. Maison, dimes et censives en la chatell. de Billy; 1322. (r. 457, p. 69.)

VIC (Gilbert de), écuyer, gentilh. servant du Roi, et Elisabeth Guilland, son ép. F. s. de Chevenes, par. de Thiel; ens. celui des Eschelettes, par. de Montodre; 1689 ad 2717. — Gilbert de Vic, écuyer, officier de marine, son fils. T. s. de Chevennes; 1723. — Bernard de Vic, écuyer, Sr de Pongibaud, capit. d'infanterie, fils de feu Gilbert de Pongibaud, écuyer. T. s. d'Eschellette, par. de Montoldre; 1724. — Marie-Elisabeth de Vic, de Pongibaud, Damoiselle. Fief de Chevennes, par. de Thiel. Marie-Claude de Vic de Pongibaud, ve de Claude Gillouet, écuyer, capit. de frégate. Fief de la Mote Chamaron, par. St Menoux, en la chatell. de Bourbon, 1736: Bessay, Billy, Bourb. (r. 474, p. 756; r. 475, p. 106; r. 477, p. 590, 591; r. 478, p. 354, 478; r. 481, p. 171, 186.)

VICHY (Robert de), Chev., avoue l'hôtel de Goudailly, Goudaliaco, dom. et dr. en dép.; Billy; et vend à Jean. Cte de Forez, ses cens, rentes et tailles ès par. de Charers et autres; 1297, 1300. — Hugues de Vichy, Chev Même hôtel, dom. et seg. de Goudailli, par. St Giran le Puy; 1350 ad 1366; et, à cause de Jeanne de Talay, son ép. héritière de son 1er mari Jean de la Palice, Chev. Dom., bois, garenne, dîme, vigerie, cens et tailles ès par. de Veroz, Parey et autres en la chatell. de Verneuil;

1344. — Agnès de Vichy, fille de Hugonin de Vichy. Chev., Sg. de Goudailli, v⁰ de Pierre de Chantemerle, Chev. Maison forte de Godailli, etc. ; 1392: *Billy, Verneuil.* (r. 456, p. 173 ; r. 457, p. 10, 12, 13, 14 ; r. 460, p. 53 ; r. 1394, p. 27.)

VICHY (Raoul de), Dam., Sg. de Montet. T. s. de Besson : *Souvigny* ; ens. la maison, dom., maison de Montigny et dr. ès par. de Mazeret, St Priest et *Gannat* ; 1300, 1326. — Hugues de Vichy, Dam., Sg. de Montet. Bois appel. le Boisrond, maison et grange contigus ; h. j. ès par. de Brugy, de Vesse et de St Abourey : *Billy*, 1342, 1354. — Robert de Vichy, Dam., Sg. de Montet ; *Idem* ; 1366. — Chatard de Vichy, Dam. Sg. de Montet ; *Idem* ; ens. un bois au terr. de Montgascon ; 1397. — Huguet de Vichy, écuyer, fils de Robert, ép. de Marguer. Guerine. Chât. fort de Montet, dom. et dr. en dép.; ens. la h. j. ès par. de Salbanes, Brughat et Vesse, en la chatell. de Vichy : *Billy*, 1446, 1463. (r. 455, p. 261 ; r. 456, p. 59, 138, 139, r. 457 bis, p. 20, 76 ; r. 458, p. 70 ; r. 467, p. 204 ; r. 1357, p. 415.)

VICHY (Audin, sire de), Dam. Dom. et seg. à Vichy, St Geran-le-Puy et autres par. : *Billy*, 1300. (r. 457, p. 205.)

VICHY (Guill. de), Chev., Sg. de Breul et du Puy-Agu. Chât. t. s. de Breul ès par. de Perigny et de St Giran-le-Puy : *Billy*, 1301. (r. 457, p. 164.) Tiennent de lui : Guill. de Montjornal, Chevalier. Etienne Chatard, de Breul ; Bernard de Villars ; Guichard Brun, Damoiseaux.

VICHY (Chatard de), Hommage au Sire de *Bourbon* de partie du chât. de Vichy, tel qu'il s'étend depuis sa cour jusqu'à la gᵈᵉ cour d'Audin de Vich, Dam., avec justice h. m. et b., etc. ; 1301. (r. 1357, p. 422.)

VICHY (Chatard de), Dam. Hôtel. t. s. de Chât. Panier, par. de Branciat, et partie de la gᵈᵉ dîme de Varennes, percept. Soyetes-lez-St Porcien : *Verneuil*, 1322 ; et, du chef de sa fᵉ Cather. Lereire ; l'hôtel de Tesay, dom. et seg. en dép. : *Chantelle, Souvigny, Verneuil*, 1357. (r. 460, p. 106, 203.)

VICHY (Raoul de), Dam. et Raoul, son fils ; Dalmas de Vichy, Chev., et son fils tran.igent de leurs parts et portions en la t. et seg. de Vichy ; 1322 nd 1352. (r. 456, p. 189, 191 : r. 457 bis, p. 10 ; r. 1357, p. 429.)

VICHY (Dalmas de), Dam., Sg. de Chas. et Raoul, son frère, vendent à Gui, Cᵗᵉ de *Forez* leur hospice appel. de Solat, dom., moulin, pêche et just. en dép.; 1340. (r. 1381, p. 3311.)

VICHY (Jean de), Chev. Echange avec le Duc de *Bourbon* du chât. t. s. de *Vichy* qui fut à Raoul de Vichy, Chev., Sg. de Busset, son père, contre la chatell. de Gensac, etc.; 1344. (r. 1357, p. 423, 427.)

VICHY (Raoul de), Dam., Sg. en partie dud. lieu, pour Ysabelle, son ép.; fille de feu Et. de la Faye, Dam. Hôtel. t s. de la Faye : *Billy*, 1351. (r. 457, p. 166.)

VICHY (Robert de), Dam., et son ép. Marguer., fille de feu Hugues de Champround. Chev. F. s. de Moleres, par. St Julien de Gray, dioc. de Macon : *Beaujeu*, 1351. (r. 489. p. 49.)

VICHY (Dalmas de), Chev , Sg. de Busset. H. j., cens et autres dev. sur divers ténemens ès par. de Busset et d'Arone ; 1357. — Guill. de Vichy, Chev. Sg. de Busset. *Idem* ; 1366 : *Billy*. (r. 457 bis. p. 32, 35.)

VICHY (Luque de), *Luqua de Vichiaco*, vᵉ de sire Audin le Blanc,

Chev., tutrice de leurs enfans Guill., Alienor et Marquise. Hôtel, dom. et seg. à Genzat; hôtel de Vignoles, dom. et dr. en dép.; ens. l'hôtel fort, t. s. de Sauzet: *Gannat, Moulins*, 1387. (r. 454, p. 337; r. 457 bis, p. 122; r. 464, p. 397.)

VICHY (Alienore de), Dame d'Abret et de Maubet. Dom., bois, dîmes, cens et rentes ès par de Brughat, Vesse, Salbanes et Haute-rive: *Billy, Vichy*, 1411. (r. 457 bis, p 6.) Rel. d'elle: Pierre et Jean d'Alenay; Gonin de Brughat; Somin du Box; Etienne de Mergay, Sg. de Boiscontal; Hugues de Montagu, Sg. de Varennes; Jean de Verseilles, Sg. de Las Ramas, près l'Allier, écuyers.

VICHY (Robert de), dit le Camus, écuyer. Moitié du vill. et chât. fort d'Arfeuille, dom., cens et dr. en dép.; 1454. — Vassal, aussi Vassault de Vichy, écuyer; *Idem: Vichy*, 1506. (r. 452, p. 85; r. 457, p. 208; r. 457 bis, p. 33.)

VICHY (Jean de), écuyer, Sg. de Marigny. Mote et seg. de Dierii: *Moulins*, 1506. (r. 453, p. 93.)

VICHY (Gabriel de), écuyer, fils de Jean de Vichy. Chât. t. s. de Berbezy, par. de même nom; 1669 ad 1683. — Gilbert de Vichy, Chev., son fils; *Idem*, 1717: *Murat, Riom*. (r. 499, p. 49, r. 500, p. 35; r. 503, p. 80; r. 507, p. 216.)

VICHY (Henrie de), v^e de Gabriel de Bosredon, Chev., tutrice de leurs enfans. Chât. t. s. de la Breuille; ens. la t. et seg. de Salmondeche, par. St Marc et de Bremond: *Riom*, 1684 ad 1717. (r. 503, p. 208; r. 504, p. 24; r. 507, p. 214.)

VICHY (Marie), v^e de François Renaud, bourg., tutrice de leurs enfans. Partie de la g^{de} dîme de Bert, par. id.: *Chaveroche*, 1717. (r. 477, r. 52.)

VICSOZAS, *al* Vichosas, (Guide), Dam. Les chât. de Vicsozas et de *Altaralle*, dom. et seg. en dép., etc., par. de St Etienne et de Roanne; 1337. — Henri de Vicsozas, Chev. Le mas del Poiel, par. de Posminhac; ens. celui de Faysserges tenu de lui en emphyteose, etc., par. de Raholhac, Capele et Terondelles; 1340, 1355: *Carlat*. (r. 472, p. 132; r. 473, p. 21, 43, 127, 133.)

VICTEUR Jean et Nicolas), frères, enfans de Pierre Victeur et de Louise Richarde, comme héritiers de Jean Vialet, lieut. de Bourbonnois. Cens en grain et argent: *Billy*, 1512. (r. 456, p. 193.)

VICTOR (Georges), écuyer d'écurie de la Ctesse. d'Angoul., et Marguer. de Losme, Damoiselle, sa f^e. Echange de mouvances avec le Cte d'Angoulême en la châtell. de *Cognac*, et règlement de leurs droits en la basse Mareuge, châtell. de Chât. neuf; 1484. (r. 1404, p. 156, 236; r. 1405, p. 294.)

VIDAL (Gilbert), av. en parl. Cens et rentes sur divers mas et ténemens, servis à usage de Chev., par. d'Espinace; 1669, 1670. — Gilbert-Ant. Vidal, son fils; *Idem*, 1684, 1686: *Riom*. (r. 500, p. 24; r. 503, p. 202; r. 505, p. 59.)

VIDAL (Jaques du), écuyer. T. s. de Sauvagnat, par. de Vinzelles: *Riom*, 1683. (r. 503, p 101.)

VIDAL (François), de Comnene, Chev., ancien capit. de la marine, Envoyé extraord. du Roi en Hollande, Angleterre et Italie, pour sa f^e Marguer. de Lauraire de la Garde. T. s. de la Tour-Goujon, par..: Elec. $ d. d'*Issoire*, 1684. (r. 503, p. 349.)

VIDAL (Ant.), Sr de la Chapelle, pour Pierre Vidal, son fils, Sr de Bord, directeur gén. des vivres de l'armée d'Italie. T. s. de la Grange-Perreau, par. St Bonnet-lez-*Moulins*; 1695, 1699. (r. 475, p. 131, 264.)

VIDAL (Louis), bourg. de Villefranche, fils de Gilbert Vidal. Cens et rentes en la par. d'Espinace, Elect. de Gannat : *Riom*, 1724. (r. 509, p. 157 ; r. 510, p. 19.)

VIDALIN (Etienne), m^d, et Michel Vidalin, comme hérit. de feu Benoit Coulange. Trois quarts du fief de la Vuiere ou Vivere, par. de Toulon : *Moulins*, 1726. (r. 476, p. 79.)

VIDARD (André), Chev., Sg. de St Clair. T. s. de Busseroux et le portal de Surin, par. d'Usson : *Civray*, 1676, 1679. — Ant. Vidard, Chev., son fils, lieut. du Roi en la province de Champagne; Idem, 1716. (r. 435, p. 11, 73 ; r. 438, p. 36.)

VIDARD (Pierre-Alexis), écuyer, Sr de Montmarquelin, pour son ép. Magdel. Chappelain. F. s. de Sunay : *Purtenay*, 1698. (r. 436, p. 193.)

VIDAU (Jean), fils de feu Guill. Vidau, petit-fils de Sebille Guascharelle, abandonne à son cousin Graciot Douhet, bourg. de Cognac, l'héritage qui lui est échu de Perrier, bourg. de *Cognac*; 1409. (r. 1405, p. 366.)

VIDERNE (Jean), Dam., pour Alienore de Lionne, sa f^e, fille de feu Robert de Lionne. Hospice, terre, seg. de Lionne, ès par. de St Prix et de Gannat ; bois, cens, rentes au vill. de Bayet, etc. : *Chantelle, Verneuil*, 1371, 1377. (r. 458, p. 13, 316 ; r. 460, p. 309.)

VIEGNE (Henri de), al. Viegno. Dam. ; 1372. — Henri de Viegne, dit Nicheton, al. Nucheton ; 1400. Serm^t de fidèl. et prom. d'aveu au Sire de *Beaujeu*. (r. 485, p. 94 ; r. 486, p. 153.)

VIEGNE (Audric de), Dam. Tour et maison forte de la Sala, sise à Chezy : *Beaujeu*, 1404. (r. 486, p. 35.)

VIEL (Renaud), fils de feu Renaud Viel, Dam. Dom. et redev. ès par. de St Felix. Magnat, Sulli et St Gerau : *Billy*, 1300. (r. 457, p. 185.)

VIEL (Marguer., v^e de Geoffroy), dit Laubelestier, Chev. Maison de Rois, dom. et mouv. ès par. de Varennes et de Sarrie en Brionnois : *Beaujeu*, 1321. (r. 489, p. 154.)

VIEL (Jean), paroiss. de Bressoles, à cause de Jeanne, sa f^e. Une part dans la dîme de Chazeaus. Chazellis : *Beçay*, 1330. (r. 455, p. 206.)

VIELEZ (Jean). Une pièce de terre, vigne et pré en la par. de *Billy* ; 1366. (r. 456, p. 27.) Non noble.

VIELHE (Jean), bourg de Lyon. Dom., maison, moulin et rentes nobles de la Roche, par. St Didier au Mont d'Or : *Lyon*, 1720. (r. 497, p. 68, 98.)

VIELLANIA (Hugues de), Dam. Plusieurs mas en la par. de la Duiac ou Dinat, qu'il partage avec Jean de la Caze, Dam. : *Carlat*, 1355. (r. 473, p. 81.)

VIEILLECASE (Pierre de). Le mas de Tavanieyre, par. de Cayrol, châtell. de Taorsages : *Carlat*, 1355. (r. 473, p, 6.)

VIEILLESCHESES (feu Phil. de), *de veteribus Chesis*. Sa v^e Margaronne, tutrice de Marguer. leur fille. Maison et grange de Vieilleschezes : *Forez*, 1333. (r. 490, p. 130.)

VIENNE (Guill., Cte de) et de Macon, tient en nantissem^t la terre de Canue à raison de mille marcs d'argent qu'il a avancés à son feal H. (Humbert). Sire de *Beaujeu*; 1223. (*r.* 1389, *p.* 375.)

VIENNE (Gui de), Sg. de Chaurel, fils de Phil. de Vienne, Sg. de Pymont. Traité de mar. entre lui et Marie, fille de Humbert de Villars, Sg. de Thoire; 1350. Il rend aveu du chât. de Brionne, relev. de Thomas de Villars; 1363; et, comme administrateur de Jaques de Vienne, Chev., de Béatrix, ép. de Mathieu de Rve. et de Marguer., f^e du Sr Vautier de Ferlay, Sg. de St Germain, ses enfans et de Marie de Villars, son ép., il transige avec Humbert de Villars, Sg. de Thoire, hérit. univ. de Humbert, son père; 1386. — Béatrix, sad. fille, recon. avoir reçu pour sa part en la success. de son père, 2500 francs, sur la châtell. de Ruffay, des mains de Jaques de Vienne, son frère, conformément à l'arbitrage de Jean de Chalons, Sg. d'Arlay, Prince d'Orange; 1409. Le même Jaques de Vienne, Sg. de Ruffay, transige avec Humbert de Villars et Ysabeau de Harcourt, son ép., sur des objets d'intérêt; 1410. (*r.* 494, *p.* 137; *r.* 1393, *p.* 171, 873, 874, 875, 883, 893.)

VIENNE (Jean de), écuyer. Hôtel fort, dom et mouv. de la Sale, par. de Meilieres. Autres posses. et dr. ès par. de Gipsi, Lucenay et Chagi; ens. le petit hôtel de Vienne qu'il a hérité de son frère aîné: *Bourb., Moulins*, 1449. (*r.* 467, *p.* 124.)

VIENNE (Phil. de), Sg. de Listenoys. et Peronelle, son ép., fille de Jean Chaseron, Chev. La tour de Sauzet, dom. et arr. fiefs; t. s. de Montgilbert, de Pierremont et du Breul: *Billy, Gannat*, 1455. (*r.* 455, *p.* 234; *r.* 456, *p.* 177; *r.* 457, *p.* 103; *r.* 458, *p.* 292.) Vassaux: Gilbert et Pierron de Mars, frères; Odin de la Roche, écuyers. — Jean de Vienne, Chev., Sg. de Listenois, Bon de la Ferté-Chauderon, etc., Sénéchal et Maréchal du Nivernois. Chât. t. s. du Mayet de Montaigne, qu'il prétend ne point relever du Duc de Bourbon; 1481. (*r.* 1357, *p.* 434.)

VIENNE (François de) F. s. de Chastelledon, Montgilbert, le Breul, le Donjon, etc.: *Bourbon*, 1505. (*r.* 452, *p.* 11, 82.)

VIERS DE MONTAGLIS (Jean), fils de Guillemin au Vier de Montaglis, « recognuit de tenir en fié franc et liege de très noble Prince Monseigne « le Conte de Clarmont, Segnor de Bourbonoys, une pièce de terre ap- « plée la Condamine de Rive, possée en la parroche de Montaglis, en la « chastellanie de Molius, juste la rive d'Aler »; etc.; 1300. Non noble. — Li Viers de Montaglis, tient du Sire de Bourbon terres gagnables et non gagnables, hommes, cens et tailles vers l'Allier: *Moulins*,... (*r.* 455, *p.* 56; *r.* 456, *p.* 233.)

VIERSSAT (Guillon de), fils de feu Guill. de Viersat, paroiss. de Vertat, Sg. de la Gaignerie. Maison dom., serfs, cens et rentes à Trebent, par. de Domeyrat et autres: *Montluçon*, 1350. (*r.* 461, *p.* 144.)

VIERSSAT (Guill. de), Chev., Sg. de la Gaignerie et du Vernet. Maison, pressoir, vignes, près, serfs, cens et rentes à Trevent: *Montluçon*, 1443 (*r.* 461, *p.* 118.)

VIERSSAT, *al.* Viersac, etc., (Guill. de), écuyer, Sg. de Chastel Guyon. F. s. du Thiel-Alouberte; cens et tailles en la par. de Domerat, et arr. fiefs; présent. Guill. de Vierzat, Chev.; 1445. — Phil. de Viersac, écuyer, chambel. ordin. de la Duch. de Bourbon, comme tuteur de son neveu Jaques de Viersac. Même f. et seg., du Thiel-Alouberte ; 1506 : *Hérisson, Montluçon*. (r. 453, p. 80 ; r. 461, p. 189.)

VIEU (Hugonin de la) écuyer. Echange de son chât. de Val-Dragon et du lieu de Piseis, contre le chât. et mandem^t d'Escotay, appartenant à Regnaud, fils de Jean, Cte de *Forez* ; 1324. (r. 1394, p. 2.)

VIEU (Roland de la). Partie de la t. et seg. de Cornon : *Anv.*, 1396. (r. 471, p. 45.)

VIEU (Jean de la), Sg. de la Roche, la Molière et Buisset, obtient du Duc de *Bourbon* la levée de main-mise sur ses terres ; 1441. (r. 1374, p. 2310.)

VIEU-MAISONS (Jean-Jaques de), Chev., fils d'Anne le Clerc. T. s. de Courtaille, par. de Coulombiere : *Beaumont le V*^{te}, 1668. (r. 358, p. 131.)

VIEURE, ou Vievre (Pierre de), Dam., pour Jeanne de la Sale, son ép. Hôtel et mote de la Salle, dom. et mouv. en dép. : *Souvigny*, 1382, 1398. (r. 467, p. 122, 126.)

VIEURE (Pierre de), écuyer, et Simone de Cloux, sa f^e. Aveu de ce qu'ils tiennent en la chatell. de la Chaussière : *Bourbon.*, 1443, 1445. (r. 453, p. 227, 228.)

VIEURE (Jean de), écuyer, Sg. de la Sale. Moitié de l'hôtel, terres, près, garenne de la Pierre, par. de Cerilly ; four bannier, cens, tailles et dr. d'usage en la forêt de Tronçay : *la Bruyère*, 1449. (r. 462, p. 257.)

VIEURE (Jean de), l'aîné, écuyer, Moitié du four bannier de Cerilly, du péage, aunage et mesurage au même lieu, acq. de Marguer. de la Pallice, f^e de Pierre de Colombier, écuyer, comme aussi la moitié du dr. d'usage en la forêt de Tronssoy : *la Bruyère*, 1459. (r. 1374, p. 2366.)

VIEUVILLE (Charles, duc de la), Pair de France, veuf de la Dame de Chat.-Vieux, fille de René de Chât.-Vieux de Vienne, et de Marie de la Guesle, comme ayant la garde noble de leurs enfans. T. s. de la Chaux, Sallede et Montgros : *Riom*, 1684. (r. 503, p. 357.)

VIEUVILLE (Marie-Magdel. de la), v^e de Cezar-Alexandre de Baudean, Chev., Cte de Parabere, brigad. des armées, comme tutrice de leurs enfans. Diverses t. et seg. relev. de *Monmorillon*, et *Vouvant* ; 1723. (r. 438, p. 491, et suiv.)

VIEUX, *Veteris* (Guyon), et Haymione, sa f^e. Dom., cens, rentes et tailles près le chemin de St Anemond : *Forez*, 1284. (r. 491, p. 134.)

VIEUX (Raynaud), Dam. Sa maison de Comeres *infra muros* : *Forez*, 1290. (r. 491, p. 63.)

VIEUX (Dalmas), Dam., fils de Girardin Vieux, et Gerine, son ép, Vendent à Guill. de Verdier, servant d'armes du Roi, le ténem^t de Marpaulde en *Forez* ; 1295. (r. 1395, p. 336.)

VIEUX (Guill.), Dam. Maison, terres, bois et seg. de St Bonit des Barres ; ens. la maison de Busseres, par. St Bonit. *Forez*, 1334. (r. 490, p. 256.)

VIEUX (Giraud), Dam. Maison de la Tour en Jarese ; dom., grange, bois, garenne, cens et rentes au mandem^t de la Roche : *Forez*, 1335. (r. 497, p. 62.)

VIEUX (Géofroy), Dam., fils de feu Artaud *Veteris*, Maisons sises au chât. de St Habund ; cens et rentes en la par. de St Bonit : *Forez*, 1390. (r. 493 *bis, p.* 42.)

VIGEN. (Jean de), chantre de Ste Marie de Montbrisson. Maison et cens en la par. de Marclop, acq. de Richarde de Ronchinol, Damoiselle : *Forez*, 1378. (r. 494, p. 98.)

VIGERE (Alis), Damoiselle. Hom. à Robert, Cte de Clermont, Sire de Bourbon, de tout ce qu'elle tient ès chatell. d'*Aynay, Hérisson, Souvigny, Verneuil ;* 1300. (r. 460, p. 180.)

VIGERIE (Ysabelle), de Jaligny. Dom. au territ des Mars, par. de Chastel-Perron, *Castri Petri : Chaveroche*, 1300. (r. 468, p. 313.)

VIGERO (Guill. de), Dam., fils de feu Guill. de Vigero, Chev., transige avec Henri, Cte de Rodéz, Vte de Carlat, à raison de la justice des chât. de Chalus, *Casluce, Caslucio*, de St Christophe et de Varanzat : *Carlat*, 1206. (r. 473. p. 33.) — Mir de Vigero, Dam. Partie du chât. de Chalus, par. de Rossi, dom. et seg. ès par. de Taxieres, de Longchamp, St Hypolite et autres : *Carlat*, 1292. (r. 473, p. 76.) — Guill. de Vigoro, *al. Vigorone*. Dam., fils de feu Renaud de Vigorone, Sg. du repaire d'Ayguetes. Partie du chât. de Chalus, *Caylucio*, dom. et seg. *Carlat*, 1392. (r. 472, p. 74.) Voy. Vigor. N^a. Ce titre en relate un autre de l'an 1343, égalem^t en latin, portant qu'il fut expliqué aux Parties en langue vulgaire : *Romana lingua*, ou Romane.

VIGERON (Jean), à cause de Charlotte de Marconay, sa f^e. Herberge, ment du Fraigne : *Mirebeau*, 435, 1459. (r. 330, p. 26, 47.) Rel. de lui-Messire André de la Chaucée.

VIGERON (Jean), fils de feu Nicolas Vigeron, Dam., paroiss. de Genziac, tient du prieuré de St Porcian sa maison de la Coudre, dom., cens et rentes ès par. de St Didier et de Parey : *Auv.*, 1439. (r. 471, p. 38.)

VIGERON (Jean), écrit Vigiron, écuyer, Sg. de Chire, Hôtel appel. la Tour de Ry : *Mirebeau*, 1474. (r. 331, p. 18.)

VIGIER, *Vigerii* (Pierre), Dam. Maison, t. s. de Gros Bois, par. de Mellars : *Verneuil*, 1300. (r. 459, p. 157.)

VIGIER (Hugonin), Dam., paroiss. de Contigny. Maison et garenne de Chambon de Mole : *Verneuil*, 1301. (r. 460, p. 241.)

VIGIER (Pierre) paroiss. de Quartier, *Quarterii*. Maison d'Anglars et dép., moulin et cens en diverses par. ; 1301. — André Vigier, paroiss. de Neuveglise. Terres, prés, bois tailles, ès par. de Quartier et d'Yon ; 1301. — Angré Vigier, clerc, fils de feu Pierre Vigier, Dam. Manoir appel. Champvelle en la par. de Quartier, terres, prés, bois, pêche et mouv. ; 1312 : *Montagut*. (r. 469, p. 95, 114, 121.)

VIGIER (Bonne, v^e d'Etienne), bourg. de Cucy, comme tutrice de leurs enfans Durand, Bertrand et Jean. La garenne de Chambon, et quelques pièces de terre en la par St Remi, dioc. de Clermont : *Billy* ; 1301. — Bertrand Vigier, de Cucy. Cens en grain et argent, par. St Germain : *Billy*, 1353. Non noble. (r. 455, p. 369 ; r. 457, p. 98.)

VIGIER (Eusebe), et Louis, fils de feu Perrin Vigier, Dam., vendent à Robert, Cte de Clermont, Sire de Bourbon, et Béatrix, son ép., une saulée et dr. en dép. en la par. de Contigny : *Verneuil*, 1309. (r. 1377, p. 2772.)

VIGIER (Jean), de la Ferté-Moniale, Dam., et Marguer., son ép., fille de feu Perrin de Bocé, Dam. Terre appel. les Creues, *al*. Creutz, *al*. Creueiz de Perrin de Boucé, par. de Monestey ; autre en la par. de Hauterive, et le dr. de passage au port de l'Allier, etc. : *Verneuil*, 1322,

1342. — Girard Vigier, Dam., leur fils; *Idem*; 1357. — Ysabelle Vigier, de la Ferté, *de Firmitate*, leur fille, v^e de Jean de Neuville, Dam., pour leurs enfans Odonin, Gerard et Agnès. Dom., bois, garenne, cens et tailles ès par. de Colandon et de Tholon : *Moulins, Pougny*, 1366. (*r*. 455, *p*. 43 : *r*. 459, *p*. 229 ; *r*. 460, *p*. 138, 244.)

VIGIER (Agnès), v^e de Hugues Orgueyl, Dam. T. s. de Villemose, par. de Perey, *Peredo* : *Verneuil*, 1322, (*r*. 460, *p*. 94.)

VIGIER (Anselme), de Verneuil, pour sa f^e Marguer. de Semur, *Sinemuro*. Terres, dîmes, bois, cens, rentes et tailles, par. de St Menoux, Maillet, Avenaz et autres : *Hérisson, Murat*, 1322. (*r*. 461, *p*. 38 ; *r*. 462, *p*. 24 ; *r*. 464, *p*. 315.)

VIGIER (Aymon), de Jaligny, Dam. Moitié du terrage des Murs, par. de Chastel-Perron. Trois arr. fiefs, et tout ce qu'il tient en terre, dîmes, cens et tailles à Jaligny ; 1322. — Hugonin et Aymon Vigier, Dam. ; *Idem* par indivis ; 1342 : *Chaveroche*. (*r*. 467, *p*. 322 ; *r*. 468, *p*. 116, 208.)

VIGIER (Salmin, aussi Saumin, etc.), Dam., et Jeanne de Cous, son ép. Maison, t. s. de Contigny ; 1341. — Hugues Vigier, Dam., leur fils ; *Idem* ; 1365, 1378. — Gilbert Vigier, écuyer ; *Idem* ; 1443 : *Verneuil*. (*r*. 459, *p*. 121, 194. 195 ; *r*. 460, *p*. 102, 111.)

VIGIER (Guill.), autrem^t d'Ardaine, paroiss. de Branciat. Rentes en la par. de Cressenges : *Verneuil*, 1342. (*r*. 460, *p*. 34.) — Gilb. Vigier Dam., et Jeanne Vigier, sa sœur, paroiss. de Contigny. T. s. de Vitry *Verneuil*, 1411. (*r*. 460, *p*. 44.)

VIGIER (Bartholomée), et Pierre Vigier, paroiss. de Croisille, *al.* la Crozille. Maisons, terres, bois, etc., en la chatell. de *Montagut* ; 1353. (*r*. 469, *p*. 110, 120.) Non nobles.

VIGIER (Etienne), bourg. de Cucy. Une pièce de terre en la par. S_t Felix ; cens et rentes à Villefranche de Mons : *Billy*, 1366, 1378. (*r*. 455, *p*. 292 ; *r*. 456, *p*. 31.)

VIGIER (Phelippon), pour Jeanne de Monlion, sa f^e. Herbergem^t de Champaigne : *Mirebeau*, 1381. (*r*. 331, *p*. 58.)

VIGIER (Pierre de). Pièce de terre au ter. des Jarrasson : *Billy*, 1410. (*r*. 455, *p*. 287.) Non noble.

VIGIER (Louis de), écuyer, Sr de Prades, fils de Jaques-Ant. Vigier, écuyer. T. s. de Pradore en la baron. de la Tour ; ens. celles du Verdier et de Coulans, par. d'Anglard et autres ; 1669. — Jaques de Vigier, écuyer, son fils ; 1685. *Riom*. (*r*. 499, *p*. 299, 300 ; *r*. 503, *p*. 501.)

VIGIER (Armand du), Chev., Sg. de l'Isle, brigad. des armées. T. s. de Bourneuf, par. de Bruslain : *Melle*, 1687, 1717. (*r*. 435, *p*. 207 ; *r*. 438, *p*. 354.)

VIGIER (Susanne), fille de feu Charles Vigier, Sg. de Massac, et d'Aune de St Hermine, etc. Sixième partie de la t. et seg. de St Laurent de la Prée : *Rochefort*, 1707, 1717. (*r*. 439, *p*. 28, 29, 62.)

VIGIER (Gilbert), cons. au présid. de Moulins, fils de Jean Vigier, aussi cons. aud. siège. T. s. de Pringy, par. d'Agouge : *Bourbon.*, 1717. (*r*. 477, *p*. 589.)

VIGNARD (Guichard), fils de feu Hugonet des Vignes, paroiss. de Dracy. Vente de quelques menus cens percept. en *Beaujolois*; 1323. (*r*. 1389, *p*. 372.)

VIGNE (Jean la), bourg. de Clermont. Dom. noble de Bassarat en la par. et seg. de *Nonette;* 1685. (*r.* 503, *p.* 473; *r.* 504, *p.* 59.)

VIGNES (Louis-Benedict des), écuyer, écuyer chez la Reine. F. s. de Chafort, par. de Prixe-sur-Iseure : *S*^t *P.-le-Moustier*, 1726. (*r.* 481, *p.* 94.)

VIGNOLLES (Nicolas de), écuyer, Sr de Maultour, fils de François de Vignol, écuyer. F. s. du Bouéz, par. de Preveranges ; 1670, 1672. — Balthasard de Vignoles, écuyer, son neveu ; *Idem*; 1677 : *Issoudun.* (*r.* 444, *p.* 49 ; *r.* 445, *p.* 144, 269.)

VIGNON (Girault), boucher, vend à Jean Malat, aussi boucher, une menue rente : *Angoul.*, 1483. (*r.* 1405, *p.* 319.)

VIGO (Guill. de), Dam. Serm^t de fidél. et prom. d'aveu au Sire de *Beaujeu ;* témoins, Jean de Thelis et Hugues de Glecenes, Chevaliers ; 1374. (*r.* 485, *p.* 56.) Au dos : Viague.

VIGOR (Guill. de), Chev., et Guirbert, son frère. Hom. de tout ce qu'ils tiennent au chât. de Caslutz, par. de Canosat, de Murols et autres : *Carlat,* 1266. (*r.* 473, *p.* 152.)

VILETE (Raoul de), Dam., paroiss. de St J. B. de Retornac, dioc. d'Annecy. Le moulin del Boschas, *al.* Waschas, assis sur la Loire, et tout ce qu'il tient en la seg. de la Roche. — Ponce de Vilate, son fils, Dam.; *Idem* : *Forez*, 1319 *ad* 1349. (*r.* 493 *bis, p.* 80, 106, 112.)

VILETE (Pierre de). Cens en la par. des deux Cases : *Murat*, 1322. (*r.* 461, *p.* 74.) Non noble.

VILETE (Pierre de). Cens percep. ès par. de Varennes-sur-Allier et Vorox : *Billy*,..... (*r.* 457, *p.* 129.)

VILETE (Guill. de la), Dam., fils de Robert de Vilete, Chev. Maison, grange, cens, rentes et cout. de la Vilete, acq. de Jean Appensat, bourg. de St Baldomer : *Forez*, 1323. (*r.* 493, *p.* 53.)

VILETE (Etienne de). Maison, dom., grange, cens et rentes à Vilete, près les possessions des héritiers de sire Robert de Vilete, Chev.: *Forez*, 1333. (*r.* 490, *p.* 238.)

VILETE (Ysabelle, v^e de Robert de), Chev. Hospice de Vilete, cens et rentes en la par. de Noirestable : *Forez*, 1334. (*r.* 491, *p.* 23.)

VILETE (Petronille de). Maison et terres au territ. de Vilete et de Noirestable : *Forez*, 1351. (*r.* 491, *p.* 138.)

VILETON (Jean), veuf de Bienvenue, partage entre Guill. et Mathieu, ses enfans, une vigne située près le Puy de la Croix, fait une donation à l'hôpital des pauvres de Montbrisson, et passe à de 2des noces avec Guillemette de Bussy : *Forez*, 1293. (*r.* 1402, *p.* 1346, 1427.)

VILHARDIN (Pierre), lieut. crim. en l'Elect. de Moulins. T. s. de la Roche, par. de Treteau : *Chaveroche*, 1699. — Claude Vilhardin, greffier en chef au bureau des finances de la généralité de Moulins; *Idem* ; 1718. — Jean-Jaques Vilhardin, écuyer, son fils, égalem^t greffier en chef; etc.: *Idem* ; ens. la t. et s. de la Clachere, par. de Monetais-sur-Allier, et menus cens en celle de St Geran-le-Puy ; 1718, 1733 : *Chaveroche, Verneuil.* (*r.* 475, *p.* 248 ; *r.* 477, *p.* 632 ; *r.* 479, *p.* 44, 62, 66.)

VILHARDIN (Pierre), Sr de Belleau. Moitié du fief et seg. de Roger, par. St Geran-de-Vaux : *Chaveroche*, 1717. (*r.* 477, *p.* 519.)

VILHEM, aussi Villam (Phil. de). Dam. Maison, terres, vignes en la par. de Moncelle : *Belleperche*, 1366. (*r.* 465, *p.* 191.)

VILLABEUF (Jean de). Le mandem^t du Monteil de Massiat, t. s. et h. justice : *Auv.*, 1437. (*r.* 471, *p.* 10.)

VILLACOT (Marguer., fille de feu Guill. de), Damoiselle, v^e de Jean Glonoy. F. s. de Dariseules, par. de l'Ouroux, *de Oruthorio : Belleperche*, 1375. (*r.* 454, *p.* 14.)

VILLAHONORIS, Chastel-Henur (Landri de), Chev. et Ermengarde de St André, son ép., accensent à René Baton, orfèvre, et Philippine, sa f^e, bourg. d'Angoul.; un *plaidure* en la même ville, sous la seule charge de mouvance, et exempt de celles soit de Demoiselle à marier, soit de nouvelle chevalerie, etc.; 1271. (*r.* 1405. p. 320.)

VILLAIM (Aymonin du), Dam. Maison, dîmes, garenne, bois, cens et tailles en la par. de Nassignat : *Hérisson*. 1301. (*r.* 464, *p.* 128.)

VILLAIN (Perrot), fils de feu Hugues Villain, de Perreigny. Tailles et autres dev. sur six tènemens situés à la Faye : *Bourb.-Lancy*, 1316. (*r.* 467, *p.* 85.)

VILLAIN (Jean), tient du Cte de Forez un emplacement à Hauterivoire, à l'effet d'y créer un étang : *Forez*, 1470. (*r.* 1402, *p.* 1279.)

VILLAINES (Nicolas de), trés. de France, par success. de Charlotte du Buisson, sa mère. T. s. de la Condemine, Sarragousse, etc., par. de Bussiere ; ens. divers fiefs, dîmes, cens et autres dev. acq. d'Anne de Choiseul, v^e de François Popillon, écuyer, Sr de Juriau, et de Charles Popillon, leur fils, de J. B. Girondel, écuyer, Sr de la Dauphinée, et de Marguer. de Lingendes, sa f^e, et autres : *Belleperche, Bourb., Chaveroche, Hérisson, Moulins*, 1685 *ad* 1712. (*r.* 474, *p.* 580 ; *r.* 475, *p.* 16 ; *r.* 476, *p.* 161, 207, 239, 247 ; *r.* 477, *p.* 4, 14, 66.) — Nicolas, Sg. de Villaines, trés. de Fr. T. s. du Bouis, terrage et dîme de St Pardoux, par. de Teneuille ; autres dîmes ès par. de Cerilly et de St Plaisir ; ens. les t. et seg. du Moulin-Porché, Chalinois et les Noix, par. de Charly, acq. de J. B. Thibord, écuyer, Sg. de Chausseau, lieut. au rég. de Poitou, et de Joseph Thibord, son frère, enfans de François Thibord : *Aynay*, 1720. (*r.* 478, *p.* 54.) — Jeanne-Marie de Villaines, v^e de Lambert Héron, écuyer, trés. de Fr. T. s. de Corme, par. de Branssat ; fief de la Condemine, par. de Buxiere ; et, pour Elisab. Heron, sa fille ; la t. et seg. de Cordebœuf, par. de Paray sous Brialle : *Billy, Bourb., Verneuil*, 1725 *ad* 1736. (*r.* 480, *p.* 86 ; *r.* 481, *p.* 11, 185.)

VILLALATE, aussi Villate (Barthelemy de), paroiss. de Teneuil. Moitié du chesau de Villate, terres, prés et bois : *Bourbon.*, 1407. (*r.* 463, *p.* 119.) Non noble.

VILLALLATE (Durand), Sr de Coutive. F. s. de Peupheilloux, par. de Vallou : *Hérisson*, 1709. (*r.* 476, *p.* 235.)

VILLAMONTEYS (Jean de), notaire à Baronet-Gaurant, tient du Cte de Forez une maison à la Carrière Neuve de *Montbrisson*; 1303. (*r.* 1402, *p.* 1384.)

VILLANDRANDO (Rodrigue de), Sg. de Ribedieu, écuyer d'écurie du Roi Charles VII. Chât. de Puseigne en Dauphiné, à lui donné par le Roi en récompense de ses services contre Alays de Veyras, f^e de Guill. de la Balme, Chev., et Louis de Chalon Chev., soi disant Prince d'Orange, partisans du Duc de Bourgogne ; 1430 ; son mariage avec Marguer., sœur naturelle du Duc de Bourbon qui lui donne en dot la chât. d'Ussel ; 1433,

1436. (r. 1363. p. 1245 ; r. 1364, p. 1380 ; r. 1371, p. 1932 ; r. 1376, p. 2475, 2489.)

VILLANTROIS (Jean de), curé de Mehun-s.-Y. Maison aud. lieu, acq. de Nicolas de Rigaud d'Esgrefeuille, écuyer, Sr du Crotot; 1679 ; 1682. — Jean de Villantrois, Me partic. des eaux et forêts de Vierzon. F. s. du Hautpuys, par. de Vouzeron ; 1683. — Jean de Villantrois, son fils et de Cather. de Lauverjac. Moitié du susd. fief et de l'étang Simoniu, par. de Vouzeron ; 1691. — Jean de Villantrois, proc. du Roi aux baill., châtell., eaux et forêts du Comté de Romorantin, fils de Jean de Villantrois. Métairie de Vaux, à présent l'Alouete, par. de Vierzon ; 1705 ad 1717. — Etienne de Villantrois, bourg. de Romorantin, pour Perpétue de Villantrois, hérit. de Cather. de Lauverjat, sa mère. Une pièce de terre en la par. de Brinay ; 1719. : *Mehun-s.-Y., Vierzon.* (r. 445, p. 352, 429 ; r. 447, p. 85 ; r. 448, p. 109, 140 ; r. 449, p. 34, 282.)

VILLARMOIS (Jaques de la), écuyer, gendarme du Roi. F. s. de la Randiere, du Bois-Loubatier et autres lieux, par. de Tenezay: *Parthenay*, 1699. (r. 436, p. 285 et suiv.)

VILLARS (Etienne, Sg. de). Les fiefs de Channeins : *Beaujeu*, 1234. Sa ve Beatrix. Dame de Villars et de Thoire, s'accorde avec Guichard, Sire de Beaujeu, au sujet de plusieurs tenures féodales ; 1253. (r. 487, p. 6 ; r. 1374, p. 2457.)

VILLARS (Humbert, Sg. de), et de Thoire, Chev., recon. tenir en fief de la baron. de Beaujeu le bourg de Villars, les chât. de Monteulx, Coursin, Monteiller, et la maison de St Ollive ; 1271. Même reconnoissance pour lui et Humbert son fils, Sg. de Montluel ; et projet de mariage entre celui-ci et Eléonore, fille de feu Louis de Beaujeu, et sœur de Guichard de Beaujeu ; 1291 ; mariage effectué avec concession d'une dot de 8000 l. Vienn. ; 1295, 1296. Ce dernier rend hom. du chât. de Chatelard à Henri, archev. de Lyon, son oncle ; 1295 ; et du mandemt de Treves à l'Eglise de Lyon ; 1304. (r. 1367, p. 1514 ; r. 1374, p. 2451, 2469 ; r. 1389, p. 157, 226, 229 ; r. 1392, p. 643, 656, 657.)

VILLARS (Guill. de), Dam. Maison et tour à Villars ; dom., bois et h. j. en la par. de Flore : *Chaveroche*, 1300. (r. 468, p. 365.) Voy. Villers.

VILLARS (Jean de). Chev. Moitié de la dîme de Prunerey, et une grange en la par. de Tresail : *Chaveroche*, 1301. (r. 468, p. 284.)

VILLARS (Jean de), Dam., fils de Simon de Villars, Chev. T. s. de Glene, la Jarrie, Noireterre et Helion ; ens. le moulin de Lubie : *Billy*, 1343. (r. 457, p. 60.)

VILLARS (Imbert), sire de Villars, Chev., porte plainte au Roi contre Jean de Laye, Arthaut de St Germain, Pierre de Fuigiere, Chevaliers ; Betumez de Leye et Aynemoz de Barrey, écuyers, lesquels sont venus assaillir son chât. du Bois qu'il habite, ont enlevé ses bestiaux, etc. ; 1358. (r. 1359, p. 754.)

VILLARS (Humbert de), fils de feu Humbert, traite de son mar. avec Marie, fille d'Amédée (III), Cte de Genève ; mars 1366. (r. 1393, p. 933.)

VILLARS (Humbert de), et son fils Humbert, mari d'Alise, fille de feu Aymar, Sg. de Rossillon, d'une part ; et Ayrard de la Tour, Sg. de Vignay d'autre part, partagent entre eux le chât. t. s. de Vignay ; 1367 ;

led. Humbert et son ép. Alise avaient auparavant rendu hom. au Roi de la baron. d'Annonay ; 1363. Lettres de grâce obtenues par *Humbert fils* pour divers excès commis par lui et ses gens ; 1367. (*r*. 1360, *p*. 817 ; *r*. 1362, *p*. 994 ; *r*. 1393, *p*. 917.)

VILLARS (Bertrand), Sg. de Rossillon, et Alise, son ép., transigent avec Aymard, Sg. de Viguay, au sujet de la terre de Suyrieu ; 1366. (*r*. 1361, *p* 991.)

VILLARS (Bernard de), Dam T. s. de Villars ; présent, Plotard de Chastellus, Chev. : *Chaveroche*, 1366. (*r*. 468, *p*. 163.) Au dos de la pièce : *Villers*

VILLARS (Humbert de), Sg. de Thoire, Humbert, son fils, et Ysabelle de Rossillon, vendent à Jean, Sg. de Montchal, Chev., une aide percept. à Annonay ; 1367. (*r*. 1360, *p* 795.)

VILLARS (Humbert, aussi Ymbert), sire de Villars et de Thoire, Chev., fils de feu Humbert, donne à Phil. de Levis, Sg. de la Roche, époux de sa sœur Eleonore de Villars, la t. et seg. de Mirabel en échange de celle de Bosc, *al*. Buxy : *Forez*, 1380, 1386. (*r*. 1360, *p*. 803 ; *r*. 1397, *p*. 614 ; *r*. 1398, *p*. 712.)

VILLARS (Humbert de), fils de Humbert, Sg. de Thoire et de Villars. Son traité de mar. avec Louise, fille de Louis de Poitiers, Cte de Valentinois ; 1389. (*r*. 1375, *p*. 2509.) Cet Humbert est dit VIII du nom, dans l'Art de vér. les dates.

VILLARS (Humbert, Sg. de), de Thoire, Rossillon et Annonay, donne à Ysabeau de Harcourt (qu'il avoit épousée en 1383) l'étang de Combes, en la par. de Prouse ; 1385 ; ens. la terre de Chatelard et le chât. du Bois ; 1395 ; avec la seg. de Rossillon en Viennois ; 1397 ; et, en considération des services importans que lui a rendus son beaupère le Cte de Harcourt, il lui transporte, dans le cas de non postérité, ses t. et s. d'Annonay, Argoire, Brilliau, Riviere, Aubespin, la forteresse de Ste Croix, et tout ce qu'il possède à Mornant, à St Romain en Jarese, dans les sénéchaussées de Beaucaire, de Lyon, du Vivaras, et baill. de Macon ; 1400 ; fait son testament l'année suiv. ; acquitte une oblig. passée à Etienne de Bussi, Dam. ; vend à Amédée, Cte de Savoye ses chât. et terres de Villars, Montréal Beauvoir, etc., moyenn. cent mille florins ; et à Louis, Duc de Bourgogne, Sire de Beaujeu, les chât. de Trevoux, d'Ambrieux en Dombes et de Chatelard, réservé l'usufruit ; 1402, 1403. (*r*. 1362, *p*. 997 ; *r*. 1375, *p*. 2478, 2524 ; *r*. 1389, *p*. 355 ; *r*. 1391, *p*. 527 ; *r*. 1392, *p*. 632, 657, 660 ; *r*. 1393, *p*. 905.) — Autres Humberts ; 1404 *ad* 1416. (*r*. 1358, *p*. 586 ; *r*. 1360, *p*. 811, 822 ; 1389, *p*. 218.)

VILLARS (Eudes de), Cte de Genève, hérit. univ. de feu Humbert de Villars, Cte de Genève ; 1401. (*r*. 1375, *p*. 2496.) N^a. Pierre, Cte de Genevois, par testam. du 24 mars, avoit institué pour hérit. Humbert de Villars, son neveu, fils de Marie de Genevois, sa sœur aînée (v. ci-dev. Marie de Genève), à la charge par celui-ci d'instituer à son tour, en cas de prédécés Odon ou Eudes de Villars, son oncle ; celui-ci ayant succédé, transigea de ses droits. (Art. de ver. les dates.)

VILLARS (Simon de), Chev. paroiss. de Libie, *Libiaci*, pour Isabelle, sa f^e. Maison de St Mars ; ens. les ténemens de la Fay et de la Quarrelle en la chatell. de Semur : *Beaujeu*,..... (*r*. 489, *p*. 129.)

VILLARS (Guill. de), écuyer, Sg. de la Bruyère et de Verderonne, vend à Marie de la Porte, v^e de Jean le Maire, dit Renouart, écuyer, une rente à prendre sur ses t. et seg. sises en *Beaujolois*; 1417. (*r.* 1362, *p.* 1080.)

VILLARS (Jean de), dit Barillet, écuyer d'écurie du Duc de *Bourbon*, obtient de lui, sa vie durant, le chât. et forteresse de Blans-Foussés, dom. cens et rentes en dép., de la même manière dont en avoient joui feue Anette de la Pierre, f^e du Sg. de Chaseul, et après elle Ant. de l'Espinace, Sg. de Chaseul, son fils; 1429. (*r.* 1378, *p.* 3056.)

VILLARS (Marie de). T. s. de Montchenin et de Beaumanoir : *Aynay, Hérisson*, 1506. (*r.* 453, *p.* 199.) Voy. Villers. 1443.

VILLARS (Gilbert de), écuyer. T. s. d'Ausinais, de la Barre et de Mauvisiniere, par. de Doyat, de Deneuille et de Biseneuille ; 1686. — Gilbert de Villars, Chev., major de cavalerie; *Idem*; ens. la t. et seg. de Beaufrancon, par. de Malicorne, le fief de Montavant, et le tiers de la g^{de} dîme de Giverlay, par. de Rouguier ; 1717, 1720. — Claude de Villars, écuyer, son fils, sous la tutelle de son oncle Claude Villars, écuyer, Sg. de Mauvisiniere ; *Idem*; 1724, 1728 : *Hérisson, Murat*. (*r.* 474, *p.* 602; *r.* 477, *p.* 485 ; *r.* 478, *p.* 81, 534, 535 ; *r.* 479, *p.* 69 ; *r.* 480, *p.* 58.) — Claude de Villars, Chev., comme mari d'Aymée de Neuchaize, fille de Michel de Neuchaize, Chev. T. s. du Plessis, par. St Léopardin: *Bourb.*, 1736. (*r.* 481, *p.* 191, 192.)

VILLATTE (Pierre de la), paroiss. de Teneul, Guill., Pierre et Bartholomée, ses frères ; Jean et Perrin de la Villate, leurs parens. Chesal de la Villate, dom. pêche, garenne et menus cens ; 1388. — Perrin de la Villate, pour sa f^e, fille de feu Pierre Panres. Moitié d'une maison, terre et dr. au chesal de Caminere, par. de Teneul ; 1395. — Berthomer de la Villate, paroiss. de Teneuil, et Marguer. sa f^e. Deux parts de la dîme de Trésiere, terres, prés et rentes ; et, pour Pierre, *al*. Denis de la Villate, son neveu, fils de Pierre ; 8e partie du chesal de la Villate, et 4e partie de celui du Biozay; 1405, 1410 ; témoin, Simon de Breuil, écuyer. — Laurent de la Villate, fils de feu Jean de la Villate, Louise, Perrin, Berthomer et Cather., ses frères et sœurs. Sixième partie du même chesal de la Villatte, maison, terres, prés, bois ; 1410 : *Bourbon*. (*r.* 463, *p.* 162 ; *r.* 464, *p.* 144, 200, 239, 351 ; *r.* 465, *p.* 2, 12.) Non nobles.

VILLATTE (Charles), notaire, et Louis Viallatte, proc. au baill. de Culant, fils de Charles Villate et de Gilberte de Jobert. Rente en grain en la par. de Perassay, acq. de François du Chier, Sg. de Chàssin, et de Gilberte Maugenest, son ép., par de Perassay : *Issoudun*, 1708 *ad* 1725. (*r.* 448, *p.* 164, 204 ; *r.* 451, *p.* 69, 167.)

VILLATTE (Durand), lieut. en l'Elect. de St Amand. T. s. de Puisaloux, par. de Valon : *Hérisson*, 1717. (*r.* 477, *p.* 230.)

VILLAUMONT (André, fils de feu Et. de), cède à Jeanne, fille de feu Macton de Matonneres un pré et une partie de terre: *Bourbon.*, 1350. (*r.* 461, *p.* 58.)

VILLE (Girard de la), Chev. Maison, t. s. des Essartignes, par. de Brien, dioc. d'Autun : *Beaujeu*, 1269. (*r.* 489, *p.* 136.)

VILLE (Johanin de). Une pièce de terre contigue au chemin de Cordelle : *Forez*, 1309. (*r.* 1395, *p.* 393.)

VILLE (Leonnet de), Chev. Herbergement, al. hôtel de Billie : *Mirebeau*, 1385, 1408. (r. 330. p. 61, 62.)

VILLE (Clément de la). Maison, verger, vignes et rentes ès par. de Sauciat, Chareil et autres : *Chantelle, Verneuil*, 1410. (r. 458, p. 328.) — Clément de la Ville, notaire. Moitié d'une maison, verger et vigne; ens. d'une dîme de sang, par. de Cessat et de Chenillat : *Chantelle*, 1443. (r. 459, p. 2.) Non nobles.

VILLE (René de), Sg de la Varenne. Isle de Chappouyn, par. de la Varenne : *Chât.-Ceaus*, 1454. (r. 332, p. 100 ; r. 341, p. 126, 155.)

VILLE (Léonnet de), écuyer. Hôtel, tour, forteresse et dép. de Billie : *Mirebeau*, 1466. (r. 330, p. 61.) Rel. de lui : Floridas Frotier ; François de Lonnoy, écuyers.

VILLE (Annet de la), fils de Jean de la Ville, trés. de Fr. Rente en directe appel. de la Rochette, par. St Nectaire en la baron. de la Tour : *Riom*, 1669. — Jean la Ville, cons. au présid. de Clermont, fils de Jean de la Ville, trés. de Fr., Chev. Maison noble de la Tour-fondue; dîmes, cens et rentes, à Murat, Crest et St Vincent, etc. : *Riom*, 1669, 1676. — Jean de la Ville, son petit fils, écuyer, secrét. du Roi, Sg. d'Aubigny. Même maison noble de la Tour-fondue ; ens. la rente de la Rochette ; 1723. (r. 499, p. 401, 486 ; r. 501, p. 11 ; r. 502, p. 6 ; r. 508, p. 69.)

VILLE (Michel la), cons. en la cour des aides de Clerm.-Fer. Dom. noble de Vergnes, dîme et rentes, par. de St Saulve, en la baron. de la Tour : *Riom*, 1669, 1676. (r. 499, p. 450; r. 501, p. 14.)

VILLE (Henri de la). Mas et ténemens de la Forest, Boche et St Fargeol en la baron. d'Herment : *Riom*, 1670. (r. 500, p. 67.)

VILLE (Jean la), Sr de Rochefort, cons. au présid. de Clermont. Cens et rentes en la par. de Blanzat : *Clermont*, 1716. (r. 507, p. 58.)

VILLE (Nicolas de), ancien capit. d'infanterie, ingénieur ordin. du Roy. Maison à *Lyon*. — Nicolas-François de Ville, son fils, écuyer, lieut. de la G^{de} Venerie du Roi. Maison et terre appel. le Musard, par. St Germain sur Bresle : *Lyonnois*, 1728. (r. 810, p. 5, 6.)

VILLEARNOUL (Gui de), Dam. Dom., bois, dîme, tailles et cout. ès par. de Sindré et de Brocé : *Chaveroche*, 1300. (r. 468, p. 289.)

VILLEBAN (Mathieu de), fils de Guill. de Villeban, *Villabanni*, Chev. Quatre parties de bois en la par. de Melliers, par lui vendues au Sire de *Bourbon* ; 1296. (r. 1356, p. 290.)

VILLEBAN (Perrin de) Maison, dom. et mouv. de Villeban, par. d'Autri et de Magler, excepté deux terres qu'il relève du sire Aymé Berchard, Chev. ; 1300. — Jean de Villeban, Dam.; *Idem*; 1356, 1374. — Guill. de Villeban, curé de Trongi, pour lui, Guill. et Halide, enfans de feu Jean de Villeban, Dam. son frère; *Idem* ; ens. la maison de Coture, *al.* Couture, garenne, cens et tailles ; 1382 : *Souvigny, Verneuil*. (r. 459, p. 184 ; r. 467, p. 149, 165, 181, 186.)

VILLEBAN, *al.* Villebaon (Guill. de), Dam. La dîme de Bris, terres, cens et tailles en la par. de *Bourbon ;* 1322. (r. 464, p. 252.)

VILLEBAN (Jean de), Dam. Cens et tailles percept. à Bourbon ; 1350. — Jean de Villeban, Dam. Cens et rentes sur divers chesaux : *Bourb.*, 1374. (r. 463, p. 153 ; r. 465, p. 4.)

VILLEBAN, *al.* Villebaon (Jean de), Dam. Moitié de l'hôtel ou chesal de Giyps, *Gipciaco*, qui fût à Guill. de Villeban, Dam.; dîme et tailles ès par. de Gipsi et de *Bourbon* ; 1356. (*r*. 464, *p*. 37.)

VILLEBAN, *al*. Villebon (Jean, sire de), écuyer, à cause de sa f⁰ Agnès fille de feu Guiot de Costure. La mote de Giulay, dom. et seg. en dép.; ens. l'hôtel et seg. de Costure, vignes et censives à Besson, et dîmes à Trebent et à Monestay : *Hérisson*, *Verneuil*, 1375. (*r*. 460, *p*. 5 ; *r*. 462, *p*. 53.)

VILLEBERT (Jaques), fils de feu Hugues de Villebert. Troisième partie du bois du Bouloy, de terres et mouv. en la châtell. de Luzy ; 1310. — Girard de Villebert, fils de feu Robin de Villebert, pour Sibille, son ép. Dom. et mouv. en la par. S⁺ Symphorien de Marmaigne ; 1310. — Girard de Villebert, Ysabelle son ép. et Guill. leur fils, recon. devoir une rente annuelle au Sg. de Luzy, à cause de leur ténem⁺ et dr. en dép., assis en la par. de S⁺ Symphorien, chatell. de Huchon ; 1312 : *Beaujeu*. (*r*. 489, *p*. 290, 291 ; *r*. 1392, *p*. 723.)

VILLEBRESME (Françoise de), v⁰ de François Tissart, écuyer. Fief du Plessis Mauleville ; ens. l'hôtel et dép. de la Guespiere : *Amboise*, 1530, 1539. (*r*. 364, *p*. uniq.; *r*. 432, *p*. 168.)

VILLEDIEU (Hugues de), Dam., paroiss. de S⁺ Maurice, au dioc. d'Annecy, échange avec Guigue de la Roche, Chev., divers cens et rentes assis à Mans, et vend à André Ruffi du Bosc une vigne au même lieu : *Forez*, 1326, 1339. (*r*. 1397, *p*. 603, 606.)

VILLEDIEU (Arthaude, fille de feu Aymard de), sous la tutelle d'Amédée-le-Verd. Tour, maison et dép., sises au chât. de S⁺ Victor, données à feu Pierre de Villedieu, son frère, par feu Louis, C⁺ᵉ de *Forez* ; 1378. (*r*. 494, *p*. 90.)

VILLEDON (Jaques), écuyer. T. s. de Villedon : *Marche*, 1506. (*r*. 452, *p*. 269.)

VILLEDONT (Christophe de), écuyer. T. s. de Chanteloube, par. de *Monmorillon* ; 1678. (*r*. 435, *p*. 72.)

VILLEFORT (Jean de), Dam. Hôtel, dom. et seg. de Noalle : *Billy*, 1342. (*r*. 457, *p*. 77.)

VILLEFORT (Jean de), Dam., à cause d'Alise de Villebon. Hôtel, t. s. de Mellars, acq. de Helie de Mellars, *al*. de Giverlay, Chev. : *Verneuil*, 1393. (*r*. 460, *p*. 131.)

VILLEGUENAUD (Jeanne), v⁰ de Jaques Auger, m⁴ à Vierzon. Hôtel des Trois-Rois : *Vierzon*, 1676. (*r*. 445, *p*. 251.)

VILLEJAQUE (Guinet de), Dam. Haute just., dîme, cens et rentes au vill. de S⁺ Hilaire de la Rey : *Gannat*, 1377. (*r*. 457 *bis*, *p*. 67.)

VILLELMINE (Louise de), f⁰ de Pierre de Forges, écuyer, Sg. de Gourdon. Hôtel, t. s. du Bois, par. de Chirat : *Chantelle*, 1444. (*r*. 458, *p*. 298.)

VILLELMUE (Charles de), écuyer, *al*. Villelmie. Chât. t. s. de la Roche-au-Thaon ; 1443. — Guill. de Villelmue, écuyer; *Idem*; 1506 : *Hérisson*. (*r*. 453, *p*. 46 ; *r*. 462, *p*. 168.)

VILLELOBER, aussi Villelouber (Perronin de), Dam. Cens et rentes ès par. de Senac, S⁺ Porcien, Brillat et du Theil ; *Chantelle*, *Verneuil*, 1301. (*r*. 458, *p*. 221 ; *r*. 460, *p*. 253.)

VILLELOBER (Perronin de), Dam. Cens en la par. et chatell. de Janzat, *al.* Genziat : *Rochefort,* 1301. Jean de Villelouber, fils de Pierre de Villelouber, Dam. Terres, cens et tailles : *ibid.,* 1322. (*r.* 469, *p.* 37, 43.)

VILLELUME (André et Ant. de), frères. T. s. de Fontenilles : *Chantelle, Murat,* 1505. (*r.* 453, *p.* 122.)

VILLELUME (Ant. de), Chev. F. s. du Teil : *H. Marche;* 1669. (*r.* 474, *p.* 231.) Signe : Le Teilh Villelume.

VILLELUME (Jean-Gaspard de), écuyer, Sg. de Bobiere, mari de Claire de la Ville, stipulant pour lui Blaise de Blauchefort, écuyer. T. s. de Confolans, par. de Mirmont : *Riom,* 1669. (*r.* 499, *p.* 681.)

VILLELUME (Marguer. de), pour son mari Gilbert de St Quentin, écuyer. T. s. de Beaufort, Elect. de Clermont : *Riom,* 1670. — Louise de Villelume, prieure du monast. de St Genest ; 1670. (*r.* 499, *p.* 719, 739.)

VILLELUME (Maximilien de), Chev., fils de Jean-Charles de Villelume. T. s. de Barmontel, et de Chat.-Brun ; 1670. — Anne-Marie de Villelume, de Barmontet. Même t. et seg. de Chât.-Brun ; 1723 : *Riom.* (*r.* 499, *p.* 716 ; *r.* 508, *p.* 136.)

VILLELUME (Gilbert de), écuyer, fils de Jean de Villelume et d'Anne de Gimel. T. s. de Villediere, par. de Sauvaniac ; ens. la t. et seg. des Giraudz, par indivis avec Ant. de Gimel, écuyer : *Riom,* 1684. (*r.* 503, *p.* 266.)

VILLELUME (Nicolas-Louis de), Chev. Fief de la Roche-Othon, par. de Chastelous ; t. s. de Pontcharraud, par. St Benin : *Ainay, Hérisson,* 1688. — Louis de Villelume, écuyer, son fils ; *Idem,* 1694. (*r.* 474, *p.* 738 ; *r.* 475, *p.* 11, 12, 56, 57.)

VILLEMAN (Renaud de), Chambellan de Robert, Cte d'Artois, Sire de Bourbon, est confirmé par ce Prince en la possession de ses dom. et dr. situés en *Bourbonnois :* fait à Arras, le 1er de l'an 1294. (*r.* 458, *p.* 158.)

VILLEMOL (Jean), *al.* Buraul, par. de Cerilly, et Jean Moreau, à cause de Marguer. sa fe, fille de Berthomer de Cheuraiz. Un pré et deux parts d'un autre appel. de Fraigne : *Bourbon,* 1417. (*r.* 464, *p.* 376.) Non nobles.

VILLEMONIME (François de), écuyer. F. s. de Lamousiere ; *Marche,* 1669. (*r.* 474, *p.* 143.)

VILLEMONT (Pierre de la), Dam. T. s. de Sauzet : *Gannat,* 1374. (*r.* 458, *p.* 56.)

VILLEMONT (Gilbert-Henri), écuyer, à cause de la Dame de Veyny, son ép. T. s. de Fernoil, Barges, Chaumes et les Rainades : *Riom,* 1669. (*r.* 494, *p.* 603.)

VILLEMONTÉE (Françoise de), abbesse de St Benoit de Bragheat ; 1670, 1686. (*r.* 502, *p.* 103 ; *r.* 505, *p.* 65.)

VILLEMORIN (Liger et Perrin de), enfans de feu Jean de Villemorin ; Etienne et Pierre de Berton, enfans de feu Pierre-Grandjean de Berton. Hôtel des Granges, par. de Teneul, dom. et dr. en dép. : *Bourbon,* 1388. (*r.* 465, *p.* 63.) Non nobles.

VILLEMUR (Arnauld de), Vte de Villemur, *de Villamaro,* en la Sénéch. de Toulouse, Sg. de Calvinet, au duché d'*Auvergne,* lègue à Durand et Jean de Montault, *de Monte alto,* ses neveux, et aux enfants de

Jeanne de V lemur, sa fille, jadis ép. de Jean de Montault, un marc d'argent ; et instit. pour hérit. univ. son neveu Jaques de Villemur, Chev., fils de Jean de Villemur ; 1382. — Led Jacques teste en faveur de son ép. Marguer. de *Castro percio*, dans le cas où il n'en auroit point d'enfans ; 1415 : et obtient du Roi la faculté de racheter la terre de Ronsin, *al.* Rossin en Rouergue, vendue à Ponchon de Langeac ; 1416. — Jean de Montault, écuyer d'écurie du Roi Charles (VII), Sg. de Carbonnieres, et Amaury, son frère, réclament le vicomté de Villemur, vacant par les décès successifs des précédens, comme leur plus prochains héritiers ; 1439. Nonobstant cette réclamation, on voit Arnaud, Vte de Villemur, Sg. de Calvinet, de la Vinzelle et de Moret, qui institue son hérit. univ. Jaques de Villemur, son neveu ; 1440. (*r*. 1356, *p*. 293, 294 ; *r*. 1361, *p*. 95 ; *r*. 1370, *p*. 1902.)

VILLENE (Marguer. de). Moulin, étang de Vi, terres, cens et rentes en la par. d'Averines : *Moulins,* 1368. (*r*. 454, *p*. 147.)

VILLENEUVE (Guillemet de), pour lui et Jean, frère de Villemette de Villeneuve, son ép. ; 1311. — Jean et Guill. de Villeneuve ; 1338. — Alise, fille de feu Guill. de Villeneuve, et André de Chalneu, son mari ; 1341. Cens, rentes et autres dr. sur le tènem^t de la Faurie, au mandem^t de Cernerie : *Forez.* (*r*. 491, *p*. 105, 153 ; *r*. 492, *p*. 150.)

VILLENEUVE (Pierre, Jean et Jeanet de), frères, vendent à Guichard, Sire de *Beaujeu,* la huitième partie d'un moulin en la par. de Jullennes, *al.* Quelleu ; 1326. (*r*. 1390, *p*. 455.)

VILLENEUVE (Michelet de), pour sa f^e Ysabelle, fille de feu Hugues Amonin, de Villete. Diverses parties de dom., bois et censives à Savaige : *Beaujeu,* 1335. (*r*. 489, *p*. 121.)

VILLENEUVE (Thibaut), fils de N. Villeneuve. Tailles en la par. de Vrinays : *Belleperche,* 1342. (*r*. 465, *p*. 174.)

VILLENEUFVE (Gabrielle de la), v^e de François Araby, secrét. des comptes du Duc de Bourbon, à présent f^e de Jean de Fourestz. Vente aud. Duc. d'une vigne et jardin près de *Moulins ;* 1503. — Louis de la Villeneuve, médecin du Duc de Bourbon. Vente d'objets semblables ; *Idem* ; 1503, 1518. (*r*. 483, *p*. 28 ; *r*. 1374, *p*. 2346, 2348.)

VILLENEUVE (Gabriel de), écuyer, Sr de Beauvais, neveu de Louis de St Hirier, écuyer, et comme son proc. F. s. de Chambon : *Marche,* 1669. (*r*. 474, *p*. 124.)

VILLEQUIER (Artus de), Chev. Vicomté, t. s. de la Guierche ; ens. la moitié des fiefs anciens de *Montfaucon ;* 1484. (*r*. 353, *p*. 6, 11.)

VILEREYS (Raynaud de), Archid. de Macon, transige avec Jean, Cte de *Forez,* sur le dr. de chasse, et lui cède sa maison de Verney et dép. ; 1290, 1306. (*r*. 225, *p*. 324.)

VILLERAY (Annequin de), en Ollandres. Conventions matrimoniales avec Babel Forghaud, de Sauvigny, *Silvigniaco: Bourb.,* 1392. (*r*. 1357, *p*. 313.)

VILLERS (Guill. de), Dom. et dr. en la par. de Trongi : *Verneuil,* 1300. (*r*. 460, *p*. 258.) Non noble.

VILLERS (Ysabelle de), Damoiselle, v^e d'Et. de la Vesce, ou Velce, *Velcia,* autrem^t de Banheux, Dam., pour elle et Jean leur fils. Hôtel de *Sospesiis,* dom., bois, dîmes et seg. és par. de Trenay. St Giran, St Loup et autres : *Belleperche, Billy, Moulins,* 1343. (*r*. 465, *p*. 144.)

VILLERS (Guill. et Jean), Dam.; 1350. — Guill. de Villers, dam., fils d: Jean; 1374, 1404, 1410. — Archinbaud de Villers, écuyer; 1443. Hôtel, t. s. de Villers; autre assis au Riaùl; dîmes de Chagi et de Genestines, moulins, étangs, etc. : *Belleperche, Chaveroche, Moulins.* (*r.* 454, *p.* 80; *r.* 465, *p.* 187; *r.* 468, *p.* 19, 212.)

VILLERS (Hugues de), Chev. T. s. de Vaubruant, par. de Flore : *Chaveroche,* 1350. (*r.* 468, *p.* 214.)

VILLERS (Guill. de), Métairie de la Toynardie, et dom. de la Ferriere en la par. de Juppilles : *Chât.-du-Loir,* 1405. (*r.* 344, *p.* 17, 70.) Rel. de lui : Jean des Roches, Chev., à cause de son hebergem^t de Breel.

VILLERS (Guill. de). Maison, dom., cens et rentes ès par. de St Germain d'Entrevaux et de Monestay : *Verneuil,* 1443. (*r.* 459, *p.* 103.) Non noble, et la qualité de Damoiseau rayée au texte.

VILLERS (N.), écuyer. Hôtel, mote, t. s. de Montchenin, ès par. de Cosne, Vitret et autres : *Aynay, Hérisson,* 1443. (*r.* 462, *p.* 231.)

VILLERS (Archambaud de) veuf de Dauphine de Culant, pour lui et leurs enfans Jaques, Jean, Jeanne et Huguete, tient du Duc de *Bourbon,* la baillie des hommes de Culant, de Boullet et la Coldre; 1463. (*r.* 1374, *p.* 2370.)

VILLERS (Les enfans de feu Archambaud de), sous la tutelle de Guill. de Villemur, écuyer, Sg. de la Roche-Authon, tiennent les fiefs et seg. de la Mothe et de la Guierche : *Hérisson,* 1506. (*r.* 452, *p.* 57.)

VILLERS (Jeanne de), Damoiselle. Huitième partie de la seg. de Villers, cens, rentes et tailles : *Chaveroche,* 1505. (*r.* 452, *p.* 53.)

VILLESCOT (Guill. de), écuyer, fils de Guill. Maison de Villescot; dom. et dr. féod. ès par. de Sermaige, St Ligier, et St Hilaire : *Chât.-Chinon,* 1396. (*r.* 469, *p.* 145.)

VILLETE (Béatrix, v^e de Perrohin de), notaire, du consentement de Gillet, leur fils, vend à Guichard, Sire de *Beaujeu,* ses dr., usages et cout. sur les tenanciers des par. de Chavaigne et de Saucigny; 1324. (*r.* 1389, *p.* 339.)

VILLETE (André de), dit aussi de Froideville, *de Frigida villa,* paroiss. d'Augier. Censives en la par. d'Escoral : *Thiers,* 1334. (*r.* 472, *p.* 42.)

VILLETE (Henri de), dit Charbuele, Dam. Serm. de fidél. et prom. d'aveu au Sire de *Beaujeu*; 1378. (*r.* 487, *p.* 37.)

VILLETOIS, *al.* Villatois (Marguer., v^e de Jean), pour leurs enfans. Le chesal de Villatois, maisons, dom. et dr. en dép. : *Bourbon.,* 1388. (*r.* 464, *p.* 85.) Non noble.

VILLEVAULT (Louis de), cons. au parl. de Metz, fils d'Ant.-Louis de Vilevault, cons. au parl. de Paris. T. s. de Couesmes, Vausay, etc.: *Beaum-le-Vte,* 1690, 1692. (*r.* 421, *p.* 14, 29.)

VILLEVIGNE (Regnaut de). Maison sous la Tour de Hubant, terres et vignes contiguës; ens. le péage de *Hubant*; 1351. (*r.* 470, *p.* 130.)

VILLIERS (Jean de), Chev., sire du Hommet et de Pacy, à cause de Louise de Laval, sa f^e. T. s. de Challonge de Tournebelle : *Angers,* 1413 *ad* 1460. (*r.* 337, *p.* 63, 71; *r.* 340, *p.* 37, 42.)

VILLIERS (Jean de), écuyer. T. s. de Mondon; 1489. — Jean de Villiers, écuyer, Sg. de Mesaugieres, fils de Jean. T. s. de la Ferriere et de Perrin, ès par. de Beaumont et de Jupilles : 1492. (*r.* 348 *bis, p.* 18, 21.)

VILLIERS (Archambaud et Jean de), enfans de feu Archambaud de Villiers, écuyer, Sg. dud. lieu. Rentes ès par. de Gilly et de Monts : *Bourb.-Lancy*, 1501. (*r*. 484, *p*. 134.)

VILLIERS (Jaques de), écuyer, fils de Jaques, Chev., par success. d'Anne Legoux, sa mère. T. s. de Tail et de la Guignardiere : *Baugé*, 1666. (*r*. 357, *p*. 20, 21.)

VILLION (Etienne de), Chev., et Phil. son ép. Maison de la Garde, dom. et dr. en dép. — Girard de Villion, aussi Villon, Chev. Maison, dom., et seg. de Chaufailly : *Beaujeu*, 1317. (*r*. 486, *p*. 82, 115.)

VINACHE (Nicet), échange avec Renaud, Cte de Forez, divers cens et rentes à *Montbrisson* ; 1268. (*r*. 1395, *p*. 238.)

VINAULT (Pierre-Albert), proc. du Roi au siége de Lusignan. F. s. de la G^{de} Feolle, par. de Cellevescaut : *Lusignan*, 1727. (*r*. 438, *p*. 574.)

VINAY (Ant. de), Chev., reçoit d'Ant. Sire de *Beaujeu*, 2000 liv. tourn, sur le chât. t. s. de Jallenai, *al*. Jallene, par. de Queleu, qu'il transporte à Phil. de Russin, écuyer, chambellan du Duc de Berri ; 1670, 1686. (*r*. 1390, *p*. 430, 436.)

VINCENT (Olivier). Hôtel appel. la Fretiz, et autres objets : *Chât.-Ceaus*, 1454. (*r*. 332, *p*. 119, 125, 152.)

VINCENT (Claude), écuyer. Sg. de la Brivière, *al*. Brunière, cons. aux Cons. du Roi. La chatell. de Jallois ; ens. le fief de la Chaumiere, *al*. Chaniere, acq. de Charles Turpin, Chev. : *Angers*, 1665, 1670. (*r*. 357, *p*. 130 ; *r*. 358, *p*. 7 ; *r*. 431, *p*. 55.) Rel. de lui : Jean de la Bouere, Sg. dud. lieu ; François de St Jouin, S^r d'Uxuleard et de la Moronzière, écuyers.

VINCENT (Balthazard), avocat, fils de feu François Vincent, citoyen de Lyon. Rentes nobles assises ès par. de St Laurent et de St Vincent : *Lyon*, 1676. (*r*. 495, *p*. 33.)

VINCENT (Jean), de Thomassin, av. en parl., proc. du Roi aux gabelles du Lyonnois, fils de Mathieu Vincent, Sr de Thanes, et petit-fils de François Vincent. Rentes nobles ès par. de Mormant, St Laurent, Chassagny et St André : *Lyon*, 1722. (*r*. 497, *p*. 171, 181.)

VINCENT-DU-LIEU (Charles), Chev. d'honneur en la Cour des monnoies de Lyon. T. s. de Genouilly, et rentes nobles près Charlier : *Lyon*, 1725. (*r*. 498, *p*. 12.)

VINET *al*. Vinier (Etienne), dem. au Donjon, pour Luque de Navinain, sa f^e, v^e de Pierre Bugne. Tailles en la par. de Moncombroux ; *Chaveroche*, 1387. (*r*. 468, *p*. 25.) Non noble.

VINZELLES (Jocerand de), Dam. Maison forte de Laye, sise à Vinzelles, dom., moulin, bois et mouv. : *Beaujeu*, 1400, 1405. (*r*. 485, *p*. 106 , *r*. 486, *p*. 167.)

VIOLE (Nicolas), M^e ordin. des comptes. Haute justice et dr. de chatell. en sa t. et s. d'Asse : *Mans*, 1532. (*r*. 348 *bis*, *p*. 15.)

VIOLLE (Magdel.), v^e de Henri de Saveuse, Chev., Sg. de Bouguainville, gentilh. ordin. de la chambre. etc., comme tutrice de Jeanne de Saveuse, leur fille. Chatell , t. s. de Thorigné : *Mans*, 1655, 1678. (*r*. 356, *p*. 78 ; *r*. 409, *p*. uniq.) Rel. d'elle : Louise de Vallée, v^e de Thomas de Laval, Sr de Tartigny, dame de Peschere; René de Villiers, Sr de Laubardiere, Chevaliers. Charles de Boesley, Sr de la Roche ; Charles de Thieslin, Sr de Lorriere-la-Combe, écuyers; Jaques Amellon, cons. au présid. du Maine.

VIOLLEAU (Guill.). Habergem^t de Ruisseaux, dom., cens, rentes et autres dev., en la chatell. de Mayet : *Chât.-du-Loir*, 1403. — Les enfans de feu Reué Violleau et de Marguer.; *Idem*; 1692. (*r*. 343, *p*. 79, 118: *r*. 348 *bis*, *p*. 18.)

VION (Nicolas), jardinier. Trois maisons et jardin à la Guillotière; *Lyon*, 1676. — Phil. Vion, son fils ; *Idem*; 1692. (*r*. 495, *p*. 56 ; *r*. 496, *p*. 106.)

VIORE, Vyora (Jeanin de) clerc, fils de feu monseg. Pierre de Viore, Chev. Troisième partie du mas de Rateau et de deux setiers de froment et seigle, par. de Cirilly, *Cirigliaco*. — Guill. de Viore, clerc. Troisième partie des cens de la même par. — Perrin de Viore, Dam. Troisième partie des serfs du Ratel, par. id. : *Aynay*, 1300. (*r*. 462, *p*. 324 ° *r*. 463, *p*. 55 ; *r*. 464, *p*. 295.)

VIORIE (Pierre de), Dam., Jean, Gilbert, Marguer. et Louise, ses frères et sœurs, enfans de Pierre de Voirie, Dam., et Jeanne de la Sale, Damoiselle. Maison de Viorie, fossés, dom., bois, dîmes et cens : ens. l'hôtel, t. s. de la Sale, par. *id.* : autres possess. et dr. ès par. de Gipsi et de St Georges de Couson : *Moulins, Murat, Souvigny*, 1410. (*r*. 640, *p*. 399 ; *r*. 467, *p*. 110.)

VIORSAT (Phil. de), écuyer, chef des écuyers d'écurie du Duc de *Bourbon*, échange avec son maître divers cens, rentes et tailles ; 1481. (*r*. 1356, *p*. 279.)

VIOURIE (Jean de), Dam., fils de feu Pierre de la Viourie, Chev. Troisième partie du champ des Borderes, près le chemin aux Alamans, par lui vendue au Sire de Bourbon : *Germigny*, 1322. (*r*. 1356, *p*. 219.)

VIRAENCET (Bernard de), Dam. Dom. et dr. au vill. d'Escoyle : *Forez*, 1294. (*r*. 491, *p*. 177.)

VIRAZEYS (Guill.). Huitième partie de l'étang de Venerouse, acq. de ses frères Jean, Perrin, et Pierre: *Bourbon.*, 1303. (*r*. 460, *p*. 276.)

VIRAZOIS (Jean), autrem^t Villefort, Dam. La mote de la Faye, terres, garenne, cens et droits sur trois baillies ; ens, tailles en la par. de Gipci: *Souvigny*, 1382. (*r*. 465, *p*. 89 , *r*. 467, *p*. 117.)

VIRCIAT (Guill. de), Dam., fils de feu Pierre de Virciat, Chev. Son taillable, Pierre Gravelot de la par. de Domeyrat, et ses successeurs, tenus de lui payer la taille de 20 sols, une geline, une émine et une demiquarte de froment et deux journées de travail Plus ; dans le cas où led. Damoiseau ou l'un des siens, seroit fait Chevalier, marieroit sa fille, ou la mettroit en religion. ou iroit audelà de la mer, ou seroit pris en guerre, led. Gravelot, ou les siens, payeront pour chacun desd. cas le double de la taille de 20 sols : *Montluçon*, 1332. (*r*. 461, *p*. 272.)

VIRGILLE (Jean de) écuyer, fils de feu Louis de Virgille, écuyer, et de Guillemette de Nourry. T. s. de Chevanne-les-Crost : *St P.-le-Moust.* 1676. — Charles-Clers de Virgille, écuyer ; *Idem*; 1717. (*r*. 474, *p*. 338; *r*. 477, *p*. 388.)

VIRISET (Audric de), Dam., paroiss. d'Illiat, vend à Guichart, Sire de *Beaujeu*, plusieurs cens qu'il relevoit de lui ; 1318. (*r*. 1389, *p*. 373.)

VIROT (Guill.), fils de feu Jean Virot, l'aîné, et Jean, fils de feu Jean

Virot, puiné. Partie de terres et de prés en la par. de Tresail : *Chaveroche,* 1408. — Jean Virot ; *Idem* ; 1443. (*r.* 467, *p.* 286 ; *r.* 468, *p.* 216.) Non nobles.

VIRY (Louis de), écuyer. T. s. et dîme de Chignart, par. de Varennes-sur-Tesche et de Tresail ; ens. la prévoté, t. s. de Hunieres ; et, par son proc. Ant. de la Fin, Sg. de Beauvoir, les fiefs de la Fourest et de la Berthiere : *Chaveroche,* 1488, 1505. (*r.* 353, *p.* 123 ; *r.* 468, *p.* 51 ; *r.* 482, *p.* 22 ; *r.* 484, *p.* 38.)

VIRY (Claude-Bernard de), écuyer, fils unique de Pierre de Viry, écuyer. F. s. de Coude, *al.* Codde, et de Thevin, par. de Bairois. *al.* Barrous: *Chaveroche,* 1696 *ad* 1717. (*r.* 475, *p.* 198, 226 ; *r.* 477, *p.* 534.)

VIRY (Gilbert-Henri de), écuyer. F. s. de la Salle, par. de Château : 1717. — Gibl. de Viry, écuyer. L'Isle de la Grêve sur ta riv. d'Allier, par. de Veurdre ; 1728 : *Bourbon.* (*r.* 477, *p.* 586 ; *r.* 480, *p.* 38.)

VISET (Pierre de), Chev., et Marguer., son ép. T. s. en la par. d'Yguerande et à Bercheron : *Beaujeu,* 1337. (*r.* 489, *p.* 147.)

VISSAC (Guillot de). Maison de Jussac ; dom. et mouv. à Retornat et au mandem^t de la Roche : *Forez,* 1319. (*r.* 494, *p.* 13.)

VISSAT (Ant. de). Chât. t. s. d'Arlent et de Murs : *Auv.,* 1402, 1433. — Claude de Vissat ; *Idem* ; 1443. (*r.* 470, *p.* 243 ; *r.* 471, *p.* 8, 9, 58.)

VISSAC (Ant. de), Chev., Sg. d'Arlent, Sénéchal d'Auv., au moment de proclamer le ban et arr. ban à Montferrand, éprouve une insurrection de la part des habitans qui demandent et obtiennent que la criée soit faite par les gens du Roi de France : 1498. (*r.* 471, *p.* 91.)

VISSAGUET (Jaques de), bourg. d'Arlent. Fief et rente noble en directe, appel. la Boissonne, par. St Bonnet-le-Chastel : *Issoire,* 1724. (*r.* 509, *p.* 129.)

VISSAGUET (Claude de), trés. de France ; Christophe et Perrette de Vissaguet, celle-ci, f^e de François du Bois, écuyer, Sr de la Motte. T. s. de la Tourrette, Issat et Montaclier ; ens. la dîme de la Chaise, par. de Gimeaux, St Bonnet, etc.: *Issoire,* 1738. (*r.* 511, *p.* 43.)

VISTE (Jean le), Chev., Sg. d'Arcy-sur-Loire, présid^t en la cour des Aides de Paris. T. s. des Charmes ; autre terre ayant appartenue à Thomas de la Bussière, écuyer, son parent : *Bourb., Beaujeu,* 1489. (*r.* 496, *p.* 121 ; *r.* 1374, *p.* 2349.)

VITONS (Jean), paroiss. de Baigneux, vend à Alips la Vitone et Agnès, sa fille une maison à *Belleperche;* 1305. (*r.* 1377, *p.* 2904.)

VITRY (Guy de), Chev. Maison de Hyla, moulin et dom.; ens. la terre de Trisi : *Moulins,* 1338. (*r.* 454, *p.* 267.)

VITRY (Hugues de), Dam., fils de feu Pierre de Vitry, Chev. Droits seig. sur divers ténemens, qu'il partage avec Guill. de Vitry, Dam. : *Bourb.-Lancy,* 1338. (*r.* 467, *p.* 41, 42.)

VIVIER (Stevenin), bourg. du Donjon, notaire. Cens et tailles ès par. de St Didier et de Montperroux : *Chaveroche,* 1443. (*r.* 467, *p.* 279.)

VIVIER (Ant. du), doyen de Montagu ; Etienne du Vivier, écuyer, son frère, mari d'Ysabeau de Thurie. Dîmes, cens, rentes et tailles : *Moulins,* 1505. (*r.* 453, *p.* 36.)

VIVONE (Marie de), reçoit d'Ysabeau de Vivone, dame d'Avaugour, de

Thore et des Essars, sa proche parente, les hôtels, t. s. de Tourtron et de Soulençon en la châtell. de Chât.-Neuf : *Angoul.*, 1425. (*r.* 1404, *p.* 219.)

VIZE (Jean de), bourg. d'Aurillac, et Esmengarde, sa f^e. Le mas de la Ribe, par. de Vic; et un autre en la par. de Posunnhac, etc. : *Carlat*, 1355. (*r.* 473, *p.* 85.)

VIZIER (Claude), voiturier par eau, à cause de Marie-Anne Morette, sa f^e. Dîme au terroir de l'Esperon, par. d'Iseure : *Moulins.* 1727. (*r.* 479, *p.* 81.)

VOCÉ (Jean de), *Vociaco*, prêtre. Rente en la par. de Vocé : *Chantelle*, 1301, 1326. (*r.* 458, *p.* 114 ; *r.* 467, *p.* 23.)

VODOT (Marguer., fille de feu Jean de), Chev., v^e de Guy de Mazeyres. Terres, prés, moulin, dîmes et cens ès par. de St Bonnet, de Vic, de Begues et de Rochefort : *Auv.* — Durand de Vodot, Dam.; *Idem* ; 1301. (*r.* 469, *p.* 31, 36.)

VOGON (Tevenin de), Dam. Hôtel, t. s. de Plesse, par. St Benigne, et arr. fiefs : *Aynay*, 1357. (*r.* 462, *p.* 346.)

VOGRIN (Pierre), dem. à Vichy. Partie de propriétés en la par. de Magni : *Billy*, 1444. (*r.* 455, *p.* 341.) Non noble.)

VOGUÉ (Melchior de), Chev., Mis de Vogué, Sg. de la Roche-Colomble, Bailli du haut et bas Vivarais, pour Gabrielle du Moustier, son ép. T. s. de Champestiere et arr. fiefs, dioc. de Clermont : *Riom*, 1670 *ad* 1684. (*r.* 499, *p.* 713 ; *r.* 501, *p.* 46 ; *r.* 503, *p.* 433 ; *r.* 504, *p.* 36.)

VOHET (Pierre de), écuyer. F. s. de Lussascoye au chât. de Dorat : *Marche,* 1506. (*r.* 492, *p.* 275.)

VOIAC (Humbaut, sire de). Guill., sire de la Roche-Guillibert, voulant se rendre à Jérusalem, lui engage le chât. de son nom et dép., sous la garantie d'Archambaud, Sire de Bourbon ; 1218. (*r.* 1377, *p.* 2774.)

VOIER (Françoise de), de Dorcé, légataire univ. de Louis, Cte de Cominges. F. s. de Resteau : *Xaintes*, 1717. (*r.* 439, *p.* 52.)

VOIRON, *al.* Veuron, etc. (Robert de), dit la Vernote. Hom. de ce qu'il tient en la chatell. de *Nonnette* ; 1398. (*r.* 471, *p.* 39.)

VOISINS (Maffre, aussi Malfres de), Sg. d'Ars et de Sermur, chambellan du Duc de Bourbonnois, son Bailli ès montagnes. T. s. d'Autefeuille : *Marche*, 1502, 1506. (*r.* 453, *p.* 214 ; *r.* 471, *p.* 131.)

VOISIN (François), curé de St Victor, comme tuteur des enfans de feu Pierre Voisin, son frère. F. s. de Chebanes : *Marche*, 1669. — Jean Voisin. T. s. de la Vergne : *Marche*, 1669. (*r.* 474, *p.* 181, 280.)

VOITURIER (Jean), m^d à Blois. Fief de Fossesbesses près Bleré, tenu du Roi à foi lige : *Amboise*, 1470. (*r.* 432, *p.* 118.)

VOLLUIRE (Leonore de), v^e de François de l'Aubespine, Chev., Mis de Hautes Rives et de Chât.-Neuf, Cte de Sagone, Bon de Verrieres, comme héritière de Phil. de Volluire, son frère, Chev., Mis de Ruffec. F. s. en la ville, faub. et par. de *Civray* ; 1677. (*r.* 435, *p.* 16, 83.)

VOLOBRE, *de Volobrio* (Louis, Sg. de), Chev., frère de Guill. de Thiern. échange avec Jean, Cte de *Forez*, divers droits contre d'autres, dép. du chât. de St Morice et de la maison de Chatelus ; 1320. (*r.* 1400, *p.* 945.) Autre titre de l'an 1308. (*r.* 1364, *p.* 1282.)

VOLOBRE (Marguer. de). Chât. t. s. de Volobre, *Volobrii*, et de Montguerle, al. Montguerche, ès par. de Volobre, la Celle et Esquátas : *Forez*, 1398. (r. 470, p. 167; r. 471, p. 42.)

VOLPILIERE (François de la), écuyer. T. s. de Ferdines et Moranges, ès par. d'Enchanet, d'Alanche et Vernot ; 1669. — François de la Volpiliere, écuyer, Sr de Boussac, pour François de la Volpiliere, écuyer, son père, celui-ci fils d'autre François. Chât. t. s. de la Volpiliere, par. St Martin, Elect. de St Flour ; 1670; *Mercœur, Riom*. (r. 499, p. 433, 791.)

VOLPILIERE (Gilbert de la), écuyer, prêtre-prieur de St Etienne, du chât. de Murat, résidant en celui de la Volpiliere. Hom. de son prieuré : *Murat*, 1684, 1687. (r. 503, p. 434 ; r. 505, p. 62.)

VOLPILIERE (François de la), Chev., proc. du Roi au dom. de la Generalité de Riom. Chât. t. s. de l'Oliere, par. de Dorat et de Thiers, par success. de François d'Ossandon, Chev. Sg. de la Volpiliere: *Riom*, 1730. (r. 510, p. 67.)

VONNES (François de), Chev., Sg. de Fontenay, gentilh. ordin. de la Chambre, fils aîné de Jean de Vonnes, Chev. des Ordres. Le vicomté d'Azay-le-Chadieu-sur-Indre : *Loches*, 1660, 1664; Signe : François de Fontenay-Isore. Sa vᵉ Magdel.-Luthier. Hom. du même vicomté ; 1687. (r. 356, p. 63, 64, 94 ; r. 421, p. 32 ; r. 431, p. 15.) Vassaux : René Scarron, Sg. de Chastellier, Chevalier. Charles de Bailleu, Sr de la Forest; François Crastin, Sg. d'Azay-le-Chanceaux ; René de la Mothe, Sr de Sénelles' écuyers.

VOQUOT (Perrin le), paroiss. de Gravier, pour Jeanette, sa fᵉ, fille de feu Perrin le Voirre et de Bienvenue de la Taille. Le ténement de la Taille, maison, granges, dom., bois : *Germigny*, 1411. (r. 466, p. 101.) Non noble.

VORTISSE, al. Vortice (Regnard), et Alise, sa fᵉ, fille de feu Durand Teillot. Hospice de Villette et menus cens en la par. de Noirestable, *Nigri stabuli*: *Forez*, 1339. (r. 490, p. 242.)

VOUDOM (Jean de), Chev. Dom., dr., cens et rentes en la par. de St Bonnet, chatell. de *Rochefort* ; 1372. (r. 469, p. 3.)

VOUGER (Nicolas de), tanneur à Nevers, pour Marguer. Bertheneu, sa fᵉ, vᵉ de Roch Lasne. Vigne au territ. de St Benin: *St. Pierre-le-Moust.*, 1723. (r. 478, p. 370.)

VOULLON, al. Vollon (Jaques-Pierre de), Chev., Sg. du Breuil, capit. au rég. de Touraine, hérit. de Pierre Fradin, son oncle maternel. F. s. de la Roche d'Aurillac, par. St Gaudant; ens. la vigerie de la par. St Nicolas ; 1712. — Elisabeth Cather. de Voullon, de Praille, comme principale hérit. de feu Pierre de Voullon de Praille, Chev. son frère, *Idem ;* 1716 : *Civray*. (r. 437, p. 217 ; r. 438, p. 139.)

VOURIER (Jean le). La terre d'Escharbot-Niard : *Angers*, 1411. (r. 340, p. 46.)

VOUTE (Bremond de la), Chev., Sg. dud. lieu de la Voute, et Anne de Chastel-Morant, son ép. Hôtel, t. s. de Chastellus ; ens. celui de Chantemerle, dom. dimes et seg. en dép., par. de Sindré, Tresail et autres : *Billy, Chaveroche*, 1447, 1452. (r. 456, p. 204 ; r. 457, p. 53 ; r. 468, p. 377.)

VOUTY (Georges), mᵈ, pour lui et ses enfans, héritiers de leur ayeule Anne Billon. Maison en la rue Confort à *Lyon*; 1715. — Dominique Vouty, prêtre du dioc. de Lyon. Dom. et rente noble, appel. Combe blanche, mandement de Bechevelier, par. de la Guillotere ; 1723. — Claude et André Vouty, bourg. Maison à *Lyon;* 1725. (*r. 496, p. 192, 200 ; r. 497, p. 208.*)

VOUZER (Guigues et Jean), frères, paroiss. de Retornat au dioc. d'Annecy, vendent à Guigues, Sg. de la Roche, Chev., divers cens et rentes percept. à Jussac : *Forez,* 1335. (*r. 1398, p. 657.*)

VOYER (Jean le). Gaignerie appel. le Grand Pasnoir, par. St Laurent ; 1453. — Morelet-le-Voyer ; *Idem ;* et, à cause de Jeanne Corabeuf, sa fe, héritière avec Jean Avinault, mari d'Autre Jeanne Corabeuf, Jean Pichon. Renée et Françoise les Pichonnes, ses sœurs, Jean Carré, pour Jeanne Ernaulde, sa fe, et Jean Ernault, tous hérit. de feu Thomas Corabeuf. Maison, pressoir, etc., situés au lieu appel. le Quarteron : *Chât.-Ceaus,* 1453 ad 1475. (*r. 332, p. 121 ; r. 336, p. 87 ; r. 342, p. 23.*)

VOYER (Jean-Armand de), Chev., Mis de Paulmy, gouverneur de Chatelleraut, principal hérit. de Jaques de Voyer. Vicomté de la Roche de Gennes : *Loches,* 1661, 1663. (*r. 355, p. 1, 9 ; r. 357, p. 75.*) Rel. de lui : Louis et Honorat Baraudin, écuyers, Srs de Mauvieres ; Dame Claude Arnault, ve de Charles du Pont, Chev., Sg. de Vilours ; Jaques Chassepoux, Sg. de Terneuil ; Eustache Greslet, Sr de la Roche-Bertheau ; Claude Luttier, écuyer, Sr du Breuil de Razine ; Pierre Pisget, écuyer, prévôt du régiment de Champagne ; Pierre Seguin, Sr de la Boissiere. — Jean-Séraphin de Voyer, et N. de Voyer, enfans mineurs de Jean-Armand de Voyer ; 1680 ; *al.* Armand Seraphin de Voyer, Mis de Paulmy, Françoise-Marie, et Françoise de Voyer. Terre et vicomté de la Roche de Gennes saisie sur eux à la poursuite de Radegonde Mauroy, leur mère ; 1686. (*r. 410, p. 49 ; r. 421, p. 57.*)

VOYER (Marc-Pierre de), de Paulmy, Cte d'Argenson, cons. d'Etat, garde des sceaux. Terre et baronnie de Marmande : *Chinon ;* vicomté de la Guierche : *Tours ;* fiefs de Thoisi et des Granges : *Chatelleraut,* 1739. (*r. 427, p. 8.*)

VOYRIE, *al.* Voyerie (Marie de la), ve d'Artus de la Voyrie, écuyer, Sr dud. lieu. F. s. de Pean et de la Coudre de Chicheville, par. de Buignon : *Secondigny,* 1715, 1717. (*r. 437, p. 282, 283 ; r. 438, p. 355, 356.*)

VOYSIN (Ant.), dit Fournillon, *al.* Fornillon, paroiss. de St Symphorien. Justice de Combres par lui nouvel. acq. : *Beaujeu,* 1470. (*r. 485, p. 53, 54.*)

VOYSURES (François de), écuyer, Sg. de Laleu. Hôtel et terres des Granges près Saulgeon : *Amboise,* 1507. (*r. 432, p. 8.*)

VRIGNAUD (Pierre), cons. au présid. de Monmorillon. F. s. de la Vergne et de Chanteloube ; 1682, 1697. — Laurent Vrignaud, son fils, revêtu du même office ; *Idem ;* 1727 : *Monmorillon.* (*r. 435, p. 50 ; r. 436, p. 64 ; r. 438, p. 348.*)

VROU (Pierre), md, Jean Chantereau, charon et tonnelier, et Touss. Roy. Maison au bourg St Laurent, près Baranjon, tenue du Roi à foi et hom. *Mehun-s.-Y.,* 1671, 1673. (*r. 444, p. 73 ; r. 445, p. 185.*)

VUILLECHEER (Humbert de), à cause d'Agnès, sa fe. Terres, prés, bois, et partage dans les dîmes de la par. d'Arlan : *Chât.-Chinon.* 138.. (*r. 470, p. 113.*)

VYADEYS (Guyot), Dam. Ténem^t de Becey ; dom. et mouv. vers Toissey : *Beaujeu*, 1322. (*r.* 488, *p.* 49.)

W.

WARIN (Jaques), bourg. de Lyon. Dom. amasé à la Croix-Rousse : *Lyon*, 1676. (*r.* 495, *p.* 17.)

WICARDEL (François-Joseph-Nicolas-Eleazard), Mis de Fleury et de Beaufort en Savoye, Chev. de l'Aigle blanc, ministre d'Auguste, roi de Pologne. T. s. et h. j. de Belmont et Beaulieu ès par. de Morgence, *al.* Moranci, et de Charnay ; 1733. — Joseph-François de Wicardel, de Fleury, son fils, Chev. de l'Ordre de St Maurice et de St Lazare, gentilh. de la chamb. du Duc de Savoye, mari de Françoise Hindret, v^e de Joachim de Gaugnieres : *Idem* ; ens. les t. et seg. de Trade et de St Jean des Vignes ; 1736 : *Lyon*. (*r.* 498, *p.* 85, 143 ; *r.* 810, *p.* 38.)

WILLENNES (Phil.), v^e de Jean de Choupes, Valet. Herbergem^t de Chezelles, par. de Turageau ; *Mirebeau*, 1390. (*r.* 330, *p.* 46.)

Y.

YCONIO, Ycon (Guichard de), Chev. T. s. en la par. St Marcel-sur-Tarare ; il informe Humbert, Sire de Beaujeu, qu'il a vendu à l'abbaye de Savigny ses dr. de mouvance sur plusieurs courtils, près le Trambloys : *Beaujeu*. *Forez*, 1227, 1228. (*r.* 493, *p.* 139 ; *r.* 1388, *p.* 553.)

YCONIO (Guichard, sire de), Chev. Testam^t par lequel il nomme pour héritiers Guichard et Louis ses enfans ; leur substitue Cather., leur sœur, et fait un leg à l'église d'Yon (*forte* Yoin) : *Lyon*, 1297. (*r.* 1360, *p.* 888 ; *r.* 1370, *p.* 1901.) — Louis de Yconio, son fils, reçoit de Marguer., sa mère, tout ce qu'elle possède en la terre de Baugé et ès par. de St Cyr, de Corfrançon, etc., réservé l'usufruit, et fait hom. à Humbert, Sg. de Thoire et de Villars, de ce qu'il tient en *Bourbonnois* ; 1300, 1305. (*r.* 1355, *p.* 158 ; *r.* 1359, *p.* 768 ; *r.* 1360, *p.* 856.)

YCONIO (Guiburge d'), v^e du sire de Graysey. Dîme au mandem^t de Bellegarde : *Forez*, 1317. (*r.* 492, *p.* 277.)

YCONIO, *al.* Ycomo (Fleur de Lise, Dame d'). La garde du cloître et couvent de St Laurent au chât. de Semur ; 1342. — Guichard Sg. d'Ycomes ; *Idem* ; 1354 : *Beaujeu*. (*r.* 489, *p.* 118.)

YFFREVILLE (Jean d'), Dam., cons., proc. gén. d'Ysabelle de Harcourt, Dame de Harcourt et de Rossillon, commet un receveur à Chastelard ; 1442. (*r.* 1392, *p.* 629.)

YGAURNAY (Hugonin d'), clerc. Partie du pré de Cloux, et terre contigue à Exalton, châtell. de Semur ; *Beaujeu*, 1333. (*r.* 489, *p.* 241.)

YLLIN (Ysab. d'), v^e de Guill. de Vernet, dit Morel, Dam., tutrice de leurs enfans. Chât. et vill. de Graysey ; ens. sa maison à Montembert ;

1320, 1322. — Beatrix Yllin, sa fille, ép. de Girard, Sg. de Cusey : *Cusiaci*. Maison à Montbrisson ; cens, rentes et cout. au mandem^t de Graysay, excepté ce que feu son frère Jean de Vernet. Sg. de Graysey, possédoit aud. mandem^t ; 1347. — Géofroy, sire d'Yllin, fils de feu Humbert d'Yllin. Hom. de ce qu'il tient d'Aymar, Sg. de Rossillon et d'Annonay ; 1359 : *Forez* (*r.* 491, *p.* 250 ; *r.* 492, *p.* 55, 58 ; *r.* 494, *p.* 151.)

YMBAUD (Gilbert), *al.* Himbaut, écuyer, à cause d'Alips Terceries, sa f^e. Une part dans la dîme de Bleumart ; vignes et prés en la par. de Contigny : *Murat, Verneuil*, 1443. (*r.* 461, *p.* 47.)

YMBERT (Phil., Bernardet et Guill.), Damoiseaux, paroiss. de Tresail. Maisons, dom., bois, cens, rentes et tailles ès par. de Tresail et de Varennes-sur-Tesche : *Chaveroche*. 1342. (*r.* 468, *p.* 369, 370, 371.)

YMBERT (Hugues), *al.* Bailli. Terre, vignes et menus cens au territ. de de Treseuble ; présent, le sire Guy Tays, Chev. : *Chaveroche*, 1342. (*r.* 468, *p.* 56.) Non noble.

YMBERT (Pierre), Dam., fils de feu Guirbert Ymbert, Dam. Le mas de Falguieres, dom., dr. et mouv., par. de Vic ; *Carlat*, 1355. (*r.* 473, *p.* 101, 135.)

YMBERT (Jean), paroiss. de Chantenay. Menues propriétés en la par. d'Averines ; *Moulins*, 1453. (*r.* 165, *p.* 200.) Non noble.

YMONET (Etienne), bourg., paroiss. d'Espinasse, pour ses enfans et de feue Jaqueline de Raunat. Le lieu noble de la Souche, avec une maison en forme de chât., composée de 2 tours : *Clerm.*, 1723, 1730. (*r.* 508, *p.* 162 ; *r.* 510, *p.* 79.)

YOLLET (Noel), journalier, hérit. de feu Pierre Sauzay, vigneron, son oncle, avec Louise Duzarde, sa v^e. Vigne de Pauloup, par. d'Iseure : *Moulins*, 1707. (*r.* 476, *p.* 199.)

YONGUES (Charles). T. s. de Seuret-Sepurat ; 1663. — Charles-Ant. Yongues, Chev. F. s. de Sepuret et de Bauchays, *al.* Baussay ; 1714, 1717 : *Lusignan, Melle*. (*r.* 433, *p.* 259 ; *r.* 436, *p.* 255, 256 ; *r.* 438, *p.* 274, 275.)

YRVOIS (Jean), citoyen d'Angoul., cède à Bernard Morel, m^d, un emplacem^t près les murs de *Cognac* ; 1381. (*r.* 1404, *p.* 225.)

YSORE (Jean d'). Etangs d'Ysore : *Forez*, 1317. (*r.* 493*bis*, *p.* 55.)

YTHIER (Jean), Dam., rend hom. à Ant. de Levis, Cte de Villars, Sg. de la Roche, Vte d'Annecy, du chât., t. s. de Guirande, que ses ancêtres tenoient dès l'an 1264, et nommém^t Beraud Ythier en 1341 : *Forez*, 1451, (*r.* 593 *bis*, *p.* 111.)

FIN DU QUATRIÈME ET DERNIER VOLUME.

RELEVÉ ALPHABÉTIQUE

DES NOMS ÉPARS

DANS LES ARTICLES CI-DEVANT.

A.

Abiscicourt, IV, 166.
Abrès, I, 133.
Aché, II, 247.
Acon, III, 131, 132.
Acqueue, IV, 17.
Adhemar, I, 71.
Agie, II, 232.
Agimont, II, 234.
Agobert, I, 57.
Agrouet, I, 156.
Agry, II, 232.
Aigleres, III, 198.
Aignon, I, 41.
Ailly, IV, 44.
Aisi, IV, 100.
Alamany, I, 119.
Alamargot, I, 40; III, 147; IV, 20.
Alart, II, 156.
Albon, II, 53; IV, 104.
Albost, II, 37.
Alectre, I, 21.
Alenat, III, 26.
Alenay, IV, 191.
Alexandre, I, 91; II, 47; IV, 86, 183.
Aleyne, II, 14.
Aleyrat, II, 128; IV, 140.
Allemand, Allamand, 1, 36; IV, 124.
Allenat, I, 236.
Allongny, II, 166; IV, 57.
Aloigny, I, 178.
Altoneau, I, 122.
Amanzé, II, 143.

Amberre, I, 69.
Amblart, II, 172; IV, 30.
Amboise, II, 34, 216.
Amelot, III, 48.
Amelz, I, 44.
Amenart, II, 55, 249, 259; IV, 147, 153.
Amie, III, 32.
Amorellan, III, 51.
Ampuy, IV, 80, 180.
Andelot, I, 237; IV, 177.
Andigné, I, 2, 53, 160; II, 136, 171; III, 32, 102.
André, II, 35.
Anereuville, II, 224.
Angennes, I, 19, 36; II, 22, 248.
Angibaud, I, 19; II, 58; III, 110.
Anglard, I, 106.
Angliers, I, 49.
Anglure, I, 30, 186.
Anisi, III, 102.
Anlezy, I, 11, 119, 128; II, 13; III, 118.
Anthenoise, III, 32, 120.
Anthoing, III, 111.
Apchier, II, 143; IV, 37, 141.
Apchon, I, 51; IV, 153.
Arable ou Larable, II, 176.
Aragonnès, IV, 57.
Arbert, I, 159.
Arcemaller, ...
Archambaut, II, 22.

Archat, I, 173.
Archier, Archer, III, 75, 157.
Arcies, II, 21.
Arcy, I, 145 ; III, 128 ; IV, 42.
Ardene, IV, 118.
Area, III, 133 ; IV, 166.
Argeance, IV, 154.
Argentan, III, 7.
Argenton, II, 247 ; III, 122.
Argouges, III, 184.
Arguerie, I, 45.
Armagnac, I, 234 ; III, 53 ; IV, 107, 135.
Armes, III, 222.
Ars, II, 171 ; III, 214 ; IV, 79.
Arsac, I, 161.
Arthaud, I, 216 ; IV, 49.
Arthus, I, 161.
Arton, II, 210.
Asse, ou Affe, IV, 24.
Asselin, I, 205.
Asseray, II, 121.
Assigny, Acigné, II, 207 ; III, 206.
Assy, II, 80 ; III, 89 ; IV, 176.
Astier, II, 58.
Astingues, II, 78.
Astorgue, I, 20.
Aubert, I, 159, 171.
Aubery, II, 89, 209.
Aupespine, IV, 209.
Aubierre, II, 151. Voy. Obiere.
Aubiers, III, 122 ; IV, 41.
Aubigny, I, 21, 132, 161, 212 ; III, 17, 228 ; IV, 82, 131.
Aubrichourt, II, 34, 82 ; IV, 14.
Aubusson, II, 95, 116, 121 ; III, 47 ; IV, 27, 91.
Auche, III, 213.
Audrant, IV, 172.
Augier, II, 23, 138.
Augoin, IV, 153.
Auldebrand, ...
Aulenay, I, 158 ; III, 144.
Aulnier, II, 55.
Aumaistre, I, 52, 139 ; II, 49.
Aumont, IV, 43.
Aureul, IV, 159.
Auril, Auvril, I, 178 ; II, 73 ; III, 144.
Aury, III, 168.
Auson, I, 79.
Austrein, I, 200.
Autour, II, 58.
Auvergnat, IV, 23.
Auvers, III, 32.
Auzy, I, 180 ; II, 99.

Avallon, II, 215.
Avaugour, II, 85.
Avenieres, I, 116, 237 ; II, 148.
Averton, I, 10 ; II, 53, 156, III, 32, 74.
Avesne, II, 127.
Aviau, I, 20.
Avice, III, 158.
Avoine, II, 136, 170.
Aymerie, IV, 144.
Aynard, I, 192.
Ays, Aes, I, 147, 184.
Azro, IV, 31.

B.

Badier, III, 235 ; IV, 23, 104.
Baglion, I, 41, 52.
Bagnac, IV, 19.
Bahoul, III, 32 ; IV, 17.
Baige, II, 169.
Baigneux, I, 131.
Bailleul, Bailleu, I, 63 ; II, 230 ; IV, 210.
Baisle, IV, 45.
Ballue, I, 161 ; II, 73 ; IV, 57.
Balmas, Balmes, II, 94 ; IV, 197.
Baloure, I, 158.
Balzac, IV, 143.
Balu, I, 161.
Bar, I, 190 ; IV, 93, 95.
Baranger, II, 73.
Baraton, I, 197 ; II, 55, 84, 257, 259 ; IV, 82.
Baraudin, I, 122 ; IV, 159, 211.
Barbançon, II, 87.
Barbariaco, II, 131.
Barbarin, I, 139 ; IV, 159.
Barberie, I, 161 ; II, 62.
Barbezi, III, 133.
Bard, III, 77 ; IV, 33.
Bardon, II, 87 ; IV, 27.
Barentin, I, 140 ; III, 33.
Barge, I, 55 ; III, 174 ; IV, 181.
Barjot, I, 212.
Barrault, I, 123.
Barre, I, 161 ; II, 80, 81 ; III, 3 ; IV, 57, 99, 145.
Barreys, II, 260 ; IV, 176, 198.
Barrin, IV, 21.
Barroys, III, 118.
Barses, II, 98.
Barthon, II, 94 ; III, 126.

Baruille, III, 7.
Bascle, II, 73.
Baserne, III, 3.
Basouges, Basoges, II, 163 ; IV, 82.
Bassieure, II, 201.
Basso, II, 85.
Bastard, II, 62.
Bastice, II, 140 ; III, 51.
Bauçay, Bocé, III, 59 ; IV, 52. Voy. Bocé.
Baudeau (Pardaillan), III, 89 ; IV, 193.
Baudoin, ...
Baugi, I, 113 ; IV, 144.
Baulard, I, 16.
Baulme, Baume, I, 44 ; II, 161 ; IV, 140.
Bausac, I, 113, 207.
Baussé, I, 161.
Bautru, I, 53, 178 ; II, 62, 74.
Bauvais, III, 87.
Bauzat, I, 86.
Bay, I, 202.
Bayard, I, 92 ; III, 217.
Bayet, III, 159.
Bazoges, III, 126, 235 ; IV, 40.
Beachier, I, 51.
Beaubois, I, 141.
Beaucaire, I, 26, 139 ; III, 81, 129 ; IV, 68, 127.
Beaufort, I, 43, 137, 199 ; II, 143 ; III, 231 ; IV, 42, 181.
Beaulieu, IV, 51.
Beaumanoir, I, 74, 155 ; II. 46, 62, 73 et 74, 186 ; III, 207.
Beaumont, I, 133, 179 ; II, 74, 192, 247 ; III, 22, 59, 122, 223 ; IV, 82.
Beaune, I, 85, 144.
Beaurain, IV, 68.
Beauran, II, 247.
Beauregard, III, 58.
Beauvais, IV, 116, 184.
Beauvau, I, 15, 21, 46, 160, 168, 178, 210, 234 ; II, 4, 15, 136, 165 ; III, 2, 57, 83 ; IV, 99.
Beauvergier, I, 85 ; II, 84 ; III, 38 ; IV, 39.
Beauville, II, 99.
Beauvoir, II, 74 ; III, 48 ; IV, 64.
Beche, I, 139.
Becher, II, 62.
Bechet, III, 46.
Bechillon, I, 215 ; III, 163.
Bede, I. 53.
Begue, II, 205 ; IV, 22.
Beif, III, 57, 83.

Bejari, I, 2.
Bel, I, 174.
Belclar, III, 150.
Beldinar, III, 196.
Bellair, I, 120.
Bellay, I, 43, 212 ; II, 98, 163, 257 ; III, 3, 51, 58 ; IV, 83.
Bellenge, I, 67.
Belleville, I, 156 ; II, 56 ; IV, 33.
Bengy, I, 73.
Ber, Bere, II, 64, 147 ; III, 3.
Beraudiere, I, 142 ; II, 75, 169, 247, 259 ; III, 32, 147.
Beraut, II, 148 ; IV, 33.
Berchard, I, 90.
Bergeon, II, 72.
Berger, IV, 37.
Bergoin, III, 67.
Beringhen, II, 203.
Berlaud, I, 213.
Bernard, I, 13, 37, 100 ; II, 29 ; III, 150 ; IV, 137.
Bernardeau, II, 119.
Berne, I, 21 ; III, 142.
Bernezay, I, 14 ; II, 247.
Bernier, IV, 64.
Bernuçon, III, 85 ; IV, 179.
Beron, I, 131.
Berraut, III, 59.
Berruriere, I, 16.
Berthelin, II, 50 ; IV, 121.
Berthet, III, 113.
Bertholoye, IV, 140.
Bertier, II, 128 ; IV, 34.
Bertiere, I, 144.
Bertin, I, 81.
Berton, II, 89, 209.
Bertrand, II, 94 ; III, 182.
Bertre, I, 90.
Berziau, II, 81.
Berzot, I, 160.
Bésaguere, II, 169.
Bese, III, 1.
Besle, II, 110.
Beslon, I, 197.
Besneau, IV, 131.
Besort, IV, 103.
Bessay, I, 184.
Bessiere, I, 79.
Bessonelle, I, 108.
Bessonneau, III, 17 ; IV, 146.
Bethisi, II, 75.
Bethune, II, 224.
Betz, II, 99 ; IV, 43.
Beuil, I, 10, 19 ; II, 54 ; III, 57.

Beylve, III, 48.
Bidel, Bidau, III, 188.
Bidre, I, 161.
Biencourt, I, 124 ; II, 8 ; IV, 143.
Bigny, II, 94, 164, 190, 198 ; III, 190 ; IV, 71.
Bigot, I, 134, 182 ; II, 74, 129 ; III, 51, 57, 61, 236 ; IV, 17, 144.
Bigottiere, I, 53.
Billaud, II, 191 ; IV, 42.
Billoun, II, 74.
Billy, III, 103, 164.
Birague, I, 53.
Blaire, II, 157.
Blanc, I, 19, 236 ; II, 77, 211 ; IV, 189.
Blanchard, I, 114, 120.
Blanchecotte, II, 81.
Blanchefort, I, 9 ; IV, 9, 203.
Blanosc, I, 183 ; II, 112 ; III, 75 ; IV, 159.
Blanzat, III, 123.
Blanzei, III, 61.
Blauf, III, 211 ; IV, 22.
Bleaume, I, 182 ; II, 232.
Bleikart, III, 210.
Bleury, IV, 133.
Blich, II, 183.
Blondeau, I, 94, 168.
Blot, I, 235 ; II, 124 ; III, 171, 183 ; IV, 155.
Bocé, III, 159 ; IV, 194.
Boceart, IV, 151.
Bocheron, I, 207.
Bodet, IV, 64.
Bodiniere, IV, 57.
Boerote, I, 33.
Boessay, I, 114.
Bohier, I, 182 ; IV, 112.
Boisgnant, III, 126.
Boiron, IV, 107.
Bois (trop bannal, trop variable pour être compté).
Boiseler, II, 258.
Boisfollet, IV, 39.
Boisgibaut, II, 164.
Boisjardin, IV, 39.
Boislaufray, II, 54.
Boislinard, IV, 157.
Boisnay, I, 214 ; IV, 70.
Boisrenaud, III, 3.
Boissonade, II, 74.
Boisvarie, I, 29.
Boixon, II, 74.
Boizy, I, 160.

Bolleteau, II, 74.
Bollier, II, 140, 229 ; IV, 129.
Bomparant, I, 40.
Bonafond, I, 21.
Bonchamp, III, 60.
Bongars, I, 120.
Bonnault, IV, 64.
Bonnay, I, 35 ; II, 164 ; III, 53.
Bonne, II, 60 ; IV, 100, 114.
Bonneau, III, 53 ; IV, 33.
Bonnet, Bouvet, III, 122, 162 ; IV, 152.
Bonneval, I, 58 ; II, 90 ; III, 190.
Bonnevie, IV, 27, 55.
Bonnin, II, 196 ; III, 61, 102 ; IV, 23.
Bonvoisin, I, 178.
Boquillan, II, 113.
Bordes, I, 112.
Borgne, I. 52.
Bornac, III, 201.
Bornay, III, 4.
Borne, III, 118 ; IV, 184.
Bort, III, 222.
Bos, Bosc, II, 107 ; III, 64 ; IV, 95, 142, 179.
Boschatel, I, 213.
Boschaux, II, 222.
Boschet, IV, 140.
Boscoturaul, II, 53.
Bosfranchet, III, 214.
Bosmerle, II, 164.
Bosredon, I, 97, 130, 131, 160 ; IV, 190.
Bosseu, II, 89, 209 ; III, 60.
Bost, I, 44, 156.
Boster-Menoulx, I, 182.
Bothier, III, 65.
Bottu, I, 238.
Bouchard, IV, 17.
Boucher, I, 136 ; IV, 156.
Boucheron, I, 43.
Bouchet, I, 32 ; II, 54, 258.
Boudet, I, 161 ; II, 140.
Bouere, IV, 206.
Bouffet, IV, 22.
Bougnon, II, 197.
Bouillé, I, 10 ; II, 62, 74, 99, 257 ; IV, 128.
Bouin, I, 160.
Boul, I, 186.
Boulée, II, 67.
Boulier, IV, 40, 61.
Boulie-Turquant, II, 43.
Bouliner, I. 131.
Boulles, II, 172.

Boulogne, I, 55 ; IV, 30.
Boulu, I, 186.
Bouquetran.
Bour, II, 249.
Bourbon (particul. ou illégit.), I, 7, 10, 82, 118, 157 ; II, 34, 80, 126, 178, 198, 218, 225 ; III, 144, 157 ; IV, 83, 87, 111, 163, 197.
Bourbon-Busset, II, 62.
Bourdaloue, I, 94, 121, 141 ; III, 45 ; IV, 126.
Bourdier, I, 183, 230 ; IV, 4, 25.
Bourdonnaye, I, 75, 160 ; II, 153.
Bourg, I, 96.
Bourguignon, II, 81.
Bournam, II, 16 ; III, 3.
Bourreau, I, 15.
Boussart, I, 66.
Boussicaut, III, 76.
Boutaille, III, 126, 225.
Bout-Ermenoux, II, 232.
Boutet, IV, 132.
Boutillier, I, 11 ; II, 53, 100, 189 ; III, 57, 196,
Bouton, I, 182 ; IV, 55.
Bouttefeu, II, 45 ; IV, 16.
Bouttevillain, II, 145.
Bouzu, II, 170.
Boves, II, 222.
Box, IV, 190.
Boyaux, III, 47.
Boylesve, I, 18 ; IV, 57.
Boysse, IV, 140.
Boz, I, 144.
Brachet, III, 228.
Bragelone, II, 189.
Braigny, I, 26.
Brallon, I, 53.
Brandon, I, 7, 169 ; II, 222.
Braque, IV, 17.
Bras-de-Fer, I, 177 ; II, 75 ; IV, 135.
Breil, I, 192 ; II, 200.
Bremond, II, 248.
Breschard, III, 63 ; IV, 78, 183.
Bressolle, I, 32, 155 ; III, 65.
Bret, I, 161 ; III, 32.
Breteuil, II, 190.
Breton, I, 35, 131.
Breuil, I, 19, 53, 76 ; III, 191 ; IV, 55, 93, 189, 200.
Brezé, I, 14, 21, 157 ; II, 247, 279 ; II, 57.
Brezons, III, 154.
Bricadelle, II, 67 ; IV, 126.
Brichanteau, I, 13.

Brie, Brys, II, 86, 249 ; III, 32.
Brielles, IV, 61.
Brienne, III, 138.
Brigent, I, 120.
Brilhac, I, 45 ; III, 198 ; IV 43, 141.
Brillet, I, 161 ; II, 171.
Brinon, I, 115, 163.
Brinon, I, 158 ; III, 18, 75, 135.
Brisay, I, 21, 197.
Brissonet II, 118 ; IV, 106, 109.
Brives, I, 44.
Broc, Brocq, I, 10, 65, 90, 207 ; II, 99 ; III, 79 ; IV, 165.
Broce, Brosse, I, 40, 114, 223 ; II, 58 ; III, 28, 52, 66, 118, 138 ; IV, 75.
Brochard, III, 76, 94 ; IV, 43.
Brodeau, IV, 43, 137.
Broglia, IV, 140.
Bron, III, 53, 88, 126.
Broucin, Broussin, II, 156 ; IV, 55.
Brouilly, I, 120.
Broymiche, IV, 136.
Brughat, IV, 190.
Brugien, I, 139.
Bruille, II, 198.
Brul, II, 80.
Brulard, I, 169 ; II, 61 ; IV, 108.
Brun, I, 277, 186 ; III, 60, 102, 200 ; IV, 90, 162, 179, 189.
Brunet, III, 7.
Brunetiere, I, 114, 176.
Bruyere, II, 96 ; III, 109 ; IV 2.
Bu, IV, 18.
Buade, I, 120.
Buchailles, I, 223.
Buchepot, I, 222 ; III, 88.
Buchet, I, 31.
Bueil, I, 15, 53 ; II, 41, 81, 234 III, 207 ; IV, 90, 97.
Buffevant, III, 64 ; IV, 162.
Bugnet, III, 140.
Buissi, Bussi, I, 81 ; IV, 199.
Buisson, II, 144 ; III, 1, 44, 105 ; IV, 55, 60.
Bulleu, I, 222.
Burat, IV, 50.
Bures, IV, 18.
Burges, I, 129, III, 221.
Buriane, IV, 127.
Burriene, III, 107.
Bussiere, IV, 208.
Bussonneau, II, 5.
Bussul.
Buxeuil, I, 26.

Buyat, I, 202.
Buz, IV, 198.
Byse, I, 110.

C

CABARET, III, 60.
Cadier, IV, 22.
Caelatre, IV, 138.
Cafardet, I, 120.
Caillot, IV, 134.
Caissac, I, 207.
Calin, III, 221.
Calure, IV, 31.
Camaigny, IV, 6.
Campedon, III, 5.
Camus, III, 196.
Caney, I, 166.
Canillac, I, 37, 79 ; IV, 16, 119.
Canteau, III, 174.
Cantello, I, 208.
Cantinneau, Cantineo, I, 186 ; II, 74.
Cappellan, I, 71.
Capra, IV, 95.
Carbonnel, III, 122.
Cardaillac, III, 150.
Cardan, II, 156.
Carenelle, ...
Carlat, I, 93.
Carmantrand, I, 51.
Caron, III, 207.
Carré, II, 74, 90, 209 ; III, 10.
Carroy, IV, 38.
Caslus. Voy. Chaselux. IV, 146.
Casol, I, 14.
Castelane, I, 7.
Castelnau, III, 150 ; IV, 70.
Castille, II, 171.
Catherinot, II, 114 ; III, 169 ; IV, 95.
Caulis, III, 35.
Caumont, III, 7.
Cavroy, II, 145
Caze, I, 208.
Cazet, I, 53, 111.
Celerier, I, 47, 123, 216 ; II, 39 ; IV, 2, 96, 103.
Celle, II, 103.
Cens, II, 207.
Cepeaux, I, 10.
Cery, I, 190.
Chabannes, I, 15, 51, 109, 170, 207 ; II, 17, 54, 58 ; III, 43, 193 ; IV, 34. (Paraissent avoir été Guy en leur nom ancien.)

Chabat, II, 102 ; III, 3.
Chabenat, III, 193 ; IV, 4.
Chabot, III, 7 ; IV, 82.
Chabue, I, 81.
Chacaton, I, 41.
Chahennay, Chaharnay, II, 156 ; III, 175, 207.
Chaignon, I, 223.
Chaille, II, 44.
Chailleul, I, 159.
Chaillou, IV, 123, 150.
Chaize, II, 134 ; III 189.
Chalennon, III, 40, 133 ; IV, 89.
Chales, III, 22.
Chalistre, II, 58.
Challes, III, 75.
Challot, II, 96.
Chalmot, IV, 23.
Chalons. Voy. Orenge.
Chalus, Chaluce, I, 7, 39, 44 ; II. 64, 192 ; III, 12, 22 ; IV. 31, 36, 156, 166. (Voy. Chaselux, Chasteluz, etc.)
Chamaron, I, 191.
Chambellain, I, 196.
Chambellan, II. 207 ; IV, 146.
Chambon, II, 126 ; III, 110, 150 ; IV, 173, 178.
Chamborran, I, 141 ; III, 196.
Chamdeo, II, 178.
Chamillard, I, 162 ; II, 121.
Chamlé, III, 74.
Champaigne, II, 74, 169, 209, 247, 257 ; III, 32, 33, 79.
Champceri, II, 78.
Champ de Manche, II, 257.
Champdenier, I, 188.
Champedon, IV, 50.
Champfeu, IV, 16.
Champfort, II, 115.
Champlaye, I, 160.
Champmaussas, III, 133.
Champ-Remy, IV, 42.
Champ-Robert, I, 47, 119 ; IV, 133.
Chaprond, IV, 189.
Champs, I, 38, 188, 190 ; II, 80 ; IV, 113.
Chandenays, II, 113 ; IV, 50.
Chanday.
Chanet, I, 119, 219.
Changy, I, 240.
Chaniol, II, 103.
Channay, IV, 35.
Channeins, IV, 83.
Channonat, III, 195.

Chantele, III, 199.
Chantellot, IV, 104.
Chantemerle, IV, 189.
Chapeau, II, 125.
Chapel, III, 150.
Chapelle, I, 173 ; II, 195, 232.
Chapes, I, 87, 165.
Chapette, I, 229.
Chappellaix, III, 32.
Chapperon, I, 21 ; II, 249, 259 ; IV, 47, 153, 160.
Chapuiset, II, 74.
Chapus, I, 165 ; IV, 39, 103.
Chardon, III, 21.
Charegny, III, 118.
Charenteyne, I, 176.
Charette, III, 109.
Chareul, II, 62.
Charlemagne, II, 195 ; IV, 2.
Charmieres, III, 87.
Charnacé, I, 221 ; II, 259 ; IV, 147.
Charnaye, IV, 89.
Charrier, I, 189.
Chartres, II, 170.
Chary, I, 151 ; IV, 14.
Chasartiart,....
Chasaulx, I, 113.
Chaselux, I, 272.
Chaseron, IV, 192.
Chasne, II, 171.
Chaspoux, Chassepoux, I, 122 ; IV, 159, 211.
Chassa, I, 21 ; II, 171.
Chasseing, Chassengue, I, 44 ; II, 118,
Chaste, IV, 16,
Chastel, I, 204, 261 ; II, 74 ; III, 138, 206 ; IV, 31.
Chastellet, II, 136, 171.
Chastellier-Barlo, III, 216 ; IV, 162.
Chasteluz, Chastellud, I, 245 ; II, 229 ; III, 134, 150 ; IV, 199.
Chastenet, III, 137.
Chastenoy, IV, 97.
Chastre, Chatre, Chartre, I, 163 ; II, 62, 202 ; III, 40, 205.
Chateau, I, 127.
Chat.-Bodeau, II, 206 ; III, 55.
Chat.-Brient, I, 101 ; II, 112, 247.
Chat.-Morant, II, 90 ; IV, 210.
Chat.-Neuf, I, 124, 187, 189 ; IV, 106, 167.
Chat.-Regnaud, II, 9, 83.
Chat.-Vieux, II, 238 ; IV, 193.
Chat.-Vilain, I, 26, 118 ; II, 25 ; etc.
Chateigner, III, 194.

Chatillon, I, 26 ; II, 10, 27.
Chatrinhat, II, 32.
Chaucecourte, I, 7 ; IV, 66, 146.
Chaucée, Chaussée, II, 50 ; IV, 135, 194.
Chauderon, II, 116 ; III, 23, 173.
Chaudet, I, 36.
Chaulx, Chaux, 1, 166, 225 ; II, 76, III, 58.
Chaume Jean, IV, 98.
Chauvejean, I, 213.
Chauvelin, I, 120.
Chauvigny, I, 14, 44, 85, 96, 134, 171, 177 ; II, 83 ; III, 43, 154 ; IV, 14, 15, 28, 43, 120, 173.
Chavaignac, II, 239.
Chavannes, II, 64.
Chavenes, IV, 126.
Chaveroche, III, 21.
Chavigny, IV, 39.
Chaze, II, 136.
Chazeau, I, 32.
Chazelas, IV, 129.
Chazelles, II, 218.
Chazettes, IV, 96.
Cheis, III, 135.
Chemens, I, 212 ; II, 257.
Chemigne, I, 197.
Cheminart, II, 171 ; IV, 99.
Chemineau, II, 171.
Chenerailles, I, 104, 145.
Chenet, I, 217.
Chenu, I, 161 ; III, 59, 122, IV, 153.
Chereau, II, 74.
Cherité, I, 14, 123, 212 ; III, 10 ; IV 57.
Chery, IV, 39.
Cherzay II, 259 ; III, 126.
Chese, III, 61.
Chesnay, I, 186 ; IV, 57.
Chesne, I, 20, 72 ; IV, 17, 159.
Cheuciere, II, 209.
Cheurue I, 2 ; II, 74 ; III, 76.
Chevalier, I, 20, 25, 192 ; II, 217, 258 ; IV, 170.
Chevenes, II, 73.
Chevenon, I. 22.
Cheverue, III, 67.
Cheviere, Chevriere I, 161 ; III, 79 ; IV, 2.
Chevigny, IV, 7, 16.
Chezelles, IV, 78.
Chiersay, IV, 147.
Chilleau, IV, 128.
Chincé, III, 67.

Chiroux, I, 72.
Chisay, II, 114.
Chistaing, II. 260.
Chivignac IV, 7.
Chivray, Chivré, I, 7, 53, 123 ; II, 172; IV, 9.
Cho, II, 233.
Choiseul, IV, 197.
Chollet, II, 61 ; IV, 78.
Chomeil, I, 194.
Chouet, I, 131.
Choul. II, 175.
Chouppes, I, 178 ; II, 121 ; 171 ; IV, 212.
Chuire, II, 257.
Cibar, I, 45.
Cincé, Cincyat, I, 14 ; II, 257 ; III, 212.
Cirat, II, 131.
Cissay, IV, 107.
Cisternes, I, 118.
Clapisson, II, 11.
Claris, II, 236.
Claveau, III, 27.
Claverier, III, 102 ; IV, 23.
Cleaquin, I, 10
Clerambault, I, 46 ; II, 249; III, 126, 164, 176; IV, 153.
Clerc, I, 53; II, 62, 170, 216, 259 ; IV, 193.
Clereau, I, 212 ; III, 38.
Clergeau, I, 105,
Clermont, I, 14, 160 ; II, 15, 62, 84, 226, 229 ; III, 126, 141 ; IV, 161.
Clinchamp, II, 72.
Cloistre, II, 76, 177.
Clos, II, 4.
Cluis, II, 184.
Cluny, II, 257.
Clusel, IV, 140.
Cluze, III, 133.
Coaismes, II, 54, 136, 259 ; IV, 147.
Coayquen, (Guesclin), I, 41.
Cochetin, III, 120.
Cocq, I, 213,
Cocurey, Cocuyre. III, 121 ; IV, 31.
Coetterie, II, 258.
Coiffier, I, 155 ; II, 77.
Coigneux, I, 178 ; IV, 17.
Colbert, I, 131 ; IV, 174.
Coligny, II, 113,
Collard, II, 205.
Collaseau, II, 74.
Collet, II, 179.
Collignon, I, 111.

Collin, I, 22.
Collincourt, II, 63.
Colliot, IV, 54.
Colombier, III, 173 ; IV, 193.
Colonge, I, 174.
Comaing, II, 64.
Comberel, II, 269.
Combres, II, 57 ; III, 223.
Combronde, I, 121.
Comfés, I, 177.
Cominges, IV, 209.
Commacre, IV, 43.
Comte, IV, 92.
Concaret, II, 11.
Conches, I, 26.
Conflans, III, 206,
Connataruel, II, 74.
Constant, III, 102.
Consul, I, 194.
Contade, IV, 44.
Conte, I, 186.
Coquereau, I, 161.
Corant, I, 25.
Corbin, IV, 154.
Corbon, I, 212.
Corcelles, II, 112.
Corcillon, IV, 38.
Cordeboef, II, 156.
Cordouans, II. 72.
Corlie, II, 179.
Corneisse, II, 257.
Cornu, III, 17.
Cornuau (aussi Grandiere), IV, 2.
Cornusset, I, 77,
Cortix, I, 182, ; II, 232.
Gorum, IV, 38.
Corvaysier, II, 152 ; III, 76.
Cossa, Cosse, I, 21, 160, 212.
Costane, II, 222.
Coste, I, 177, 229 ; II, 220 ; III, 62, 65 ; IV, 135.
Cotentin, III, 29,
Cottereau, III, 195.
Cottignon, IV, 45.
Cottin, I, 131.
Couasnon, II, 74.
Coudray, II, 186, 190.
Coué, Couet, II, 160, 257.
Couette II, 209, 258 ; IV, 42.
Coulombier, II, 260.
Coulon. II, 46 ; III, 64.
Cour, I, 87, 212 ; II, 60, 113, 192 ; IV, 81.
Courcelles, III, 155.
Courcillon, Coursillon, I, 12, 237.

Courcon, I, 179.
Cour de Lusignan, II, 74,
Couriale, II, 94.
Court, II, 247.
Courtais, II, 231.
Courtaux, II, 81.
Courtenay, IV, 150.
Courteux, I, 83.
Courtin, I, 186; II, 197; III. 17.
Courtinier, I, 213,
Courtroux, I, 131.
Cousant, I, 96,
Coustardiere, II, 136.
Coustelier, Coutellier, II, 72, 145, 247, IV, 44.
Coustureau, II, 189.
Cousturier, I, 108, 154.
Coutanniere, II, 151.
Coutansen, I, 142.
Coutocheau, II, 200
Couuet, II, 84.
Couvrain, I, 84.
Couz. Coux, II, 153; IV, 91, 105.
Couzche, II, 94.
Cranes, Crenes. I, 184; II. 87.
Craon, III, 57, 233; IV. 1.
Crastin, IV, 210.
Cremeau, I, 155; II, 44; IV, 13.
Cresange, III, 129.
Crespin, I, 58, 112; II, 136, 171, 247; III, 219.
Crespinges, IV, 185.
Crense, III, 194; IV, 36.
Crevan, I, 120; IV, 33, 137.
Crez, I, 43; III, 56; IV, 7.
Cribleaut, IV, 66.
Croc, I, 164; IV, 20.
Crochet, I, 151.
Croillon, II, 257.
Croix, I, 58, 141; III, 87. 166.
Cros, II, 124.
Crosa II, 110.
Crossonniere, I, 212; IV, 58.
Crouillon, I, 234; II, 93; IV, 99.
Crozet, I, 214; IV, 41.
Crux, III, 58, 210; IV, 35, 154.
Cugnac, IV, 38.
Culant, I, 113, 136, 155, 171, 200; II, 22, 34, 60, 164, 199; III, 45, 58; IV, 35, 89, 205.
Cumont, II, 62; III, 102.
Curlande. I, 211,
Cussegny, III, 203,.
Cusson, I, 21.
Cuyinac, III, 148.

D

Daillon. I, 2, 60; II, 48, 54, 55, 130, 257; III, 51, 122, 65, IV, 32, 49.
Damas, III, 166.
Damas-d'Anlezy, II, 113,
Damas-Cormaillon, I, 176.
Damays, III, 131.
Damon, IV, 147.
Dampierre, I, 114, 229; II, 18; IV, 95, 133.
Danyele, I, 128.
Darot, III, 29; IV, 23.
Dauzy, II, 129.
David, I, 190; II, 251; III, 67.
Davoise, II, 257.
Davyau, II, 74.
Dellene, I, 45.
Denis, II, 237,
Denizot, I, 132.
Denplais, IV, 83.
Deodeau, IV, 17,
Dereau, III, 207.
Dercé, Dercet, I, 108; II, 181; III, 3; IV, 172.
Derval, III, 3.
Decartes III, 64.
Deschelles. IV, 97.
Desmartz, II, 254.
Desmont, II, 90, 209.
Desne, II, 121.
Despau, IV, 92.
Dessous-la-Tour, I, 118.
Deu, IV. 107.
Dici, III, 133.
Dienne, I, 80.
Digoyne, II, 112, 113.
Dinant, II, 112; III, 32; IV, 192.
Dio, Dyo, III, 24; IV, 103.
Doiron, II, 57, 247.
Domat, II, 20.
Donat, I, 223.
Donjon, III, 89.
Doplez, II, 41.
Dorat, Daurat, I, 235; III, 152.
Dorin, I, 213; II, 24, 25.
Dorset, I, 70.
Dorure, II, 74.
Douault, I, 120, 121.
Doublet, I, 36.
Douceron, II, 117.
Douhet, I, 2, 46; III, 36; IV, 94, 172.

Doulle, II, 208.
Doutrege, II, 167,
Dragon, I. 95 ; IV, 178.
Draux, II, 119.
Dresnay, II, 119 ; III, 38.
Dreuille, II, 144.
Dreux, I, 40, 107, 161 ; II, 54 ; III, 101, 229 ; IV, 21.
Drouet, IV, 64.
Drouillard, II, 171.
Drudy, Druet, III, 20, 133.
Druille, III, 72, 99, 107 ; IV, 89.
Druy, II, 8.
Dubois, I, 22 ; IV, 55, 208.
Duc, II, 243.
Ducis, IV, 8.
Dufferie, I, 53.
Dunau, III, 67.
Duni, III, 67.
Dupin, II, 94.
Durand, II, 72.
Durat, II, 4, 72,
Durban, III, 104.
Durcot, III, 229.
Dureil, II, 257.
Durfort, I, 1.
Duville, III, 125.

E

Eissac, I, 134.
Elbeuf, II, 129 ; III, 121.
Enfant, I, 53 ; II, 257 ; III, 2, 32 ; IV, 147.
Engalbert, I, 9.
Enjorrant, IV, 60.
Entraigues, I, 109 ; IV, 73.
Epiller, I, 235 ; II, 70.
Equin, I, 230.
Erbloy, IV, 136.
Erguel, I, 127.
Escart, III, 187.
Eschalard, III, 19.
Eschalier, II, 222.
Eschaussitouite, II, 255.
Eschivalgnes, III, 203.
Escotais, II, 74 ; III, 395 ; IV, 15.
Escoublanc, I, 178 ; III, 112, 126 ; IV, 108.
Escoubleau, I. 168.
Escoutiz, I, 161.
Escures, I, 106.
Esneau, II, 184.

Espagne, II, 99 ; III, 79, 212 ; IV, 165.
Espaiguil, II, 167.
Esperoniere, I, 18, 161.
Espinace, I, 139, 237 ; II, 20, 228 ; III, 24 ; IV, 31, 71, 127, 131, 200.
Espinart, IV, 115.
Espinay, I, 46, 186 ; II, 171 ; III, 83 ; IV, 99.
Espinchal, II, 75 ; III, 41.
Espine, II, 55, 249.
Espineuse, II, 68.
Espouille, II, 160.
Essertines, II, 73 ; III, 175 ; IV, 158.
Estain, IV, 49.
Estampes, II. 81 ; III, 168 ; IV, 82.
Estang, I, 73 ; II, 63 ; III, 131, 62 ; IV, 156.
Esteller, II, 167.
Esterlin, IV, 95,
Estevard, III, 145.
Estissac, II, 194.
Estournaux, III, 174.
Estrange, I, 22 ; III, 10.
Estrat, III, 205.
Estrechy, I, 116.
Estrées, I, 75, 121.
Esveille-Chien, III, 28 ; IV, 89.
Éveillé, III, 113, 161.
Evesque, III, 102 ; IV, 23.
Eyseleu, IV, 60.

F

Fabri, II, 67.
Faguet, IV, 50.
Faige, III, 24.
Fain, III, 31, 49.
Falloise, II, 186.
Fanier, III, 118,
Fara, II, 143.
Farges, IV, 166, 170.
Farjonel, III, 163.
Farney, I, 237.
Faucille, I, 197.
Faure, II, 222.
Fautriers, III, 47.
Fauvre, IV, 77.
Faverolle, I, 214 ; II, 239.
Faverot, I, 17,
Favier, I, 94.
Favieres, I, 175.
Fay, Faye, I, 100. 131 ; 228 ; II, 58 ; 74 ;

101, 155; III, 102, 123, 159, 163, 174; IV, 57, 140.
Faydeau, II, 89, 252.
Fayet, IV, 3.
Fayette, I, 108, 228; IV, 140, 177.
Febvre, I, 55, 161.
Felix, II, 63.
Fenières, IV, 60.
Ferchault, I, 152.
Ferlay, IV, 192.
Fermaises, IV, 82.
Feron, II, 90, 129.
Ferou, II, 209.
Ferrand, I, 131; II, 89.
Ferré, I, 105.
Ferrier, I, 18.
Ferrieres. I, 208, 239; III, 100.
Ferron, III, 60.
Feschal, II, 163; III, 32.
Feulliette, II, 176.
Feuquerolles, II, 190.
Faynerols, III. 88.
Fié, I, 42.
Filliot, II, 147, 163.
Fitte, II, 65, 140.
Fleury, I, 17, 178; II, 247, 253.
Flocquet, I, 170, 208; II, 76,
Flory, II, 249; III, 83, 122.
Flote, I, 36; II, 229; IV, 51.
Foillot, I, 9.
Foison, III, 180.
Foix de Candale, IV, 49.
Foldray, III, 130.
Fombert, II, 76.
Font, II, 228.
Fontaines, I, 15, 97; II, 156, 211; IV, 21, 116.
Fontanelle, I, 53.
Fontanet, IV, 140.
Fontanges, II, 136, 147, 163; IV, 17.
Fontenays, I, 14, 132, 135; II, 107; III, 205, IV, 89, 146, 162.
Fontenie, IV, 101.
Font-le-Bon, III, 187.
Fonteniol, II, 60.
Forajas, IV, 24.
Forcieux, IV, 54.
Forest, II, 136, 170, 189; IV, 100, 129, 170.
Forest-Bullion, I, 222.
Forestier, II, 90, 209; III, 71.
Forges, Forgais, Forgat, I, 68, 184, II, 211; III, 595, 173, 201; IV, 168 202.

Forin, I, 123; IV, 70.
Fort, III, 18.
Fortier, IV, 17.
Fou, II, 257; III, 224.
Foucault, II, 176; III, 27, 162.
Fouchardiere, I, 213.
Foucher, III, 60.
Fougeres, Fougieres, I, 58; III, 131; IV, 36.
Fougerolle, I, 210.
Fouliers, II, 206.
Foulles, III, 32.
Foullon, II, 41.
Foulogne, III, 58.
Fouquet, I, 100, 161, 214, 220; II, 109, 127, 254, 257; III, 176; IV, 160.
Four, III, 176; IV, 41.
Fourchaut, III, 72.
Fournel, I, 100.
Fournier, III, 138.
Fourrateau, IV, 97.
Foy-Liglise, II, 164.
Fradet, I, 73, 94; II, 253; III, 207.
Fradon, II, 13.
Fraguet, III, 99.
Fraise, I, 24.
Franc, IV, 89.
Franchileus, IV, 29.
Francière, II, 176.
François, I, 2, 28; II, 53; III, 27.
Franoy, Franay, II, 173; IV, 142.
Franquetot, III, 235.
Fraynot, II, 113.
Frebourg, III, 7; IV, 50.
Fredeville, Froideville, I, 211; IV, 140.
Fresne, I, 186, 223; II, 211.
Fresneau, II, 81; III, 530.
Fresnoy, IV, 184.
Frestain, III, 74.
Fretart, I, 22, 154; II, 41.
Fretat, I, 45, 120; II, 110, 141; IV, 73.
Fretoy, IV, 11.
Freydière, I, 2.
Frezeau, I, 161; II, 257; III, 32, 79; IV, 98.
Fricon, III, 162.
Fromentières, III, 33,
Fromenton, III, 10.
Frottier, II, 166; IV, 201.
Frougeard, IV, 38.
Froulay, I, 82; II, 74.
Froullé, III, 33.

16

Fullaie, IV, 146.
Fullade, I, 7.
Eumée, II, 42; IV, 183.
Furgeen, III, 10.
Fuygière, IV, 198.
Fuzelier, I, 162.

G

Gaallon, IV, 170.
Gabard, III, 198.
Gadagne, II, 53.
Gagnieres, II, 254; IV, 161.
Gaigne, IV, 152.
Gain, I, 213.
Galbert, III, 102.
Galissonière, II, 62.
Gallaud, I, 45.
Gallebrun, II, 247; IV, 1.
Gallier, III. 101.
Gallocheau, I, 182.
Gamaches I, 112; II, 198; III, 10.
Ganant, IV, 129.
Gannat, I, 128, 216.
Garadeur, II, 192.
Garays, IV, 184.
Garcie, III, 128, 140.
Gard, II, 62.
Garde, I, 90, 150, 173; II, 142, 180, 198, 222; IV, 139.
Gardette, IV, 140.
Garennes, IV, 129.
Garhan, II, 82.
Garnier I. 36; IV, 23, 28, 38.
Garone, II, 131.
Garoust, IV, 165.
Garreau, IV, 17, 99, 101.
Gasset, III, 202.
Gassot, 162, 190; II, 4.
Gast, Gas, I, 22; III, 196.
Gasteaume, II, 167.
Gastueil, III, 52.
Gatien, IV, 83.
Gaudin, Gaudine, II, 81, 189; III, 3.
Gaudon, I, 76; II, 148.
Gaulmyn, I, 45; III, 122.
Gauthier, II, 129; III, 184; IV, 145.
Gauville, II, 190.
Gauvin, II, 74.
Gay, I, 53.
Gayete, I, 150; IV, 79.
Gazelle, III, 133.
Gazets, IV, 59.
Geay, I, 150.

Gebert, IV, 43.
Gedouin, III, 136.
Genat, II, 20, 203; IV, 179.
Genays, I, 65; II, 248.
Gencian, III, 80.
Gendre, II, 173.
Genebaut, I, 97.
Genecian, II, 62.
Geneste, 1, 201.
Genestines, IV, 149.
Genetoux, II, 61.
Genin, III, 167.
Gennes, I, 132; II, 54; III, 120.
Genon, IV, 2.
Gentes, I, 69; II, 113, 167; IV, 81.
Gentils, I, 2; II, 205, 243.
Geraud, I, 148.
Giac, III, 192.
Gibot, III, 59.
Giffart, I, 161.
Giguault, III, 91.
Gilbart, IV. 42.
Gillieres, I, 161.
Gilliers, I, 91; II, 42, 89, 209; IV, 44.
Ginel, I, 22; II, 102; III, 220; IV, 78, 203.
Ginay, II, 64.
Ginestoux, II, 136.
Ginieul, II, 167.
Girard, I, 4. 186, 211; II, 62; III, 102, 122, 191; IV, 106, 124.
Girardieres, I, 150.
Girault, I, 161.
Girois, II, 54.
Girolles, IV, 103.
Gironde, II, 214; III, 1.
Girondel, II, 59; IV, 197.
Giroust, II, 41.
Girueul, II, 185.
Gitton, I, 7.
Giulay, Giverlay, I, 149; IV, 59.
Glaisole, 1, 45; II, 215.
Glecenes, IV, 196.
Glene, II, 229.
Glenoux, I, 177.
Gleole, III, 6.
Glerla, I, 93.
Gleteins, II, 70; III, 22, 216.
Gobert, II, 130; III, 209.
Gobilor, I, 28.
Goblen, II, 62.
Goheace, I, 212.
Goion, I, 14, 222; III, 236.
Goislard, III, 76.
Gombaud. I, 78, 180.

Gondy, III, 59.
Goret, IV, 38.
Goudon, IV, 19.
Gouffier, I, 37 ; II, 123 ; III, 59, 174; 221 ; IV, 54, 57.
Gouge, IV, 89.
Gougnon, I, 94, 162.
Goullaine, IV, 19.
Goullart, III, 122.
Goumier, IV, 141.
Goupillaire, III, 207.
Gourd, I, 13.
Gourdon, II, 167.
Gourgues, II, 188.
Gourjault, II, 227.
Goutes, III, 189, 204.
Gouville, I, 112.
Goux, III, 87.
Gouy, II, 95.
Gouzolles, III, 24 ; IV, 44.
Goyer, I, 1, 155.
Goyet, III, 32 ; IV, 44;
Grain, IV, 38.
Grandière, I, 159 ; II, 41, 257
Grand-Moulin, II, 136.
Grand-Pré, II, 257.
Grange, III, 125, 169.
Graniers, IV, 173.
Grany, III, 60.
Gras, I, 132 ; III, 126.
Grateloup, IV, 99, 159.
Graud-Cordeil, I, 139.
Graulere, IV, 129.
Grave, I, 199.
Graveres, IV, 124
Grazay, II, 84.
Gree, I, 161.
Grefuelle, III, 179.
Grenant, III, 88.
Grenier, I, 161 ; III, 37.
Grenouillon, III, 1.
Greslet, IV, 211.
Greuel, III, 158.
Grezille, III, 17, 57, 83 ; IV, 146, 153.
Grignon, II, 147 ; III, 174.
Grimaudat, I, 164.
Grimaut, III, 67.
Grimouard, III, 197.
Groing, I, 147, 182 ; II, 232 ; III, 88; IV, 21, 74.
Grolée, I, 31, 34.
Grongnaue IV, 163.
Gros, I, 13, 172 ; IV, 129.
Grosbois, III, 60.

Grout, II, 62.
Groygnon, II, 42, 192.
Grue, I, 178 ; II, 171.
Grueaul, II, 9.
Grunstein, II, 68.
Guabart, I, 177.
Gualon, III, 136.
Guay, 248.
Gué, III, 57, 83.
Guenegaut, I, 217 ; II, 214 ; III, 168; IV, 87, 137.
Guesnois, II, 195.
Guerillon, III, 110.
Guerin, II, 90, 209.
Guerusseau, IV, 149.
Guesbin, II, 186.
Guesclin, II, 62.
Guesle, III, 193.
Guibert, I, 190.
Guichart, II, 79 ; III. 134.
Guiche, III, 24 ; IV, 163.
Guifrays, II, 184.
Guignon, III, 201 IV, 24.
Guigou, I, 203 ; III, 113.
Guillaumanche, III, 85.
Guillier, II, 171 ; IV, 141.
Guillon,, II, 220.
Guillot, III, 234, 235.
Guilloteau, III, 158.
Guitart, IV, 31.
Guites, IV, 123.
Gulamert, I, 212.
Gurges, IV, 66.
Guto, I, 28.
Guy, IV, 129.
Guyneuf, IV, 44.
Guyot, I, 90 ; II, 95 ; III, 207.
Guyraut,.....
Gyvay, II, 113.

H

HABERT, I, 113.
Haes, I, 132. Voy. Ays.
Haltes, II, 79.
Harcourt, I, 206 ; II, 152, 156, 179, 231 ; III, 39 ; IV, 53, 107, 120, 161, 192, 199, 212.
Hardas, III, 58.
Hardoncourt, II, 23.
Hardouin, II, 62.
Hardy, III, 102.
Harembure, II, 16.
Harene, II, 85.
Harouys, II, 74.

Harpedene, I, 224; II, 174; III, 90.
Haste, I, 178.
Hautefort, II, 47; IV, 137.
Hauteville, II, 85.
Haye, I, 14, 15, 28, 154, 165; II, 98, 163, 247, 259; IV, 153.
Hayer, III, 58; IV, 159.
Hayes, II, 74.
Hectray, I, 22.
Hees, I, 14.
Heliand, I, 53; III, 10.
Helie, II, 89.
Herant, I, 115.
Herault, IV, 176.
Hermion, IV, 24.
Hernous, I, 108.
Heron, IV, 197.
Herouard, III, 84.
Herouis, I, 83; II, 149; III, 190; IV, 136.
Heureliere, II, 99.
Heurtault, I, 21, 221; II, 177; III, 169; IV, 60, 170.
Hillaire, I, 205.
Himbaut, II, 45.
Hoden, I, 151.
Hodon, II, 258; III, 158.
Holins, I, 126.
Horin, I, 15.
Hostedun, II, 53.
Housland, I, 121.
Houssay, I, 209.
Hugel, IV, 140.
Hugon, IV, 7.
Hugues, III, 30.
Huillier, IV, 44.
Huisset, III, 26.
Hulin, II, 121.
Hune, I, 212; II, 136; III, 17, 146.
Hurault, II, 78; IV, 22.

I

Illier, I, 71; II, 258.
Ingrande, I, 10; III, 33; IV, 147.
Inguibert, II, 6.
Iriand, III, 102; IV, 23, 131.
Isle, I, 221; III, 58; IV, 97, 147.
Isserpent, I, 90, 151; II, 21; III, 36; IV, 38, 181.
Izé, II, 156.

J

Jaceaume, IV, 89.
Jaffarel, III, 133.

Jaille I, 21, 134, 197, 234; II, 112, 121, 165, 182, 249, 257; III, 332, 127; IV, 17, 35, 153.
James, II, 2, 16.
Jannay, I, 197; II, 92.
Jantes, I, 145; III, 78; IV, 81, 112.
Janure, I, 213.
Jaquemart, I, 55.
Jaques, II, 99, 184, 209, 242.
Jarese, I, 85.
Jariel. I, 104.
Jarno, III, 102; IV, 132.
Jarre, III, 126.
Jarrege, Jarrige, II, 232.
Jarrie, IV, 179.
Jaunay, III, 59.
Jaupitre, I, 112, 182.
Javoy, I, 40.
Jeay, II, 99.
Jerchauny, III, 135.
Jhanot, III, 225.
Jolian, II, 176.
Joly, Jolly, I, 111, 132; II, 135.
Jomar, II, 35. IV, 14.
Jorcaz, I, 102.
Jordan, I, 71; III, 184.
Jorin, I, 14.
Josain, I, 79.
Jouard, I, 201.
Joubert, III, 59.
Joulain, I, 52.
Jourdan, I, 2,
Jourdin, I, 36, 175.
Jourmelle, I, 141.
Jousseaume, III, 59.
Jousserant, II, 131; III, 90; IV, 23.
Jouvigné, I, 178.
Joux, I, 26.
Juas, IV, 62.
Juen, I, 208.
Juigné, I, 53; II, 171.
Julien, I, 34.
Jumeliere, I, 212; II, 247, 259; IV, 147.
Jumilhac, III, 67.
Jupilles, II, 107; III, 223.
Juquet, III, 150.
Jusquel, I, 131.
Jussac, II, 138.
Juvigny, II, 136.
Juze, I, 143.

K.

Kairbout, IV, 141.
Karamues, I, 22.

Karboin, III, 148.
Kasinier, III, 7.
Kraimerch, II, 247.

L.

LAAGE, I, 121, 187; II, 67, 176; III, 26, 69.
Labbe, I, 100, 189, 212, II, 72; IV, 144.
Laboire, I, 75.
Laborie, Laboerie, IV, 61, 83.
Lac, II, 125, III, 152.
Lage, II, 232.
Lair, IV, 165.
Laizer, I, 90.
Laloé, III, 48; IV, 70.
Lambert, II, 153; III, 7.
Lamoignon, I, 142, 161; II, 188; III, 170; IV, 60, 78.
Lande, III, 14, 102; IV, 153.
Lanfernac, III, 207.
Langhac, Langiac, II, 239; III, 118; IV, 204.
Langlade, I, 11.
Laniac, I, 5; IV, 27, 179.
Lanier, II, 72.
Lantoing, I, 181.
Lanty, II, 2.
Lapallu, II, 257.
Larable, II, 176, 252.
Larcay, IV, 44.
Large, I, 140; IV, 152.
Laries, III, 201.
Larrat, II, 191.
Las, IV, 93.
Laspaie, I, 185.
Lassé, IV, 114.
Lastic, II, 124.
Laubriere, II, 153.
Laugier, IV, 179.
Laumont, IV, 113.
Launay, I, 53; II, 41; III, 208.
Laurent, III, 67; IV, 144, 154.
Lauson, III, 102; IV, 23.
Laval, I, 14, 46, 114, 132, 159, 161, 173, 186; II, 54, 74, 81, 247; III, 3, 59, 122; 126, 157, 207, 233; IV, 9, 103, 106, 205, 206.
Lavau, I, 186, 204; III, 67.
Laye, I, 31, 70, 199; II, 179; III, 150; IV, 198.
Lebrun, I, 106.
Leger, I, 11.
Lelong, I, 106, 171; IV, 28.

Lemenan, II, 223.
Lemoncourt, I, 10.
Leschavenes, II, 137.
Lessartes, III, 192.
Leudays, I, 28; II, 42.
Levis, I, 8, 23, 62, 76, 109, 146; II, 127, 232, 236; III, 226; IV, 6, 30, 31, 161, 199, 211, 213.
Lhausa, II, 233.
Lichaul, I, 168.
Lichy, I, 75; II, 223.
Lienden, III, 229.
Lignerac, I, 130; IV, 170.
Lignieres, III. 7.
Ligondais, II, 58.
Ligondes, I, 182; IV, 33.
Lille, II, 156.
Limonte, I, 187.
Liquin, I, 184.
Lizaines, III, 25.
Loarse, I, 172.
Lobe, I, 197.
Lochi, III, 129.
Locon, I, 134.
Lodant, II, 104.
Loere, III, 66.
Lomeron, III, 60.
Londay, II, 156.
Londeau, I, 162.
Long, I, 22, 232; II, 76; III, 111, 183, 200.
Longueil, II, 62; IV, 165.
Lougueval, III, 207.
Longvic, II, 129.
Lonnoy, IV, 201.
Lore, II, 98, 163; III, 32, 51.
Lorge, III, 83.
Lorons, I, 212.
Lorouer, II, 156.
Losse, II, 121.
Lostanges, II, 176; III, 95; IV, 110.
Lothier, I, 220.
Lothoing, II, 202.
Louau, Louan, IV, 89, 113.
Loubes, I, 120; III, 67.
Loudon. Voy. Morin.
Louet, III, 76.
Loup, I, 152.
Lourdin. Voy. Saliguy, IV, 85.
Louvat, III, 124.
Louvigny, IV, 79.
Louzest, I, 101.
Loyau, III, 64.
Loye, II, 192.
Lubie, III, 64.

Luc, I, 112.
Lucas, I, 14 ; II, 90, 209.
Lucy, I, 17.
Lugny, II, 156.
Luppé, II, 108,
Lusignan, III, 21 ; IV, 3, 164.
Luthier, I, 71 ; IV, 210, 211.
Luzy, I, 146.
Lyone, II, 13.
Lys, I, 65, 157.

M

MACÉ, III, 18, 114.
Machebeuf, II, 17.
Machecoul, III, 58.
Macon, I, 148.
Macquet, IV, 33.
Maczon, I, 193 ; III, 32 ; IV, 82, 147.
Maesse, IV, 166.
Maffleux, IV, 140.
Magdeleine, I, 175 ; III, 168, 215 ; IV, 177.
Magne, II, 148.
Maigne, II, 196.
Maigneux, I, 97.
Mailhe, III, 45.
Maillé, I, 14, 46, 70, 160, 161, 164, 168, 186 ; II, 74, 81, 129, 247, 249 ; 3, 33; III, 122, 207; IV, 44, 115, 119.
Mailly, II, 42 ; IV, 133.
Maire, III, 52 ; IV, 25, 184, 200.
Maisnil, II, 99.
Maison-Neuve, II, 60.
Maisons, I, 189.
Maistre, II, 74, 87, 149, 217 ; III, 63, 67 ; IV, 38, 113.
Malaret, II, 222.
Malaufroy, II, 16.
Maleray, I, 187.
Maleret, I, 173 ; IV, 74.
Malescob, I, 135.
Malgerbert, IV, 110.
Malgraffe, I, 187.
Malhivert, IV, 59.
Malincorne, I, 161.
Malincove, I, 161.
Malivaut, I, 122.
Mallet, III, 58.
Malmont, IV, 129.
Malur, I, 53.
Mamisat, I, 173.
Mandat, II, 254.
Manejouf, III, 138.

Manixy, I, 177.
Marador, II, 145.
Marans, IV, 43.
Marbœuf, III, 76.
Marcé, III, 60.
Marcelange, III, 158.
Marcenay, II, 140.
Marcharie, I, 151.
Marche, I, 139 ; III, 119 ; IV, 44.
Mareillac, ...
Marcilli, IV, 114.
Marconnay, I, 104, 186 ; II, 40, 90, 108, 209 ; III, 6 ; IV, 194.
Mareuyl, I, 173.
Mare, II, 74.
Marechal, I, 10, 17, 48 ; II, 10, 56, 67, 90, 111, 125 ; III, 47, 150 ; IV, 77, 180.
Margot, II, 62.
Maridoit, I, 231.
Maridort, II, 73 ; IV, 116.
Marie, III, 57, 76, 83.
Marigny, III, 212.
Mariol, II, 243.
Marmin, III, 118.
Marolles, II, 211.
Marrafin, I, 27.
Marray, II, 234.
Marre, depuis Roche-Jaquelin, IV, 99.
Marreaud, IV, 140.
Mars, I, 60, 111 ; II, 197, 215 ; III, 12, 46, 88 ; IV, 172, 192.
Marsault, II, 225.
Marsailles, IV, 44.
Marcenat, I, 171.
Marteau, I, 14 ; II, 107, 121.
Martel, I, 180 ; II, 89 ; III, 106.
Martin, I, 135, 157 ; II, 177 ; III, 228.
Marze, III, 22.
Marzelliere, III, 58.
Marzy, IV, 180.
Mas, I, 79 ; II, 25 ; III, 19, 40, 64 ; IV, 143.
Maseuraud, IV, 38.
Masfaure, III, 48.
Masoncle, III, 5.
Massard, I, 96.
Massebeau, II, 75.
Massicote, II, 156.
Massougnes, III, 60, 88.
Mathefelon, III, 32.
Matucicres, I, 146.
Mauclerc, II, 153, 200.

Maudon, I, 213.
Maudron, III, 228.
Mauessy, I, 176.
Maugarde, III, 118.
Maugas, II, 74.
Maugibert, I, 87.
Maulay, II, 174, 182 ; III, 83.
Mauleon, III, 67, 107.
Maulnay, Maulny, II, 176 ; III, 57. IV, 195.
Maumeschin, II, 41.
Maupeou, II, 188.
Maursieres, II, 60, 227.
Mausabré, I, 170.
Mausson, II, 181.
Mauvoisin, I, 196 ; II, 94, 114, 179, 232, 239 ; III, 25.
Maximy, I, 122.
Mayaud, IV, 95.
Mayet, I, 68.
Maynuach, I, 220.
Mayrat. IV, 35.
Mays, III, 25 ; IV, 180.
Mazarini, IV, 63.
Mazery, Mazeyres, I, 164 ; II, 209.
Meage, III, 118.
Mealat, IV, 166.
Meaulme, III, 106.
Mechatin, I, 139 ; II, 61 ; III, 105, IV, 35.
Meclier, I, 213.
Mehun, II, 23.
Meillard, Mellars, I, 80 ; IV, 59, 202.
Mellan, II, 186 ; IV, 176.
Mello, II, 47 ; III, 89, 92, IV, 138, 173.
Melly, I, 101.
Melun, IV, 37.
Menardau, III, 51.
Menot, III, 197.
Menseran, IV, 38.
Menudel, IV, 149.
Merault, I, 161.
Mercier, II, 99.
Mergay, IV, 190.
Mergot, I, 161.
Meriez, I, 48.
Merinhac, II, 91.
Merle, I, 226.
Merlie, III, 123 ; IV, 36.
Merlo, II, 21, 157.
Mernay, III, 32.
Merviches, III, 209.
Meschin, I, 8, 96, 117 ; III, 21, 22.
Meschinet, IV, 155.

Mesgrigny, II, 112 ; III, 210, IV, 35.
Mesmin, II, 74.
Mesnard, III, 154.
Mesnay, IV, 170.
Mesnil, II, 62 ; III, 67, IV, 69.
Messemé, Messenie, III, 60, 79.
Messougne, III, 88.
Mestayer, IV, 23.
Metito, III, 157.
Metuel, II, 87.
Meullat, I, 191.
Meusnier, IV, 7, 154.
Mexie, I, 142.
Mezez, IV, 31.
Miceries, I, 118.
Miche, IV, 140.
Migier, II, 87.
Migieux, II, 254.
Millon, I, 64 ; II, 156 ; III, 175 ; IV, 18.
Minet, II, 63.
Minot, IV, 57.
Mirebeau, I, 153, 178.
Mirebel, II, 208.
Miron, IV, 167.
Misnière, II, 196.
Modene, I, 10.
Modica, I, 17.
Moles, III, 173.
Molins, Moulins, II, 14 ; III, 82, IV, 76.
Monconis, II, 236.
Mondion, I, 161.
Mondoucet, II, 156.
Monestey, I, 54, 191 ; III, 152.
Mongon, IV, 136.
Monguien, II, 121.
Monnet, II, 189.
Mons, I, 117 ; II, 112 ; III, 87, 155, 232, IV, 183.
Monsaulin, I, 131.
Monsclard, (Voy. Monclar.) II, 143.
Monsoreau, I, 15, 21.
Mont, I, 107 ; IV, 57.
Montaffier, III, 30.
Montagnac, I, 112, 152 ; III, 97 ; IV, 34, 64, 87, 127.
Montagu, III, 9, 125, 168, 173, 210, IV, 190.
Montal, III, 193.
Montallay, I, 10, 43 ; II, 54, 85, 97, 98 ; III, 33 ; IV, 17, 42.
Montamé, IV, 182.
Montanier, I, 30.
Montaray, II, 187.

Montassiegé, I, 6.
Montaulme, III, 48.
Montault, I, 72 ; IV, 203.
Montbaillon, II, 155.
Montbason, IV, 153.
Montbel, II, 199.
Montboissier, IV, 41.
Montbourcher, II, 180.
Montbrun, I, 22, 105.
Montchal, IV, 52, 199.
Montchambert, II, 14.
Montcharso, IV, 31.
Montchenu, I, 184 ; III, 135 ; IV, 77.
Montcheuron, I, 77.
Montchoisi, I, 171.
Montclar, II, 163, 228 ; III, 133.
Montcleon, II, 58.
Montdor, I, 188.
Monté, II, 221.
Monteches, II, 80.
Monteclerc, I, 57 ; II, 16, 112, 158 ; III, 32.
Montegris, III, 234.
Montel, III, 110 ; IV, 72.
Montellis, I, 91.
Montenay, III, 32.
Monteron, IV, 97.
Monteschambre, II, 112.
Moetespedon, Montalpedon, I, 69 ; IV, 82, 145.
Montesson, II, 171.
Montet, I, 104.
Montezan, I, 190.
Montfaucon, I, 21 ; II, 249.
Montfort, IV, 44.
Montgarnau, III, 144.
Montgascon, I, 157.
Montgommery, IV, 165.
Montguyon, IV, 116.
Monthoret, II, 17.
Montigny, III, 207.
Montihier, II, 156 ; III, 207.
Montjoui, I, 93, 220 ; II, 91 ; IV, 182.
Montjournal, III, 64 ; IV, 189.
Montleon, I, 197.
Montlieu, I, 179.
Montluc, I, 142.
Montluçon, I, 187 ; IV, 35.
Montmorency, I, 22 ; II, 23, 191 ; III, 176, 207, 236 ; IV, 133, 147.
Montmorillon, II, 113.
Montmorin, I, 199 ; II, 194 ; IV, 136, 156.
Montour, I, 132 ; III, 122.
Montpallein, II, 229 ; III, 64.

Montpellay, II, 200.
Montrahout, IV, 1.
Montrevel, IV, 125.
Montrognon, II, 193.
Montrond, I, 70.
Montsabré, I, 120.
Montvert, II, 193.
Morać, II, 229.
Morant, III, 1.
More, II, 56, 97, 186.
Moreau, I, 27, II, 209 ; III, 79, 102, 166.
Moret, I, 44.
Morillot, II, 185.
Morin, II, 84 ; III, 3.
Morisseau, III, 59.
Mornay, I, 179.
Moroille, II, 101.
Morron, IV, 182.
Mortier, II, 136.
Mote, Motte, I, 79, 119, 121, 186, 187, 213, 234 ; II, 94, 129, 193, 212 ; III, 60, 75, 129 ; IV, 52, 110, 210.
Mote-d'Apremont, I, 43, 173 ; II, 61.
Mote-Merinchal, I, 85.
Mote-Serrant, II, 145.
Mothe-Tillon, IV, 20.
Mothier de la Fayette, I, 156.
Mouillebert, I, 50.
Moullinet, II, 145.
Moumacanet, I, 182.
Mousse, I, 11, 146 ; II, 48.
Moussy, I, 180 ; II, 50 ; III, 6.
Mouton, I, 6.
Mouzin, IV, 72.
Moysen, I, 122 ; IV, 23.
Murat, I, 1, 43, 171, 202, 236 ; II, 1, 3, 83, 95, 133, 136, 164, 215, 243 ; III, 10, 35, 53, 76, 176 ; IV, 35.
Murol, I, 44.
Murs, II, 164.
Mussegur, IV, 184.
Muzard, II, 114.
Mynart, IV, 27.
Myolent, I, 22 ; II, 98.
Myre, I, 133.

N

Nadan, IV, 181.
Nades, II, 32 ; IV, 33.
Nagut, I, 70 ; II, 112, 192 ; III, 131, 155 ; IV, 62.

Nanthon, III, 204.
Nau, II, 240 ; III, 155.
Naulx, I, 77.
Navaillac....
Navinault, II, 250 ; III, 106.
Negriere, III, 50.
Nepveu, II, 74, 90, 171, 209 ; III, 80.
Nessay, Nossay, I, 176 ; IV, 43.
Netancourt, I, 34,
Neucheze, I, 82, 180, 205 ; III, 23, 158 ; IV, 200.
Neuvi, I, 174.
Neuville, I, 96, 161, 177, 208, 232, 236 ; II, 131, 148 ; III, 61 ; IV, 43, 45, 99, 195.
Nevers, IV, 152.
Neyrat, III, 123.
Nieul, I, 121.
Niotte, II, 90, 209.
Niquet. I, 71 ; II, 157.
Nivelet, II, 75.
Noezille, II, 182.
Noir, II, 210, III, 139.
Nompar, I, 93 ; III, 126.
Norry, Nourry, I, 79 ; II, 83, 189 ; III, 22.
Nossay, IV, 70.
Nouailles, I. 227.
Nouhe, I, 73 ; IV, 150.
Noyers, III, 79, 159.
Noyreux, I, 128.
Noziere, I, 139 ; IV, 228.
Nurre, II, 54 ; IV, 89, 94.

O

OBIERE, IV, 34.
Odart, I, 14, 197 ; II, 16, 56, 249 ; III, 122.
Odeau, I, 52.
Ogaigne, II, 81.
Oillenson. III, 106,
Olyere, III, 159.
Oquoy, II, 45.
Oradour, II, 215 ; III, 221 ; IV, 119.
Oraison, III, 206.
Oregny, IV, 56.
Orenge, III, 32 ; IV, 147, 192, 197.
Oreour, III, 206.
Orgieres, III, 189.
Orgueille, IV, 71, 195.
Orléans, II. 138 ; IV, 91.
Ormes, II, 49 ; III, 79.

Ormesson, I, 163.
Orouer, I, 4 ; II, 9,
Orsanne, I, 3, 57, 63 ; II, 253 ; IV. 22.
Ossandon, IV, 210.
Ostrand, I, 101.
Orvallet, III, 173.
Outre-la-Voye, IV, 57.

P

PAJOT, I, 199.
Palamorgue, I, 137.
Palice, I, 8, 44, 175, 210, 240 ; III 47 ; IV, 41, 188, 193.
Paluau, I, 94 ; II, 207.
Palude, IV, 161.
Palurne, II, 137.
Pangba, II, 38.
Pannard, III, 58.
Panpelune, IV, 136.
Pantin, I, 161.
Panussie, III, 6.
Parage, I, 2.
Parede, I, 180 ; III, 70.
Parier, I, 110.
Parigne, II, 209.
Paris, II, 211.
Parlan, III, 104.
Paroy, II, 51 ; III, 78.
Pas, I, 123.
Pasquet, I, 115.
Pasquier, II, 188, 248.
Passages, III, 133.
Passat, II, 94, 95.
Patras, II, 184.
Paturel, III, 89.
Paullin, I, 112.
Paumier, III, 126.
Pavigne, II, 209.
Pauvre, II, 74.
Payen, II. 55 ; III, 7.
Peirites, II, 54.
Pelant. I, 14 ; II, 249.
Pelault, II, 136, 171 ; III, 126 ; IV, 82.
Pelerin, II, 206.
Pelissary, IV, 17.
Pelisson, I, 53 ; II, 145 ; IV, 43, 86.
Pellard, III, 62.
Pellet, I, 83 ; IV, 83.
Perafort. I, 93.
Percheron, II, 82.
Perexil, II, 181.

Perion, II, 89, 209.
Peroiun, I, 42.
Perol, I, 44.
Peroux, II, 48; IV, 153.
Perrecy, I, 189.
Perrier, I, 15; II, 209; III, 33, 60, 178.
Perrine, II, 123; III, 153; IV, 78.
Perrot, IV, 48.
Perrouet, II, 145.
Pertoils, I, 207.
Pertuys, I, 19, 124.
Peschin, I, 157, 235, 237; III, 26; IV, 59, 140.
Pesteil, I, 177.
Petit, I, 22, 156; II, 165,; IV, 57.
Petit-Jean, II, 82; III, 106, 107; IV, 33.
Petit-Pied, I, 120.
Peultre, III, 102, 195.
Peyrat, II, 134.
Phelippeaux, I, 120, 168; II, 88.
Pichot, I, 132.
Pidoux, III, 45.
Pierre, I, 213; III, 173.
Pierrechain, IV, 133.
Pierrefite, IV, 158.
Pierrefort, III, 150.
Pierrepont, II, 3.
Piette, IV, 57.
Pillot, III, 59.
Pin, III, 214.
Pindray, IV, 87.
Pineau, III, 50.
Pinée, I, 209.
Pinon, III, 173.
Piot, IV, 95.
Piquet, II, 229.
Piquigny, II, 181.
Pisget, IV, 211.
Pistor, II, 215.
Plais, II, 84.
Plaissis, I, 14.
Plantadis, II, 242; IV, 87, 101, 147.
Planteis, I, 15; II, 259.
Plantis, II, 54.
Plesseys, I, 159; II, 55, 196; III, 2, 3; IV, 39, 91, 153.
Plessis, I, 109, 166; II, 54, 55, 57; III, 126; IV, 76, 82, 99, 140.
Plessis-Chatillon, I, 130; II, 138, 176, 253.
Ploesmeau, II, 182.
Ploisy, I, 212.
Pluviers, IV, 116.

Poente, II, 164.
Poignant, II, 194.
Poileparnaie, III, 208.
Poisson, I, 40, 88; II, 244; III, 92, IV, 18.
Poitiers, I, 69; II, 171; III, 100; IV, 29, 154, 199.
Poix, I, 124, 161.
Polignac, I, 120; II, 14, 43, 182; IV, 72.
Pommeraye, I, 114.
Ponce, III, 32, 229.
Ponceau, I, 156.
Ponches, II, 247, 249.
Poncin, II, 182.
Ponnart, III, 95.
Pons, I, 219; III, 206, 229; IV, 40, 119, 140.
Ponsenad, I, 177; III, 133.
Pont, I, 37, 60, 90, 120, 121, 132, 133; II, 111; III, 130; IV, 58, 211.
Pontcet, I, 125.
Ponteau, I, 193.
Pontene, III, 118.
Pontict, I, 169.
Pontoise, II, 62.
Popillon, I, 115; II, 185, 257; III, 158; IV, 197.
Poquieres, I, 187.
Porly, IV, 89.
Porte, I, 10, 15, 177; II, 173, 164, 233; III, 155; IV, 78, 133, 200.
Portier, IV, 78.
Possay, II, 247.
Potin, II, 87.
Poulain, I, 161; IV, 99.
Poule, II, 78.
Poupardin, III, 105.
Poutiers, II, 136.
Pouzols, I, 208; II, 228.
Poyrel, I, 161; II, 121.
Poyrier, IV, 44.
Prades, I, 41.
Praelles, III, 114.
Prallat, I, 67.
Prasliere, I, 134.
Prat, II, 152.
Pré, IV, 27, 44, 130.
Preaux, III, 163; IV, 9, 70.
Pregent, I, 22.
Preslaut, IV, 70.
Presle, I, 106.
Prestre, II, 188.
Prevost, I, 182, 186; II, 74, 171, 182, 205, 214; IV, 38.

Prezeau, I, 161.
Prieur, I, 223.
Prondines, I, 177.
Prospere, III, 60.
Provenchere, III, 144.
Prudhomme, I, 186.
Prudhommeau, I, 186.
Prunay, I, 115.
Puel, III, 63.
Puisson, III, 13.
Puy, I, 17, 173, 187; II, 17; III, 59, 122, 215; IV, 28, 44, 115.
Puy-Girault, I, 121.
Puy-Guillon, I, 187.

Q

Quanete, I, 166.
Quantin, Quentin, I, 91; III, 175; IV, 153.
Quatrebarbes, I, 10, 53; III, 32; IV, 184.
Quesnel-d'Allegre, I, 93.
Quesson, I, 215.
Questien, II, 235.
Queulle, III, 48.
Quinard, IV, 143.
Qui-Rit, I, 90, 114.
Quoeuvre, III, 22.

R

Rabaste, IV, 1, 59.
Rabuchon, I, 141.
Rabutin, I, 87; III, 5.
Rachasse, I, 14.
Rafignon, III, 158.
Ragebre, I, 195.
Ragois, I, 8.
Ragueau, III, 220.
Raibi, II, 11.
Rallat, III, 173.
Ramas, II, 135; IV, 10.
Ramier, IV, 44.
Raoulin, II, 95, 161.
Raphin, I, 77.
Ravel, III, 69.
Raymondis, II, 238.
Rayne, II, 182.
Raynier, III, 89.
Rays, Retz, I, 116; II, 169.
Razay, I, 199.

Razes, III, 57.
Razille, Razilly, I, 14; II, 200, 247; III, 60; IV, 35, 181.
Rebuffe, I, 15, 119.
Rechigne-Voisin, I, 7; II, 194; III, 102.
Reclu, II, 91.
Recoil, II, 203.
Redon, I, 26, 30.
Regart, II, 144.
Regnauldin, II, 74.
Regnier, III, 64.
Reilhat, Relliat, I, 130; III, 43.
Remenuel, II, 77, 165, 181.
Remigoux, I, 213; II, 89, 209; III, 60.
Remollard, III, 60.
Renard, II, 72.
Renaud, I, 21; IV, 108.
Rera, IV, 88.
Resti, III, 173.
Reugny, I, 235.
Reux, IV, 85.
Revange, I, 195; III, 73.
Revel, I, 36; IV, 144.
Reverdy, II, 136, 171.
Revoyre, III, 159.
Reymond, III, 18.
Reyty, III, 153, 183.
Réz, III, 29.
Rians, I, 53.
Ribeyre, I, 164; II, 38, 153.
Ribier, I, 174.
Ricard, II, 229.
Richard, I, 201.
Richardie, I, 111, 156; II, 237; IV, 11; 118.
Richer, I, 210; II, 129; IV, 140.
Rieux, II, 237; III, 7; 16.
Riffaut, II, 142.
Rigaud, I, 119, 123, 161; II, 3; III, 117, 197; IV, 136, 198.
Riglet, I, 40, 154; III, 191.
Riley, ...
Rioult, III, 101; IV, 23.
Rioux, IV, 176.
Rivau, II, 74.
Riverie, I, 48, 148.
Riviere, I, 90, 121, 186, 188; II, 74, 84; III, 170, 230; IV, 132, 141.
Roatin, IV, 132.
Robert, II, 227; III, 182.
Robertet, I, 50.
Robier, I, 191.
Robin, I, 161; IV, 25, 132.

Roccard, IV, 38.
Roch, II, 253.
Roche. Se trouve presqu'à chaque page. (Voy. son art. spécial.).
Roche-Aymond, I, 3, 57, 165 ; III, 61 ; IV, 84 ; 121, 141.
Roche-Baron, I, 44 ; IV, 38.
Rochebrechard, II, 147,
Rochebriant, III, 24 ; IV, 34.
Rochebut, II, 61, 177 ; III, 99.
Rochechouard, III, 100, 210.
Roche-d'Agou, I, 7, 186; III, 132; IV, 148.
Rochedragon, II, 25, 255.
Rochefanton, II, 86.
Rochefort, I, 29, 118, 158, 171, 176; II, 50, 79, 85 ; III, 99, 101, 133 ; IV, 26, 118, 125, 185.
Rochefoucaud, I, 13, 81, 85, 197, 222 ; II, 89, 166 ; III, 19, 54 ; IV, 1, 43, 57, 160.
Roche-Gent, I, 166.
Roche-Guillaume, II, 60.
Roche-Guillibert, IV, 209.
Roche-Jacquelin, ou plutôt la Marre ci-dev.
Roche-Loudon, II, 42.
Roche-Monteix, III, 199.
Rocher, IV, 139.
Roches, II, 74, 82.
Rochette, I, 39, 148 ; II, 207.
Rodon, I, 165, 217 ; II, 238.
Roé, II, 257.
Roeque, ...
Roer, Roherre, II, 113, IV, 176.
Rohan, I, 172 ; III, 213, IV, 9.
Rolland, II, 252.
Rollat, III, 48, 235 ; IV, 28.
Romains, II, 74.
Romeuf, I, 45.
Ronchinol, IV, 194.
Ronde, III, 118.
Rondeau, I, 154.
Roney, I, 201.
Roquefeuil, I, 78 ; II, 113.
Roquelaure, I, 23 ; II, 161, 227.
Roquelin, I, 134.
Rosers, II, 164.
Rossart, II, 142.
Rossel, II, 150.
Rossillon, I, 17 ; III, 25 ; IV, 161, etc.
Rossin, I, 86.
Rostaing, I, 82, II, 74; IV, 51.
Rosticelli, I, 99.

Rou, II, 85.
Rouaudiere, II, 257.
Roue, Rota, I, 10 ; IV, 125.
Rougé, I, 161 ; II, 90, 99, 209.
Rougerer, Rougeres, II, 99 ; IV, 102.
Rougier, I, 145 ; IV, 38.
Rouille, II, 62.
Rouillet, I, 132.
Roulat, II, 18, IV, 173.
Rouslin, I, 175.
Roussardiere, I, 161 ; IV, 99.
Rousseau, I, 161, 165 ; II, 136, 171, 182 ; III, 102 ; IV, 21.
Roussele, I, 183.
Rousselet, II, 94.
Rousset, IV, 83.
Roussiere, II, 257 ; IV, 44.
Rouvereye, II, 85.
Rouville, I, 168.
Roux, I, 31, 91, 110, 186 ; II, 247, 249 ; III, 59, 122 ; IV, 57 ; 153.
Rouxelle, II, 223.
Roy, I, 186 ; II, 257 ; III, 3 ; IV, 38, 58, 147.
Rozen, IV, 28.
Rueil, II, 114.
Rues, 85.
Ruffier, II, 86, 249.
Ruols, I, 181 ; IV, 64.
Russin, IV, 206.
Ruy, I, 52 ; III, 60.
Ruymer, III, 22.
Ruz, II, 107.
Ruzé, II, 133.
Rye, I, 121 ; III, 67 ; IV, 38, 192.

S.

Sabot, I, 181.
Sace, I, 111.
Sachenat, III, 146.
Sachins, IV, 62.
Sageot, I, 35.
Saingarault, II, 159.
Saint-Aignan, I, 181, 219 ; II, 1, IV, 101.
S. Amatour I, 178.
S. Aubin, I, 54, 155, 167 ; III, 48, 143 ; IV, 15, 110, 123.
S. Belin, I, 161.
S. Bertheum, II, 156.
S. Bonit, III, 128.
S. Briçon, IV, 151.
S. Chamand, I, 109, 207 ; III, 147.

S. Denys, II, 145,
S. Didier, IV, 180.
S. François, I, 214.
S. Gelais, II, 177 ; III, 220.
S. Georges, I, 183 ; II, 185 ; IV, 73, 141.
S. Germain, I, 118, 161 ; II, 74, 260 ; IV, 161, 198.
S. Germain-d'Apchon, I, 112 ; II, 81.
S. Giran, I, 81, 112 ; III, 118 ; IV, 96.
S. Hahund, IV, 19.
S. Hermine, I, 120 ; II, 182 ; III, 148, IV, 195.
S. Hirier, IV, 204,
S. Jean, I, 24.
S. Join, I, 75 ; IV, 206.
S. Julien, I, 19, 210.
S. Legier, II, 257, 258 ; III, 163.
S. Loup, II, 112, 210 ; III, 4, 155.
S. Martial, III, 55.
S. Martin, I, 49 ; II, 49 ; IV, 54, 111, 141, 179.
S. Masse, I, 22.
S. Maudvieux, III, 99.
S. Melesne, I, 119.
S. Mesmin, I, 209 ; II, 126.
S. Nicet, I, 14.
S. Offange, I, 75, 132.
S. Peire, III, 236.
S. Pons, I, 126.
S. Porcien, I, 70.
S. Prix, S. Priest, I, 85, 199 ; IV, 171.
S. Quanten, I. 11.
S. Quentin, I, 171 ; IV, 203.
S. Remy, II, 62.
S. Romain, II, 202.
S. Simon, I, 215 ; II, 88.
S. Symphorien, II, 76.
S. Trivier, I, 201, 204 ; II, 156, 184 ; IV, 167.
Ste Colombe, I, 233 ; II, 179, 261 ; III, 22, 155 ; IV, 31.
Ste Croix, II, 82.
Ste Faire, II, 154.
Ste Marie, III, 48.
Ste Maure, I, 19 ; IV, 40.
Sainton, I, 32.
Saladin d'Anglure, I, 186.
Salignac, II, 28, 173 ; IV, 38.
Saligny, I, 167 ; III, 72.
Salis, I, 9, 102 ; III, 133.
Salle, I, 11, 67, 134, 137, 146, 182, 229 ; II, 214, 232 ; III, 102, 183, 223 ; IV, 178, 193, 207.

Sallens, IV, 31.
Sallers, IV, 39, 91, 105.
Sallonier, II, 74.
Salmon, II, 81, 82.
Salomon, IV, 5, 181.
Salvanhiaco, IV, 78.
Salvers, I, 152.
Samblançay, I, 100.
Sancerre, IV, 162.
Sanglier, I, 14 ; II, 16, 54, 74, 121 ; IV, 57.
Sanles, II, 153.
Sanson, 1, 178 ; II, 54, 62 ; IV, 114.
Sapey, I, 149.
Saone, III, 125.
Sapin, I, 14 ; II, 131 ; III, 118.
Sapponieres, I, 90.
Sarcé, II, 99.
Sarieux, I, 150.
Sarlent, IV, 31.
Sarmeses, II, 163.
Sarrasin, I, 14 ; II, 129, 165 ; III, 33, 57, 60, 83 ; IV, 144.
Sarre, I, 85, 223 ; II, 189.
Sarrebruche, II, 66.
Sarrée, I, 235.
Sarrie, I, 224, 228 ; II, 18.
Sassenage, II, 62.
Sauatte, IV, 70.
Saubuys, IV, 44.
Saudelet, IV, 58.
Sauge, III, 32.
Saugere, I, 91 ; II, 171.
Saulx-Tavanne, II, 62.
Sauret, I, 85 ; IV, 146.
Saussays, Sauçay, II, 81, 85 ; IV, 93.
Sausson, Sausons, Sauzion, II, 11 ; IV, 162, 166.
Sauvaige, IV, 97.
Sauvegnières, I, 90.
Sauvement, I, 127.
Sauvestre, IV, 138.
Sauzay, I, 62, 141, 213, 224 ; III, 126 ; IV, 22, 43.
Sauzet, I, 188 ; II, 32, 219.
Savary, I, 100, 230 ; II, 182 ; III, 60, 122, 206 ; IV, 153.
Saveuse, IV, 206.
Savonnieres, I, 161, 186, 195 ; II, 90 ; III, 106 ; IV, 71.
Saxe, I, 31.
Says, II, 142 ; III, 16, 51 ; IV, 185.
Sazeret, I, 78.
Scarron, II, 152 ; III, 76 ; IV, 210.
Scene, 1, 161.

Scepeaulx, I, 223 ; II, 62 ; III, 32.
Schomberg, II, 99 ; IV, 39.
Seo, I, 5.
Segault, I, 69 ; IV, 78.
Segrie, II, 164.
Seguin, I, 219 ; II, 58 ; IV, 211.
Segur, I, 147.
Seiglière, I, 83 ; II, 152.
Seignellay, IV, 133.
Seillon, II, 171.
Semaison, I, 161.
Semalé, II, 247.
Semin, I, 98 ; III. 1, 51 ; IV, 23.
Semur, I, 102 ; II, 50.
Senecey, II, 184.
Senetaire, I, 65, 117 ; II, 143.
Serizé, I, 161.
Serment, I, 132.
Serre, I, 224 ; III, 158 ; IV, 20.
Serviere, II, 175 ; III, 26 ; IV, 106, 168.
Servole, III, 72.
Seve, IV, 106, 124.
Sevigny, III, 130 ; IV, 17.
Sevin, I, 40 ; II, 74 ; III, 7.
Sierzay, II. 249.
Sigliere, IV, 74.
Silas, I, 114.
Silleur, IV, 169.
Sirot, III, 51.
Soissons, IV, 132.
Solemniaco, I, 89 ; III, 209.
Soligné, II, 156.
Some, II, 150, 158.
Someterre, 1, 222.
Sorbers, II, 142, 144, 145 ; III, 211.
Soucelle, I, 161.
Souche, II, 48, 110, 147.
Souchere, I, 85 ; III, 49, 214.
Soulligne, IV, 18.
Soupat, III. 106.
Sourdis, IV, 63.
Souvaine, aussi Somiaine, I, 15.
Souvré, IV, 164.
Sozet, II. 131.
Strada, IV, 94, 123.
Subleau, I, 161.
Suly, Sully, I, 8, 43 ; II, 94 ; III, 45, 143 ; IV, 139, 150.
Surmont, III, 7.
Symone, I, 22.

T

Tade, IV, 6.

Tafforneaul, IV, 133.
Tahureau. III, 207.
Tail, I, 157 ; II, 182, 247.
Taille, IV, 102.
Taillecol, II, 156.
Taillefer, II, 89.
Taisonniere, II, 113.
Talayat, III, 16.
Tane, I, 79.
Tararre, III, 177.
Tardat, II, 180.
Tarit, I, 41.
Taveau, III, 79.
Taxas, III, 68.
Taxieres, III, 148.
Tays, II, 51, 229, 260 ; III, 64, 130 ; IV, 10, 44, 179, 213.
Theilhard, I, 93.
Tellenoys, IV, 89.
Tellet, IV, 140.
Tellier, IV, 114.
Telly, III, 65.
Terceries, IV, 68, 213.
Terrion, I, 224.
Tertre, I, 53, 164.
Tessereau, IV, 9.
Tessier, I, 121.
Testu, I, 36.
Texé, IV, 152.
Teyl, I, 24 ; IV, 122.
Thaho, I, 173.
Thaumassiere, II, 102 ; III, 142.
Thelis, I, 199 ; II, 159, 163, 179 ; III, 22, 38 ; IV, 66, 196.
Theronheau, IV, 185.
Thibart, III, 60.
Thibaudes, IV, 57.
Thibaut, I, 175 ; II, 121.
Thibergeau, III, 207.
Thibert, IV, 35.
Thibord, IV, 197.
Thiern, Thiers, II, 1, 191, 238 ; III, 42, 158 ; IV, 209.
Thiery, IV, 181.
Thieslin, III, 80, 207 ; IV, 207.
Tholet, II, 197.
Tholomat, II, 237.
Thomas, II, 62, 209.
Thoquin, I, 236.
Thoreau, I, 161 ; II, 175.
Thou, II, 191 ; III, 58.
Thouliere, IV, 15.
Thoury, I, 60 ; II, 135.
Thuiere, I, 45.
Tiburge, II, 191.

Tichon, II, 229.
Tiercelin, I, 14, 24, 197 ; II, 171, 241 ; III, 60, 229 ; IV, 69, 154.
Til, Thil, I, 101 ; III, 185 ; IV, 31, 134.
Tillac, II, 231.
Tillieres, II, 156.
Tillon, II, 145, 257 ; III, 122.
Tilly, II, 75.
Tiloy, I, 77.
Tissandier, I, 139 ; II, 252.
Tissart, IV, 202.
Titon, II, 197.
Tixier, I, 170 ; IV, 11,
Tonnelier, I, 101.
Torcé, II, 41.
Tornamire, III, 150.
Tornelle, I, 21 ; III, 186.
Touche, III, 197 ; IV, 116, 123.
Toulongeon, III, 215.
Touqui, I, 118.
Tour, I, 10, 23, 34, 50, 76, 159 ; II, 214, 229 ; III, 32, 193, ; IV, 30, 43, 82, 172, 198.
Tour-Buneu, I, 196.
Tour-d'Auvergne, I, 23, 87 ; IV, 26.
Tournellé, I, 129 ; III, 123 ; IV, 67.
Tournon, II, 151.
Tourtier, I, 203 ; III, 97.
Trachart, IV, 53.
Tralay, II, 164.
Trancheser, I, 129.
Trasetes, II, 192 ; IV, 31.
Tremblaye, II, 121.
Tremollas, I, 210 ; III, 149.
Trenon, III, 166.
Tresor, I, 80.
Tressan, I, 192.
Tresseau, III, 164.
Trieolon, II, 255.
Trimouille, I, 76 ; II, 28, 113, 152 ; III, 48 ; IV, 7, 36, 141.
Trion, II, 237 ; IV, 23.
Trissi, IV, 136.
Trochereau, I, 21 ; IV, 66,
Trollier, I, 190.
Trolliere, I, 97 ; II, 169 ; III, 31, 158.
Tronçay, II, 235 ; IV, 127.
Tronchet, I, 84, 149.
Trouillet, II, 72.
Trousseau, III, 78.
Troussebois, I, 46 ; II, 164 ; III, 3, 9, 22 ; IV, 78, 110, 128, 170.
Troussel, IV, 78.

Troys, III, 232.
Trumeaux, I, 26.
Tublaye, II, 189.
Tucé, I, 91 ; II, 107 ; III, 175, 223 ; IV, 115.
Tullex, I, 232.
Tullier, I, 140 ; III, 113.
Turenne, IV, 32.
Turgis, II, 55.
Turlande, I, 93, 171 ; II, 215 ; III, 150, 151.
Turpin, I. 14, 166, 186 ; II, 84, 85, 93, 185, 247, 259 ; III, 9, 57, 79, 83, 100, 126, 127, 132, 210 ; IV, 35, 41, 47, 206.
Turseries, II, 172.
Tussé, II, 143 ; IV, 18.
Tybert, II, 128.
Tyntene, I, 22.

U.

Uffain, I, 78.
Ully, II, 93.
Ulphe, I, 121 ; II, 142, 192 ; IV, 31, 51, 80.
Urgel, IV, 179.
Ursins, III. 206.
Ussel, I, 45, 189.
Uxel, I, 91.

V.

Vaignard, III, 204.
Vaissiere, III, 104, 127, 150.
Vaity, IV, 97.
Valelles, II, 232.
Valence, II, 238 ; III, 148.
Valençon, III, 118 ; IV, 15.
Valeres, II, 40.
Valin, II, 199.
Valladour, I, 145, 239.
Vallée, I, 175 ; II, 74, 165 ; III, 7 ; IV, 1, 206.
Vallenay, I, 144.
Vallerin, I, 10.
Valliere, I, 213 ; II, 21.
Vallon, II, 74, 215.
Valory, I, 22.
Vambas, IV, 58.
Vendenesse, II, 243.
Vangel, II, 227.
Vanini, II, 188 ; III, 236.

Vansay, II, 247.
Varanne, II, 129.
Varcy, III, 22.
Varennes, I, 161, 191 ; II, 86, 164 ; III, 50 ; IV, 186.
Vareys, IV, 83.
Varghat, IV, 142.
Varnasseur, II, 169.
Varet, IV, 129.
Vascon, I, 214 ; III, 150.
Vaseuf, II, 247.
Vassal, I, 171, 208, 214, 220, 238 ; IV, 36.
Vassé, I, 176 ; II, 74.
Vasselot, II, 105, 165 ; III, 102 ; IV, 23.
Vasseur, I, 91, 206 ; II, 259.
Vassi, I, 120.
Vau, Vaux, Veaux, I, 119, 212, II, 90, 257, 259 ; III, 21, 60, 94 ; IV, 92, 146, 161.
Vaucelle, II, 90, 209.
Vaude, I, 71.
Vaugiraud, I, 75 ; II, 74.
Vauguyon, I, 86.
Vauvrille, III, 198 ; IV 144.
Vayer, I, 91 ; III, 32 ; IV, 108.
Vayrie, II, 129.
Vazelles, II, 232.
Veauce, I, 32 ; IV, 89.
Veilhan, II, 228 ; IV, 19.
Veillet, I, 41.
Veillon, II, 171.
Velche, III, 7, 118 ; IV, 204.
Velle, II, 129.
Vellard, II, 167.
Velort, I, 197 ; II, 24, 55, 247.
Vendat, III, 133.
Vendel, II, 247.
Vendôme, II, 226, III, 3 ; IV, 115.
Vendosmays, III, 52, 236.
Ver, II, 54, 74 ; IV, 3.
Verd, I, 172, 175 ; IV, 202.
Verdier, I, 34, 52, 59, 124, 239 ; II, 67, 141, 226 ; III, 107, 114, 190, 222 ; IV, 3, 22, 104, 125, 128, 182, 193.
Verdonnet, Verdonneys, I, 133, 137 ; IV, 61, 163.
Verdon, IV, 131.
Verfeuil, IV, 139.
Vergace, III, 184.
Verger, Vergier, II, 70, 249 ; III, 67.
Vergezac, IV, 157.
Vergnault, III, 60.

Vergy, I, 227 ; II, 208 ; III, 210, 215.
Verias, Veyras, IV, 33, 197.
Vernade, IV, 77.
Verne, I, 205.
Vernelle, I, 145.
Vernet, I, 29 ; II, 135 ; III, 71 ; IV, 120.
Vernouille, I, 196 ; II, 257 ; III, 118.
Verney, Vernoy, I, 174 ; II, 112 ; IV, 90.
Vernon, I, 37.
Vernou, I, 97 ; III, 102, 163.
Verrier, I, 161 ; III, 32 ; IV, 17.
Versat, II, 232.
Verseilles, IV, 190.
Verte, II, 74.
Verteuil, I, 69.
Very, III, 199.
Vesures, III, 224.
Vialet, I, 206.
Viarchat, 1, 173.
Viault, II, 134 ; III, 22 ; IV, 42.
Vic, I, 171, 219 ; IV, 48, 123.
Vichier, IV, 180.
Vichy, I, 5, 11 ; II, 90, 260 ; III, 62, 118, 168 ; IV, 30, 86, 166, 172.
Vidard, II, 5.
Viegne, I, 199.
Vienne, III, 47.
Viersat, I, 187 ; II, 94.
Vigier, I, 119, 120, 180 ; II, 64 ; III, 120.
Vignolles, I, 112 ; II, 190, 198 ; III, 51 ; IV, 167.
Villa, III, 163.
Villade, Vilate, II, 131, 251.
Villandrade, Villandrando, I, 55 ; II, 75.
Villarnon, IV, 161.
Villars, I, 44, 207 ; II, 20, 215, 229, 246 ; III, 118, 119 ; IV, 31, 52, 77, 101, 179, 189, 192.
Villayne, II, 164, IV, 104.
Villeblanche, I, 151 ; III, 60. 132.
Villecourt, II, 36.
Villedon, II, 83.
Villegau, Villejaul, III, 65 ; IV, 101.
Villelume, I, 114 ; II, 210.
Villemon, IV, 42, 174.
Villemur, IV, 205.
Villeneuve, I, 178 ; II, 16 ; III, 3, 122, 153, 159.
Villeprouvée, II, 136, 171, 249.
Villequier, III, 40.
Villerays, I, 119.

Villeret, II, 30.
Villers, II, 229.
Villiers, I, 53, 91 ; II, 174 ; III, 32 ; IV, 93, 142, 152, 207.
Viori I, 70.
Virgile, II, 189.
Viry, IV, 153.
Vis-de-loup, III, 128.
Viselle, II, 176.
Vissat, III, 123, 148.
Vitry, III, 4,
Vitzolas, IV, 99.
Vixosas, III, 150.
Vogon, III, 4.
Vogué, III, 146.
Voix, I, 140.
Vologniac, III, 69.
Volonzat, III, 174.
Voué, I, 121,

Vouvés, III, 55.
Voye, II, 162.
Voyer, II, 205, 259 ; III, 90 ; IV, 43, 153, 147, 211.
Voyerie, III, 3.
Voysines, III, 69.
Vuidars, II, 121.

Y

Ycon, IV, 51.
Yffreville, II, 179.
Yongues, III, 205.
Youx, IV, 87.
Ythiers, I, 112 ; III, 231.
Yves, IV, 49.
Yzore, IV, 43.

Voy. en outre *Mazarin, la Trimouille, Vassé*, dont les vassaux sont rangés par ordre alphabétique, et où l'on trouve quelques surnoms qui ailleurs sont donnés comme noms de famille.

ERRATA.

Tome III, page 204, l. 21 au lieu de *Placenet*, lisez *Placeuet*.
Tome IV, page 127, l. 1 au lieu de *Thevenet*, lisez *Thevenin*.

FIN DE LA QUATRIÈME ET DERNIÈRE PARTIE

DES NOMS FÉODAUX DE DOM BÉTENCOURT.